Jetzt mit barrierefreiem Farbkonzept
Mehr Informationen auf *cornelsen.de/bf*

Jedes Kapitel startet mit einem großen Bild auf der **Auftaktseite**. Ihr könnt Eindrücke sammeln und zusammentragen, was ihr schon wisst.

Die **Orientierungsseite** gibt euch einen Überblick über wichtige Daten, Räume und die Themen des Kapitels.

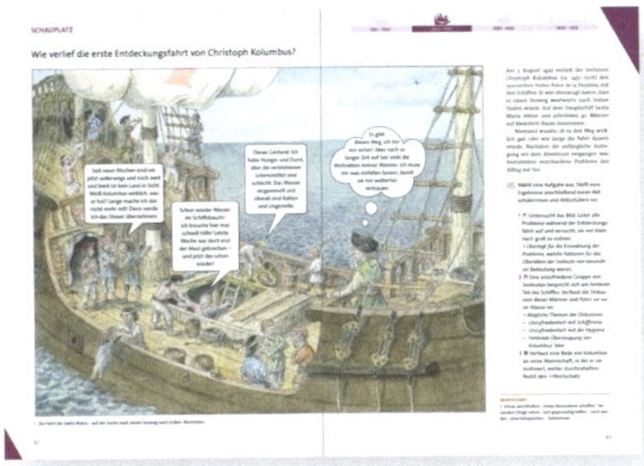

Auf dem **Schauplatzseiten** könnt ihr zu einem großen Bild spannende Aufgaben in Gruppen lösen.

Auf den **entdecken-Seiten** könnt ihr euch mit einer Arbeitsgruppe ein Thema mithilfe verschiedener Materialien und Wahlaufgaben selbst erschließen.

Mit den **Wahlseiten** könnt ihr in Gruppen einen Aspekt eines Themas erarbeiten.

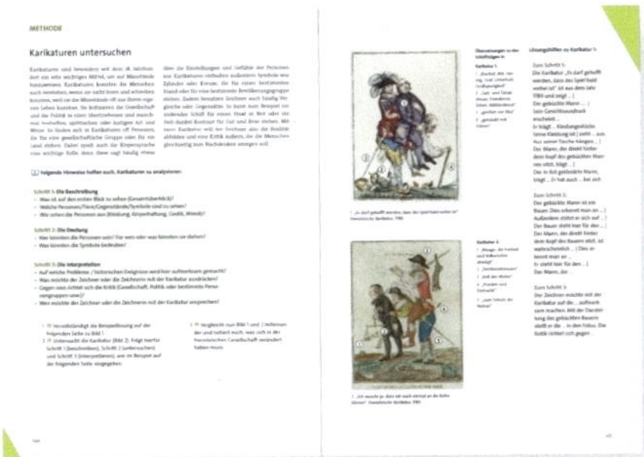

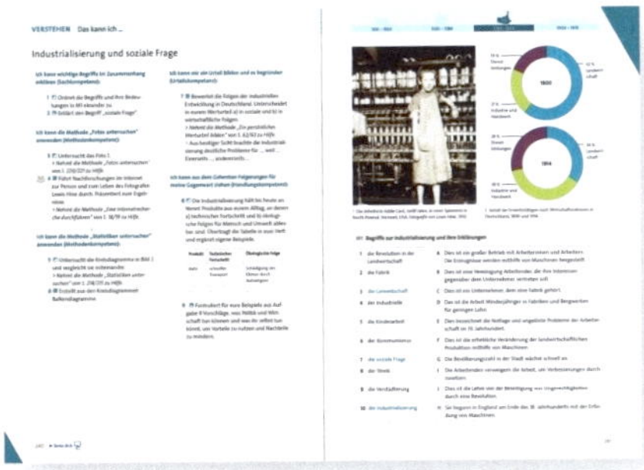

Auf den **Methodenseiten** lernt ihr Schritt für Schritt, wie ihr z. B. Quellentexte vergleicht oder Karikaturen untersucht.

Die **Unterrichtsmethoden im Anhang** helfen euch bei der Gruppen-, Partner- oder Einzelarbeit mit Techniken zur Präsentation und zum Spiel, z. B. beim Bau eines Standbildes.

Am Ende des Kapitels könnt ihr euer Wissen und Können auf der **„Das kann ich"-Seite** testen und im Anhang überprüfen.

entdecken und verstehen 2

Geschichte

Vom Mittelalter bis zum Ersten Weltkrieg

Differenzierende Ausgabe Nordrhein-Westfalen

Herausgegeben von
Dr. Birgit Wenzel

Bearbeitet von
Solveig-Christin Blume
Lennart Fey
Dr. Christoph Hamann
Christian Henkel
Bodo Paul Hoffmann
Dr. Eleonore von Oertzen
Christiane Rein
Seher Sahin
Renate Teepe
Dr. Birgit Wenzel

In der Cornelsen Lernen App findest du passend zu deinem Geschichtsbuch

- Hörspiele
- Videos
- ▶ Üben – interaktive Übungen
- ▶ Teste dich – Tests zu den Kapiteln

Cornelsen

entdecken
und verstehen

Unter Verwendung von Beiträgen von: Florian Basel, Dr. Thomas Berger-v.d. Heide, Hans Joachim Cornelißen, Cordula Gimbel, Carola Gruner-Basel, Wolfgang Humann, Thomas Kozianka, Stefanie Müller, Prof. Dr. Hans-Gert Oomen, Katrin Roth, Jürgen Schöll, Andreas Zodel

Projektleitung: Dr. Uwe Andrae

Redaktion: Gisela Veerkamp, Amanda Winter, Robin Grimm

Medienbeschaffung: Anne-Katrin Dombrowsky, Bettina Hamann, Katja Radloff

Umschlaggestaltung: Rosendahl, Berlin

Umschlagfotos: unten links (Lettern): Shutterstock.com/spr, Mitte (Globus): bpk/DeA Picture Library

Layoutkonzept: Studio SYBERG, Berlin

Technische Umsetzung: zweiband.media, Berlin

www.cornelsen.de

Dieses Werk wurde anhand wissenschaftlicher Kriterien geprüft und für den sprachsensiblen Unterricht zertifiziert.
Gutachterin: Prof. Dr. Eva-Kristina Franz (Universität Trier)
Eine Übersicht der Kriterien haben wir für Sie unter www.cornelsen.de/mittlere-schulformen zusammengestellt.

1. Auflage, 1. Druck 2025

Alle Drucke dieser Auflage sind inhaltlich unverändert und können im Unterricht nebeneinander verwendet werden.

Druck und Bindung: Mohn Media Mohndruck, Gütersloh

ISBN 978-3-06-066015-5 (Schülerbuch)
ISBN 978-3-06-066018-6 (E-Book)

PEFC
PEFC/04-31-1033

PEFC-zertifiziert
Dieses Produkt stammt aus nachhaltig bewirtschafteten Wäldern und kontrollierten Quellen
www.pefc.de

Inhalt

Städte und Handel im Mittelalter

Begegnungen dreier Religionen: Juden, Christen und Muslime

MK Auf diesen Seiten wird Medienkompetenz trainiert.

Neues Denken, neue Wege, neue Zeit

68

Von der Reformation zum Dreißigjährigen Krieg

100

Absolutismus, Aufklärung und Französische Revolution

130

Auf dem Weg zum Nationalstaat

172

7
ESSEN
Gußstahlfabrik Krupp

Imperialismus und Erster Weltkrieg

242

Anhang

284

1

Städte und Handel im Mittelalter

Eine Stadt ist ein Lebensraum voller Menschen und Trubel. Das gilt schon seit dem Mittelalter.

Dass damals viele neue Städte entstanden, lag auch am wachsenden Handel. Waren aus fernen Ländern, wie z.B. Datteln, edle Seidenstoffe, Gold und Salz, waren besonders beliebt. Um diese Waren jederzeit anbieten zu können, suchte man nach neuen Handelswegen. Auf diese Weise kam mancher Kaufmann zu großem Wohlstand – und das nicht nur in Europa, sondern auch in Afrika und Asien. In gleichem Maße, wie Handelswege länger und das Warenangebot vielfältiger wurden, wuchsen auch die Städte.

Das Bild zeigt, wie man sich 2024 den Alltag im Hafen Lübecks im 14. Jahrhundert vorstellt.

1 Vermutet, weshalb das Wachstum der Städte und der Handel so eng miteinander verbunden waren.

2 Zählt einen Gegenstand, ein Nahrungsmittel und ein Kleidungsstück aus eurem Alltag auf, die euch besonders wichtig sind. Findet heraus, woher diese stammen.

Städte und Handel im Mittelalter

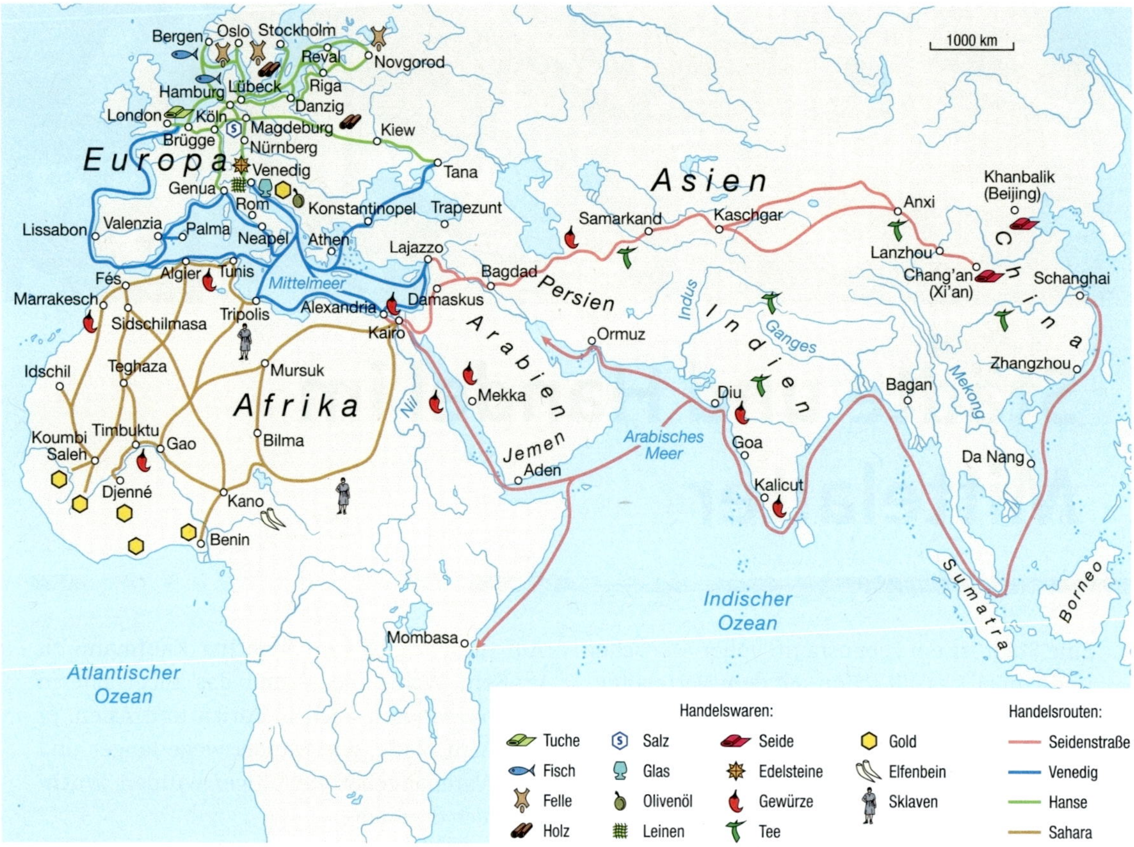

1 Handelswege im Mittelalter – von Europa nach Asien und Afrika.

Städte und Handel – untrennbar verbunden?

Die Stadt gewann im Mittelalter immer mehr an Bedeutung. Das liegt zum einen daran, dass von 1100 bis 1500 viele Städte gegründet wurden. Städte waren zum anderen nicht nur Orte, an denen die Menschen lebten, sondern auch arbeiteten und Handel miteinander trieben. Der Bau und die Entwicklung von Städten und der Handel standen dabei in einer Wechselwirkung: Einerseits waren große Städte mit vielen Menschen beliebte Ziele von Händlern, die dort Geschäfte machen wollten. Andererseits brachten erfolgreiche Kaufleute viel Geld in die Städte, womit der Ausbau der Stadt bezahlt werden konnte. Händler nahmen immer weitere Wege auf sich, um besonders gefragte und kostbare Waren zu beschaffen. Das Warenangebot im Mittelalter wurde deshalb immer vielfältiger und die Handelsstädte wurden immer größer. Das brachte jedoch auch Probleme mit sich (Bilder 2–5).

1 Notiert euren ersten Eindruck beim Betrachten der Karte.

2 Zählt mithilfe der Karte und einem Atlas heutige Länder auf, aus denen im Mittelalter Waren nach Europa gekommen sind.

3 **a** Nennt Waren, die heute aus Afrika und Asien nach Deutschland eingeführt werden.
b Vermutet, welche dieser Waren im Mittelalter von Bedeutung waren.

4 Ordnet die Bilder 2 bis 5 dem Thema Handel bzw. dem Thema Stadt zu. Vergleicht eure Ergebnisse und beschreibt, was euch auffällt.
› *Ich habe Bild 1 ... zugeordnet, weil ...*

5 Vermutet anhand der Bilder 2 bis 5, welche Herausforderungen größere Städte und der sich verändernde Handel mit sich brachten.

5. Jh.	8. Jh.	um 1100	12. Jh.	Um 1250	13. Jh.
Der Handel mit Afrika verstärkt sich.	Gründung der Republik Venedig	ca. 20 Städte neu gegründet	Norddeutsche Kaufleute gründen die Hanse.	über 200 Städte neu gegründet	Der Handel auf der Seidenstraße hört auf.

2 Ein Händler in Nürnberg wiegt Waren ab, um bei der Einreise in die Stadt die Abgaben zu bezahlen. *In Stein gehauenes Relief, 1497.*

4 Händler zahlen Abgaben, um mit ihren Waren in die Stadt eingelassen zu werden. *Zeichnung, um 1400.*

3 Mittelalterliche Münzen aus Kupfer, Silber und Gold. Die Münzen stammen aus deutschen und italienischen Städten. Sie zeigen verschiedene Herrscher, Heilige und Stadtwappen.

5 Bau einer zweiten Stadtmauer mit Tor um eine wachsende Stadt. *Zeichnung, 15. Jh.*

Wie entstanden Städte?

Städte entstanden an ...
- A) ehemaligen Römerstädten, z.B. Köln.
- B) Burgen, z.B. Dortmund.
- C) Klöstern, z.B. Mönchengladbach.
- D) Wasserwegen, vor allem an Häfen und *Buchten, z.B. Düsseldorf.
- E) Flussübergängen wie Brücken und *Furten, z.B. Hameln.
- F) Kreuzungen von Handelswegen, z.B. Soest.

1 Rekonstruktionszeichnungen zu Voraussetzungen für die Entstehung von Städten.

Wie entwickelten sich Städte?

Die Städte entwickelten sich meist aus kleinen Siedlungen, in denen die Bevölkerung stark zunahm. An günstigen Standorten wurden Städte aber auch neu gegründet (Bild 1).

Heute sprechen wir von einer Stadt, wenn hier mindestens 5000 Menschen leben. Im Mittelalter hatten fast alle Städte im Deutschen Reich nur zwischen 200 und 3000 Einwohnerinnen und Einwohner. Diese waren meistens sogenannte *Bürgerinnen und Bürger. Zu den großen Städten mit etwa 10 000 Menschen gehörten Frankfurt am Main, Erfurt, Wien, Lübeck und Prag. In Köln wohnten im 13. und 14. Jahrhundert sogar 50 000 Menschen.

Welche Merkmale hatten Städte?

- Viele Menschen lebten auf engem Raum.
- Zum Stadtbild gehörten Wohnhäuser, Mauern, Türme, Stadttore, Gassen, Kirchen, Baustellen, ein Marktplatz und manchmal Wassergräben.
- Es gab viele Berufsgruppen und regen Handel.
- Die Kirche kümmerte sich um Arme und Kranke.
- Die Bäuerinnen und Bauern auf dem Land versorgten die Städte mit Lebensmitteln.

Wem gehörten die Städte?

Städte gehörten meist einem Grundherrn, z.B. einem Herzog oder einem Bischof. Auf seinem Grund stand die Stadt. Beim Handel auf dem Markt gewährten die Stadtherren den Stadtbewohnerinnen und -bewohnern Selbstbestimmung. Die meisten Bestimmungen wurden in den Stadt- oder Marktrechten schriftlich festgelegt. Zu diesen Bestimmungen gehörten die Rechte und Pflichten der Bürgerinnen und Bürger und die Abgaben, die sie zahlen mussten. Städte brachten ihren Stadtherren meist viel Geld ein. Im Laufe der Zeit gelang es immer mehr Städten, sich von ihren Herren zu lösen und zu freien Städten zu werden.

***die Bürgerin, der Bürger**
Einwohnerinnen und Einwohner einer mittelalterlichen Stadt, die das Bürgerrecht besaßen und damit politisches Mitspracherecht hatten, z.B. durch die Wahl des Stadtrates

*** die Bucht**
ist ein Teil eines Flusses, Sees oder Meeres. Sie ist teilweise von Land umgeben und bietet Schutz für Schiffe.

*** die Furt**
ist eine flache Stelle in einem Fluss.

2 Die Stadt Köln am Rhein. *Holzschnitt, um 1493.*

Q1 Aus der Gründungsurkunde des Herzogs Konrad von Zähringen 1120 für die Stadt Freiburg:

Ich, Konrad, gründe auf meinem Besitz, nämlich Freiburg, einen Markt. Daher möchte ich Kaufleute von überall her zusammenrufen, die sich hier niederlassen. Ich teile jedem Kaufmann, der hierherkommt, ein Grundstück zu, auf dem er ein Haus errichten kann. Dafür zahlen er und seine Kinder und Enkel mir jährlich Geld als Miete. Ich verspreche zudem folgende Rechte ...:

1) Ich verspreche, dass alle, die meinen Markt besuchen, Frieden und sicheres Geleit erhalten. ...
2) Wenn einer meiner Bürger stirbt, dann darf seine Familie das gesamte Erbe behalten.
3) Alle Bürger meiner Stadt dürfen das „allgemeine“ Weideland, die Flüsse und Seen, Wälder und ... auf meinem Besitz nutzen.
4) Ich erlasse allen Kaufleuten den *Zoll.
5) Meine Bürger dürfen sich den *Vogt und Priester frei wählen. ...
6) Rechtsstreitigkeiten zwischen meinen Bürgern entscheide nicht ich, sondern sie werden unabhängig verhandelt werden, nach dem üblichen Recht der Kaufleute.
7) Jeder Bürger darf seinen Besitz, wenn er möchte, frei verkaufen.
8) Jeder, der nach Freiburg kommt, darf hier frei und sicher wohnen. Wenn er aber der Leibeigene eines Herrn ist, dann darf dieser Herr ihn wiederholen. ... Wenn aber ein Leibeigener ein Jahr und einen Tag in der Stadt Freiburg wohnt, ohne dass ihn ein Herr geholt hat, dann ist er frei.
9) Bürger der Stadt Freiburg ist, wer einen freien Besitz von mindestens einer Mark Wert besitzt.

*** der Zoll**
Dies ist eine Abgabe auf Waren, um Eintritt in die Stadt zu erhalten.

*** der Vogt**
Dies ist ein Vertreter des Landesherrn, er steht z. B. dem Gericht vor.

1 **a** Ordnet den Orten in Bild 1 die passenden Erklärungen A bis F zu.
b Überlegt, aus welchen Gründen diese Orte günstig für die Ansiedelung von Städten waren.
> *Die Entstehung einer Stadt an ... war günstig, weil ...*
> *Es ist günstig, dass schon ... vorhanden war, weil ...*
> *Die Lage an ... begünstigte den Handel, weil ...*

2 Findet mithilfe des Textes Z. 15–23 Kennzeichen einer mittelalterlichen Stadt in Bild 2.
> *Die Stadt ist von einer ... umgeben.*
> *Im Hintergrund erkennt man ...*

3 Nennt mithilfe des Textes Z. 24–37 und Q1 zwei Motive für einen Grundherrn, eine Stadt zu gründen, und fünf Motive für Bürgerinnen und Bürger, in einer Stadt zu wohnen.
> *Nehmt die Unterrichtsmethode „Placemat“ auf S. 289 zu Hilfe.*

Woran erkennt man eine mittelalterliche Stadt?

1 Stadtplan der mittelalterlichen Stadt Duisburg von Johann van den Korput. *Druck von 1563.*

Gab es die typische Stadt im Mittelalter?
Im späten Mittelalter wurden im Deutschen Reich fast 4000 neue Städte gegründet. Auch wenn diese sehr unterschiedlich gestaltet waren, gab es trotzdem einige Merkmale, die fast alle Städte gemeinsam hatten (M1).

Manche Städte wuchsen so schnell, dass der Ausbau der Stadtmauer nicht mithalten konnte. Gerade in den erfolgreichen Handelsstädten lebten deshalb längst nicht alle Einwohnerinnen und Einwohner innerhalb der schützenden Stadtmauern.

Während die Städte wuchsen, entstanden oft neue Siedlungen am Stadtrand. Auf dem Gebiet des heutigen Nordrhein-Westfalen war dies vor allem bei Städten entlang des Rheins der Fall. Bis heute lässt sich diese Entwicklung im Umfeld großer Städte beobachten.

Auch außerhalb Europas kam es im Mittelalter zu vielen neuen Stadtgründungen. Vor allem die islamischen Herrscher trieben den Städtebau im Orient, in Afrika (siehe S. 16/17, 34) und auf dem Gebiet des heutigen Spanien und Portugal voran. Im Orient bauten sie die in der Antike entstandenen Städte aus. Wie in Europa gab es große Unterschiede bei der Gestaltung und Entwicklung dieser islamisch geprägten Städte. Trotzdem lassen sich auch für diese einige Gemeinsamkeiten feststellen (Bild 2). Manche Merkmale einer Stadt finden sich sogar sowohl in Städten des christlichen Mittelalters als auch in islamisch geprägten Städten.

M1 Der Historiker Winfried Ackermann schrieb 1987 eine Erzählung von einer Reise in eine mittelalterliche Stadt im Deutschen Reich:

Noch ehe der Tag angebrochen ist, macht sich der Bauer auf den Weg zur Stadt. Heute nimmt er zum ersten Mal seinen Sohn mit. Dieser trägt einen Korb mit Eiern. Über die Schulter hat er sich zwei Hühner gehängt. Der Vater hat in seinem schweren Tragekorb einige *Maß Mehl, Butter und noch ein paar Felle.

Das Dorf liegt über vier Stunden Fußmarsch von der Stadt entfernt. Endlich, als die Sonne aufgeht, sehen sie die Türme der Stadt vor sich. Der Sohn ist ganz aufgeregt.

„Vater! So viele Türme und Dächer habe ich noch nie gesehen. Jetzt weiß ich, was eine Stadt ist! Wo viele Menschen wohnen, das ist eine Stadt."

„Nein", entgegnet der Vater, „das stimmt nicht ganz. Nicht die Zahl der Menschen ist entscheidend. Der Ort muss eine Mauer, ein Gasthaus und sein eigenes Rathaus haben. Dann kann er sich Stadt nennen. Außerdem hat jede Stadt einen Markt. Er befindet sich in der Nähe der großen Stadtkirche und des Rathauses. Wir sind bald dort."

Mit vielen anderen Bäuerinnen und Bauern stehen sie vor dem Stadttor. Ein *Stadtknecht hält sie an. Er durchsucht den schweren Tragekorb. Dann dürfen sie passieren, ohne eine Abgabe zahlen zu müssen, denn sie tragen nur die für die Stadt wichtigen Lebensmittel mit sich. Für andere Waren muss man nämlich Zoll bezahlen.

Schnell haben sich die beiden durch das Gedränge der Wagen und Menschen hindurchgeschlängelt. Sie laufen durch die engen Gassen und gelangen endlich auf den Hauptmarkt. Hier wird alles angeboten, was die Bürgerinnen und Bürger der Stadt brauchen.

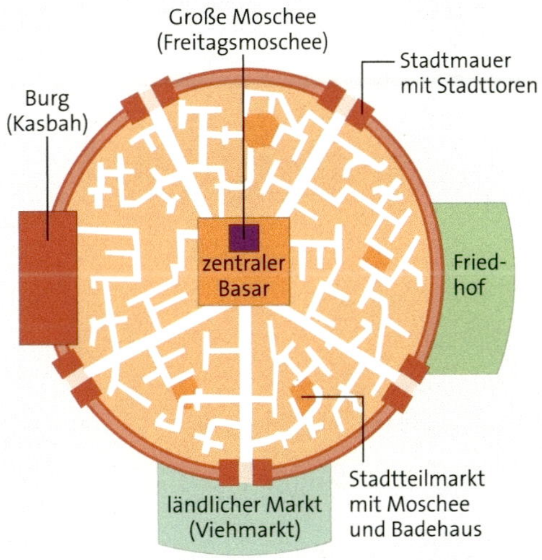

2 Stadtplan einer islamisch geprägten Stadt im mittelalterlichen Afrika.

1 Zählt mithilfe von M1 die wesentlichen Merkmale einer Stadt im Deutschen Reich auf.

2 Ordnet die Merkmale einer Stadt aus M1 den Nummern in Bild 1 zu. Nutzt für ⑤ und ⑥ in M1 Z. 21/22.

3 Vergleicht den Aufbau der Stadt Duisburg in Bild 1 mit dem Stadtplan einer arabischen Stadt in Afrika (Bild 2). Nennt Gemeinsamkeiten und Unterschiede.

4 In einem Internetforum wird behauptet: „Im Grunde gab es gar keine typische Stadt im Mittelalter." Beurteilt diese Aussage anhand des Textes Z. 1–30 sowie der Bilder 1 und 2.
> *Gegen die Aussage spricht ...*
> *Was dafür spricht, ist ...*
> *Abschließend lässt sich sagen, dass ...*

Was ihr noch tun könnt:

1 Stellt euch vor, die Erzählung in M1 würde sich auf eine islamisch geprägte Stadt im mittelalterlichen Afrika beziehen. Entwickelt einen Vorschlag, wie der Text verändert werden müsste.
> *Nehmt Bild 2 zu Hilfe.*

* **die Maß**
Eine Maß ist eine bestimmte Menge Flüssigkeit oder Pulver. Heutzutage entspricht eine Maß 1,069 Liter.

* **der Stadtknecht**
Dies ist eine meist bewaffnete Wache, die am Stadttor die einreisenden Menschen kontrolliert.

* **der Basar**
Der Basar bezeichnet ein Geschäftsviertel in islamisch geprägten Städten. Er besteht aus frei stehenden Marktständen und den umliegenden Geschäften.

* **die Moschee**
muslimisches Glaubenshaus

Ein Kaufmann auf Reisen in Kairo um 1200

1 Ein europäischer Händler orientiert sich im mittelalterlichen Kairo. *Illustration, 2024.*

„In der Ferne wartet der Reichtum", war ein übliches Sprichwort unter Kaufleuten des Mittelalters. Nach und nach nahmen immer mehr Kaufleute aus Europa die anstrengende Reise nach Kairo auf sich – zu verlockend war die Vorstellung, dort begehrte Waren einzukaufen und durch den Handel mit diesen zu Wohlstand zu kommen. Kairo war 969 an einer Kreuzung wichtiger Handelsstraßen gegründet worden. Über diese Handelsstraßen und über den Nil kamen Waren aus Afrika und Asien nach Kairo. Die Stadt entwickelte sich rasch zur Hauptstadt eines großen Reiches in Nordafrika.

Wählt eine Aufgabe aus. Stellt eure Ergebnisse den anderen Mitschülerinnen und Mitschülern vor.

1 Viele Fernkaufleute führten ein Reisetagebuch – entweder für sich selbst oder für ihre Auftraggeber. Gestaltet einen Tagebucheintrag aus Sicht des europäischen Kaufmanns, den ihr im Vordergrund seht. Nutzt den → Wortschatz.

2 Untersucht die abgebildete Szene und notiert die Handelswaren, die in Kairo angeboten wurden. Begründet, welche dieser Waren für einen Kaufmann aus Europa vermutlich besonders interessant waren.

3 Vergleicht den Aufbau des mittelalterlichen Kairos mit dem Aufbau einer mittelalterlichen Stadt in NRW. Nennt Gemeinsamkeiten und Unterschiede.
> Nehmt die Grafik und die Karte auf S. 14/15 zu Hilfe.

WORTSCHATZ

1 Im Gedränge laufen | laute Gespräche hören | Duft von Gewürzen riechen | unbekannte Waren sehen | bunte Teppiche bestaunen | feine Seidenstoffe anfassen | mit gastfreundlichen Händlern sprechen | zum Gebet aufrufen | Hitze spüren

Im Internet recherchieren

Das Internet ist voll von Informationen zu allen möglichen Themen. Das kann sehr nützlich sein, wenn die Informationen aus dem Schulbuch oder anderen Büchern und Zeitschriften nicht ausreichen. Vorhandenes Wissen lässt sich so ergänzen. Zu den Stärken des Internets gehört, dass sich viele Menschen aktiv mit ihren Fachkenntnissen einbringen können. Dies bringt jedoch auch Gefahren mit sich: Nicht alle Internetseiten bieten Informationen, die vertrauenswürdig und gut verständlich sind. Für Schülerinnen und Schüler gibt es deshalb eigene Suchmaschinen wie „kiidle.net“ und Wissensseiten wie „kinderzeitmaschine.de“. Mit diesen Seiten lassen sich Informationen finden, die leicht verständlich und verlässlich sind.

Mithilfe der folgenden Schritte könnt ihr eure Recherche im Internet planen, durchführen und auswerten:

Schritt 1: Suchbegriffe zu einem Thema finden
- Zu welchem Thema werden Informationen benötigt?
- Gibt es Begriffe, die für das Thema besonders wichtig sind?
- Welche dieser Begriffe können als Suchwort bzw. Suchwörter nützlich sein?

Schritt 2: Suche durchführen
- Liefert ein Suchwort zu wenige Treffer? Lässt es sich durch ein anderes Wort aus Schritt 1 ersetzen?
- Liefert ein Suchwort zu viele Treffer?
- **Tipp:** *Mit „+“ lässt sich ein weiteres Suchwort hinzufügen oder mit „–“ bestimmte Treffer ausschließen (QR-Code).*

Schritt 3: Suchergebnisse überprüfen
- Welche der gefundenen Beiträge sind nicht zu lang, gut strukturiert (z. B. durch ein Inhaltsverzeichnis) und verständlich?
- Gibt die Webseite klar nachvollziehbar an, wer für die Information verantwortlich ist? (Im Impressum auf der Seite steht, wer für den Inhalt verantwortlich ist: z. B. Personen, Unternehmen, Museen, Schulen oder Universitäten).

Schritt 4: Informationen auswerten und sichern
- Gibt es unbekannte Wörter? Lassen sich diese mithilfe des Internets klären?
- Finden sich passende Bilder zum Thema, die verwendet werden können?
- Wurden Informationen und Bilder so gespeichert, dass sie sich wiederauffinden lassen? (Es lässt sich z. B. ein Lesezeichen im Browser anlegen.)
- Wurden für alle Informationen und Bilder die Internetadresse und das Datum notiert (Quellenangabe)?

1 Ordnet die Bilder 1 und 2 den Schritten 1–4 zu.

2 Verfasst mithilfe der vier Schritte eine vollständige Lösung für das Beispiel.
> *Nutzt die Lösungshilfen.*

3 Erstellt eine Sammlung von weiteren Suchmaschinen und Wissensseiten für Schülerinnen und Schüler. Notiert hierfür die Internetadressen.

4 Recherchiert Informationen zu einer weiteren mittelalterlichen Stadt im heutigen Nordrhein-Westfalen, in Afrika oder in Asien. Erklärt die besondere Bedeutung dieser Stadt.

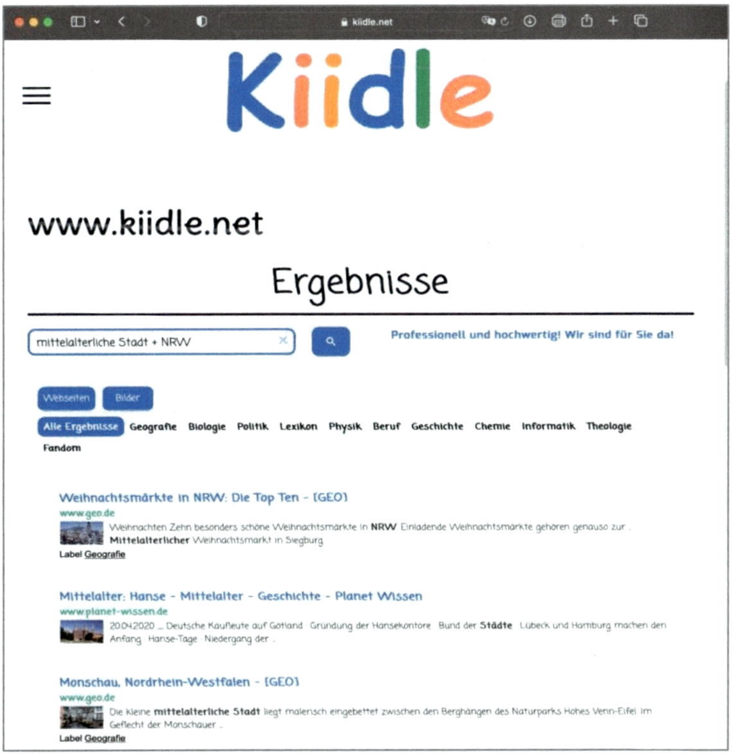

1 Bildschirmausschnitt (Screenshot) von einer Websuche mit „Kiidle“, 2024.

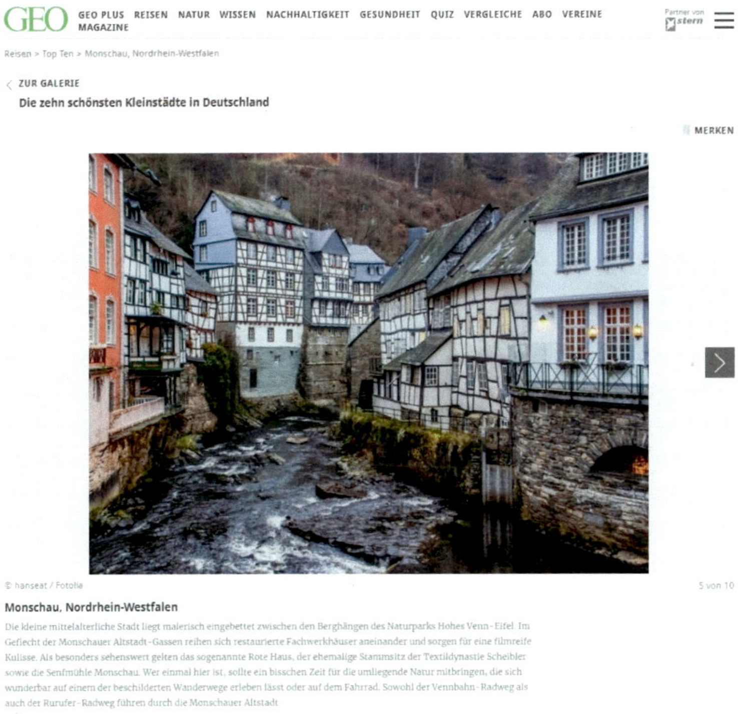

2 Bildschirmausschnitt des Artikels zu Monschau auf „geo.de“, 2024.

Lösungshilfen:

Zum Schritt 1:
Um etwas über … zu erfahren … | Es werden … und … als Suchwörter ausgewählt.

Zum Schritt 2:
Mithilfe der Suchmaschine … finden sich … | Durch das + lassen sich Suchwörter verbinden, um … | Falls sich zu wenige Treffer finden lassen, wechselt man die Begriffe oder …

Zum Schritt 3:
Die Kurzbeschreibungen unter den Links helfen dabei … | Die Wahl fällt auf … | Der Beitrag ist übersichtlich und … | Aus der Überschrift lässt sich schließen, dass … | Über die Autorin oder den Autor erfährt man … | Es bleibt noch unklar, …

Zum Schritt 4:
Der Text ist insgesamt … | Die Worte … sollten zusätzlich erklärt werden. Sie bedeuten … | Das Foto auf der Seite zeigt … | Die Internetadresse zu dem Bericht lautet: … | Die Seite wurde am … aufgerufen.

Machte Stadtluft frei?

1 Angriff auf eine Stadt und Verteidigung durch die Bürger. *Miniatur 1493.*

2 Der große Stadtbrand von Bern. *Buchmalerei, 1405.*

Was bedeutete Freiheit in der Stadt?

Immer häufiger besagte das Stadtrecht vieler mittelalterlicher Städte: Wer ein Jahr und einen Tag in der Stadt lebt, ohne dass ihn sein Herr zurückholt, ist frei. Voraussetzung für das Bürgerrecht war in der Regel der Nachweis von Besitz, z.B. eines Hauses oder eines Grundstücks. Die Namen wurden im Bürgerbuch aufgeschrieben.

Zu den Rechten der Bürgerinnen und Bürger gehörten die Freiheit des Besitzes, der Heirat und des Erbes (siehe S. 13, Q1). Das war für viele Menschen der Landbevölkerung sehr verlockend und die Einwohnerzahlen der Städte nahmen zu.

Das Leben der Menschen in der Stadt war streng geregelt. Diese Regeln betrafen alle Bereiche des Lebens (Q1 und Q2). Dabei war es die bürgerliche Bevölkerung selbst, die mit wachsender Macht die Regeln schriftlich festlegte (Q2). Es gab auch Menschen ohne Bürgerrechte, die sogenannten Einwohner. Sie hatten weniger Rechte, aber auch sie wurden zu vielen Pflichten herangezogen.

Welche Pflichten gab es für die Stadtbevölkerung?

Für die vielen Ausgaben der Stadt wurden Steuern eingezogen. Von dem Geld konnten z.B. öffentliche Gebäude wie das Rathaus bezahlt werden. Auch die städtischen Beamten, wie z.B. die Schreiber, erhielten mithilfe der Steuern ihren Lohn.

Zusätzlich leisteten die Menschen Dienste: Dazu gehörten beispielsweise der Bau der Stadtmauer, deren Reparatur oder Wachdienste auf den Türmen und Mauern (Q2). Bei Angriffen mussten die Bürgerinnen und Bürger ihre Stadt mit Waffen verteidigen (Bild 1). Auch Feuerwehrdienste waren wichtig. Es brannte häufig in den sehr eng bebauten Gassen der Städte und die meisten Häuser waren aus Holz gebaut (Bild 2).

Bildung und Universitäten

Zur Freiheit mancher Menschen in den Städten gehörten auch neue Bildungsmöglichkeiten. Für viele Berufe, vor allem für Fernkaufleute, wurden Grundlagenkenntnisse des Rechnens, Lesens und Schreibens immer wichtiger. So entstanden mehr Schulen, meist weiterhin mit Lehrern aus dem Klerus. Auch erste Universitäten wurden in einigen Städten gegründet, wenn auch oft nur wenige Fächer gelehrt wurden. Mehr Bildung brachte bessere Arbeitsmöglichkeiten. Frauen blieben jedoch viele Bildungsmöglichkeiten und die Universitäten ganz verschlossen (Q3).

In den islamischen Ländern des Mittelalters war die Entwicklung der Wissenschaften im Vergleich viel weiter vorangeschritten als in Europa (siehe S. 48, 50). Nach und nach lernte man dazu (Bild 3).

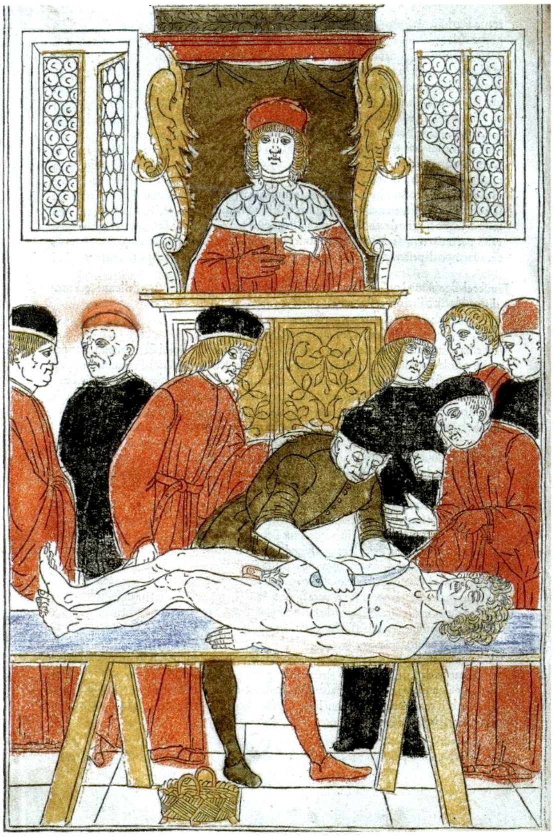

3 *Anatomievorlesung und Untersuchung einer Leiche, vermutlich an einer italienischen Universität. Frauen hatten keinen Zugang zur Universität. *Holzschnitt von Johannes de Ketham, 1493.*

Q1 Aus der Kleiderordnung der Stadt Speyer, erlassen vom Rat der Stadt, 1356:

Die Frauen sollen keinen Kranz oder Schleier tragen, der mehr als vierfach gewunden ist oder höher als eines Fingers Breite von der Stirn aufragt. Ihre Zöpfe oder ihr Haar soll keine hinten herabhängen lassen oder vorne unanständig gebundene Locken machen ... Aber eine Jungfrau, die noch keinen Mann hat, darf wohl ihre Zöpfe oder Haarschnüre hinten herabhängen lassen. Keine Frau oder Jungfrau darf einen Männermantel tragen ... Den Männern gebieten wir: ... Die Röcke sollen bis an die Knie reichen ... Keiner soll auch einen spitzen Schnabel an den Schuhen oder an den Lederstrumpfhosen tragen.

*** die Anatomie**
Die Anatomie ist die medizinische Lehre, die sich beispielsweise mit dem Aufbau des Skeletts, der Lage der Organe, der Muskulatur und den Nervenbahnen beschäftigt. Die Vorlesung ist ein Vortrag an der Universität.

Q2 Sicherungen zur öffentlichen Ordnung in Köln von ca. 1400:

Zuerst gebieten unsere Herren, dass niemand ... nach 11 Uhr auf die Straße geht, außer denen, die das kontrollieren sollen. Die Strafe soll 10 Mark [zwei bis drei Tageslöhne eines Schmieds oder Maurers] betragen. Wer nachts oder tags Aufruhr ... in Köln verursacht, der soll Leben, Hab und Gut verlieren ... Der Rat gebietet, ... dass jeder Mann und jede Frau die Straßen reinigen soll.

Q3 Zu den wenigen gebildeten Frauen gehörte Christine de Pizan. Sie schrieb 1404/05:

Weißt du denn, weshalb Frauen weniger wissen? ... Ganz offensichtlich ist dies darauf zurückzuführen, dass Frauen sich nicht mit so vielen verschiedenen Dingen beschäftigen können, sondern sich in ihren Häusern aufhalten ... Dabei hat sie Gott mit einem scharfen Urteilsvermögen versehen, um sie, wenn sie es nur wollen, in allen Bereichen einzusetzen, in denen die ruhmreichen ... Männer wirken.

1 Betrachtet die Bilder 1 und 2 und fertigt Stichpunkte über die Verteidigung und die Brandbekämpfung in der Stadt an.

2 Stellt in einer Tabelle Freiheiten der Stadtbevölkerung (Z. 1–11, 36–47, S. 13, Q1) den Pflichten (Z. 21–34, Q1 und Q2) gegenüber.

3 Führt mithilfe des Textes Z. 46–48 und Q3 ein fiktives Interview mit Christine de Pizan.
> *Nehmt die Methode „Ein fiktives Interview führen" von S. 288 zu Hilfe.*

4 Vermutet, welche konkreten Erkenntnisse die Gelehrten in Bild 3 während der Vorlesung machten.
> *Nehmt auch die Worterklärung zu „Anatomie" zu Hilfe.*

5 Beurteilt aus der Sicht des Mittelalters und bewertet aus heutiger Sicht: Machte Stadtluft frei?
> *Nehmt die Methode „Ein eigenes Urteil bilden" von S. 285 zu Hilfe.*
> *Bürgerin oder Bürger im Mittelalter zu sein, bedeutete ... . Daher kann man sagen, dass ... Aus heutiger Sicht aber ... , weil ...*

Welche Schichten gab es in der Stadtbevölkerung?

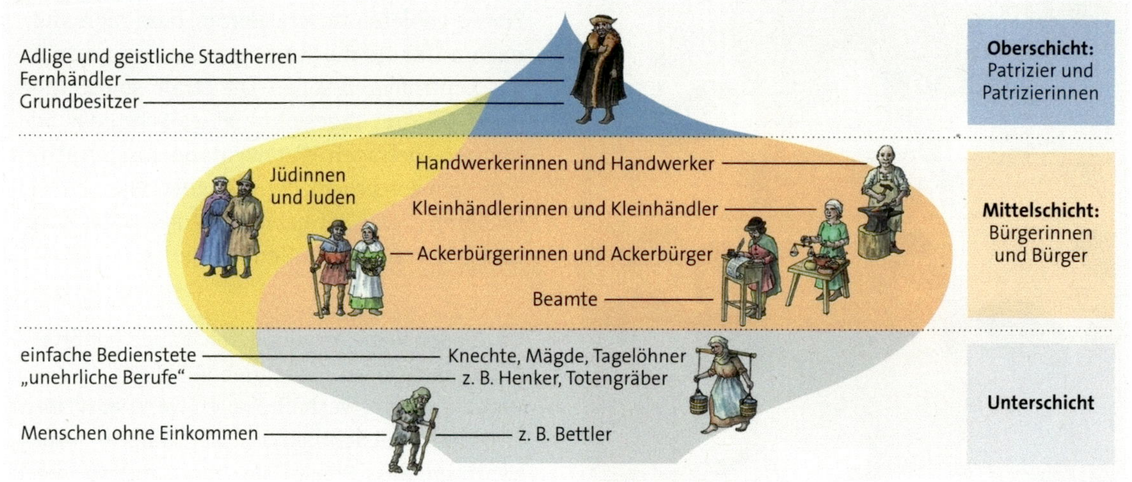

1 Schaubild zu den Schichten der städtischen Gesellschaft in der mittelalterlichen Stadt.

Gab es eine feste Ordnung in der Stadtbevölkerung?

Die Bewohnerinnen und Bewohner mittelalterlicher Städte waren verschiedenen Schichten zugeordnet. Die Zugehörigkeit zu einer Schicht konnte man leicht erkennen. Besitz und Reichtum oder auch Armut zeigten sich vor allem daran, wie man sich kleidete und wie man wohnte (Bilder 2–4).

Schon durch die Geburt gehörte man einer der Schichten an. Man konnte in der Gesellschaft aber auch aufsteigen, z.B. durch einen großen geschäftlichen Gewinn. Ebenso konnte man aber auch absteigen, z.B. durch schlechte Geschäfte und Geldverluste. Man heiratete meist nur innerhalb der eigenen Schicht. Jüdinnen und Juden konnten in den Städten allen Gesellschaftsschichten angehören. Dennoch wurden sie häufig als „Außenseiter" markiert.

Das Bürgertum: Oberschicht und Mittelschicht

Zur Oberschicht gehörten die Stadtherren, aber auch die wohlhabenden und einflussreichen Bürgerinnen und Bürger der Stadt. Sie wurden Patrizier genannt – eine Bezeichnung aus der antiken römischen Gesellschaft. Im Mittelalter waren dies vor allem reiche Kaufleute. Besonders der Fernhandel mit teuren Waren brachte ihnen hohe Einnahmen (siehe S. 32–35). Die Patrizier zeigten ihren Reichtum gern, auch durch ihre prächtigen Steinhäuser. Diese standen im Zentrum der Stadt, waren mehrstöckig und zur Straße hin aufwendig verziert. Die reichen Familien hatten einen großen Haushalt mit vielen Bediensteten.

Zur Mittelschicht gehörte die Mehrheit der Stadtbewohner. Die meisten von ihnen waren Handwerkerinnen und Handwerker oder Kleinhändler. Frauen arbeiteten vor allem im Textilgewerbe, stellten also Kleidung her oder waren beispielsweise auch in der Krankenpflege oder als Hebammen tätig.

Wer gehörte zur Unterschicht?

Einfache Bedienstete und Menschen ganz ohne Einkommen gehörten der Unterschicht an. Viele lebten „von der Hand in den Mund". Das bedeutet, dass diese Familien immer neu versuchen mussten, eine Arbeit für einen Tag zu finden oder sich Geld oder Essen zu erbetteln.

Bei den sogenannten „unehrlichen Berufen" handelte es sich meist um solche, die mit Blut, Unrat und Gestank zu tun hatten: Abdecker, die tote Tiere verarbeiteten, Totengräber oder Straßenkehrer. Aber auch Müller, die beim Mahlen des Getreides die Gelegenheit zum Schummeln hatten, gehörten an manchen Orten dazu. Wer zu dieser Gruppe gehörte, blieb meist lebenslang arm und hatte keine Chance, in das Bürgertum aufzusteigen. Dabei waren viele dieser Berufe unverzichtbar für das Stadtleben.

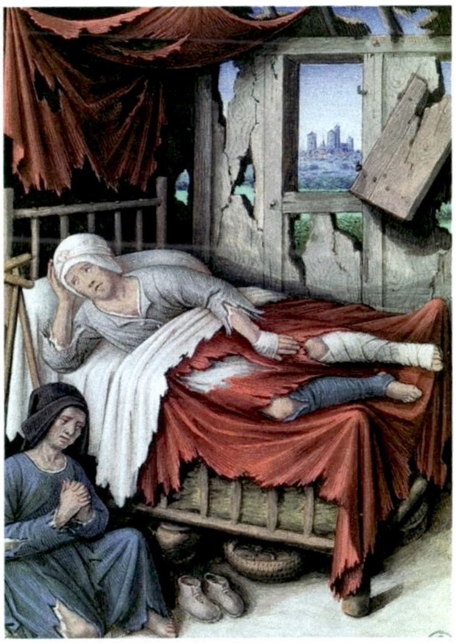

2 Tagelöhnerfamilie. *Zeichnung von Jean Bourdichon, 15. Jh.*

3 Familienleben. *Zeichnung von Jean Bourdichon, 15. Jh.*

4 Bäcker bei der Arbeit. *Miniatur von Giovannino de Grassi, 14. Jh.*

Was waren Gilden und Zünfte?

Die Kaufleute gründeten Gilden, denn im Mittelalter gab es keine Krankenkasse oder Versicherung für Notzeiten. Verarmte ein Kaufmann, weil sein Schiff unterging oder er krank wurde, bekamen er und seine Familie die Unterstützung der Gilde. Alle Mitglieder leisteten bei der Aufnahme einen Eid. Damit schworen sie, sich gegenseitig in Not zu unterstützen. Nur mit einem guten Ruf und der Bezahlung der Aufnahmegebühr erhielt man einen Sitz in der Gilde.

Zünfte wurden durch Zusammenschlüsse der verschiedenen Handwerksberufe gebildet. Nur die Handwerksmeister hatten Zugang. Die Zünfte halfen den Mitgliedern in der Not und feierten gemeinsame Feste. Vor allem stellten sie Regeln auf: Wie viele Bäcker, Schmiede usw. darf es geben? Wie viel darf produziert werden? Wie muss die Qualität der Waren sein? Wie sind die Preise? Wie lang sind die Arbeitszeiten? Wie werden Lehrlinge ausgebildet? Welchen Schutz gibt es im Alter und bei Krankheit?

Als Erkennungszeichen entwickelten die Zünfte Zeichen, die außen vor der Werkstatt oder an dem Laden angebracht wurden. Man findet sie noch heute im Stadtbild.

Für Frauen gab es in Deutschland nur wenige zunftähnliche Vereinigungen, z.B. Garn- und Seidenmacherinnen, die in Köln ansässig waren.

1 Beschreibt mithilfe des Textes Z. 1–17 und des Schaubildes die Ordnung der mittelalterlichen Stadtgesellschaft.

2 Ordnet der Ober-, Mittel- und Unterschicht je eines der Bilder 2–4 zu. Begründet eure Wahl.

> *Bild 2 gehört zur ... Das erkennt man an ...*

3 Bereitet mithilfe der Materialien dieser Doppelseite einen Kurzvortrag über eine der drei Schichten vor. Nutzt den → Wortschatz.

> *Nehmt die Methoden „Einen Kurzvortrag halten“ von S. 290/291 und „Feedback geben“ von S. 291 zu Hilfe.*

Was ihr noch tun könnt:

1 Recherchiert nach Handwerksberufen und Zunftzeichen im Mittelalter und erstellt dazu ein Plakat (QR-Code).

> *Nehmt die Methoden „Im Internet recherchieren“ auf S. 18/19 und „Ein Lernplakat gestalten“ auf S. 290 zu Hilfe.*

WORTSCHATZ

3 Zur Oberschicht/Mittelschicht/Unterschicht gehören | die Mehrheit / eine Minderheit bilden | Vorteile/Nachteile ausmachen | Gilden/Zünfte gründen | Unterstützung erhalten | Angelegenheiten regeln

Wie forderten die Menschen in den Städten mehr Rechte?

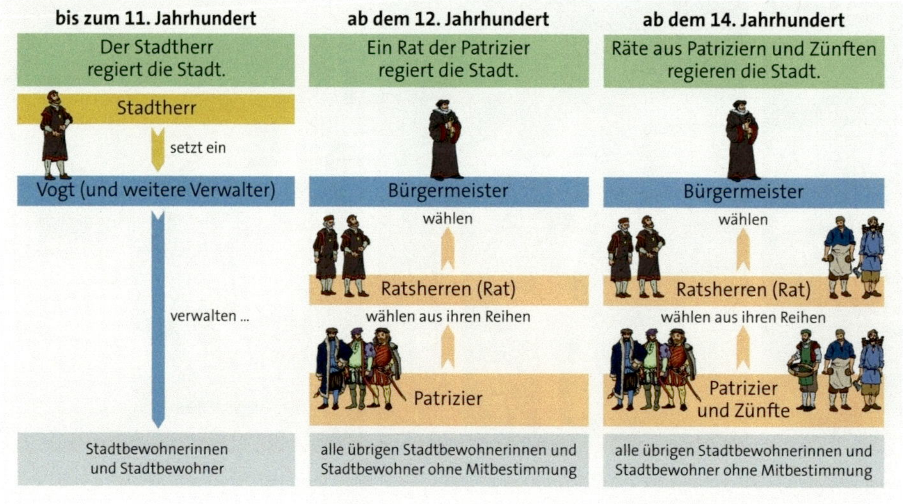

1 Schaubild zur Entwicklung der Selbstverwaltung in Städten. Die Pfeile zeigen: Wer herrscht über wen? Wer setzt ein oder wählt?

Städte wollten mehr mitbestimmen

Bis zum 11. Jahrhundert konnte der Stadtherr, z.B. ein Adliger oder ein Geistlicher, über seine Stadt bestimmen. Für die Verwaltung setzte er meist einen Vogt ein, der in seinem Sinne handelte. Im Laufe der Zeit wollten die Menschen in den Städten aber mitreden, wenn es um ihre Angelegenheiten ging. Das gelang nicht in allen Städten und immer mussten sie sich diese Rechte erkämpfen.

Wer saß und bestimmte in den Räten?

Auf ihrem mühsamen Weg zu immer mehr Unabhängigkeit gelangen den Patriziern erste Fortschritte. Ab dem 12. Jahrhundert setzten sie sich immer häufiger gegen die Stadtherren durch. Nun konnten sie die Politik der Stadt mitbestimmen: Sie stellten die Ratsherren und den Bürgermeister. Diese kümmerten sich um die öffentliche Ordnung, um Gesetze, Verteidigung und Finanzen.

Nach und nach erstritten auch die Zünfte das Recht, im Rat mitzubestimmen. Sie trugen entscheidend zum Wohlstand der Städte bei und wollten daher auch an den wichtigen Entscheidungen beteiligt werden. Dies gelang ihnen etwa ab dem 14. Jahrhundert. Auch hierfür mussten die Zünfte verhandeln und oft kämpfen.

Das Land, auf dem die Stadt stand, gehörte oft noch den Stadtherren, aber deren Rechte nahmen immer mehr ab. Frauen blieben in der Verwaltung immer ausgeschlossen.

Q1 Ein Geschichtsschreiber berichtet aus der Stadtgeschichte Magdeburgs von 1307:

Es war geschehen, dass die Domherren dem *Stadtpförtner die Stadtschlüssel von der *Herrenpforte abnahmen. Deshalb ging der Bürgermeister .... mit den Ratsherren zum Bischof und den Domherren. Er bat, dass man ihm die Stadtschlüssel wiedergebe. Der Bischof sprach: „Die *Pforte ist unser, denn sie nennt sich die Herrenpforte, und wir wollen die Schlüssel behalten." Der Bürgermeister sagte: „Sie heißt die Herrenpforte, aber die Herren der Pforte sind die Bürger. Wollt ihr unserem Pförtner die Schlüssel nicht sofort wiedergeben, so sollt ihr hier nicht wegkommen, bevor wir nicht unsere Schlüssel haben." Und er befahl den Stadtknechten, die Kirchenglocken läuten zu lassen. Als der Bischof und die Domherren das hörten, gaben sie die Schlüssel sogleich zurück und sagten, dass sie die Pforte nicht mehr für sich fordern wollten.

*** der Stadtpförtner**
Torwächter, der an einem Stadttor die ein- und ausgehenden Personen und Waren überwacht

*** die Herrenpforte**
hier: das Stadttor hinter dem Dom

*** die Pforte**
Das Wort stammt aus dem Lateinischen („porta") und bedeutet Tor oder Durchgang.

2 Der Rat der Stadt Augsburg. *Buchmalerei, 15./16. Jahrhundert.*

M1 Bilderklärung zu Bild 2

Das Bild zeigt eine Verhandlung im 14. Jahrhundert: Links sitzen der Stadtschreiber und sein Gehilfe an einem Tisch. Die Patrizier sitzen auf den Bänken an der Wand.

In der Mitte der Ratsstube liegen auf einem Kissen die Stadtschlüssel (1). Wer den Stadtschlüssel bewacht, hat auch das Recht, über die Stadt zu bestimmen. Er kann z.B. die Tore öffnen oder auch schließen. Daneben liegt das „Statutenbuch" (2). Statuten waren Bestimmungen, die wie Gesetze galten. In diesem Buch wurden also alle Anordnungen und Vorgänge der Stadtverwaltung festgehalten. Auch das Stadtsiegel liegt bereit (3). Es war so etwas wie ein Stempel, mit dem alle wichtigen Vereinbarungen bestätigt werden mussten.

Am Eingang kommen Vertreter der Zünfte in die Ratsstube. Sie verhandeln darüber, an der Regierung der Stadt beteiligt zu werden.

1 ☒ Beschreibt mithilfe des Schaubildes und des Textes Z. 1–29 die Veränderungen der Regierung von Städten vom 11. bis zum 14. Jahrhundert. Nutzt den → Wortschatz.

2 ☒ Erzählt über die Kämpfe der Zünfte in Augsburg mithilfe von Bild 2, M1 sowie Bild 1 auf S. 27.

3 ☒ Untersucht die Begebenheit aus der Stadtgeschichte Magdeburgs in Q1.
> Nehmt die Methode „Textquellen untersuchen" von S. 285/286 zu Hilfe.

4 ☒ Erstellt mithilfe des Textes Z. 11–25 sowie des Schaubildes, Bild 2 und M1 ein erdachtes Gespräch zwischen Vertretern der Zünfte und dem Stadtschreiber. Geht dabei auf Forderungen der Zünfte ein und vermutet, wie die Machthaber der Stadt reagierten.

WORTSCHATZ

1 einen Verwalter einsetzen | eine Auseinandersetzung führen | Rechte erstreiten | sich in einem Kampf durchsetzen | durch einen Rat regieren | an der Regierung beteiligt werden | Selbstverwaltung erlangen | ohne Mitbestimmungsrechte sein

Ein Rollenspiel planen und durchführen

In einem Rollenspiel versetzt man sich in eine Situation hinein. Man übernimmt darin den Standpunkt einer Person, in die man sich hineindenkt. Im Spiel spricht und handelt man aus der Perspektive der gewählten Person.

Das Rollenspiel im Geschichtsunterricht kann helfen, die Menschen der Vergangenheit und ihre Probleme besser zu verstehen. Man erzählt damit Geschichte in gespielter Form.

Situations- und Rollenkarten gehören zu einer guten Vorbereitung (Schritt 1 und 2). Auch wenn dafür Fantasie notwendig ist, kommt es darauf an, sich möglichst genau an die Möglichkeiten und Gedanken der Zeit und der Person zu halten (Schritt 3).

Um das Rollenspiel sinnvoll auszuwerten, übernehmen einige Mitschülerinnen und Mitschüler die Beobachterrolle. Dafür sollen sie Notizen machen (Schritt 4).

Interessant ist es auch, die Spielideen unterschiedlicher Gruppen miteinander zu vergleichen.

Folgende Hinweise helfen euch, ein Rollenspiel zu planen und durchzuführen:

Schritt 1: Die Situationskarte schreiben
- Um welche Situation geht es, z. B um einen Konflikt?
- Was geschah vorher und wie geht es weiter?

Schritt 2: Die Rollenkarten schreiben
- Wer sind die Personen (Name, Alter, Beruf, Charaktereigenschaften, ...)?
- Welche Stellung haben die Personen in der Gesellschaft und welche Möglichkeiten haben sie, zu handeln und zu entscheiden? Welche Argumente werden sie einbringen?
- Wie könnten die Personen über die Situation und über die anderen Beteiligten denken?

Schritt 3: Das Spiel vorbereiten und durchführen
- Wer übernimmt welche Rolle und wer beobachtet welche Person?
- Wie könnte das Spiel beginnen?
- Wer wird mit wem in welcher Weise sprechen?
- Wer wird sich mit wem verbünden und wer wird mit wem streiten?
- Wie könnte das Spiel enden?

Schritt 4: Das Spiel auswerten
- Wie überzeugend wurden die Rollen gespielt?
- Wurden Argumente oder Ideen eingebracht, die es in der Zeit nicht gab?
- Wie gelungen wurde die Situation gespielt? Was könnte wie verbessert werden?

1 Lest Q1 und die Situationskarte M1.

2 Erstellt Rollenkarten mithilfe aller Materialien von S. 27.

3 Bereitet das Spiel vor, führt es durch und wertet es aus.

4 Führt auch ein Rollenspiel zu Q1 auf S. 24 mithilfe der Schritte durch.

M1 Situationskarte: Augsburg, 1368:
Vertreter der Zünfte kommen im Oktober bewaffnet auf dem Rathausplatz zusammen (Bild 1). Der nur von Patriziern besetzte Rat hat hohe Steuern für die Handwerker beschlossen. Die Handwerker müssen viele Dienste leisten, dürfen aber nicht mitbestimmen, wenn es um Gesetze und wichtige Entscheidungen für die Stadt geht. Nun wollen sie, dass auch sie durch Vertreter im Rat der Stadt beteiligt werden. So ist es auch schon in anderen Städten üblich. Sie fordern vom Rat das Statutenbuch, das Stadtsiegel und die Stadtschlüssel zu den Stadttoren und zur Warnglocke (siehe S. 25, Bild 2 und M1).

Sie bekommen alles und leisten einen Schwur: Für alle Zeiten sollen die Zünfte im Rat und an der Stadtregierung beteiligt werden. Das nennen sie „Zunftverfassung". Redner und Fürsprecher aller ist der Weber Haintz Weiß.

1 Die Zünfte erheben sich. *Federzeichnung, 1368.*

Q1 Im sogenannten „Zweiten Zunftbrief" Augsburgs vom Dezember 1368 stand:
Wir haben gesehen und erkannt, dass in allen Städten ..., in denen es eine Zunftverfassung gibt, Einigkeit, Friede und gute Gerichte bestehen ... Die vorher genannten 29 Zunftmeister und Ratsmitglieder ... wählen zwei Bürgermeister, einen von den Bürgern und einen von den Zünften der Gemeinde. ... Man soll auch jedes Jahr reich und arm wissen lassen, wofür ihre Steuergelder verwendet wurden, welche Schulden die Stadt noch hat und welche ihr ... noch bevorstehen. Wir haben auch ernstlich versprochen ..., dass ... keine weiteren Steuern in unserer Stadt ... erhoben werden.

M2 Rollenkarte, Ratsmitglied, Patrizier:
Er ist stolz, möchte nichts ändern: „Der Stadt geht es doch gut, es sollten weiterhin nur die ehrenwerten, erfahrenen und klugen Herren regieren." Handwerker sollten bei ihrem Handwerk bleiben ...

M3 Rollenkarte, Weber Haintz Weiß:
Er ist mutig, traut sich viel zu, stellt Forderungen (M1 und Q1) ...

Lösungshilfen:

Zum Schritt 1:
Siehe M1.

Zum Schritt 2:
Rollenkarten für ... schreiben | Argumente und Ziele aus M1 und Q1 ... | Handwerker fordern ... | Sie drohen mit ... | Manche Ratsmitglieder wollen ... Andere wollen ...
Auch möglich: Rollenkarten für Stadtwache schreiben (fragt, ob sie eingreifen sollen) und für die Frauen der Handwerker (rufen Mut zu) ...

Zum Schritt 3:
Beginn: Ein Ratsmitglied fragt: „Was soll das und warum kommt ihr bewaffnet?" ... | Weber Weiß ergreift das Wort: „Es reicht uns! Wir fordern ..."

Wie lebten Christen und Juden in Städten miteinander?

1 Der jüdische Arzt Ephraim heilt Bischof Basilius. *Holzschnitt, 1487.*

Wie sah der gemeinsame Alltag aus?

Heute sind wir es gewohnt, dass vor allem in unseren Städten Menschen aus verschiedenen Kulturen und mit unterschiedlichen Religionen zusammenleben. Im Mittelalter gab es weniger Vielfalt, aber neben den christlichen Bewohnerinnen und Bewohnern einer Stadt gab es auch jüdische. Die erste jüdische Gemeinde im Gebiet des heutigen Deutschlands ist im Jahr 312 in Köln nachweisbar.

In vielen Städten hatten Juden das Bürgerrecht, sie kauften Häuser, gingen verschiedenen Berufen nach und erfüllten ihre städtischen Pflichten. Sie gehörten allen Gesellschaftsschichten an und konnten ihre religiösen Angelegenheiten meist selbstständig und unabhängig regeln. In jüdischen Familien spielten Religion und Bildung eine wichtige Rolle (Bild 2). So gab es viele jüdische Gelehrte und Ärzte. Besonders die Mediziner galten als hochgeschätzte Spezialisten, denn sie kannten auch die fortschrittlichen arabischen Behandlungsmethoden (Bild 1 und S. 48).

Jüdische Gemeinden pflegten in der damals bekannten Welt Kontakte untereinander. So kamen durch jüdische Händler neben wertvollen Waren auch wichtige Informationen von Stadt zu Stadt. Sie brachten auch Erfahrung mit dem Geldverleih mit, der im Geschäftsleben immer wichtiger wurde – obwohl der Geldverleih unter Christen wie Juden eigentlich verpönt war. Auch Fürsten und Stadtherren mussten Geld ausleihen, z.B. um Soldaten auszurüsten oder Stadtmauern bauen zu lassen. Obwohl sie durch ihre Fähigkeiten und Kenntnisse zum Wohlstand der Städte beitrugen, mussten Juden oft hohe Steuern an die Stadtherren zahlen, um überhaupt in der Stadt bleiben und ihre Religion ausüben zu können.

Manche Geistliche und Fürsten stellten die jüdische Bevölkerung unter ihren besonderen Schutz (Q1).

Wie kam es zu Ausgrenzung und Verfolgung?

Auch wenn man Tür an Tür wohnte, blieben die Menschen weitgehend für sich. Der Neid auf erfolgreiche jüdische Kaufleute war noch ein harmloser Grund für die zunehmende Ausgrenzung. Zu den Unterstellungen und Gerüchten gehörte die falsche Behauptung, dass „die Juden" Jesus gekreuzigt hätten. Jesus, der selbst ein Jude war, wurde unter der Herrschaft der Römer zum Tod am Kreuz verurteilt.

Mit dem Beginn der Kreuzzüge, in denen Jerusalem für die Christen erobert werden sollte, wuchsen Misstrauen und Abneigung auch in vielen europäischen Städten. Einschränkungen für Juden häuften sich: Sie durften oft keiner Zunft angehören und keinen Landbesitz erwerben oder bewirtschaften. Es blieben fast nur noch der Handel und der Verleih von Geld als Einnahmequellen.

Schließlich kam im 14. Jh. die Pest – auch der Schwarze Tod genannt – in viele Städte. Die Krankheit kostete immer mehr Menschenleben, ohne dass man erklären konnte, woher die Krankheit kam. Viele beschuldigten die Juden und behaupteten, sie hätten die Brunnen vergiftet. Einzelnen Juden warf man vor, sie hätten christliche Kinder entführt und aus religiösen Gründen ermordet. Diese Gerüchte und Unterstellungen brachten die christliche Bevölkerung dazu, die jüdische Minderheit herabzuwürdigen oder sogar zu töten (Bild 3). So wur-

2 Ein jüdischer Lehrer und sein Schüler. *Buchmalerei, Coburg 1395.*

3 Drei Juden werden angegriffen. *Englische Buchmalerei, frühes 14. Jh.*

den lange Zeiten des gelingenden Miteinanders immer wieder durch Neid, Ausgrenzung, Verfolgung und sogar Morde unterbrochen (M1).

Q1 Privileg [Vorrecht] Bischof Rüdigers von Speyer für die Juden der Stadt, 1084:

Als ich, Rüdiger, ... Speyer zu einer Stadt gemacht habe, habe ich geglaubt, die Ehre unseres Ortes um ein Vielfaches zu vergrößern, wenn ich hier auch Juden ansammelte. ... Ich siedelte also die Versammelten außerhalb ... des Wohnbezirks der übrigen Bürger an, und damit sie nicht so leicht durch die Unverschämtheit des Pöbels beunruhigt würden, habe ich sie mit einer Mauer umgeben. Ich habe ihnen das Recht zugestanden, Gold und Silber frei zu tauschen und alles zu kaufen und zu verkaufen, was sie wünschen.

M1 Die Mittelalterhistorikerin Sophia Schmitt stellte 2021 fest:

Oft erfahren wir nur dann etwas über jüdisch-christliche Nachbarschaft, wenn es Konflikte gab, die *aktenkundig wurden; wenn das Zusammenleben problemlos funktionierte, gab es meist keine Notwendigkeit, dies zu dokumentieren.

*** aktenkundig**
in einer Quelle aufgeschrieben

1 **a** Beschreibt eines der Bilder.
b Die Bilder sind Belege für die Textaussagen. Ordnet eurem Bild eine Textaussage zu.

2 Schreibt mithilfe des Textes Z. 1–39, Bild 1 und Q1 Beispiele für ein friedliches Nebeneinander von christlichen und jüdischen Gläubigen auf.
> *Jüdinnen und Juden gingen ihren städtischen Pflichten nach, es gab viele ...*

3 Erstellt eine weitere Liste mit Beispielen, wo das Zusammenleben nicht friedlich war und welche Folgen dies hatte. Nutzt den Text Z. 41–70, Bild 3 und Q1.

Vorwürfe und Unterstellungen	Folgen
Neid auf erfolgreiche Kaufleute, ...	Ausgrenzung, ...

4 Formuliert mithilfe von M1 in eigenen Worten, warum es nur wenige Quellen zur friedlichen Nachbarschaft gibt.
> *Es gibt kaum Quellen über ... Das liegt an ...*

5 Trefft ein Werturteil zu der Frage, wie die Christenheit mit Jüdinnen und Juden in mittelalterlichen Städten umging. Stellt euch eure Ergebnisse in Kleingruppen vor.
> *Nehmt die Methode „Ein persönliches Werturteil bilden" von S. 62/63 zu Hilfe.*

Wie konnten Menschen den Handel organisieren?

A Wie lassen sich Waren messen und wiegen?

1 Wiener Tuch-Elle (776 mm für feinen bunten Stoff) und Wiener Leinen-Elle (896 mm für Stoff aus Leinen). Die Metallmaße hängen seit etwa 1450 am Stephansdom in Wien.

Heute wissen alle, was ein Kilogramm oder zehn Zentimeter sind. Diese Maße werden in gleicher Weise in weiten Teilen der Welt verwendet.

Im Mittelalter war der Handel vor Ort meist unproblematisch, denn alle Beteiligten wussten, was ein Pfund oder eine *Elle war. Mit der Zeit legten Händler jedoch immer längere Strecken zurück. Sie trafen so auf verschiedenste Maße (M1), weil in den Städten unterschiedliche Personen den Handel prägten: Adlige, Handelshäuser oder Zünfte legten Maße fest. Das erforderte einiges an Umrechnungen. Viele Städte brachten Maßstäbe an einer Kirche oder dem Rathaus an, damit Händler und Kunden sich gegenseitig überprüften. Viele Städte im heutigen Nordrhein-Westfalen nutzten noch lange Zeit die römischen Maße aus der Antike. Köln hingegen einigte sich mit anderen Städten auf einheitliche und verpflichtende *Kaufmannsmaße.

M1 Auswahl verschiedener Maßeinheiten

Maßeinheit (Länge)	Zeit	in heutigem Maß
Pariser Elle	unbekannt	118 cm
Isländische Gesetzelle	bis ins 16. Jh.	48 cm
Prager Elle	1268–1756	59,3 cm

Maßeinheit (Gewicht)	Zeit	in heutigem Maß
Karlspfund (für Münzen)	793/94	406,5 g
Nürnberger Pfund	vor 1500	510 g
Römisches Pfund	seit der Antike	327 g

*** die Elle**
Längenmaß vom Ellenbogen bis zur Mittelfingerspitze

*** das Kaufmannsmaß**
vereinheitlichte Maße: die kurze und lange Kaufmannselle und das leichte und schwere Kaufmannspfund

B Ware gegen Ware oder Ware gegen Geld?

2 Silberpfenning von Philipp von Heinsberg (1167–1191, Erzbischof von Köln). Durch Kölns Lage am Rhein wurden die Kölner Münzen im gesamten Reich akzeptiert und waren zeitweise verbreiteter als die königlichen Münzen.

Zu Beginn des Mittelalters wurde vor allem im nahen Umfeld gehandelt. Dabei wurde Ware gegen Ware getauscht: Ein Sack Getreide gegen ein neues Messer, drei Eier gegen eine Kanne Milch. Da es kaum festgelegte Tauschkurse gab, gehörte es zum Alltag, dass *gefeilscht wurde.

Je länger die Wege der Kaufleute wurden, desto weniger funktionierte ein Tauschhandel. Der Handel mit Luxuswaren aus Südeuropa, Nordafrika oder dem Orient ließ die Fernhändler viele Marktplätze nacheinander ansteuern. Da Reisen sehr lange dauerten und die Transportmenge begrenzt war, ergab Tauschen wenig Sinn.

Münzen aus den Edelmetallen Kupfer, Silber und Gold kannten die Menschen bereits aus der Römerzeit. Sie stellten überall einen messbaren Wert dar. Die Bezeichnung der Münzen war jedoch ebenso vielfältig wie unübersichtlich: Gulden aus Gold, Denare, Schillinge und Pfennige aus Silber (Bild 2) und viele Kupfermünzen. Statt des heute üblichen Zahlwertes zeigten die Münzen Herrscher, deren Wappen und Symbole oder Gebäude. Der Wert einer Münze ergab sich aus ihrem Material und Gewicht: so kamen beispielsweise beim Silberpfennig 240 Münzen auf ein Pfund (406,5 g) Silber. Da es nur um das Edelmetallgewicht ging, nutzten manche Händler auch Metall in Form von Stangen und hackten Stücke ab, das sogenannte Hacksilber. Auch Münzen wurden auf diese Weise zerteilt.

*** feilschen**
genaue Bedingungen eines Geschäfts für sich vorteilhaft verhandeln

C Regeln und Zölle – Hindernisse für den Handel?

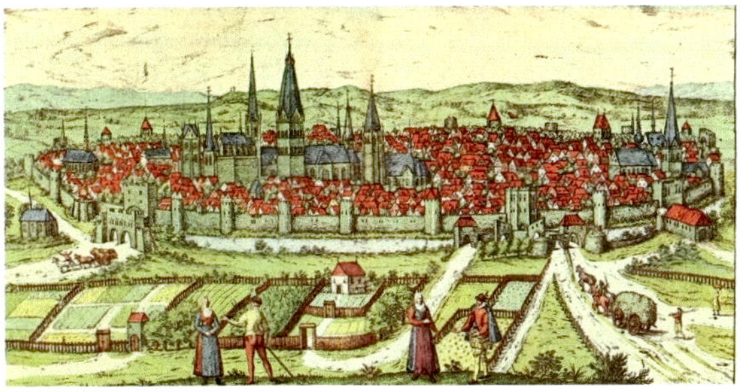

3 Die mittelalterliche Stadt Soest. Die Mauer ist zu diesem Zeitpunkt bereits ausgebaut. An den zehn Toren wurden Waren kontrolliert und Zölle erhoben. *Druck aus dem Städtebuch von Braun und Hogenberg, 1572–1618.*

Q1 In der Markt- und Gewerbeordnung der Stadt Landshut aus dem Jahr 1256 hieß es:

Wenn einer (der ein Schwert trägt) kein Geld besitzt, wird ihm die Hand abgeschlagen werden. ... *Wucherer und *Vorkäufer verbieten wir unter Strafe von 5 Pfund und erklären sie außerdem für rechtlos. ...

Wir verordnen, dass kein Kauf außerhalb des öffentlichen Marktes stattfindet. ...

Lotterbuben in jeder Art halten wir fern. Die Leute, die sie über eine Nacht hinaus beherbergen, verurteilen wir zu 1 Pfund.

Für den Handel auf dem Markt gab es klare Regeln (Q1). Sie begrenzten z. B. die Kosten von Waren und bestraften Verstöße gegen sie. Auch Gewalt, Waren von schlechter Qualität oder verdorbene Waren hatten auf dem Markt nichts zu suchen.

Neben Angebot und Nachfrage gab es einen weiteren Faktor, der die Preise von Waren beeinflusste: Zölle. Dies waren Abgaben, die Händler auf dem Weg zu Marktplätzen an Zollstationen oder bei der Einreise in eine Stadt bezahlen mussten. Diese Abgaben erfolgten entweder durch Geld oder als Anteil an ihren Waren. Die Zollabgaben nutzten Städte z. B. für den Bau und Unterhalt der Stadtmauer. Auf Alltagswaren wurde oftmals kein Zoll erhoben. Neben Pilgerinnen und Pilgern war seit dem 8. Jahrhundert auch der gesamte Klerus von Zöllen befreit.

* **der Wucherer**
eine Person, die übertriebene Preise verlangt

* **der Vorkäufer**
Person, die Waren einkauft, um sie teurer weiterzuverkaufen

WAHLAUFGABEN

Bearbeitet in Gruppen eine der folgenden Aufgaben. Gestaltet eine Wandzeitung, um eure Ergebnisse in der Klasse zu präsentieren und auszustellen.

Wie lassen sich Waren messen und wiegen?

A ☒ Ohne Messen und Wiegen lässt sich nicht handeln. Erklärt mithilfe des Textes, Bild 1 und M1 die Probleme beim Messen und Wiegen und die Lösungen der Menschen im Mittelalter für diese Probleme.
Recherchiert für euer Plakat auch weitere alte Maße, die in eurer Umgebung genutzt wurden, und welchen heutigen Größen sie entsprechen (QR-Code).
> *Nehmt die Methode „Im Internet recherchieren" von S. 18/19 zu Hilfe.*
> *Ein wesentliches Problem beim Handel auf dem Markt war ...*
> *Die Menschen reagierten auf die Probleme, indem sie ...*
> *Im Mittelalter wurde ... als Maßeinheit verwendet. Heutzutage entspricht das ...*

Ware gegen Ware oder Ware gegen Geld?

B ☒ Viele Historikerinnen und Historiker meinen, dass ohne Münzgeld ein Handel mit fernen Ländern nicht möglich gewesen wäre. Untersucht diese Einschätzung mithilfe des Textes sowie von Bild 2.
> *Vor Ort war die übliche Form des Handels ...*
> *Für Händler boten Münzen den Vorteil, dass ...*
> *Statt Münzen nutzten Händler auch ...*

Regeln und Zölle – Hürden für den Handel?

C ☒ Regeln und Zölle gaben den Rahmen des Handels vor. Beurteilt anhand von Bild 3, Q1 und des Textes, inwieweit dieser Rahmen den Handel behindert hat oder sogar notwendig war, damit er funktionieren konnte.
> *Nehmt die Methode „Ein eigenes Urteil bilden" von S. 285 zu Hilfe.*
> *Auf der einen Seite haben Regeln/Zölle den Handel erschwert, weil ...*
> *Auf der anderen Seite waren Regeln/Zölle auch notwendig, weil/damit ...*
> *Zusammenfassend lässt sich sagen ...*

Die Hanse – Warum schlossen sich Städte zusammen?

1 Handelswege und -waren der Hanse in Europa um 1400. Ein großer Teil der Waren wurde mit dem Schiff (Kogge) transportiert.

Wie entstand die Hanse?

Im Laufe des Mittelalters nahmen Händler immer weitere Wege in Kauf, um Handel zu treiben. Damit waren jedoch auch neue Gefahren für die Kaufleute verbunden: Überfälle nahmen drastisch zu. Außerdem wurde es immer schwieriger, gekaufte und wertvolle Ware zu lagern.

Um solche Gefahren zu verringern, schlossen sich Kaufleute im 12. Jh. zu Gilden zusammen. Die bedeutendste dieser Gilden in Nordeuropa war die Hanse.

Waren und Städtebau

Die Hanse war bereits nach kurzer Zeit die bestimmende Kraft im Nord- und Ostseeraum. Von Lübeck aus beherrschte die Hanse den Fernhandel bis weit in den Nordosten Europas. Zur Hanse gehörten zeitweise bis zu 160 Städte. In diesen betrieb die Gilde aber nicht nur Fernhandel. Sie gestaltete auch den Ausbau der Städte mit: So finanzierte die Hanse z.B. den Bau von Lager- und Hafenanlagen. Ihre wichtigsten Handelsplätze lagen nie direkt am Wasser, um Überfälle zu erschweren. Stattdessen nutzte die Hanse Flusszuläufe oder unterstützte den Kanalbau.

Die Hanse – mehr als eine wirtschaftliche Macht?

Der Aufstieg der Hanse ist eng mit der Kogge verbunden. Dieser Schiffstyp diente ab dem 14. Jahrhundert als Handels- und Kriegsschiff. Neben Lagern errichtete die Hanse auch Niederlassungen im Ausland, die Kontore (Karte). Sie dienten den Kaufleuten der Hanse als Warenlager für ihre Unternehmungen und als Unterkunft. Dort wurden die Schiffsrouten sowie die Beladung der Schiffe geplant, mit ausländischen Partnern Preise besprochen und sogar mit Herrschern über Zollvergünstigungen verhandelt. Zeitweise hatte die Hanse so viel Macht, dass auf einem Hansetag in Lübeck sogar offizielle Verhandlungen über Krieg und Frieden stattfanden. Erst Mitte des 15. Jahrhunderts verlor die Hanse ihren Einfluss.

Tipps für die Erarbeitung und Präsentation:

1 Gestaltet ein digitales Lernplakat zur Leitfrage und beantwortet sie.

a Fasst zusammen, welche Waren über welche heutigen Länder durch die Hanse nach Europa kamen.

b Vermutet, warum noch heute Städte den Begriff „Hansestadt" im Namen führen.

> *Nehmt die Methode „Ein digitales Lernplakat erstellen" von S. 90/91 zu Hilfe.*

Die Seidenstraße – mehr als Warenaustausch?

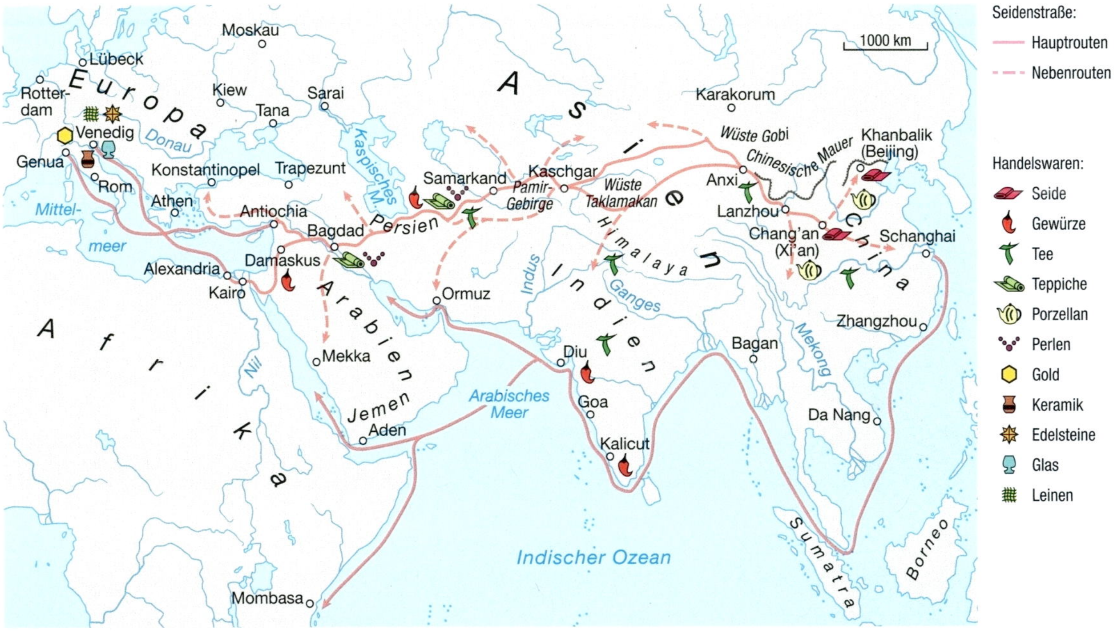

2 Handelswege und -waren der Seidenstraße. Auf dem Landweg wurden die Waren meist mithilfe einer Karawane transportiert.

Wie entstand die Seidenstraße?

Archäologische Funde belegen, dass schon seit 200 v. Chr. Handel zwischen China im Osten und Griechenland sowie Rom im Westen betrieben wurde. Ursprünglich waren es einzelne Reisewege, die von Menschen und Waren auf den Rücken von Kamelen, Maultieren und Eseln zwischen zwei Orten zurückgelegt wurden. Dabei schlossen sich Kaufleute und Reisende meistens zu einer Reisegesellschaft zusammen: einer Karawane. Der Begriff „Seidenstraße" bezieht sich auf das Handelsgut Seide, das zunächst nur über diesen Weg nach Europa kam. Tatsächlich ist der Begriff jedoch irreführend, da viele verschiedene Wege bereist und unterschiedlichste Waren in beide Richtungen transportiert wurden (Karte).

Der Karawanenhandel und die Kaufleute

Die meisten Kaufleute bereisten auf dem Land nur einen kleinen Abschnitt des Weges. Am Ziel verluden die Händler die Waren, die dann mit der nächsten Karawane weiterzogen. Das machte den Transport nicht nur aufwendig, sondern auch teuer. Da die Straßen nicht befestigt waren, mussten die Karawanenführer die Routen genau kennen, um Tiere und Menschen mit Wasser zu versorgen.

Nicht nur Waren, sondern auch Wissen

Durch den Handel entlang der Seidenstraße standen die Menschen in regelmäßigem Austausch. Auch mancher Handwerker reiste mit den Karawanen. Auf diese Weise verbreitete sich z.B. das Verfahren der Seidenherstellung von China über den Iran nach Byzanz. Die Kenntnisse über die Glasherstellung fand aus dem Mittelmeerraum den Weg nach China. Formen und Farben der Schmuckherstellung verbreiteten sich durch Kunsthandwerker des Nahen Ostens in beide Richtungen. Auch europäische Instrumente wie die Flöte und die Laute gelangten über Indien nach China. Eine Zeit lang gab es zudem Versuche, Menschen entlang der Seidenstraße zum Christentum zu bekehren.

Tipps für die Erarbeitung und Präsentation:

1 ☒ Gestaltet ein digitales Lernplakat zur Leitfrage und beantwortet sie.

a Fasst zusammen, welche Waren über welche heutigen Länder über die Seidenstraße nach Europa kamen. Informiert euch auch über die „neue Seidenstraße".

b Vermutet, warum das moderne Projekt den mittelalterlichen Namen wieder aufgreift.

> *Nehmt die Methode „Ein digitales Lernplakat erstellen" von S. 90/91 zu Hilfe.*

Handelswege durch Afrika – Welchen Einfluss hatte der Handel?

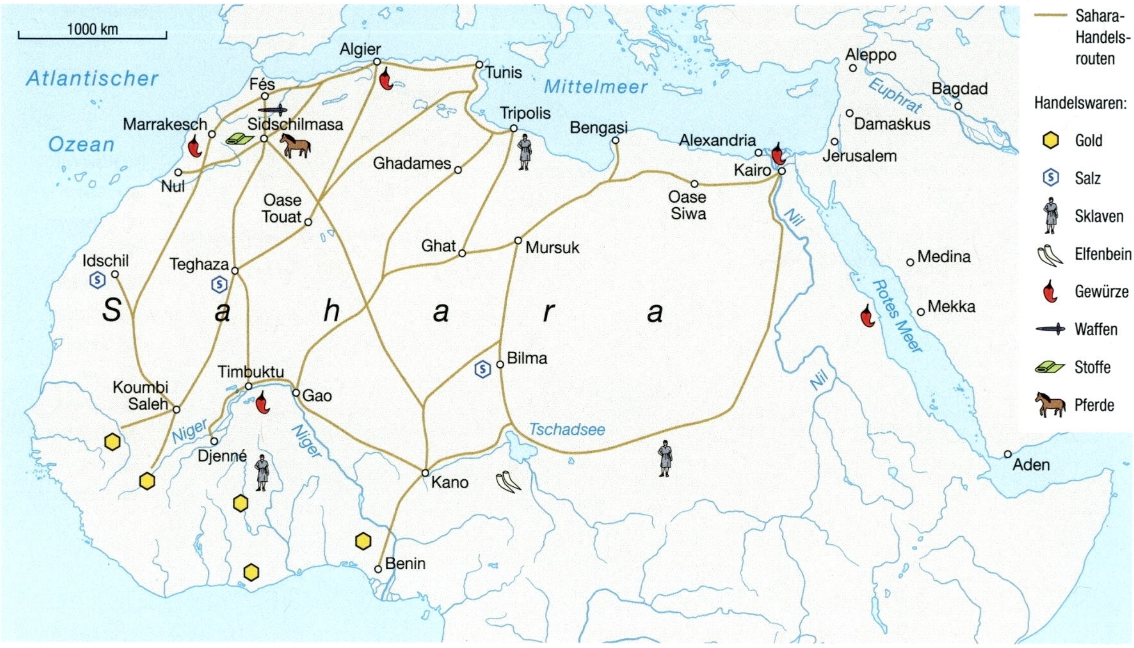

1 Handelswege und -waren im Saharahandel (1000–1500). Die Waren wurden mithilfe von Karawanen transportiert.

Handelswege mit langer Geschichte

Bereits in der Antike wurde zwischen Griechenland, dem Römischen Reich und verschiedenen Regionen Afrikas intensiv Handel betrieben. Am meisten wurde in dieser Zeit mit Sklaven, Gold und Elfenbein gehandelt. Im Jahr 146 v. Chr. zerstörten die Römer die wichtigste Handelsstadt Afrikas: Karthago. Schnell entstanden danach in Nord- und Westafrika neue Handelsstädte, die das Römische Reich bis zu dessen Untergang mit Waren versorgten.

Wie entwickelte sich der Handel im Mittelalter?

Ab dem 5. Jh. nahm der Handel mit Afrika zu. Es gibt allerdings nur wenig schriftliche Überlieferungen, die davon berichten. Anhand von Funden konnten Archäologinnen und Archäologen jedoch rekonstruieren, wie die vielen Handelswege in Nord- und Westafrika verliefen und mit welchen Waren gehandelt wurde. Die wichtigsten Handelsgüter waren Pferde, Stoffe und Salz. Durch den Handel entstanden in Afrika einflussreiche Handelsstädte, um die sich ganze Reiche bildeten: z.B. Koumbi Saleh im Königreich Ghana, Timbuktu im Songhaireich oder Benin mit dem gleichnamigen Reich darum (Karte).

Entwicklung durch „stummen Handel"?

Arabische Reisende berichteten von einer besonderen Form des Warenaustauschs: dem stummen Handel. Dabei wurde gehandelt, ohne dass die Handelspartner miteinander sprachen oder sich persönlich kannten. Stattdessen wurden die Güter an einer verabredeten Stelle hinterlegt, vom neuen Besitzer eingesammelt und die Tauschwaren an derselben Stelle abgelegt. Auch wenn Forscherinnen und Forscher davon ausgehen, dass viele Erzählungen zum stummen Handel Legenden sind, half diese Form des Austauschs bei der Entwicklung der Handelsstädte in Afrika. Selbst verfeindete Gruppen konnten so ihren Bedarf an Waren decken, ohne sich direkt zu begegnen.

Tipps für die Erarbeitung und Präsentation:

1 Gestaltet ein digitales Lernplakat zur Leitfrage und beantwortet sie.
a Fasst zusammen, welche Waren über welche heutigen Länder über Handelswege durch Afrika mit Europa gehandelt wurden.
b Vermutet, warum die Idee des „stummen Handels" die Menschen heute so fasziniert.
> *Nehmt die Methode „Ein digitales Lernplakat erstellen" von S. 90/91 zu Hilfe.*

Venedig – Wie beherrschte eine Stadt den Mittelmeerhandel?

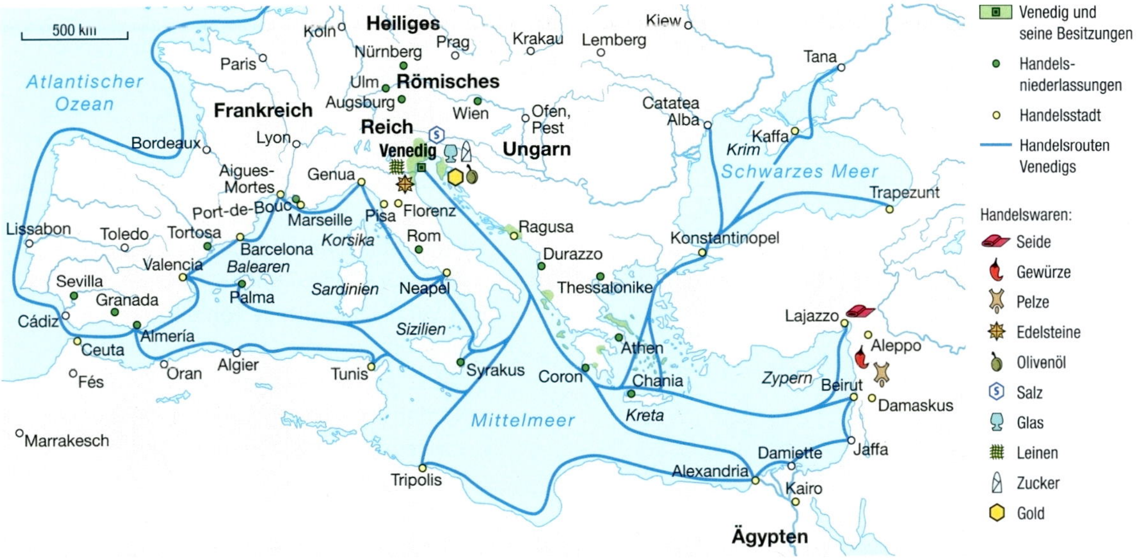

2 Handelswege und -waren im Mittelmeerhandel. Waren wurden mithilfe von Schiffen von Niederlassung zu Niederlassung gebracht.

Venedig – keine römische Stadt, sondern Republik

Anders als die meisten bekannten Städte Italiens wurde Venedig nicht von den Römern gegründet. Im 5. Jh. siedelten Flüchtlinge vom Festland auf den Inseln der *Lagune von Venedig. Im 8. Jh. gründeten die Menschen die Republik Venedig. Das Staatsoberhaupt der Republik war der sogenannte Doge, der vom Adel und Klerus gewählt wurde. Da der Doge viel Macht besaß, wurde er ab dem 12. Jh. durch Vertreter aller übrigen adligen Familien beraten und kontrolliert. Dies sollte verhindern, dass eine Familie allein die Macht an sich reißen konnte. Diese für die Zeit ungewöhnlich stabile politische Lage bildete die Grundlage für den Aufstieg Venedigs.

Eine Brücke zwischen Ost und West?

Die Lage der Stadt ließ Venedig im 10. Jh. zu einer der wichtigsten Städte des Mittelmeerhandels werden. Händler aus dem fernen Orient im Osten trafen auf Händler aus dem Westen. Forscherinnen und Forscher sprechen deshalb von einer Brücke zwischen Ost und West (Karte). Venedig trieb nicht nur Handel mit Ländern wie Syrien und dem Libanon, sondern auch mit Asien.

*** die Lagune**
flaches Gewässer, durch Sandablagerung vom Meer abgetrennt

Venedig – mehr als eine Handelsmacht?

Erst waren es Luxusgüter wie Gewürze, die Venedig einkaufte und in den Norden weiterverkaufte (Karte). Bald darauf kamen in Venedig produzierte Waren hinzu: z. B. Glaswaren, Olivenöl oder Meersalz. Die Republik nutzte den Reichtum, den der Handel ihr gebracht hatte, um im 11. Jh. die eigene Schiffsflotte immer weiter auszubauen. So konnten sie neue Städte erobern und dort Kontore errichten, um Waren lagern zu können. Die Republik Venedig kontrollierte wegen ihrer Flotte bald alle wichtigen Handelswege des Mittelmeers.

Im Laufe des 15. Jh. zog Venedig immer mehr Menschen an. Reiche Familien förderten Kunst und Kultur. Prachtvolle Häuser, wie das des Entdeckers Marco Polo (1254–1324), zeugen davon. Sie sind bis heute beliebte Touristenziele.

Tipps für die Erarbeitung und Präsentation:

1 ☒ Gestaltet ein digitales Lernplakat zur Leitfrage und beantwortet sie.

a Fasst zusammen, welche Waren über welche heutigen Länder über den Mittelmeerraum nach Venedig kamen und welche Waren Venedig selbst beisteuerte.

b Begründet, warum gerade Venedig als Handelsstadt so erfolgreich wurde.

> *Nehmt die Methode „Ein digitales Lernplakat erstellen“ von S. 90/91 zu Hilfe.*

Städte und Handel im Mittelalter

Ich kann wichtige Begriffe im Zusammenhang erklären (Sachkompetenz):

der Markt/der Basar
die Bürgerinnen und Bürger
die Stadtherren
die Zünfte
die Gilden
die Patrizier
die Tagelöhner
das Stadtrecht
Stadtrat
der Zoll
der Fernhandel

1 Beschreibt abwechselnd einen der Begriffe, ohne ihn zu nennen. Die zweite Person muss den Begriff herausfinden.

2 Beschreibt mithilfe von M1 die Lebensverhältnisse einer Tagelöhnerfamilie.

Ich kann folgende Aufgaben lösen (Sachkompetenz):

3 Erklärt die Gründe für die Neuentstehung vieler Städte im Mittelalter. Geht dabei auch auf die Orte ein, an denen diese Städte errichtet wurden.

4 Beschreibt den Einfluss des Fernhandels auf das Leben der Menschen im Mittelalter. Bezieht dabei auch Bild 1 mit ein.

Ich kann die Methode „Im Internet recherchieren" anwenden (Methodenkompetenz):

5 **a** Recherchiert heutige Städte mit mittelalterlichem Stadtkern (QR-Code).
b Findet Beispiele aus Nordrhein-Westfalen, Afrika oder Asien.

6 Informiert euch über Städte in Nordrhein-Westfalen, die im Mittelalter zum Städtebund der Hanse gehörten, und dazu, was diesen Bund heute auszeichnet (QR-Code). Bezieht auch Bild 5 mit ein.

Ich kann mir ein Urteil bilden und es begründen (Urteilskompetenz):

7 Beurteilt mithilfe der Seiten 13 und 20/21 diese Aussage: Die Städte brachten den Menschen mehr Freiheiten.
> *Nehmt die Methode „Ein eigenes Urteil bilden" von S. 285 zu Hilfe.*

8 Vergleicht mithilfe von Bild 3 den Aufbau einer europäischen Stadt im Mitterlalter mit einer islamisch geprägten Stadt in Nordafrika (siehe S. 15, Bild 2). Geht dabei auf gemeinsame Merkmale in beiden Stadtarten und auf Unterschiede ein.

Ich kann aus dem Gelernten Folgerungen für meine Gegenwart ziehen (Handlungskompetenz):

9 Nehmt Stellung zu der Aussage: Ohne einheitliche Maße und einheitliches Geld kann Handel, wie wir ihn heute kennen, nicht funktionieren.

10 Informiert euch über die heutigen Aufgaben einer Bürgermeisterin oder eines Bürgermeisters und über Personen, die ihre Arbeit unterstützen.

11 **a** Sucht und fotografiert in einer Stadt in eurer Nähe mittelalterliche Berufs- und Zunftzeichen, wie sie z. B. in Bild 4 zu sehen sind.
b Erklärt die heutige Bedeutung dieser Zeichen.

12 **a** Informiert euch über die heutigen Aufgaben des Zolls. Bezieht dabei auch Bild 2 mit ein.
b Vergleicht eure Ergebnisse mit dem, was ihr über den Zoll im Mittelalter gelernt habt.

M1 Preise in Dortmund für das Jahr 1436:

1 Pfund Butter	6 Pfennig
1 Huhn	7 Pfennige
4 Eier	1 Pfennig
Roggen [Berechnung für 1 kg]	1 Pfennig
½ kleiner Schweinskopf	5 Pfennige

Ein Tagelöhner verdiente etwa 5 Pfennige am Tag.

1 Frauen untersuchen auf einem spanischen Markt Seidenstoffe, Teppiche und Schmuck aus dem Orient. *Buchmalerei, 13. Jh.*

2 Zwei Zollbeamte überprüfen ein Paket aus China. Es wird kontrolliert, ob die Waren eingeführt werden dürfen. *Foto, 03. 05. 2024.*

3 Stadtplan der Stadt Wien vom 10. bis ins 15. Jh.

4 Mittelalterliches Zunftzeichen der Bierbrauer am Kölner Heumarkt.

5 Teil eines Hamburger Autonummernschilds.

Begegnungen dreier Religionen: Juden, Christen und Muslime

In der Altstadt Jerusalems (heute: Israel) befinden sich heilige Stätten dreier Religionen: des Judentums, des Christentums und des Islam.

Auf dem Tempelberg erkennt man von Weitem die goldene Kuppel des Felsendoms und die Al-Aqsa-Moschee. Sie zählen zu den wichtigsten heiligen Stätten des Islam.

Auch im Judentum besitzt der Tempelberg große Bedeutung. Dort standen zuvor zunächst ein erster und später ein zweiter jüdischer Tempel. Beide wurden jedoch nacheinander zerstört. Ein Mauerteil steht noch heute. Für Juden ist diese „Westmauer“ eine wichtige Gebetsstelle. Viele Nichtjuden nennen den Ort auch „Klagemauer“.

Für die Christen ist die Grabeskirche von großer Bedeutung. Hier soll Christus gekreuzigt und in ein Grab gelegt worden sein.

Seit dem Mittelalter war Jerusalem immer wieder Austragungsort gewaltsamer Konflikte. So ist es bis in unsere Gegenwart geblieben.

Die Stadt ist aber auch immer Ort der Begegnung für Gläubige aller drei Religionen gewesen. Viele Menschen hoffen auf ein Ende von Gewalt durch Verständigung.

1 Überlegt, was ihr bereits über die drei Religionen wisst.

2 Vermutet, weshalb es in der Geschichte immer wieder Streit um die Stadt Jerusalem gab.

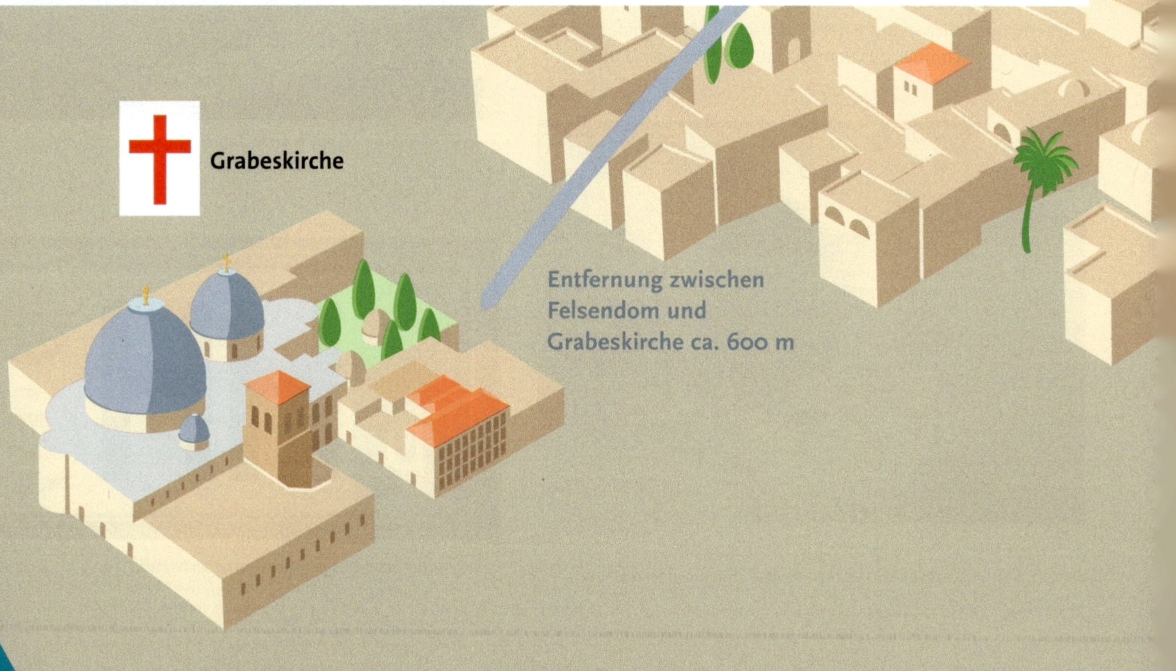

2

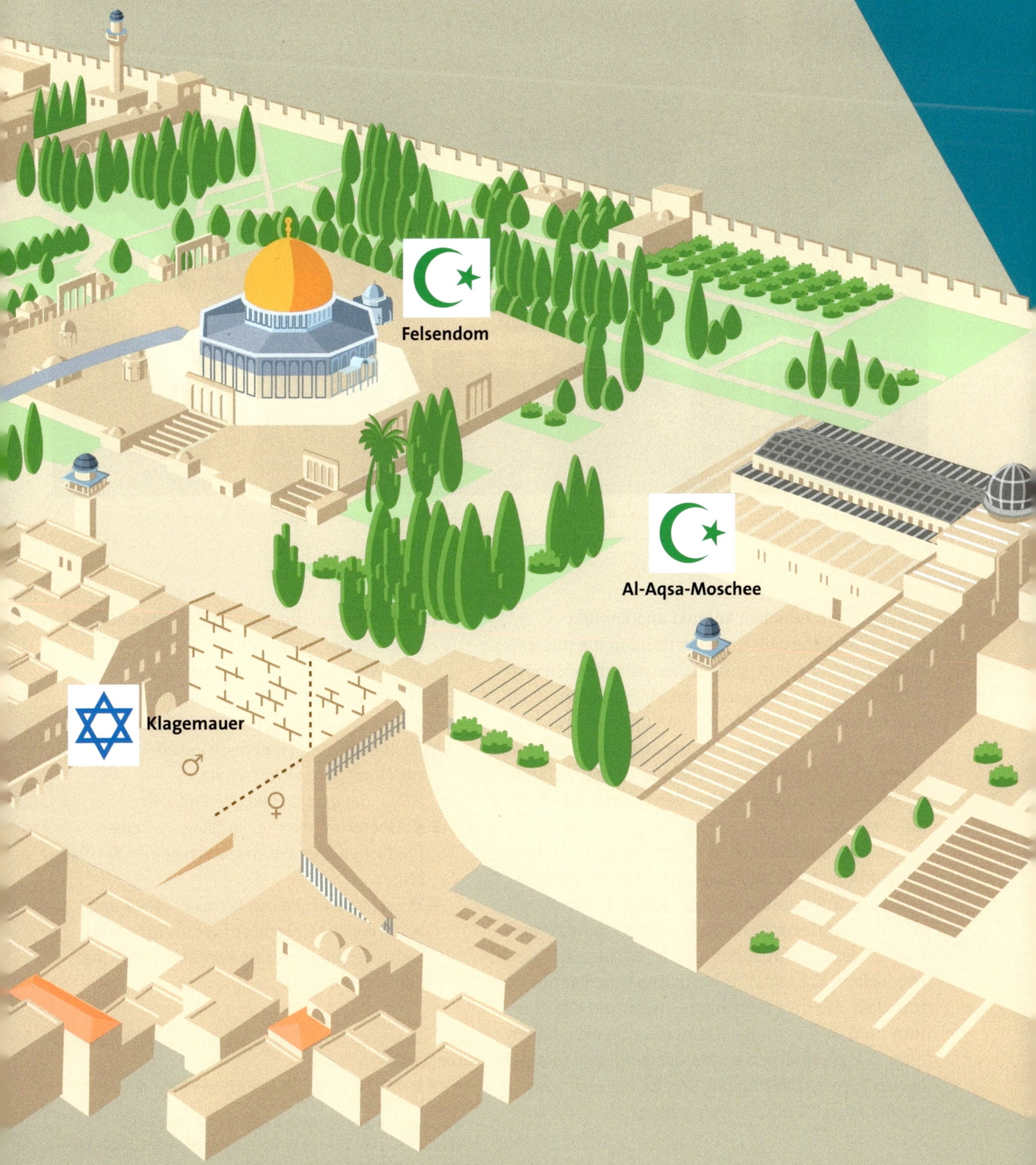

Begegnungen dreier Religionen: Juden, Christen und Muslime

1 Die drei heiligen Schriften nebeneinander: die Bibel, der Koran und die Tora (von links nach rechts). Die Bücher werden von Vertreterinnen und Vertretern der drei Religionen gehalten. *Foto, 2010.*

Begegnungen zwischen Kontakt und Konflikt

Das europäische Mittelalter verbinden die meisten Menschen mit dem christlichen Glauben. Jedoch führten die vielfältigen Entwicklungen in jener Epoche dazu, dass sich Menschen unterschiedlicher Länder und Religionen, wie der Islam und das Judentum, begegneten. Die Gründe und Umstände dieser Begegnungen waren ganz unterschiedlich (Bilder 2–4).

Ab 630 breitete sich mit dem Islam eine neue Religion im Mittelmeerraum aus. Dies führte unter anderem zu Konflikten und sogar Kriegen mit christlichen Herrschern. Trotz vieler Konflikte und Gewalt kam es im Alltag der Menschen auch zu friedlichem Kontakt. Das hatte zum einen damit zu tun, dass die drei Religionen Judentum, Christentum und Islam einige Gemeinsamkeiten haben (Bild 1). Zum anderen sorgte der blühende Handel (siehe S. 30–35) dafür, dass Menschen sich immer wieder auch friedlich austauschten.

1 Ordnet den drei heiligen Schriften auf Bild 1 die passende Religion zu.
> *Die Bibel ist die Heilige Schrift der ...*

2 Untersucht die Bilder 2–5 und beschreibt, welche Art von Begegnung abgebildet ist. Stellt euch eure Ergebnisse jeweils gegenseitig vor. Nutzt den → Wortschatz.
> *Bild ... zeigt ... | Die Begegnung ... ist ...*

3 Überprüft, welche der Bilder 1–5 einen friedlichen Kontakt und welche einen Konflikt zeigen.

4 Erklärt mithilfe des Textes Z. 10–20 und Bild 1, welche Gründe es für Konflikte und welche es für friedliche Kontakte gab. Nutzt den → Wortschatz.

WORTSCHATZ

2 Krieg gegeneinander führen | ein gemeinsames Spiel spielen | eine Verhandlung miteinander führen

4 eine Religion verbreiten | Konflikte haben | Kriege führen | friedlichen Kontakt pflegen | Gemeinsamkeiten besitzen | sich durch blühenden Handel austauschen

ab 630	ab 711	1071	1095	1099	1265–1291	1453
Ausbreitung des Islam	Iberische Halbinsel wird muslimisch	Eroberung der Stadt Jerusalem durch islamische Krieger	Papst Urban II. ruft zum Ersten Kreuzzug auf	Rückeroberung Jerusalems durch Kreuzritter	Kreuzritter werden vertrieben	Ende der Kreuzzüge

2 Belagerung von Nicäa. Während des ersten Kreuzzugs belagerten christliche Ritter 1098 rund einen Monat die von Musliminnen und Muslimen bewohnte Stadt Nicäa. *Buchmalerei, 13. Jh.*

4 „12 Meister unter dem Planetenhimmel". Die Malerei aus einem Reimbuch zeigt jüdische, christliche und muslimische Gelehrte, die gemeinsam die Planeten Venus, Mars und Jupiter betrachten. Sie tauschen sich darüber aus, was sie bedeuten könnten. *Gemälde, 1370.*

3 Befestigung der Stadt Jaffa. Der christliche König Richard Löwenherz vertrieb 1192 die Truppen des islamischen Sultans Saladin aus Jaffa. Richard ließ die Stadt größer als zuvor wiederaufbauen sowie Mauern und Gräben errichten.
Gemälde, um 1500.

5 Ein Christ und ein Muslim sitzen in einem Zelt und spielen Schach. *Abbildung aus dem „Buch der Spiele" von Alfonso X. von 1285.*

Wie breitete sich der Islam aus?

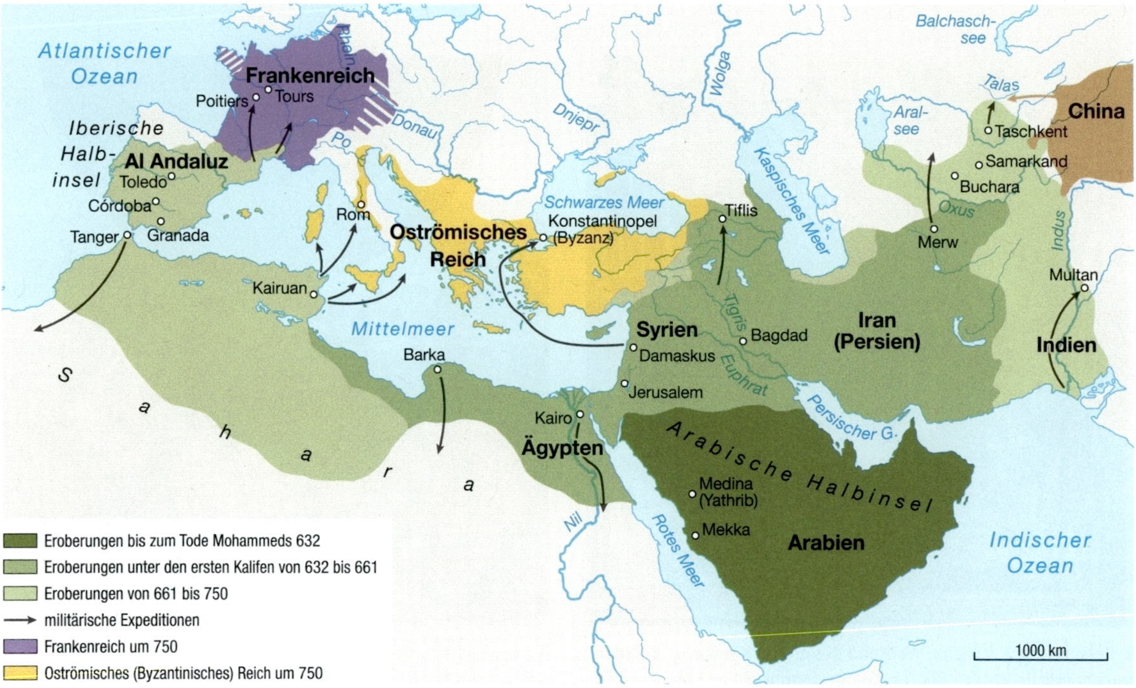

1 Die Ausbreitung des Islam im 7. und 8. Jahrhundert.

Mohammed und der Ursprung des Islam

Mohammed wurde 570 in Mekka geboren und war dort als Kaufmann tätig. Auf seinen Handelsreisen lernte er viele Menschen kennen, die Christen oder Juden waren und an nur einen Gott glaubten. Die Gespräche, die er mit ihnen führte, beeindruckten ihn sehr. Laut einer Erzählung passierte im Jahr 610 Folgendes: Mohammed wurde vom Engel Gabriel zum Verkünder (Prophet) einer neuen Religion berufen, dem Islam. Auch in dieser Religion glauben die Menschen nur an einen Gott: Allah.

Von Mekka über die arabische Halbinsel

Mekka war eine reiche Handelsstadt. Unter den dort lebenden Familien der verschiedenen arabischen Stämme kam es immer wieder zu Konflikten um Geld und Macht. Bevor sich der Islam durchsetzte, verehrten die Menschen in Mekka über 300 Göttinnen und Götter. Eine Gemeinsamkeit gab es: Sie verehrten die Ka'aba (Bild 3) als heiligen Ort. Der dort befindliche schwarze Stein zog viele Pilgerinnen und Pilger an, die der Stadt Wohlstand brachten.

Nach einem Streit floh Mohammed 622 nach Medina. 630 kehrte er nach Mekka zurück und eroberte die Stadt mit seinem Heer. Er ließ alle Zeichen anderer Göttinnen und Götter entfernen und machte die Ka'aba zum Heiligtum des Islam (Bild 3). Die Eroberung Mekkas wurde als „Dschihad" bezeichnet, was sich mit „Anstrengung und Kampf für den Glauben" übersetzen lässt. Die Lehren und Aussprüche Mohammeds bestimmten von da an das Leben der Muslime und verbreiteten sich von Mekka aus über die ganze arabische Halbinsel. Es wird berichtet, sie hätten dazu geführt, dass Familien ihren Streit beilegten. Mohammeds Lehren gelten den Muslimen als Worte Allahs und sind in ihrer heiligen Schrift, dem Koran, aufgeschrieben.

Was geschah nach Mohammeds Tod?

Nach dem Tod Mohammeds wurde sein Schwiegervater Abu Bakr (573–634) der Anführer der Muslime: Er wurde Kalif. Jedoch kam es bald zu Streit unter den Anhängern Mohammeds: Sie waren sich uneinig darüber, ob jeder fähige Mann Kalif werden konnte oder ob man dafür direkt mit Mohammed

2 Das Gemälde „Der Angriff des Löwen" zeigt den Einzug Mohammeds (rechts) in Mekka im Jahr 630. Seine Anhänger zerstören Bilder und Statuen anderer Göttinnen und Götter (links).

3 Tausende Gläubige umrunden im Innenhof der Moschee in Mekka das Heiligtum Ka'aba in der Mitte. Musliminnen und Muslime glauben, dass Ibrahim/Abraham (siehe S. 44) die Ka'aba als erstes Gebetshaus für Gott errichtet hat. Der darin befindliche schwarze Stein soll vom Himmel gefallen sein. *Foto, 2018.*

verwandt sein musste. Dieser Streit wurde über Jahrzehnte hinweg immer intensiver und führte dazu, dass sich der Islam in zwei Lager teilte: die *Sunniten und die *Schiiten.

Eroberungen im Namen des Islam

Als die Kriege zwischen den arabischen Familien durch die *Kalifen beendet waren, führten sie gemeinsam Kriege für die Ausbreitung des Islam: Das christliche Nordafrika wurde dem Islam unterworfen und ab 711 auch große Teile der iberischen Halbinsel (Karte). Im Osten entstanden islamische Reiche, die aus vielen Völkern bestanden. Damaskus und Bagdad wurden zu bedeutenden Städten.

*** die Sunniten**
arabisch sunna = gewohnte Handlung. Die Sunniten erkennen alle nachfolgenden Kalifen als rechtmäßige Führer der muslimischen Gemeinde an. Da sie Mohammed in Worten und Taten folgten, gelten auch ihre Lehren und Aussprüche als religiöse Gesetze. Sie stellen heute mit 90 % den Hauptteil der Muslime auf der Welt.

*** die Schiiten**
arabisch shiat-Ali = Partei Alis. Die Schiiten erkennen nur den Kalifen Ali, einen Schwiegersohn Mohammeds, und dessen Lehren als verpflichtend an. Heute stellen sie die Mehrheit der Muslime in Iran.

*** der Kalif**
Religiös-politischer Führer im Islam. Übersetzt bedeutet der Begriff „Stellvertreter" oder „Nachfolger".

1 Die Ausbreitung des Islam geschah in drei Phasen. Ergänzt mithilfe von Karte 1 die folgende Tabelle. Gebt jeweils zwei Städte an:

Phase	Zeit	Eroberte Städte (Gebiete)
1	570–632	Mekka, Medina (arab. Halbinsel)
...	...	...

2 Findet mithilfe eines Atlas heraus, welche heutigen Staaten in den eroberten Gebieten liegen. Nennt für jeden Kontinent einen.

3 Beschreibt Bild 2. Nutzt den → Wortschatz.
> Nehmt die Methode „Bilder untersuchen" von S. 285 zu Hilfe.

4 Vermutet, weshalb Mohammed und seine Anhänger in Mekka als Erstes Bilder und Statuen aller Göttinnen und Götter zerstörten.

Was ihr noch tun könnt:

1 Die Pilgerreise nach Mekka (Haddsch) ist noch heute eine Pflicht für Muslime. Informiert euch, was zu dieser Reise gehört (QR-Code). Bezieht auch Bild 3 mit ein.

2 Recherchiert, ob die Konflikte zwischen Sunniten und Schiiten weiterhin bestehen.

WORTSCHATZ
3 ein Bild zweigeteilt darstellen | goldene Farben verwenden | Einzug Mohammeds darstellen | Mekka erobern | Statuen und Bilder anderer Götter zerstören

Was haben die drei Religionen gemeinsam?

Judentum	**932–586 v. Chr.;**
Christentum	**30–100 v. Chr.;**
Islam	**610–643 v. Chr.**

1 Gründungsorte und Gründungszeiten (rechts) der abrahamitischen Religionen.

Die abrahamitischen Religionen

Drei Religionen zählen zu den abrahamitischen Religionen: das Judentum, das Christentum und der Islam. Alle drei sehen Abraham als ihren Stammvater an. Das bedeutet, dass sich die Religionen auf ihn als Begründer beziehen. Im muslimischen Koran lautet sein Name Ibrahim. Oft werden Judentum, Christentum und Islam auch die Buchreligionen genannt. Sie haben jeweils heilige Schriften, in denen die Gläubigen viel über Gott und seine Zuwendung zu den Menschen erfahren und Hinweise für ein gutes Leben finden (Tabelle).

Abraham oder Ibrahim soll etwa 2000 Jahre vor unserer Zeitrechnung gelebt haben, also vor rund 4000 Jahren. Er zog mit seiner Familie und seinem Besitz als Nomade umher. Dabei legte er sehr lange Wegstrecken zurück (Karte). Er glaubte an nur einen Gott, was für die damalige Zeit ungewöhnlich war. Abraham/Ibrahim hatte zwei Söhne: Ismael mit seiner Frau Hagar und Isaak mit seiner Frau Sarah. Musliminnen und Muslime verstehen sich als Nachkommen Ismaels, das jüdische Volk als die von Isaak.

Auch das Christentum bezieht sich auf Abraham, denn Jesus gilt als Nachfahre Abrahams. In den jüdischen wie in den muslimischen Schriften wird berichtet, dass Gott Abraham/Ibrahim aufforderte, seinen Sohn zu opfern. Im letzten Augenblick jedoch griff ein Engel im Auftrag Gottes ein: Abraham/Ibrahim sollte seinen Sohn verschonen. Stattdessen schlachtete er einen Widder (Bild 2 und 3). Im Judentum geht es um Isaak, im Islam um Ismael. Das muslimische Opferfest „Id al-Adha" geht auf diese Erzählung zurück.

In der Geschichte wird deutlich, was den Religionen wichtig ist: Gott fordert Gehorsam, aber er liebt die Menschen und macht keine Fehler. Man kann ihm vertrauen.

Welche weiteren Gemeinsamkeiten gibt es?

Alle drei Religionen entstanden zu unterschiedlichen Zeiten, aber im selben Gebiet, dem Vorderen Orient (Karte). Alle sind monotheistische Religionen. Das bedeutet, sie glauben an einen einzigen Gott als den Schöpfer des Universums.

Es gibt auch in allen Religionen Gotteshäuser, in denen sich die Menschen treffen. Gottesdienste und Feiern weisen Unterschiede auf, aber immer sind Gebete ein wichtiger Bestandteil, um mit Gott zu kommunizieren.

2 Abraham ist bereit, Isaak zu opfern.
Buchmalerei, 1250.

3 Ibrahim ist bereit, Ismael zu opfern.
Miniatur aus Persien, 1577.

die Buchreligionen	**Judentum**	**Christentum**	**Islam**
Gottes Eigenschaft	fordert Vertrauen und liebt die Menschen		
Heilige Schrift (siehe S. 40, Bild 1)	Tora und Tanach	Bibel	Koran
Name des einen Gottes	u. a. Adonai	Gott (Vater)	Allah
Gotteshaus	Synagoge	Kirche	Moschee
Dialog mit Gott	Gebet		
wichtige Stadt mit Heiligtümern	u. a. Jerusalem (siehe S. 38/39)		

M1 Der Journalist Jens Rosbach schrieb 2016 über die Gemeinsamkeiten der Weltreligionen:

Auf gute Taten können sich die drei großen monotheistischen Religionen am einfachsten einigen. Auch wenn die einen von Zakat und Sadaqa reden und die anderen von Mitzwa. Was Muslime und Juden damit meinen, bringen der Jude Jesus und andere auf den Punkt: „Liebe Deinen Nächsten wie Dich selbst.“ ... für die Religions-Experten ist klar: Ohne gute Taten kommen weder Muslime noch Juden noch Christen aus.

1 Vermutet mithilfe der Angaben zur Karte, warum die drei Religionen Judentum, Christentum und Islam meist in dieser Reihenfolge genannt werden.

2 **a** Zählt mithilfe der Karte und eines Atlas die heutigen Länder auf, durch die Abraham/Ibrahim und seine Familie zogen.
b Nennt die heutigen Länder, in denen die drei Religionen entstanden.

3 Nennt mithilfe der Zeilen 25–31 und der Bilder 2 und 3 die Gemeinsamkeiten der Opfergeschichte.

4 Erstellt eine Mindmap zu den drei Buchreligionen. Tragt die Informationen der Doppelseite ein und ergänzt auch die heiligen Stätten Jerusalems (siehe S. 38/39).
> Nehmt die Methode „Eine Mindmap erstellen“ von S. 290 und 292 zu Hilfe.

Was ihr noch tun könnt:

1 Recherchiert und benennt Gemeinsamkeiten und Unterschiede von den Begriffen „Zakat“, „Sadaqa“ und „Mitzwa“ aus M1.
> Nehmt die Methode „Im Internet recherchieren“ von S. 18/19 zu Hilfe.

Wie lebte man in Spanien zusammen?

1 Die Alhambra in Granada, Spanien. Ab 889 wurde die Festung auf den Trümmern einer römischen Anlage erbaut. Die Alhambra (= rote Burg) war eine Festung, ein Palast und der Regierungssitz des letzten islamischen Reiches in Granada. Zum heutigen Erscheinungsbild gehören auch Gebäudeteile, die nach der christlichen Rückeroberung Spaniens errichtet wurden. Die Burganlage ist etwa 740 m lang und bis zu 220 m breit. Als herausragendes Beispiel für islamische Baukunst gehört die Burg seit 1984 zum Weltkulturerbe. *Foto, 10.09.2017.*

Christen und Juden im arabischen Spanien

Muslimische Araber eroberten ab 711 auch Teile Spaniens. Der arabische beherrschte Teil Spaniens wurde al-Andaluz genannt (siehe Karte S. 42). Die neuen Herrscher waren aber zunächst die Minderheit der Bevölkerung. Daher nutzen sie das Wissen und die Ortskenntnisse der dort lebenden christlichen und jüdischen Bevölkerung.

Die arabisch-muslimischen Herrscher stützten ihre Verwaltung auch auf gebildete Juden und Christen: Ärzte, Lehrer, Übersetzer, *Kartografen, Mathematiker und Handelsreisende halfen, die Herrschaft zu festigen. Es gab sogar jüdische und christliche hoch angesehene Berater am Herrscherhof. Die christliche und die jüdische Bevölkerung war einigermaßen frei: Nichtmuslime lebten meist in eigenen Stadtvierteln und regelten ihre Angelegenheiten selbst. Ihre Religionen konnten sie weitgehend ungestört ausüben. Muslime tolerierten Juden und Christen, weil sie auch über heilige Bücher verfügten (siehe S. 45). Trotzdem blieben sie Bürgerinnen und Bürger zweiter Klasse: Sie zahlten eine besondere Steuer, durften z.B. keine muslimischen Frauen heiraten und keine Waffen tragen. Dennoch lernte man viel voneinander (Bild 2, Q 1).

*** der Kartograf**
Er ist ein Fachmann für die Herstellung von Karten, die vor allem für Handelsreisende wichtig waren.

Die Blütezeit von al-Andaluz (745–1008)

Die Muslime brachten ihre Sprache, ihre Religion sowie ihre wissenschaftlichen Erkenntnisse und ihre Baukunst mit nach Spanien (Bild 1 und siehe S. 49).

Viele Bewohnerinnen und Bewohner von al-Andaluz lebten im Wohlstand. Gründe hierfür waren:

- neue Nutzpflanzen aus Syrien, wie z.B. Zuckerrohr, Reis, Zitruspflanzen und Aprikosen,
- technisch raffinierte Bewässerungsmöglichkeiten, die größere Ernten bedeuteten,
- die Ausbeutung der Bodenschätze und
- der Fernhandel, durch den kostbare Waren, vor allem durch jüdische Händler, herangeschafft wurden.

Christliche Rückeroberungen

Das einheitliche arabische Herrschaftsgebiet zerfiel nach und nach. Christlichen Herrschern gelang es, immer mehr Gebiete in Spanien zurückzuerobern.

Trotz gelegentlicher judenfeindlicher Übergriffe, z.B. 1066 im muslimischen Granada, blieb es bei einem einigermaßen friedlichen Zusammenleben. Ab 1130 entstand unter König Alfons X. (1221–1284) eine Übersetzerschule in Toledo, die sehr berühmt wurde. Jüdische, christliche und muslimische Gelehrte übersetzten griechische und arabische Texte. Viel Wissen gelangte so auch nach Mitteleuropa (Bilder 2 und 3).

2 Ein Muslim und ein Christ beim Lautenspiel. *Aus der Liedersammlung König Alfons X. um 1280.*

3 Vorlesung über Mineralogie (Wissenschaft der Steine) in der spanischen Stadt Salamanca. Aus dem „Steinbuch" des Königs und Gelehrten Alfons X. *Miniatur, um 1280.*

Ab 1492 wurden Juden gezwungen, sich taufen zu lassen oder das Land zu verlassen. Ab 1502 galt das auch für die arabisch-muslimische Bevölkerung.

Q1 Alvara, Bischof von Córdoba, schrieb 960:
Viele meiner Glaubensgenossen lesen die Gedichte und Märchen der Araber. Sie studieren die Schriften der muslimischen Theologen und Philosophen, nicht um sie zu widerlegen, sondern um zu lernen, wie man sich auf korrekte und elegante Weise im Arabischen ausdrückt. ... Sie ... legen sich mit enormen Kosten große Bibliotheken davon an und sprechen überall laut aus, diese Literatur sei bewunderungswürdig.

Q2 Der Beamte und Geograf Ibn Chordadbeh schrieb 847 über jüdische Kaufleute in al-Andaluz:
Diese Kaufleute sprechen persisch, romanisch, arabisch, fränkisch, spanisch und slawisch. Sie reisen vom Abendland [westliche Länder] nach dem Morgenland [Orient] und vom Morgenland nach dem Abendland, bald zu Wasser, bald zu Land. Sie bringen aus dem Abendland ... Sklavinnen, ... Seide, Pelzwerk und Schwerter. ... Bei der Rückreise nehmen sie Moschus [Duft für Parfüms], Aloe und Kampfer [Heilpflanzen], Zimt und andere Erzeugnisse des Ostens mit und kommen wieder.

1 Nennt mithilfe des Textes Z. 1–42 und Q2 mindestens fünf Vorteile, die die christliche und die jüdische Bevölkerung unter der muslimischen Herrschaft in Spanien hatten.
> *Sie konnten ihre Berufe weiterhin ausüben, ...*

2 Recherchiert zur arabischen Baukunst in Spanien am Beispiel der Alhambra. Tragt eure Ergebnisse in einer Wandzeitung zusammen und bezieht auch die heutige Rolle des Bauwerks mit ein.
> *Nehmt die Methode „Im Internet recherchieren" von S. 18/19, Bild 1 mit seinem Infokasten sowie S. 49 zu Hilfe.*

3 **a** Erläutert die Interessen muslimischer und christlicher Herrscher in al Andaluz.
b Beurteilt das Handeln der Herrscher mit Blick auf das Wohlergehen der verschiedenen Bevölkerungsgruppen. Nutzt den → Wortschatz.
> *Nehmt die Methode „Ein eigenes Urteil bilden" von S. 285 zu Hilfe.*

4 Vermutet, welche Einstellung der Verfasser von Q1 hat.
> *Ich vermute, er denkt ... Seine Sorge ist ...*

WORTSCHATZ
3b Ortskenntnisse und das Wissen von Gelehrten nutzen | im Wohlstand leben | Bodenschätze ausbeuten | Religionen tolerieren

Welchen Einfluss hatte die Medizin?

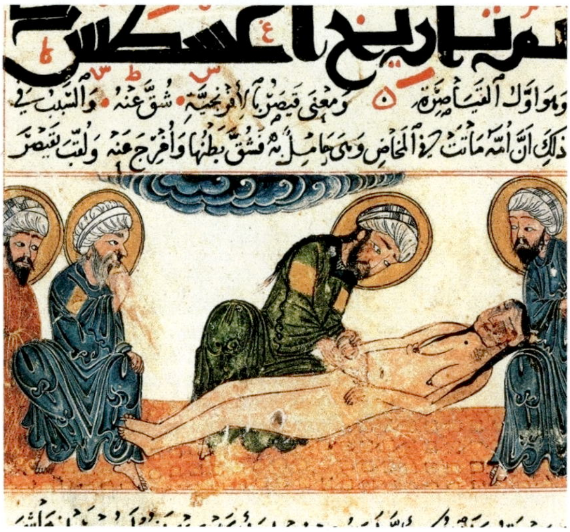

1 Geburt per Kaiserschnitt. Vier Ärzte bringen ein Kind auf die Welt. *Zeichnung aus einem Buch des persischen Gelehrten Abu Raihan al-Biruni (973–1048).*

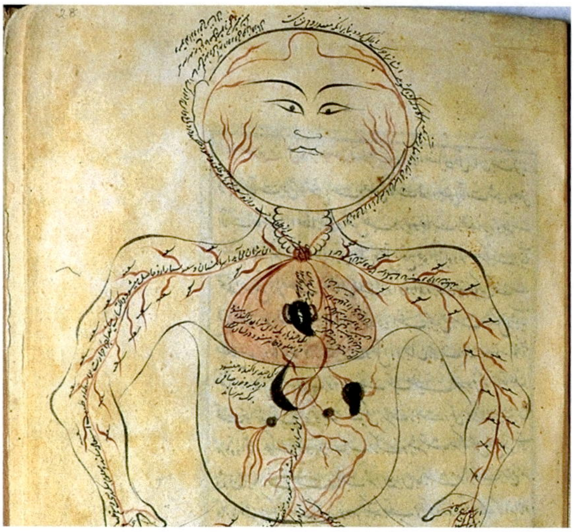

2 Abbildung aus dem Buch „Die Anatomie des menschlichen Körpers“ des persischen Arztes Mansur Ibn Ilyas aus dem 15. Jh. Die Abbildung zeigt einige der inneren Organe sowie Blutgefäße. Die Beschriftung in arabischer Schrift weist auf besondere Punkte des Körpers hin. *Buchmalerei, 1488.*

Die Rolle der Medizin in der islamischen Kultur

Das Wissen arabischer Mediziner im Mittelalter beruhte vor allem auf den Kenntnissen der Antike. Dieses Wissen wurde auf Anordnung islamischer Herrscher zusammengetragen, in die arabische Sprache übersetzt, neu geordnet und um weitere Erkenntnisse ergänzt. Die Schriften und Bilder verbreiteten sich vom 7. bis ins 13. Jh. in der gesamten islamischen Welt.

Im christlichen Mittelalter hingegen war vieles an Wissen aus der Antike verloren gegangen. Hierzu gehörte auch die Kräuterkunde. In der islamischen Welt war sie weit verbreitet, in der christlichen Welt blieb die Kenntnis der Kräuterkunde auf Klöster beschränkt.

Stellt die Medizin Gott infrage?

Eingriffe am menschlichen Körper waren in der arabischen Medizin üblich: Offene Wunden wurden genäht und zum Teil aufwendige Operationen durchgeführt. In der christlichen Welt wurden solche Handlungen abgelehnt und scharf kritisiert. Die Vorstellung dahinter war, dass Gott über Leben und Tod von Verletzten und Kranken entscheiden würde und der Mensch deshalb nicht eingreifen dürfe.

Welchen Einfluss hatte die arabische Medizin?

Im christlichen Mittelalter gab es Ärzte zunächst nur an adligen Höfen. Diese Ärzte erlernten ihre medizinischen Kenntnisse aus der griechisch-römischen Antike oft auf Reisen. Jüdische Ärzte und Autoren spielten eine wichtige Rolle dabei, die arabische Medizin zu vermitteln und aus dem Arabischen ins Lateinische zu übersetzen. Aus diesen Übersetzungen entstanden um das Jahr 1000 herum Medizinbücher in lateinischer Sprache. Diese Bücher enthielten auch Überlegungen muslimischer Mediziner, wie Ärzte mit Patientinnen und Patienten umzugehen hätten.

Tipps für die Erarbeitung und Präsentation:

1 ☒ Erstellt zu einer gemeinsamen Mindmap über die Einflüsse der islamischen Kultur auf die christliche Welt den Beitrag über die Medizin. Berücksichtigt folgende Aspekte:
- Welche Kritik gab es an der arabischen Medizin?
- Wie beeinflusste die arabische Medizin die christliche Welt?
- Wie wurde das Wissen überliefert?

Welchen Einfluss hatte die *Architektur?

1 Der Felsendom auf dem Tempelberg von Jerusalem ist eines der bedeutendsten Bauwerke der islamischen Architektur. Er wurde 688–691 von Kalif Abd al-Malik erbaut. Der Dom greift einige Formen der nahen christlichen Grabeskirche auf. Neben der mit Gold belegten Kuppel gelten die kunstvollen, blau-grünen Mosaike als besonders schön.

2 Der Löwenhof in der Alhambra (siehe S. 46). Er wurde in der zweiten Hälfte des 14. Jahrhunderts erbaut. Bäume und verschiedene Überdachungen spendeten Schatten. Ein Wasserlauf sorgte dafür, dass der Brunnen in der Mitte mit Wasser versorgt wurde. Das Wasser sprudelte aus zwölf Löwen aus Stein.

Wie sieht islamische Architektur aus?

Die Architektur in der islamischen Kultur griff Ideen der griechisch-römischen Antike und aus aus dem Persischen Reich (heutiger Iran) auf und entwickelte sie weiter. Das betraf zunächst die Art, wie Städte geplant und angelegt wurden. Der erste Gedanke galt dem Wasser: Es wurde sichergestellt, dass Frischwasser in die Stadt und Abwasser aus der Stadt herausgeleitet wurde. Hierfür entstanden Wasserleitungen und eine Kanalisation. Dies sollte die Gesundheit und Sauberkeit der Menschen verbessern. Aus demselben Grund wurden Friedhöfe und Tiermärkte vor den Mauern der Stadt angelegt.

In der Gestaltung islamischer Gebäude spielten geometrische Muster, aufwendig gestaltete Inschriften, kunstvolle Mosaike und Mauerbögen eine große Rolle (Bild 1). Techniken aus der Antike wurden hierfür weiterentwickelt. Wohnhäuser waren zur Straße hin meist nicht so prunkvoll gestaltet wie öffentliche Gebäude. Die meisten Häuser verfügten über starke Außenmauern aus Stein, die Wärme abhalten sollten. Ein reich bepflanzter Innenhof sorgte für Abkühlung (Bild 2). Die Außenmauern im Innenhof waren dann auch wieder prächtiger gestaltet und verziert.

*** die Architektur**
Dies ist die Kunst, Gebäude zu errichten.

Welchen Einfluss hatte diese Architektur?

Islamische und christliche Städte im Mittelalter hatten Gebäude für bestimmte Aufgaben, zum Beispiel das Rathaus. In der islamischen Architektur wurde der Gedanke jedoch weiterentwickelt: Jede Stadt wurde mit vielen Gebäuden, die der Öffentlichkeit dienten, angelegt. Die meisten islamischen Städte im Mittelalter verfügten z.B. über Herbergen. In dieser frühen Form eines Hotels sollten Reisende gastfreundlich empfangen werden. Auch die Idee der Krankenhäuser stammt aus der islamischen Welt. Allein in Cordoba und Granada entstanden mehr als 50 Krankenhäuser. Reisende, Kaufleute und Kreuzfahrer aus der christlichen Welt sahen die Vorteile islamischer Architektur und berichteten davon nach ihrer Rückkehr. Im Mittelalter wurden deshalb immer mehr Ideen aus der islamischen Architektur übernommen.

Tipps für die Erarbeitung und Präsentation:

1 ☒ Erstellt zu einer gemeinsamen Mindmap über die Einflüsse der islamischen Kultur auf die christliche Welt den Beitrag über die Architektur. Berücksichtigt folgende Aspekte:
- Welche Vorteile brachte die islamische Architektur?
- Wie beeinflusste die islamische Architektur die christliche Welt?
- Wie wurde das Wissen weitergegeben?

Welchen Einfluss hatte die Wissenschaft?

1 Islamische Astronomen betrachten die Himmelskörper und vermessen sie mithilfe technischer Geräte. *Druck, 1513.*

2 Frühe Laborausstattung aus dem 10.–12. Jh. Ähnliche Geräte werden bis heute verwendet, um verdampfte Flüssigkeiten aufzufangen oder Stoffe voneinander zu trennen (Destillation).

Wie und wo forschten islamische Wissenschaftler?

Wissen nahm im Islam einen hohen Stellenwert ein: Musliminnen und Muslime konnten ohne Wissen ihrem Gott Allah nicht aus vollem Herzen dienen. Muslimische Herrscher ließen deshalb im Mittelalter Schulen einrichten, um Jungen und Mädchen eine Grundbildung zu ermöglichen. Zudem beschäftigten sie an ihren Höfen viele Wissenschaftler. Die meisten Veröffentlichungen stammten von Mathematikern und Astronomen.

Durch die Ausbreitung des Islam konnten muslimische Wissenschaftler in den eroberten Gebieten Wissen aus der Antike übernehmen. Sie übersetzten viele Schriften ins Arabische, führten einzelne Ideen zu neuen Konzepten zusammen und entwickelten sie weiter. Die dabei entstandenen neuen Werke kamen in öffentliche Bibliotheken – alle sollten auf das Wissen zugreifen können. In besonderen Schulen, den Akademien, wurde dieses Wissen gelehrt und z.B. in Krankenhäusern oder in Sternwarten erprobt (Bild 1).

Womit beschäftigte sich die Wissenschaft?

Ein Teil der Wissenschaftler beschäftigte sich mit alltäglichen Problemen und deren Lösung. So ging es um Heilkunde, den Transport von Wasser aus Brunnen, neue Farben für Stoffe oder die Möglichkeit, Duftstoffe für Parfüms zu gewinnen (Bild 2).

Oft führten theoretische Überlegungen zu Ergebnissen mit praktischem Nutzen: So beschäftigte sich der Gelehrte Alhazen mit Glas und Linsen und der Frage, wie diese das Licht brechen. Dabei legte er den Grundstein für Brillen und Vergrößerungsgläser. Der Mathematiker Muhammad Ibn-Mūsā al-Ḫwārizmī entwickelte das bis heute verwendete Dezimalsystem der Zahlen und führte dafür die Idee der Ziffer 0 aus dem indischen Zahlensystem ein.

Wie kam das Wissen ins christliche Europa?

Trotz aller Konflikte führte die Errichtung der Kreuzfahrerstaaten (siehe S. 52/53) dazu, dass sich Kreuzfahrer und Reisende mit muslimischen Wissenschaftlern vor Ort austauschten. Daraus folgte, dass im Hochmittelalter erste christliche Gelehrte auf Bildungsreise gingen. Als Christen Gebiete von den islamischen Herrschern zurückeroberten, kamen zudem viele Schriften aus den dortigen Bibliotheken nach Europa.

Tipps für die Erarbeitung und Präsentation:

1 ⊠ Erstellt zu einer gemeinsamen Mindmap über die Einflüsse der islamischen Kultur auf die christliche Welt den Beitrag über die Wissenschaft. Berücksichtigt folgende Aspekte:
- Welche Erkenntnisse brachte die islamische Wissenschaft?
- Wie beeinflusste die islamische Wissenschaft die christliche Welt?
- Wie wurde das Wissen weitergegeben?

Welchen Einfluss hatten die Küche und Gewürze?

1 Festmahl der Ärzte. Das Bild stammt aus dem Buch „Taqwim al-Sihha“ (Pflege der Gesundheit). Es wurde vom christlichen Arzt Ibn Butlân (1001–1066) aus Bagdad im 11. Jh. geschrieben. Das Buch enthält Ratschläge, wie bestimmte Speisen zubereitet und Gewürze verwendet werden. *Buchmalerei, 13. Jh.*

2 Das Bild zeigt eine Küche in einer islamischen Stadt, in der der Frischkäse Ricotta gekocht wird. Heutzutage verbindet man dieses Produkt eher mit Italien. Das Bild stammt aus dem Buch „Tacunium Sanitatis“ (Gesundheitstabelle). Es handelt sich um die lateinische Übersetzung des Buches aus Bild 1. *Buchmalerei, 14. Jh.*

Was machte die Küche in der islamischen Kultur aus?
Genau wie im christlichen Mittelalter kochten die Menschen zunächst mit den Lebensmitteln, die in ihrem Umfeld wuchsen. Die arabische Küche griff dabei etwa auf Spargel, Spinat, Reis, Auberginen und Zitronen zurück. Zudem spielte der Einsatz von Gewürzen eine große Rolle. Gewürze wie Kardamom oder Safran wurden nicht nur wegen ihres Geschmacks genutzt. Man sagte ihnen auch einen positiven Einfluss auf die Gesundheit nach.

Der Arzt Ibn Butlân, ein aus Bagdad stammender Christ, erstellte sogar ein ganzes Buch, in dem er einzelne Gewürze, Obst, Gemüse und andere Speisen vorstellte. Dabei notierte er nicht nur, wie die Lebensmittel am besten zuzubereiten waren. Er zählte auch die Vorteile auf, die sie für die Gesundheit hatten (Bild 1).

Im überwiegend christlichen Mittelalter wurden Gewürze zunächst vor allem genutzt, um den strengen Geschmack mancher Lebensmittel zu überdecken. Reiche Händler und Adlige nutzten teure Gewürze aus fernen Ländern auch, um ihren Gästen ihren Reichtum zu zeigen.

Wie verbreitete sich die islamische Küche?
Gewürze sowie Obst und Gemüse aus der islamischen Welt wurden im Verlauf des Mittelalters immer beliebter. Mit den Waren brachten christliche und jüdische Händler auch Rezepte von ihren Reisen mit. Die Idee, dass Speisen und Gewürze Krankheiten vorbeugen könnten, machte die Waren noch interessanter.

Das Buch Ibn Butlâns wurde rund 300 Jahre nach seiner Veröffentlichung ins Lateinische übersetzt (Bild 2). Die darin enthaltenen Informationen verbreiteten sich schnell.

Tipps für die Erarbeitung und Präsentation:

1 Erstellt zu einer gemeinsamen Mindmap über die Einflüsse der islamischen Kultur auf die christliche Welt den Beitrag über die Küche und Gewürze. Berücksichtigt folgende Aspekte:
- Welche Vorteile bot die arabische Küche?
- Wie beeinflusste die arabische Küche die christliche Welt?
- Wie kam das Wissen über arabische Küche nach Europa?

Die Kreuzzüge – heilige Kriege im Namen Gottes?

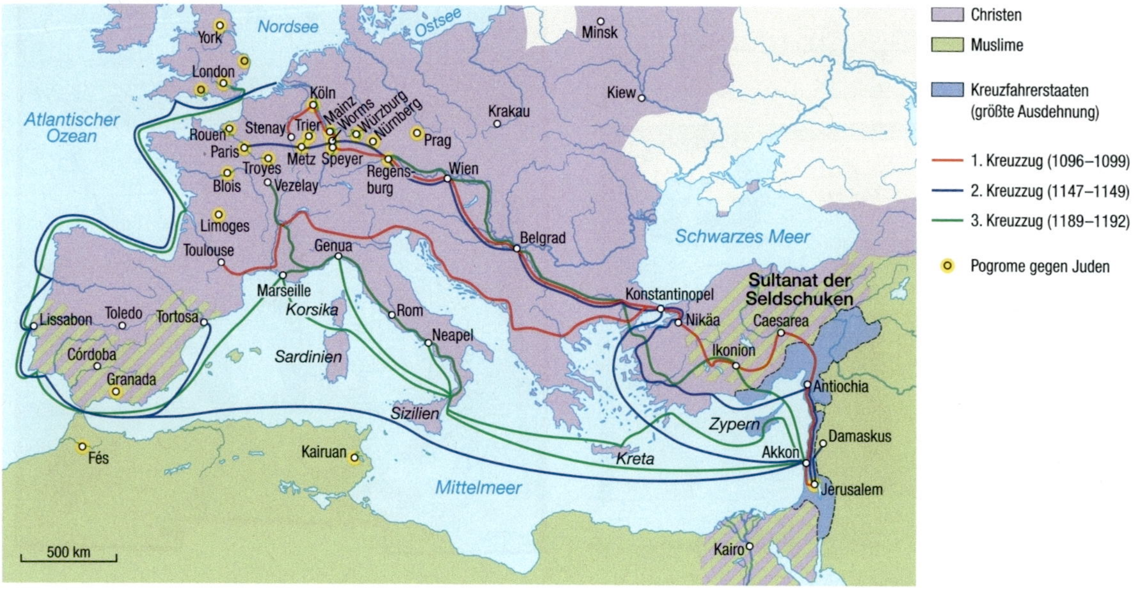

1 Kreuzzüge vom 11.–13. Jh.

Warum rief ein Papst zum Krieg auf?

Im Jahr 1071 wurde die Stadt Jerusalem von einem muslimischen Reitervolk erobert, den Seldschuken. Dabei töteten sie den dortigen Herrscher und seine Truppen. Die Wohnviertel der Juden und Christen blieben jedoch unbeschadet. Trotzdem befürchtete der christliche Kaiser in Byzanz, dass sein Reich als Nächstes angegriffen werden könnte. Er bat Papst Urban II. um Hilfe. Dieser rief daraufhin am 27.11.1095 in Clermont (heute: Frankreich) zum „heiligen Krieg“, dem ersten *Kreuzzug, auf (Q1).

Wie verlief der erste Kreuzzug?

Das Volk folgte dem Aufruf des Papstes. Es zog zu Fuß ins „Heilige Land“. Dabei überfielen und plünderten sie auf ihrem Weg jüdische Viertel in Städten. Teilweise brachten sie in *Pogromen sogar deren Bewohner um (Karte). Sie begründeten dies damit, dass die Juden Feinde der Christen seien. Muslimische Reiterheere schlugen im Herbst 1096 diesen „Volkskreuzzug“ blutig nieder. Auch Ritter waren dem päpstlichen Aufruf gefolgt. Sie wurden als Kreuzritter bezeichnet, da sie das Kreuz auf ihrer Kleidung trugen. Sie begannen im Frühjahr 1097, Gebiete im *Nahen Osten zu erobern. Nach anfänglichem Widerstand gelang es ihnen im Jahr 1099, Jerusalem zu erobern (Q2).

Was passierte nach dem ersten Kreuzzug?

Im Anschluss an die Eroberung Jerusalems gründeten die Ritter im Nahen Osten die sogenannten Kreuzfahrerstaaten (Karte). Diese sollten unter anderem in künftigen Konflikten den Nachschub sichern. Das Vorgehen der Kreuzritter forderte in der muslimischen und der jüdischen Bevölkerung viele Tote. Es kam danach immer wieder zu Konflikten zwischen Muslimen und Christen, weil die Kreufahrerstaaten von muslimischen Staaten umgeben waren. Die Folge war, dass Päpste immer

*** der Kreuzzug**
Die Kreuzzüge bezeichnen vom 11. bis zum 13. Jh. stattfindende Kriegszüge in den Nahen Osten. Ziele waren u. a., die muslimische Herrschaft über die heiligen Stätten der Christen zu beenden und den christlichen Glauben zu verbreiten.

*** der Pogrom**
Dies ist ein gewalttätiger Angriff gegen Angehörige einer Minderheit und deren Besitz, der vom Umfeld geduldet oder sogar unterstützt wird.

*** der Nahe Osten**
Zu dem Gebiet gehören: Syrien, Irak, Libanon, Israel/Palästina, Jordanien, Saudi-Arabien, Kuwait, Bahrain, Katar und die Vereinigten Arabischen Emirate sowie Oman und Jemen (von Nord nach Süd). Manchmal werden auch Ägypten, die Türkei und der Iran dazugezählt.

wieder zu Kreuzzügen aufriefen (Karte). In der Zeit zwischen 1265 und 1291 wurden die Kreuzritter zunehmend vertrieben. 1453 eroberten muslimische Truppen schließlich Konstantinopel, die Hauptstadt von Byzanz. Damit endete die Zeit der Kreuzzüge.

Kann ein Krieg „heilig“ sein?

Aus moderner Sicht sollte die Antwort einfach sein: Nein. Im Mittelalter war dies anders. Aus christlicher Sicht galt ein Krieg im Mittelalter als notwendig und gerechtfertigt, wenn man für Liebe und Barmherzigkeit kämpfte. Hierunter verstand man damals, die angegriffenen Christinnen und Christen und deren Heiligtümer zu befreien sowie den christlichen Glauben zu schützen.

2 Die Erstürmung Jerusalems durch die Kreuzritter 1099. *Buchmalerei, 14. Jahrhundert.*

Q1 Die Rede Papst Urbans II. schrieb der Mönch Robert von Reims (1055–1122) um 1107 auf:

Die Seldschuken, die weder ein Herz haben noch an Gott glauben, haben mit Schwert, Raub und Feuer das Land der Christen verwüstet. Christen wurden verschleppt, getötet und Kirchen zerstört. ... Jeder, der sein Haus in meinem Namen verlässt, wird hundertfach belohnt werden und das ewige Leben erhalten.

Q2 Über die Eroberung Jerusalems berichtete der muslimische Schreiber Ibn-al-Atir (1160–1235):

Die *Franken nahmen Jerusalem von der Nordseite am Freitag ein. Die Franken blieben eine Woche in der Stadt und mordeten. Eine Gruppe Einwohner suchte Schutz in Davids Bethaus [Synagoge] und leistete einige Tage Widerstand. Nachdem die Franken ihnen das Leben zugesichert hatten, ergaben sie sich. Die Franken hielten sich an den Vertrag. In der Al-Aksa-Moschee töteten die Franken mehr als 70 000 Muslime. Aus dem Felsendom raubten sie mehr als 40 Silberleuchter ... . Die verschiedenen muslimischen Fürsten lagen damals im Streit, deswegen konnten die Franken das Land besetzen.

1 Erstellt mithilfe des Textes Z. 1–32 und Bild 2 einen Zeitstrahl mit den wichtigsten Daten und Ereignissen zum ersten Kreuzzug.

2 Nennt mithilfe von Q1 Argumente, mit denen Papst Urban II. seine Zuhörer für den Kreuzzug gewinnen wollte.
> *Der Papst sorgte für Angst, weil ...*
> *Der Papst stellte in Aussicht, dass ...*

3 Vergleicht die Begründung für den ersten Kreuzzug, die Papst Urban II. in Q1 gibt, mit der aus dem Text Z. 5–11.
> *Während der Papst als Grund nennt, dass ..., nennt der Text ...*

4 Beschreibt mithilfe des Textes Z. 14–37, Q2 und Bild 2 das Vorgehen der Kreuzritter.

Was ihr noch tun könnt:

1 Auch heute noch gibt es Konflikte, in denen sich die Gegner gegenseitig als „gottlos“ bezeichnen. Bewertet dieses Argument.
> *Nehmt die Methode „Ein persönliches Werturteil bilden“ von S. 62/63 zu Hilfe.*
> *Mit dem Argument unterstellt man ... / Dies bedeutet ... / Meine Meinung dazu ist ...*

---

* **die Franken**
Muslimische Schreiber bezeichneten die Christen aus dem Westen als Franken, obwohl nicht alle aus dem Frankenreich kamen.

Warum nahmen Menschen an einem Kreuzzug teil?

1 Der Mönch Peter der Einsiedler ruft Menschen auf einem Marktpatz zur Teilnahme am Kreuzzug auf. *Farbdruck, um 1890.*

Q1 Der Geistliche Guilhabert de Castres (1165–1240) beschrieb um 1196 die Teilnahme reicher Adliger an einem Kreuzzug:

So brach sich die Flut an Menschen, die darauf brannten, dem Ruf ... zu folgen. Darauf schickten sie sich an, eine Botschaft des Friedens, denn dies ist die Lehre Christi, mit dem Schwert verbreiten zu wollen. Schon dies macht augenscheinlich, dass sie wohl kaum mit Inbrunst den christlichen Gedanken in sich trugen. ...

So wie es dem römischen Stuhl [der Papst] nach Macht gierte, war auch der Adel voll Gier und Unzucht. Und es konnte ihnen wohl damit gefallen, dass er sich anschickte, ihnen Vergebung für die Sünden zu gewähren. ... Der Erlass ihrer Sünden, Blutlust und Gier nach Profit und eigenem Ansehen trugen viele von ihnen in das Heilige Land, aus dem nur wenige wieder zurückkehrten.

Wie kam es zu weiteren Kreuzzügen?

Nach dem Aufruf Papst Urbans II. zum ersten Kreuzzug im Jahr 1095 folgten in den anschließenden 170 Jahren noch fünf weitere durch seine Nachfolger. Da die muslimischen Araber immer wieder versuchten, Jerusalem und angrenzende Gebiete zurückzuerobern, gerieten die Christen dort immer wieder in Bedrängnis. Hinzu kam, dass es zwischen den Päpsten und den christlichen Herrschern Streit darum gab, wer in Fragen des christlichen Glaubens am meisten zu sagen hätte. Die Päpste wollten ihre Macht zeigen, indem sie möglichst viele Menschen zur Teilnahme an einem Kreuzzug bewegen wollten.

Wer zog in einen Kreuzzug und warum?

Die Gründe für die Teilnahme an einem Kreuzzug unterschieden sich stark. Die folgenden Berichte ermöglichen es, Personengruppen und deren Motivation für eine Beteiligung an einem Kreuzzug kennenzulernen.

Q2 Auch über die Teilnahme verarmter oder besitzloser Adliger und Ritter berichtete Guilhabert 1195:

Und neben allen, die mit ihrer Geburt oder durch ihre Taten zu Besitz und Ansehen gekommen waren, fand sich eine noch größere Zahl an solchen, die nichts weiter besaßen als Pferd und Kriegszeug – und selbst an diesem nur das Notwendigste hatten. ... Solche ohne Erbe oder Herrn, sie alle zogen gegen Jerusalem. Voll Hoffnung zu neuem Besitz zu kommen oder ... durch neue Taten einen Namen zu erlangen, suchten sie ihre Not hinter sich zu lassen. ... Wer von ihnen mit dem Segen Gottes handelte, vermag nur der Herr selbst zu richten. Sie werden am Ende vor ihm mit Wort und Tat stehen müssen.

2 Kreuzritter beim Sturm auf eine muslimische Festung. *Buchmalerei aus dem 13. Jahrhundert.*

3 Aufbruch zum Kreuzzug. *Schulwandbild, 1960.*

Q3 In seinen Berichten über die Kreuzzüge schrieb Guilhabert auch über die Pilgerinnen und Pilger, die den Kreuzfahrern immer wieder begegneten:

Von ihnen folgten viele noch immer dem Wege Christi und führten niemals die Hand zum Schwert. So reisten sie meist frei von allen Bürden. ... Doch trieb sie der Sorge um ihr eigenes Leben um, wie es einem jeden Christen lieb und teuer sein sollte. So schlossen sich die Pilger wie Frauen doch dort den Kreuzfahrern an – nicht um ihre Sache zu ihrer zu machen, jedoch um heil das Ziel ihrer Reise zu erreichen. ... Und wie sie Akka erreichten, trennten sich ihre Wege; denn sie blieben zusammen nur so lange sie mussten, denn sie waren erfüllt von Argwohn über die Gräuel, die sie sahen.

Q4 In den Würzburger Jahrbüchern findet sich für das Jahr 1147 ein Bericht über arme Stadtbewohner und Landarbeiter, die nach Jerusalem aufbrachen:

Die einen ... gingen, um neue Länder zu sehen. Andere, gezwungen durch Armut, ... waren bereit, gegen die Feinde des christlichen Kreuzes zu kämpfen ..., um ihre Armut zu lindern. Ferner gab es Leute, die von Schulden gedrückt wurden, wieder andere waren bestrebt, die ihrem Herrn geschuldeten Dienste loszuwerden, oder sie erwarteten sogar für ihre Verfehlungen die verdienten Strafen. ...

1 ☒ Untersucht, welche Personen und Personengruppen auf den Bildern 1–3 abgebildet sind. Ordnet sie den Gruppen aus den Quellen Q1–Q4 zu.
> *Bild ... zeigt in der Mitte ...*
> *Am Rand ist/sind ... abgebildet.*
> *Die Person / die Personen ... könnte/könnten ... wie in Quelle ... sein.*
> *Vermutlich handelt es sich um ...*

2 ◩ Ermittelt für eine der Personengruppen in Q1–4 die Motivation zur Teilnahme an einem Kreuzzug. Tragt diese in die Tabelle ein und berichtet der Klasse über diese Personengruppe.

Personengruppe	Grund
reiche Adlige	Erlass von Sünden
...	...

3 ☒ Sprecht als Pilgerin oder Pilger und berichtet, was ihr an dem Verhalten der anderen Kreuzfahrerinnen und Kreuzfahrer falsch findet.
> *Ich habe beobachtet, dass ...*
> *Es widerspricht christlichen Vorstellungen, ...*
> *Als Christin/Christ kann ich nicht gutheißen, ...*

4 ☒ Beurteilt die Aussage: „Bei den Kreuzzügen ging es um alles andere, nur nicht den Glauben." Nutzt den → Wortschatz.

WORTSCHATZ

4 Urteil von der Personengruppe abhängig machen | Die Bedeutung von Glauben kann unterschiedlich ausgeprägt sein. | andere Gründe vorliegen | ein Urteil zutreffend finden / ablehnen

Die Kreuzzüge – eine reine Männerangelegenheit?

A Warum nahmen Frauen an den Kreuzzügen teil?

1 Kreuzfahrerpaar. *Skulptur, 12. Jahrhundert.*

Q1 Anna Komnena (1083–1154), Tochter des christlich-byzantinischen Kaisers, schrieb um 1135 über den ersten Kreuzzug:

Es entstand damals eine Bewegung von Männern und Frauen, wie man sie seit Menschengedenken nicht gesehen hatte: die einfachsten Leute waren von der Sehnsucht erfüllt, am Heiligen Grab zu beten. ... Eine unübersehbare Menge von Männern aus dem Volk, mit Frauen und Kindern, alle mit roten Kreuzen auf den Schultern, ... die aus allen Ländern herbeiströmte.

M1 Die Historikerin Christine Dernbecher schrieb 2003:

Des Weiteren ist in Betracht zu ziehen, dass Frauen aus Liebe beziehungsweise aus einem Gefühl der Zusammengehörigkeit heraus bereit waren, die Strapazen auf sich zu nehmen, und deshalb ihren Ehemännern in den Osten folgten. ... Als ein weiterer Beweggrund kam vielleicht auch ein gewisses Maß an Abenteuerlust oder Neugierde hinzu. ... Nicht nur die Ehefrauen ... begleiteten das Heer, sondern auch Nonnen, Dienerinnen, Waschfrauen sowie Marketenderinnen [Händlerinnen] oder Prostituierte. ...

B Frauen als Schuldige?

2 Während des ersten Kreuzzugs werden Frauen aus dem christlichen Heerlager von Antiochia vertrieben. *Buchmalerei, um 1490, Ausschnitt.*

In den Quellen des Mittelalters wurden Frauen wiederholt kritisiert, wenn sie an den Kreuzzügen teilnahmen. In diesen Quellen steht, dass sie während der Kämpfe stören würden, weil man z.B. gleichzeitig für ihren Schutz sorgen müsse.

Päpste und Bischöfe sprachen sich grundsätzlich gegen die Teilnahme von Frauen an Kreuzzügen aus. Die Frauen wurden dafür verantwortlich gemacht, wenn sich die Kreuzfahrer hemmungslos verhielten, sexuelle Kontakte suchten oder z.B. betrunken waren. Daher wurde darauf gedrängt, dass unverheiratete Frauen innerhalb des Kreuzzuges möglichst schnell heiraten sollten.

Man beschuldigte die Frauen auch, wenn es zu Niederlagen aufseiten der Christen gekommen war. Die Geistlichen meinten, dass Misserfolge eine Strafe Gottes für das unmoralische Leben im Heerlager seien.

Als während der Belagerung von Antiochia großer Hunger herrschte, schrieb der Geschichtsschreiber Fulcher von Chartres, die Frauen hätten Gottes Zorn erregt. Unverheiratete wie verheiratete Frauen wurden aus dem Zug ausgeschlossen (Bild 2).

C Waren Frauen an Kriegshandlungen beteiligt?

Q2 Der arabische Geschichtsschreiber Abu Sama (1203–1267) schrieb um 1250 über die Belagerung von Akkon 1189:

Auch eine andere große und reiche Frau langte zur See an, mit fünfhundert Reitern, Pferden, ... Ausrüstung; ... jene Frau ritt mit aus und beteiligte sich bei den Angriffen. In dem Heer der Feinde gab es auch noch sonstige Weiber zu Pferde mit Panzer und Eisenhelm, welche nach Männerweise kämpften; ... der Tatbestand trat erst zutage, als sie geplündert und entkleidet wurden.

Q3 Ein unbekannter Autor schrieb 1099 – vermutlich im Auftrag des Fürsten Bohemund von Tarent – eine Chronik der Geschehnisse. Dort hieß es:

Wir hatten keine Aussichten, ... der Wucht des Angriffs so vieler Feinde standhalten zu können. Die Frauen im Lager waren an diesem Tag eine große Hilfe für uns, denn sie brachten unseren Kämpfern Wasser zum Trinken und ermunterten die Streiter und Verteidiger.

Historikerinnen und Historiker fanden außerdem heraus, dass Frauen dabei halfen, Gräben auszuheben oder Gräben aufzufüllen, die belagerte Städte umgaben. Sie waren am Bau von Belagerungsmaschinen und dem Errichten von Barrikaden beteiligt. Sie übernahmen Wachdienste, löschten Feuer und kochten für die Kämpfenden. Sie schleppten Verpflegung und Munition zu den Kämpfenden.

Es ist auch nachgewiesen, dass Frauen aktiv am Kampf teilnahmen, z.B. bei der Abwehr von Angriffen. Kämpfende Frauen wurden jedoch abgelehnt und als „unnatürlich" angesehen. Es herrschte die Überzeugung, Frauen seien weder körperlich noch aufgrund ihrer geistigen Fähigkeiten in der Lage, das Kriegshandwerk zu lernen und auszuüben.

3 Eroberung Jerusalems durch die Kreuzfahrer. *Zeitgenössische Buchmalerei, Ausschnitt.*

WAHLAUFGABEN

Teilt euch in Gruppen auf und bearbeitet jeweils eine der drei Aufgaben A, B oder C. Findet euch im Anschluss in gemischten Dreiergruppen zusammen. Tauscht euch über eure Ergebnisse aus und ergänzt eure Notizen.

Warum nahmen Frauen an den Kreuzzügen teil?

A Nennt mithilfe der Materialien Bild 1, Q1 und M1 Gründe für die Teilnahme der Frauen an Kreuzzügen. Notiert auch, welche Aufgaben Frauen übernahmen.

Frauen als Schuldige?

B Untersucht mithilfe des Textes und Bild 2 die Rolle der Frauen als Schuldige. Geht dabei auch auf die Folgen dieser Rollenzuteilung ein. Notiert eure Ergebnisse.

Waren Frauen an Kriegshandlungen beteiligt?

C Tragt mithilfe aller Materialien verschiedene Formen der direkten Beteiligung von Frauen am Kampfgeschehen zusammen. Notiert eure Ergebnisse.

Textquellen vergleichen

Textquellen sind wie eine Tür in die Vergangenheit, weil sie uns an den Ereignissen aus einer bestimmten Sicht von Menschen aus der damaligen Zeit Anteil nehmen lassen.

Es ist zu beachten, dass Quellen nicht automatisch verlässlich sind. Die Verfasserinnen oder Verfasser der Quellen stellen die Ereignisse nur aus ihrer Sicht dar und haben vielleicht schon zu damaliger Zeit bewusst falsche Nachrichten verbreitet.

Besonders interessant ist es, wenn zu einem Ereignis Textquellen aus verschiedenen Perspektiven zur Verfügung stehen. Ein Vergleich macht deutlich, dass es nicht „die" Geschichte gibt. Verschiedene Menschen können dasselbe Geschehen auf ganz unterschiedliche Weise wahrnehmen und deuten.

Unterschiedliche Textquellen ermöglichen es uns, Geschichte aus verschiedenen Perspektiven wahrzunehmen.

Folgende Hinweise helfen euch, Textquellen zu vergleichen:

Schritt 1: Jeden Text für sich untersuchen
- Worum geht es in dem Text (Wer? Wann? Wo? Was? An wen?)?
- Um welche Textsorte handelt es sich (z. B. ein Bericht, ein Brief, eine Urkunde)?
- Was ist über die Autorin oder den Autor bekannt?

Schritt 2: Texte vergleichen
- Welche Übereinstimmungen gibt es? Welche Unterschiede gibt es?
- Lassen sich die Unterschiede auf etwas zurückführen? Wenn ja, worauf? Z. B.
  - auf Herkunft und Hintergrund der Autorinnen/ der Autoren?
  - auf Absichten, die sie verfolgen?

Schritt 3: Texte einschätzen und bewerten
- Kann man den Textquellen vertrauen? Wenn nein, woran könnte das liegen?
- Gibt es offensichtliche Übertreibungen oder fehlt Wichtiges?
- Wie kann man den Vergleich der Textquellen zusammenfassen?

Schritt 4: Die Ergebnisse auswerten
- Benötigt man für die Klärung des Themas weitere Informationen?
- Welche Folgerungen kann man aus den Informationen ziehen?

1 Teilt euch die Bearbeitung von Q1 und Q2 auf. Bearbeitet Schritt 1 mithilfe der Lösungshilfen zunächst einzeln für eine Quelle und tauscht euch anschließend aus.

2 Bearbeitet die Schritte 2 und 3 gemeinsam mithilfe der Lösungshilfen.
Vergleicht im letzten Schritt die Fragen: Wie sahen sich die christlichen Kreuzfahrer selbst? Wie wurden sie von der muslimischen Bevölkerung eingeschätzt?

3 Beurteilt im Anschluss alle gemeinsam die Frage: War das Zusammenleben von Muslimen und Christen eher ein Gegeneinander oder eher ein Miteinander?
> *Nehmt die Methode „Ein eigenes Urteil bilden" von S. 285 zu Hilfe.*

Was ihr noch tun könnt:

1 Recherchiert zu den beiden Autoren der Quellen und dem Orden der Templer weitere Information und berichtet darüber.
> *Nehmt die Methode „Im Internet recherchieren" von S. 18/19 zu Hilfe.*

Q1 Der Priester und *Chronist Fulcher von Chartres nahm am ersten Kreuzzug teil und berichtete darüber. Fulcher wurde 1059 im französischen Chartres geboren; gestorben ist er 1127 in Jerusalem. Über seine Landsleute schrieb er:

Wir, die Abendländer waren, sind Orientalen geworden; dieser, der Römer oder Franke war, ist hier Galiläer oder Bewohner Palästinas geworden; ... Wir haben schon unsere Geburtsorte vergessen ...

Manche von uns besitzen in diesem Land Häuser und Diener, ...ein anderer hat eine Frau geheiratet, die durchaus nicht seine Landsmännin ist, eine *Syrerin oder *Armenierin oder sogar eine *Sarazenin, die die Gnade der Taufe empfangen hat; ... sie sprechen verschiedene Sprachen und haben es doch alle schon fertiggebracht, sich zu verstehen.

Q2 Usama ibn Munqidh (1095–1188) war ein arabisch-muslimischer Schriftsteller, *Diplomat und Chronist. Über die Franken schrieb er:

Hier ist ein Beispiel für die Rohheit der Franken – Gott strafe sie! Als ich mich in Jerusalem aufhielt, ging ich in die Moschee al-Aqsa. An ihrer Seite liegt ein kleiner Betraum, den die Franken in eine Kirche umgewandelt haben. Wenn ich in die Moschee al-Aqsa kam, wo sich die *Templer, meine Freunde, eingerichtet haben, stellten sie mir immer den Betraum zur Verfügung ... Eines Tages traf ich dort ein, sagte *Allahu akbar und stand, um mit dem Gebet zu beginnen. Da stürzte ein Franke herbei, ergriff mich, drehte mich mit dem Gesicht nach *Osten und sagte: „So betet man!" Sofort schritten einige Templer ein, griffen und entfernten ihn, während ich mein Gebet wieder aufnahm. Er wartete aber einen Augenblick ab, ... stürzte sich wieder auf mich ... Wieder griffen die Templer ein ... und entschuldigten sich mit den Worten bei mir: „Es ist ein Fremder, der erst in diesen Tagen ... gekommen ist und noch nie jemanden gesehen hat, der sich beim Gebet nicht nach Osten gewandt hätte."

Lösungshilfen:

Zum Schritt 1:
Fulcher von Chartres war ... | In Q1 berichtet er aus christlicher Sicht über ... | Es wird deutlich ... die Christen ... Besitz | Ehen gibt es mit ... Usama ibn Munqidh war ... | Er erzählt, was er als Muslim erlebt hat ... | Er berichtet von seinen Erfahrungen ... spricht einerseits von Rohheit ... und andererseits von Freunden ...

Zum Schritt 2:
Annäherung und Freundschaft | Unterschiedlichkeit und Ablehnung | Über die Regeln bestimmten ...

Zum Schritt 3:
Die Berichte machen deutlich, dass es sowohl ... als auch ... gegeben hat.

*** der Chronist**
Dies ist ein Zeitzeuge, der über das Geschehen seiner Zeit berichtet.

*** die Syrerin oder *die Armenierin**
Hier sind Christinnen aus dem Orient gemeint.

*** die Sarazenin**
Eine Sarazenin ist eine Frau muslimischen Glaubens.

*** der Diplomat**
Dies ist jemand, der als Vermittler für sein Land auftritt.

*** die Templer**
Dies ist eine geistliche Gemeinschaft von Rittern mit bestimmten Regeln. Zur damaligen Zeit sollten sie die Pilger auf dem Weg nach Jerusalem begleiten und beschützen, kämpfen sowie sich um Kranke und Verwundete kümmern.

*** Allahu akbar**
„Gott ist größer als alles." Dies ist ein Ausspruch, der häufig in Gebeten der Muslime vorkommt.

*** der Osten**
Hier ist die Ausrichtung des Altars und des Gebets der Christen in Richtung Sonnenaufgang gemeint. Muslime beten in Richtung Mekka.

Wie lebten Menschen unter einem andersgläubigen Herrscher?

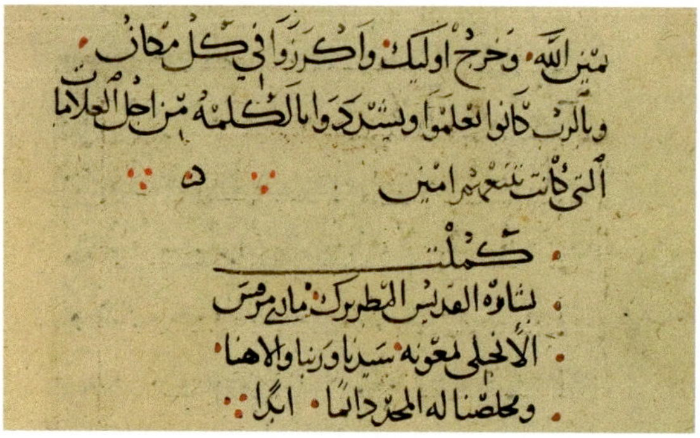

1 Deckblatt für die vier christlichen Evangelien der Bibel in arabischer Sprache aus Palästina 1337. Durch die Übersetzung wollte man sicherstellen, dass kein Misstrauen gegenüber den Christen entstand.

2 Abraham. Das Mosaik aus der Kathedrale von Harissa (Libanon) zeigt den Namen der biblischen Figur auf altgriechisch und arabisch.

Religionen zwischen Kontakt und Konflikt

Der Kampf zwischen dem Islam und dem Christentum um den größten Einfluss im östlichen Mittelmeerraum dauerte einige Hundert Jahre. Es ging hierbei hauptsächlich um die *Iberische Halbinsel und Nordafrika. Vor allem während der Ausbreitung des Islam 632–750 und der darauf folgenden Kreuzzüge verliefen die Kämpfe besonders erbittert (siehe Karten S. 42, 52). Doch es wurde nicht 600 Jahre hindurch gekämpft. Lange Zeit lebten Menschen unterschiedlicher Religionen in Frieden mit- oder nebeneinander. Je nachdem, wer gerade die Macht in dem Gebiet hatte, wechselte jedoch die offizielle Religion im Land.

Wie gingen Muslime mit Andersgläubigen um?

Die islamischen Heere führten Kriege, um ihre Religion zu verbreiten. Trotzdem zwangen die siegreichen Kalifen nicht alle besiegten Völker, den Islam als Religion anzunehmen. Juden und Christen durften ihre Religion weiterhin ausüben, da auch sie an nur einen Gott glaubten und sich ebenso an einer heiligen Schrift orientierten (Bilder 1, 2). Sie wurden von den Kalifen sogar unter Schutz gestellt und wurden so zu Dhimmi (= Schutzbefohlenen). Für diesen Schutz mussten Juden und Christen eine Abgabe bezahlen. Einige Christen traten zum Islam über, um diese Kosten zu sparen. Andere waren fasziniert vom arabischen Wohlstand und Wissen.

Obwohl diese Regeln ein gemeinsames Leben ermöglichten, besaßen Juden und Christen weniger Rechte als die Muslime. So durften sie zum Beispiel nicht öffentlich beten. Das lag daran, dass der islamische Prophet Mohammed der Meinung war, dass Religion und Staat nicht getrennt sein dürfen. Auch heutzutage gibt es Länder, in denen der Koran in ähnlicher Weise ausgelegt wird und Nichtmuslime sich strengen Regeln unterwerfen müssen, z. B. im Iran oder im Jemen.

Was bedeutete muslimische Herrschaft für Frauen?

Der Koran enthielt klare Vorgaben, die die Kalifen von allen Bewohnerinnen ihres Landes einforderten. Die Vorschrift für Frauen, einen Schleier zu tragen oder ihren Ehemann mit mehreren Frauen teilen zu müssen gehörten dazu, waren jedoch keine Erfindung des Islam. Im oströmischen Reich war dies bereits lange vor dem Islam üblich.

Tatsächlich wurde die Stellung der Frauen sogar sicherer, denn die Regeln des Korans waren verpflichtend: Ehen mussten mit Vertrag geschlossen werden, der Rechte, Pflichten, Besitz und Erbe regelte.

*** die Iberische Halbinsel**
Heute werden 85 % der Iberischen Halbinsel von Spanien eingenommen. Außerdem befinden sich dort noch die Staaten Portugal, Andorra und das britisch verwaltete Gibraltar.

Handel, Verträge und Begegnung statt Konflikt

Wenn gerade kein Kreuzzug tobte, war der Alltag der Menschen in den Kreuzfahrerstaaten von einem Miteinander geprägt. Die fränkischen und muslimischen Herrscher hatten Abkommen und Verträge geschlossen. Durch diese profitierten sie von gegenseitigem Handel und einem Austausch von Kultur, Sprache und Wissenschaft (Bild 2). Das Nebeneinander von jüdischen, christlichen und muslimischen Heiligtümern in Jerusalem führte regelmäßig zu Begegnungen unter den Pilgerinnen und Pilgern aller drei Religionen.

Q1 Im Koran in der Sure 2, Vers 190 steht zum Umgang mit Andersgläubigen:

Und kämpft um Gottes willen gegen diejenigen, die gegen euch kämpfen! Aber begeht keine Übertretung (indem ihr den Kampf auf unrechtmäßige Weise führt)! Gott liebt die nicht, die Übertretungen begehen.

Q2 Der muslimische Pilger Ibn Jubayr (1145–1217) war Kaufmann im heutigen Spanien und berichtete in einem Reisebericht aus dem Jahr 1184:

Eigentümlich ist auch, dass, obgleich zwei Armeen von ihnen seit fast hundert Jahren immer wieder aufeinanderstoßen, ... dennoch muslimische und christliche Reisende zwischen ihnen ohne Behelligung hin- und herziehen ... Von *Tibnîn, das von den letzten Kämpfen noch gezeichnet war, zogen wir am Montag bei Tagesanbruch weiter. Unser Weg führte dauernd durch bewirtschaftete Ländereien und geordnete Siedlungen, deren Bewohner alle Muslime waren und mit den Franken angenehm lebten. Möge Gott uns vor solcher Verführung bewahren. Sie übergeben zur Erntezeit die Hälfte ihrer Erträge an die Franken und zahlen darüber hinaus eine Kopfsteuer. Abgesehen davon mischt man sich nicht in ihre Angelegenheiten ein, ... auch ihre Güter bleiben in ihrem vollen Besitz.

3 Die Briefmarke „Franziskus und der Sultan" von 2019 erinnert an das Treffen des Mönchs Franziskus von Assisi mit Sultan al-Kamil 1219 – mitten während des fünften Kreuzzugs.

1 Beschreibt mithilfe des Textes Z. 15–40 sowie Q1, wie muslimische Herrscher mit andersgläubiger Bevölkerung umgingen. Nutzt den → Wortschatz.

2 Erklärt mithilfe des Textes Z. 19–33, weshalb es wichtig war, christliche Schriften – wie in den Bildern 1 und 2 – auch in arabischer Schrift aufzuschreiben.

3 Berichtet mithilfe des Textes Z. 40–52, welche Rechte Frauen unter muslimischer Herrschaft hatten.

4 Vergleicht eure Ergebnisse aus Aufgabe 1 mit den Schilderungen aus Q2.

Was ihr noch tun könnt:

1 In Deutschland ist heutzutage noch immer der christliche Glaube am meisten vertreten. Recherchiert, welche Rechte Menschen anderer oder ohne Religionen in Deutschland haben.
> Nehmt die Methode „Im Internet recherchieren" von S. 18/19 zu Hilfe.

WORTSCHATZ
1 nur an einen Gott glauben | eine Religion ungestört ausüben | unter Schutz stehen | Abgaben bezahlen | weniger Rechte besitzen

*** Tibnîn**
damals wichtige Burg der Kreuzfahrer im südlichen Libanon

Ein persönliches Werturteil bilden

In einem Werturteil kommt zum Ausdruck, was und wie wir heute über ein Thema, ein Problem oder über Menschen der Vergangenheit denken. Es kann z.B. Zustimmung oder Ablehnung, *Sympathie oder *Antipathie ausdrücken.

Ein Werturteil über Menschen und ihr Handeln in der Vergangenheit zu bilden, hilft uns auch, uns in der Gegenwart zu orientieren.

Folgende Hinweise helfen euch, ein persönliches Werturteil zu bilden:

Schritt 1: Klären, was oder wer bewertet werden soll
- Welche Einstellung, welches Ereignis, welche Handlung von Menschen soll bewertet werden?
- Welche Fragestellung ist leitend?
  Ist das Handeln von Menschen z. B.
  - gerechtfertigt oder nicht gerechtfertigt?
  - vorbildhaft oder abschreckend?
  - Erfolg versprechend oder zum Scheitern verurteilt?
  - wertvoll oder wertlos? ...

Schritt 2: Einen Maßstab heranziehen und offenlegen
- Was dient als Maßstab für das persönliche Urteil?
  Z. B. die Menschenrechte, das Grundgesetz, eine Religion, eine Person, die ihr schätzt?

Schritt 3: Ein begründetes Werturteil formulieren
- Das Werturteil muss nicht immer eindeutig sein, es kann auch abwägen (einerseits – andererseits). Eine Begründung gehört auf jeden Fall dazu.

Schritt 4: Urteile vorstellen und vergleichen
- Zu welchen Urteilen sind Mitschülerinnen und Mitschüler oder andere Menschen gekommen?
- Unterschiedliche Menschen beurteilen oft verschieden. Respektiert die anderen Meinungen.

1 ⊠ Wie bewertet ihr das Vorgehen der Kreuzritter aus heutiger Sicht?
Bearbeitet die Urteilsfrage mithilfe der vier Schritte und der Materialien 1 und 2.
> Nutzt auch die Seiten 52–55 und den → Wortschatz (rechte Seite).

2 ⊠ Nehmt mithilfe der Materialien auf den S. 52/53 auch zu folgender Werturteilsfrage Stellung:
Können Kriege im Namen eines Gottes gerechtfertigt sein?

---

* **die Sympathie**
positives Gefühl der Zuneigung jemandem gegenüber

* **die Antipathie**
negatives Gefühl der Abneigung jemandem gegenüber

M1 Zu den Grundrechten heißt es im Artikel 4 des Grundgesetzes der Bundesrepublik Deutschland von 1949:

(1) Die Freiheit des Glaubens, des Gewissens und die Freiheit des religiösen und weltanschaulichen Bekenntnisses sind unverletzlich.
(2) Die ungestörte Religionsausübung wird gewährleistet.
(3) Niemand darf gegen sein Gewissen zum Kriegsdienst mit der Waffe gezwungen werden.

Anregungen/Lösungshilfen:

Zum Schritt 1:
In meiner Bewertung geht es um das Vorgehen der Kreuzritter aus heutiger und persönlicher Sicht. ...

Zu den Schritten 2 und 3
findet ihr Anregungen unter M1 und M2 und beim Wortschatz.

M2 Lösungsbeispiele von Schülerinnen und Schülern:

Hassan schreibt:	Lena schreibt:	Tom schreibt:
Zum Schritt 2: Ich bin mit dem Koran erzogen worden, er ist für mich wichtig. ... **Zum Schritt 3:** Die Kreuzritter haben den Glauben der Muslime mit den Füßen getreten und viele Muslime ermordet. Das ist für mich ungerecht. Es sorgt bis heute für Feindschaft zwischen Muslimen und Christen. ... So sind die Kreuzritter ein schlechtes Beispiel dafür, wie man mit Menschen umgeht, die eine andere Religion haben. ...	**Zum Schritt 2:** Um die Frage zu beantworten, schließe ich mich unserem Grundgesetz an. Alle sollten ihre Religion haben dürfen und den anderen ihre Freiheit lassen. **Zum Schritt 3:** Ich kann verstehen, dass die Kreuzritter für die Pilger freien Zugang zu den heiligen Stätten wollten, aber das rechtfertigt überhaupt nicht ihr Vorgehen. Sie haben unterwegs (den Juden gegenüber) und am Ziel (den Muslimen gegenüber) menschenverachtend gehandelt. Die Frauen machten sie zu Sündenböcken. Das kann ich nur ablehnen. ...	**Zum Schritt 2:** Im Konfirmandenunterricht haben wir uns mit den Zehn Geboten und mit der Bergpredigt von Jesus beschäftigt. Ich würde anderen Menschen auch gern wie Jesus begegnen. **Zum Schritt 3:** Ich verstehe gar nicht, wie die Kirchenleute die Kreuzritter auffordern konnten, Gewalt anzuwenden. Das passt meiner Meinung nach nicht mit der Bibel zusammen. Ich finde, das Vorgehen der Kreuzritter ...

WORTSCHATZ

1 Leitend für meine Meinung ist ... | Nach meiner Überzeugung ... | Ich denke zu der Frage ... | Meine Sicht ist ... | Ich komme zu dieser Ansicht, weil ... | Dabei hat mich überzeugt, dass ... | Einerseits ... andererseits ... | Obwohl ich auch Verständnis für ..., überwiegt dennoch ...

1 Schülerinnen und Schüler im Meinungsaustausch.

Wie gelingt das Zusammenleben heute?

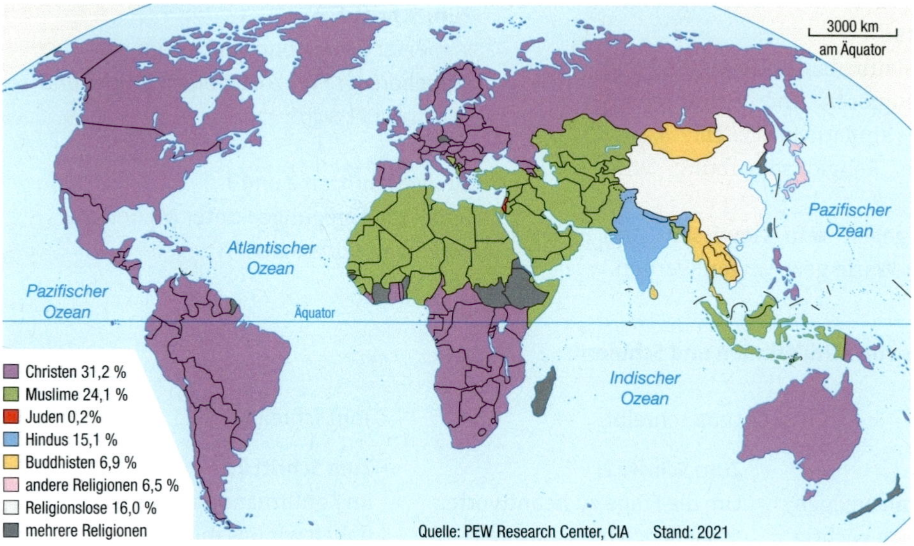

1 Verbreitung und Verteilung der großen Weltreligionen heute und ihre Anteile an der Bevölkerung. Judentum, Christentum und Islam sind hier durch weitere Weltreligionen ergänzt.

Religionen heute – ein friedliches Miteinander?

In den meisten Ländern der Welt leben heute Gläubige verschiedener Religionen friedlich neben- oder auch miteinander. Über diesen üblichen Alltag wird eher selten berichtet. Es gibt jedoch auch Konflikte, *terroristische Anschläge und sogar Kriege, die einen religiösen Hintergrund haben.

Oft reichen Konflikte lange zurück. Alle Beteiligten sind meist überzeugt, dass ihnen Unrecht widerfahren ist, sie selbst die Opfer und die anderen die Täter seien. Medien berichten fast täglich über Zusammenstöße, Anschläge oder Kriege. So entsteht bei uns schnell der Eindruck, Religionen würden generell zu Kriegen führen und es gäbe weltweit sehr viele *extremistische Gläubige, die rücksichtslos und menschenverachtend vorgingen.

Tatsächlich zeigen Forschungsergebnisse, dass es bei gewaltsamen Auseinandersetzungen immer auch um politische Machtansprüche und den Zugang zu *Ressourcen geht. Religiöse Gründe werden oft nur vorgeschoben oder tragen sogar dazu bei, die Konflikte zu verschärfen.

M1 Der Theologe Stephan Schlensog schrieb 2002 auf der Webseite der Bundeszentrale für politische Bildung über Religion und Gewalt:

Für viele sind die Religionen ... die großen „Brandstifter" der Weltgeschichte, ohne die unsere Welt erheblich friedlicher wäre. Andere hingegen betonen gerade das große Friedenspotential, mit dem die Religionen die Menschheit – oft gegen den Widerstand der Herrschenden – zu allen Zeiten auch zum Besseren verändert haben: im Einsatz für *Humanität und Menschenrechte, als Friedensvermittler bei Konflikten und Kriegen.

Insofern sind Religionen *ambivalent, so wie etwa auch Kunst oder Musik ambivalent sind: Sie sind zu allen Zeiten zum Guten gebraucht und zum Schlechten missbraucht worden.

*** terroristisch**
Damit ist ein Vorgehen gemeint, das mit krimineller Gewalt und ohne Rücksicht auf Menschenleben oder/und Gebäude und Einrichtungen vorgeht und Angst und Schrecken verbreiten will. Man spricht von Terror, wenn dieses Vorgehen einen politischen oder religiösen Hintergrund hat.

*** extremistisch**
Dies bedeutet, sich nicht an Gesetze zu halten und eigene Ziele nach eigenen Maßstäben auch mit Gewalt durchzusetzen.

*** die Ressource, die Ressourcen**
Dies sind Mittel und Gegebenheiten, die zur Verfügung stehen, wie z. B. Landfläche, Wasser, Bodenschätze, saubere Luft, aber auch gut ausgebildete Menschen.

*** die Humanität**
Menschenfreundlichkeit; Einsatz für die Würde anderer Menschen

*** ambivalent**
doppeldeutig, widersprüchlich

2 Ministerpräsident Hendrik Wüst hatte anlässlich des Ramadans, dem Fastenmonat im Islam, zu einem gemeinsamen Iftar-Essen (= Fastenbrechen) in seinen Amtssitz in Düsseldorf eingeladen. *Foto, 28. 03. 2023.*

WEISST DU WER ICH BIN?

Das Projekt der drei großen Religionen für friedliches Zusammenleben in Deutschland

3 Logo für ein religionsübergreifendes Projekt in Deutschland.

M2 Bundeskanzler Olaf Scholz richtete am 23. 03. 2023 ein Grußwort an die Musliminnen und Muslime Deutschlands:

Der Ramadan ist eine Zeit innerer Einkehr, eine Zeit des Zusammenseins und des Teilens – zum Beispiel allabendlich beim Fastenbrechen. Es geht darum, andere Menschen zu unterstützen und solidarisch zu sein. Gerade in der aktuellen Zeit ist dies ganz besonders wertvoll.

M3 Das religionsübergreifende Projekt „Weißt du, wer ich bin?" wird auf der Webseite beschrieben:

Das Projekt der drei großen Religionen für friedliches Zusammenleben in Deutschland ist ein gemeinsames Vorhaben der Arbeitsgemeinschaft Christlicher Kirchen in Deutschland (ACK), des Zentralrats der Juden in Deutschland und des Koordinationsrats der Muslime (KRM). ... Das Projekt wird vom Bundesministerium des Innern, für Bau und Heimat gefördert. ... Mit dem Projekt „Weißt du, wer ich bin?" leisten die beteiligten Träger einen Beitrag zur Verständigung von Menschen unterschiedlicher Religionszugehörigkeit und zur Zusammenarbeit über die Grenzen der Religionen hinweg. Sie machen damit deutlich, dass die Religionen einen konstruktiven Beitrag zur Integration und einem friedlichen Zusammenleben in unserem Land leisten.

1 Erstellt mithilfe der Karte eine Tabelle für Juden, Christen und Muslime:

Religion	Anteil an der Weltbevölkerung (in %)	Kontinent/ zwei Beispielstaaten
Juden	...	

2 Teilt den Text Z. 1–22 und M1 unter euch auf und fasst die Inhalte in eigenen Worten zusammen. Tauscht euch aus und notiert eure Ergebnisse.

3 a Informiert euch mithilfe von M3 und Bild 3 über die Ausschreibung zum Projekt „Weißt du, wer ich bin?". Notiert eure Ergebnisse (QR-Code).

b Überlegt und notiert den Nutzen für Gläubige, die Religion anderer kennenzulernen.

c Wie denkt ihr über dieses Projekt? Tauscht euch aus.

4 Überlegt, inwiefern ihr als Lerngruppe einen Beitrag zur Verständigung zwischen den Religionen leisten könnt. Nutzt den → Wortschatz.

> *Nehmt die Methode „Ich – Du – Wir" von S. 289/290 sowie Bild 2, M2 zu Hilfe (QR-Code).*

WORTSCHATZ

4 eine Befragung durchführen | eine Moschee, eine Synagoge, eine Kirche besuchen | zum Gespräch einladen | eine Initiative nutzen

Begegnungen dreier Religionen: Juden, Christen und Muslime

Ich kann wichtige Begriffe im Zusammenhang erklären (Sachkompetenz):

der Kreuzzug
die heiligen Schriften
die abrahamitischen Religionen

1 Zählt die heiligen Schriften des Judentums, Christentums und Islam auf.

2 Erstellt einen kurzen Forenbeitrag mit den drei Begriffen. Verwendet einen geeigneten Hashtag (#).

Ich kann folgende Aufgaben lösen (Sachkompetenz):

3 Erklärt, in welcher Weise der Austausch zwischen Angehörigen der drei Religionen die Menschen weitergebracht hat. Bezieht auch Bild 1 und 2 mit ein. Nutzt den → Wortschatz.

4 Erklärt die Gründe dafür, dass es Mönche in Süditalien und Spanien waren, die für medizinisches Wissen im christlich geprägten Mittelalter sorgen konnten. Bezieht M1 und euer Wissen ein.

Ich kann die Methode „Textquellen vergleichen" anwenden (Methodenkompetenz):

5 Vergleicht die Schilderungen über die Kreuzzüge in Q1 und Q2 miteinander. Nennt Gemeinsamkeiten und Unterschiede.

6 Beurteilt die Glaubwürdigkeit der beiden Quellen Q1 und Q2.

WORTSCHATZ

3 gemeinsame Werte vermitteln | voneinander lernen | Projekte umsetzen | Wissen austauschen | für Frieden einsetzen | sich unterstützen | miteinander arbeiten und leben

Ich kann mir ein Urteil bilden und es begründen (Urteilskompetenz):

7 Nehmt Stellung zu der Aussage Richard Gramlichs in M2. Nennt Beispiele für das Verhalten beider Seiten.

8 Bewertet die Aussage: „Das Mittelalter war eine düstere Zeit, in der das Christentum Krieg gegen alle Andersgläubigen führte."

Ich kann aus dem Gelernten Folgerungen für meine Gegenwart ziehen (Handlungskompetenz):

9 Nennt mithilfe von S. 48–51 drei Entdeckungen, Erfindungen oder Errungenschaften aus der islamischen Welt des Mittelalters, die bis heute von Bedeutung sind. Bezieht auch die Bilder 1 und 3 mit ein.
› *Die Erfindung ... ist bis heute wichtig, weil ...*
› *... zählt bis heute zu den bedeutensten ...*

10 **a** Untersucht Bild 2.
b Informiert euch mithilfe des QR-Codes über den Stand dieses Projektes und berichtet darüber.

11 Beschreibt Bild 3. Vermutet, warum eine Apotheke in Spanien damit ihre Außenwand schmückt.

M1 Auf der Internetseite „Planet Wissen" schreibt der Historiker Gregor Delvaux de Fenffe zur Geschichte der Arzneien:
Es waren lese- und schreibkundige Mönche in Süditalien und Spanien, die Zugang zu den arabischen Quellen erhielten – und sie übersetzten die Werke ins Lateinische zurück. Die Mönche sorgten so für den Erhalt des heilkundlichen Wissens der Antike ...

Q1 Der Mekka-Pilger Ibn Dschubair berichtete in Tagebucheinträgen aus dem Jahr 1184 über die Kreuzzüge:

Am Dienstagmorgen kamen wir nach Akka – möge Gott es zerstören. ... Dort fehlt es an Reinheit, man lebt inmitten von Schweinen und anderen ungesetzlichen Dingen, mehr als man aufzählen kann. ... Zu dem Unglück, das ein Besucher in Akka sehen wird, gehören die muslimischen Gefangenen, die wie Sklaven in Fesseln laufen und zu schmerzlichen Arbeiten eingesetzt werden. ... Herzen brennen bei ihrem Anblick, doch nützt ihnen Mitleid nichts.

M2 Der Religionswissenschaftler Richard Gramlich (1925–2006) äußerte sich auf einem Treffen von Forscherinnen und Forschern 1991:

Der Islam hat sich in der Geschichte normalerweise toleranter gezeigt, als er seinem Selbstverständnis nach eigentlich sein dürfte. Das Christentum andererseits hat sich als weniger tolerant erwiesen, als es vom ... Gebot der Liebe sein müsste.

1 Ärzte in einer fachlichen Diskussion. Das Bild zeigt jüdische, christliche und islamische Ärzte bei einem Austausch. Die als König dargestellte Person soll der damals weltbekannte islamische Gelehrte Avicenna sein. *Buchmalerei aus Verona, 15. Jh.*

Q2 Der Erzbischof Wilhelm von Tyrus (1130–1186) schrieb 1170 über die Eroberung Jerusalems:

Alle Feinde ... streckten sie [die Kreuzfahrer] mit der Schärfe des Schwertes nieder. ... Und es lagen überall Köpfe umher, dass man keinen anderen Weg ... mehr finden konnte als über Leichen. ... Es geschah ... nach einem gerechten Urteil Gottes, dass die, welche das Heiligtum des Herrn mit ihren abergläubischen Bräuchen entweiht ... hatten, es mit ihrem eigenen Blut reinigen ... mussten.

2 Von links nach rechts: Pfarrer Gregor Hohberg, Rabbiner Andreas Nachama und Imam Kadir Sanci bei der Eröffnung der sogenannten «House of One-Box». Vor dem geplanten «House of One-Box» öffnet ein Besuchercontainer mit Ausstellung auf dem Bauplatz des Mehrreligionenhauses auf dem Petriplatz in Berlin: ein gemeinsamer Ort für Gebete von Juden, Christen und Muslime. *Foto, 2023.*

3 Ein arabischer Apotheker im Mittelalter studiert seine Bücher in seinem Labor. *Bemalte Fliesen an einer Apotheke in Marbella, Spanien.*

3

Neues Denken, neue Wege, neue Zeit

Im 15. Jahrhundert begannen viele Veränderungen: Menschen hinterfragten ihr bisheriges Wissen und erforschten die Geheimnisse der Welt. Neues Denken führte zu neuen Erfindungen, neue Erfindungen führten zu neuen, vorher unbefahrbaren Wegen. In dieser Zeitspanne passierte so viel Wichtiges und Neues, dass von der Epoche der „Neuzeit" gesprochen wird. Warum die Menschen die Welt erforschten, welche Entdeckungen und Erfindungen sie möglich machten und welche Folgen all das bis heute hat, erfahrt ihr in diesem Kapitel.

Das Bild zeigt Rekonstruktionen von historischen Schiffen, sogenannten Karavellen.

1 Stellt euch vor, eine Woche auf dem Schiff auf hoher See unterwegs zu sein. Sammelt in der Klasse Erwartungen und Befürchtungen an diese Woche.

Neues Denken, neue Wege, neue Zeit

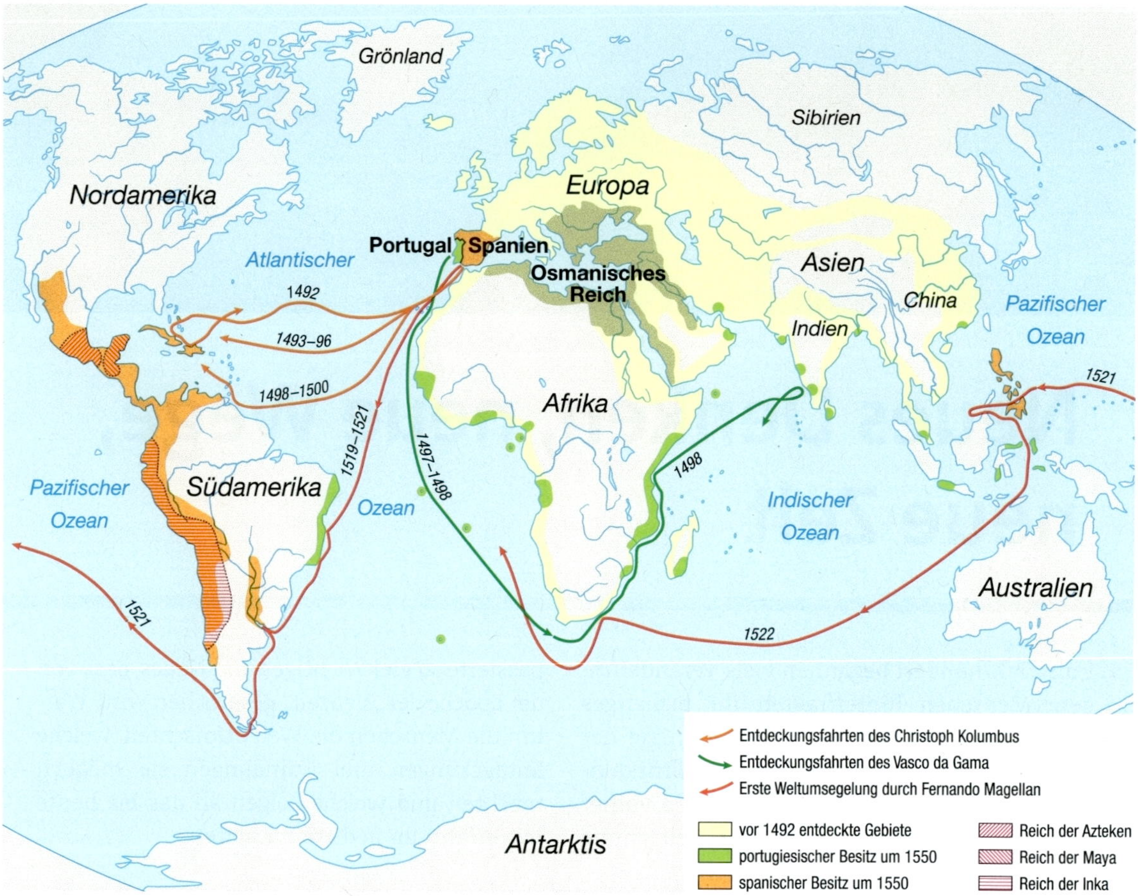

1 Entdeckungsfahrten im 15./16. Jahrhundert aus europäischer Perspektive.

Das europäische Mittelalter war stark vom christlichen Glauben geprägt. Die Kirche bot für die meisten Menschen dieser Epoche Antworten auf alle Fragen.

Im 15. Jahrhundert begann eine Zeit, in der sich das Denken der Menschen änderte. Durch das neue Denken wurden viele Fortschritte in vielen Bereichen des Lebens erreicht. Die Menschen in Europa erlangten neues Wissen und schufen neue Erfindungen. Diese Erfindungen versetzten die Menschen auch in die Lage, für sie unbekannte Gebiete der Welt zu entdecken.

Das Welt- und Menschenbild entwickelte sich in dieser Zeit weiter und entfernte sich immer mehr von den mittelalterlichen Vorstellungen. Aus diesem Grund bekam diese Epoche von den Historikerinnen und Historikern ihren eigenen Namen: die Neuzeit.

Viele Erkenntnisse aus dieser Zeit in Bereichen wie Seefahrt, Medizin und Technik bildeten den Grundstein für unseren heutigen wissenschaftlichen und technologischen Stand.

*** die Neuzeit**
Dies ist die Geschichtsepoche von 1500 bis 1900.

1 Ermittelt mithilfe der Karte und eines Atlas Ausgangs- und Zielpunkte für die Entdeckungsfahrten.

2 Sucht euch zwei Ereignisse des Zeitstrahls aus und berechnet, wie lange sie zurückliegen

3 **a** Tauscht euch mithilfe der Bilder 2–5 darüber aus, was ihr schon über das Kapitelthema wisst.

b Formuliert spannende Fragen an das Thema des Kapitels und stellt sie der Klasse vor.

1450	1453	1492	1521	1543	15. Jh.
Beginn des Buchdrucks	Konstantinopel wird von den Osmanen eingenommen.	Kolumbus landet in Amerika.	Zerstörung des Azteken-Reichs	Kopernikus entdeckt, dass sich die Erde um die Sonne dreht.	Neuzeit

2 Buchdruckerwerkstatt nach der Erfindung von Johannes Gutenberg 1450. *Holzschnitt von Abraham van Weerdt, 1650.*

4 Tempel des Volkes der Maya in Tulum (Mexiko) aus dem 13. Jh. Tulum war im Mittelalter eine der größeren Städte der Halbinsel Yucatán.

3 Spanier beaufsichtigen südamerikanische Sklaven bei der Arbeit in Goldminen. Um das reine Gold aus dem Sand oder Schlamm gewinnen zu können, wird giftiges Quecksilber beigemischt. Dies macht das Gold flüssig. Diese Arbeit war also extrem gesundheitsgefährdend. *Kupferstich von Theodor de Bry, 1596.*

5 Das neue Weltbild des Kopernikus, bei dem sich die Erde um die Sonne dreht. *Kupferstich, 1660.*

Warum spricht man vom „neuen Denken"?

Ich weiß wohl, dass die Ereignisse der Welt von Gott regiert werden und dass alle Menschen mit aller Klugheit nichts dagegen ausrichten können ...

Lass dir verdächtig sein, was du bisher gelernt hast. Verurteile alles und verwirf das, wofür du keine stichhaltigen Beweise findest. Auf dem Glauben beruht die Frömmigkeit, die wissenschaftliche Bildung aber sucht stets nach Beweisen ...

1 Der italienische Schriftsteller Niccolo Machiavelli (1469–1527) über das Denken der Menschen im Mittelalter (1513). *Porträt von Santi di Tito, 16. Jh.*

2 Der niederländische Gelehrte Rudolf Agricola (1444–1485) über das neuzeitliche Denken (1472). *Porträt, ca. 1540–1546.*

Die Wiedergeburt einer vergessenen Zeit

Die Epoche des Mittelalters war sehr vom christlichen Glauben geprägt. Die Menschen glaubten, dass alles, was auf der Erde passiert, von Gott gelenkt wird. Er bestimmte, welchen Platz man in der Gesellschaft hatte, wie das Wetter und die Ernte ausfallen würden und wie schlimm eine Krankheit verlaufen würde. Aus diesem Grund war für die Menschen im Mittelalter die Kirche sehr wichtig und ihre Macht war groß. Antworten auf Fragen aller Art suchte man vor allem in der Bibel.

In reichen Städten in Italien gab man sich im Laufe des 14. Jahrhunderts nicht mehr mit den religiösen Antworten zufrieden. Gelehrte aus Florenz, Venedig oder Mailand wollten sich weniger durch die Kirche beschränken lassen und fingen an, in antiken Schriften der Griechen und Römer nach Antworten zu suchen. Das Interesse an Literatur, Architektur, wissenschaftlichen Erkenntnissen und Kunst der Antike nahm im 15. Jahrhundert in ganz Europa zu. Dieses Interesse prägte diese Zeitspanne so sehr, dass man von der

Renaissance, also der Wiedergeburt der Antike spricht. Bauwerke, Gemälde, Skulpturen und Bücher aus dieser Zeit sind stark vom Einfluss der Antike geprägt.

*** die Renaissance**
(frz.: Wiedergeburt) Zeitspanne zwischen dem 14. und 16. Jahrhundert, die stark von der Antike geprägt war

Der Mensch steht im Mittelpunkt

Während der Renaissance überprüften viele Menschen das damals bekannte Wissen. Konnten sie keine Antworten auf ihre Frage in den antiken Werken finden, nahmen sie es selbst in die Hand. Die Welt wurde neu erforscht. Erkenntnisse wurden infrage gestellt, eigene Schlüsse, eigene Urteile und der Mensch rückten in den Mittelpunkt. Diese geistige Bewegung wird heute als *Humanismus bezeichnet. Ein neues Denken war entstanden. Anstatt die Vorgaben der Bibel und der Kirche hinzunehmen, verließ man sich auf seine eigenen Erkenntnisse und Urteile.

In Bereichen wie Astronomie, Architektur, Mathematik, Technik und Medizin wurde Wissen aus der Antike wiedergefunden oder neue Erkennntisse wurden entdeckt. Die Kirche war mit dieser Entwicklung nicht zufrieden. Einige Kirchenvertreter verboten z.B. Leichen zu *sezieren, weil nach dem damaligen christlichen Glauben nur ein unbeschädigter Leib die Auferstehung erlangen könne.

*** der Humanismus**
neue Denkart während der Renaissance, in der der umfassend gebildete Mensch selbst mit seinen Forschungen, Erkenntnissen und Urteilen im Mittelpunkt stand

*** sezieren**
eine Leiche aufschneiden und untersuchen

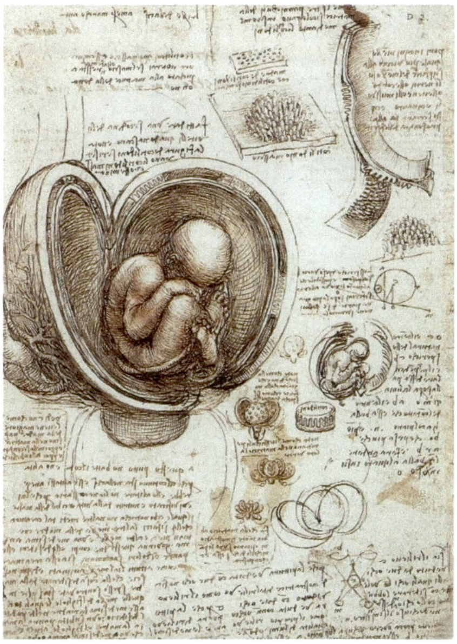

3 Ein Kind im Mutterleib. *Zeichnung von Leonardo da Vinci, 1510.*

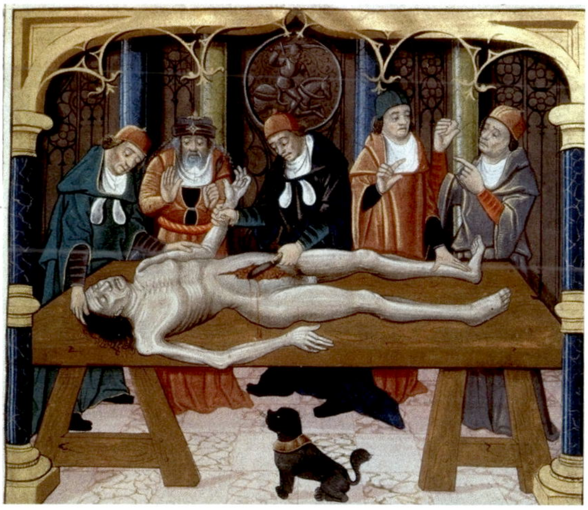

4 Ärzte öffnen einen menschlichen Leichnam. *Malerei 15. Jahrhundert.*

Ein Universalgelehrter erkundete die Welt

Leonardo da Vinci (1452–1519) kennen die meisten Menschen als Künstler. Sein Gemälde der Mona Lisa ist wahrscheinlich das berühmteste Gemälde der Welt. Aber da Vinci war auch ein Forscher und Erfinder – und seiner Zeit mit seinen Ideen weit voraus. Eine seiner Zeichnungen zeigte z. B. eine Idee für ein Flugobjekt, vergleichbar mit einem Hubschrauber. Zu seinen Ideen gehörten auch Wasserschleusen und Waffen. Leonardo da Vinci wollte auch den menschlichen Körper verstehen. Er öffnete deshalb Leichen und untersuchte die Organe, Muskeln und Knochen. Seine Beobachtungen zeichnete er auf. Seine Forschungen brachten der Medizin viele wichtige neue Lehren.

Da Leonardo da Vinci auf so vielen Gebieten der Wissenschaft forschte, spricht man von ihm auch als einen Universalgelehrten.

Q1 Der italienische Gelehrte Giannozzo Manetti (1396–1459) schrieb 1451:

Die Welt ist wohl von Gott geschaffen, aber der Mensch hat sie verwandelt und verbessert. Denn alles, was uns umgibt, ist unser eigenes Werk ... Gemälde, Skulpturen, Handel, Wissenschaften ... Von uns kommen alle Erfindungen und alle Arten von Sprachen und Literaturen.

1 Erarbeitet die Unterschiede in den Aussagen der Bilder 1 und 2.
> *Der wesentliche Unterschied ist ... / Die Aussagen von ...*

2 Erklärt die beiden Begriffe „Renaissance" und „Humanismus", indem ihr einen ausführlichen Beitrag für ein Jugendlexikon schreibt. Nutzt die Materialien dieser Doppelseite und führt Beispiele an. Vergleicht eure Ergebnisse.

3 Begründet mithilfe des Textes Z. 48–62 sowie den Bildern 3 und 4, warum man bei da Vinci vom „neuen Denken" sprechen kann.
> *An folgenden Stellen kann man erkennen ... | Durch ... zeigt sich ... | Man kann also sagen ...*

4 Bewertet Manettis Aussagen in Q1.
> *Nehmt die Methode „Ein persönliches Werturteil bilden" von S. 62/63 zu Hilfe.*
> *Meiner Meinung nach ... / Ich finde ... / Vor allem folgende Stelle finde ich ...*

Was ihr noch tun könnt:

1 Sucht weitere Zeichnungen mit Erfindungen von Leonardo da Vinci und beschreibt sie.
> *Nehmt die Methode „Im Internet recherchieren" von S. 18/19 zu Hilfe.*

Wie veränderte sich das Weltbild in der Neuzeit?

1 Das alte Weltbild des Mittelalters.

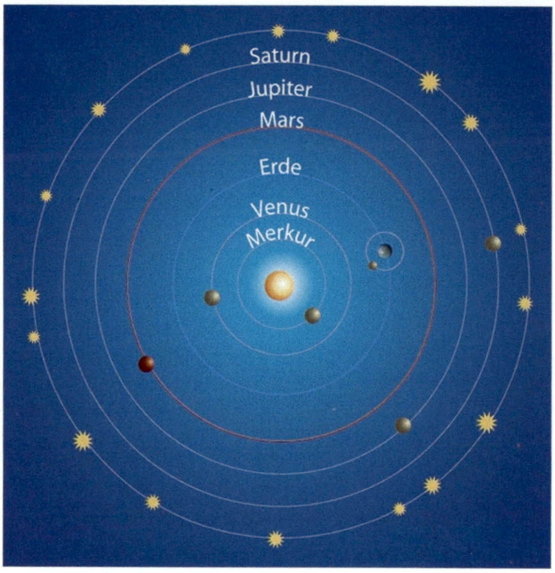

2 Das neue Weltbild nach Kopernikus.

Das vorherrschende Weltbild im Mittelalter

Im Mittelalter ging man davon aus, dass Gott die Welt erschaffen hat. Deswegen dachten die Menschen, dass die Erde im Mittelpunkt des Weltalls liegt und dass sich alle weiteren Planeten sowie die Sonne um die Erde dreht. Dieses Weltbild wird als geozentrisches Weltbild bezeichnet (griechisch „geo“ = Erde). Das Wissen über die Welt wurde vor allem von der Kirche kontrolliert und verbreitet.

Heute meinen viele Menschen, dass man sich sich zur Zeit des Mittelalters die Erde als Scheibe vorstellte. Das stimmt jedoch nicht. Bereits im Mittelalter wussten Gelehrte, dass die Erde eine Kugel ist.

Kopernikus stellte das Weltbild infrage

Nikolaus Kopernikus (1473–1543) war ein polnischer Priester und *Astronom. Als Priester war er zunächst vom geozentrischen Weltbild überzeugt. Je länger er jedoch den Himmel beobachtete, desto klarer wurde ihm, dass das Weltbild der Kirche falsch sein musste. Er fand heraus, dass nicht die Erde das Zentrum bildet, um das sich alle anderen Himmelkörper drehen, sondern die Sonne. Dieses Weltbild wird als heliozentrisches Weltbild bezeichnet (griechisch „helio“ = Sonne). Kopernikus schrieb seine Erkenntnisse 1535 auf, veröffentlichte sie aber erst – kurz vor seinem Tod – 1543. Der Grund für sein Zögern war, dass sich Kopernikus lange Zeit selbst nicht völlig sicher war, ob seine Beobachtungen und Schlussfolgerungen daraus vielleicht fehlerhaft sein könnten.

Weitere Wissenschaftler kamen durch ihre Forschungen ebenfalls zu dem Ergebnis, dass die Sonne das Zentrum des damals bekannten Universums bildete (S. 75). Weil sie ihre Forschungen veröffentlichten, wurden sie von der päpstlichen Kirche wegen *Ketzerei angeklagt und verurteilt. Kopernikus' Buch wurde 1616 verboten. Die Kirche wehrte sich lange gegen das neue Weltbild. Erst im 18. Jahrhundert erkannte sie an, dass die Forscher mit dem heliozentrischen Weltbild recht hatten.

Das heutige Weltbild ist durch moderne Erkenntnisse der Astronomie nochmals genauer: Unsere *Galaxie, die Milchstraße, ist eine unter vielen Milliarden Galaxien.

---

* **der Astronom**
ein Wissenschaftler, der das Weltall erforscht

* **die Ketzerei**
eine Lehre, die den kirchlichen Lehren widerspricht

* **die Galaxie**
eine Ansammlung von Sternen, Planeten, Gas und Staubwolken im Weltall

3 Ein Prozess. *Darstellung nach einer Zeichnung von Albert Chereau, um 1865.*

Der Umgang der Kirche mit dem neuen Weltbild

Der italienische Mathematiker und Astronom Galileo Galilei (1564–1642) erforschte mit seinem Fernrohr die Bewegung der Himmelskörper und kam zu dem Ergebnis: Kopernikus hat recht, die Erde dreht sich um die Sonne. Er veröffentlichte seine Forschungsergebnisse zu diesem Thema. Der Papst und die Kirche waren wütend und klagten Galilei wegen Ketzerei an. Der Prozess begann 1633. Galilei drohte Folter und der Tod durch Verbrennen, falls er nicht bereit wäre zuzugeben, mit seiner Forschung falsch zu liegen. Nach langen und harten Verhören nahm er unter Druck seine Erkenntnisse zurück und bekannte sich zum alten geozentrischen Weltbild (Q1). Für seine Forschung und seine Veröffentlichungen wurde er zu lebenslangem Hausarrest verurteilt.

Q1 Galileo Galilei schwor am Ende seines Ketzerprozesses am 22. Juni 1633:

Ich schwöre ab, verwünsche und verfluche mit redlichem Herzen und nicht erheucheltem Glauben alle diese Irrtümer und Ketzereien sowie überhaupt jeden anderen Irrtum und jede Meinung, welche der ... Kirche entgegen ist; auch schwöre ich, in Zukunft weder mündlich noch schriftlich etwas zu sagen oder zu behaupten, was ähnlichen Verdacht der Ketzerei gegen mich begründen könnte.

1 **a** Beschreibt die Bilder 1 und 2.
b Ordnet den beiden Bildern die Fachbegriffe „geozentrisches Weltbild“ und „heliozentrisches Weltbild“ zu.

2 Erklärt mithilfe des Textes Z. 1–29 die Veränderung des Weltbilds im Laufe der Zeit.

3 Recherchiert zum Leben von Galileo Galilei und erstellt einen Steckbrief.
> *Nehmt die Methode „Im Internet recherchieren“ von S. 18/19 zu Hilfe.*

4 **a** Ermittelt mithilfe eurer Ergebnisse aus Aufgabe 3 und den Z. 46–60, wem in Bild 3 der Prozess gemacht wird.
b Bewertet den Ketzerprozess von Galilei mithilfe der Z. 43–59 und Q1. Nutzt den → Wortschatz.
> *Nehmt die Methode „Ein persönliches Werturteil bilden“ von S. 62/63 zu Hilfe.*

Was ihr noch tun könnt:

1 Informiert euch mithilfe des QR-Codes über die verschiedenen Ansätze und Beweise, die erklären, warum die Erde kugelförmig ist.

WORTSCHATZ

1 einen fairen Prozess erhalten | die Menschenrechte beachten | die Aussage treffen | ein Geständnis ablegen

Welche Folgen hatte die Erfindung des Buchdrucks?

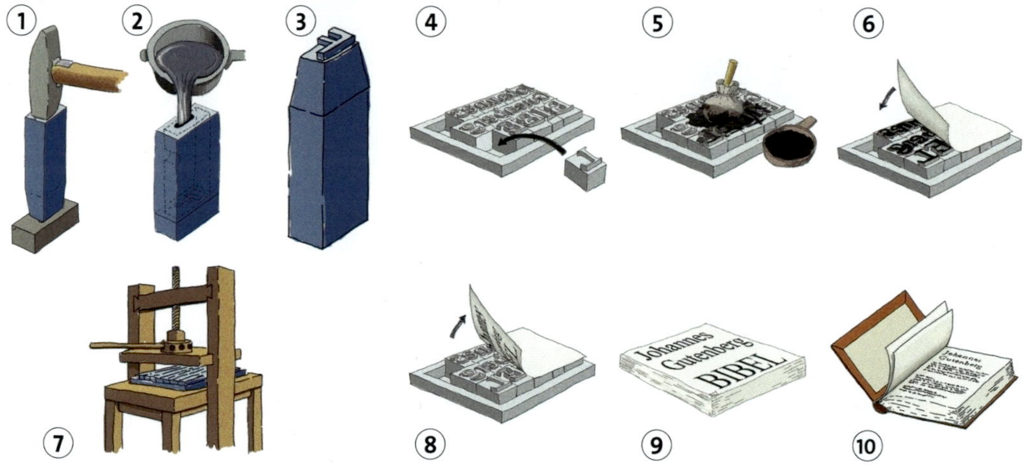

1 Die Schritte des Buchdrucks nach dem Verfahren von Johannes Gutenberg aus dem Jahr 1450. Die Schritte beginnen oben links und enden unten rechts.

Vor der Erfindung des Buchdrucks

Im Mittelalter konnten oft nur Mönche und andere Geistliche lesen und schreiben. Mönche und Nonnen waren es auch, die Bücher herstellten. Bücher der damaligen Zeit mussten von Hand abgeschrieben werden, wenn man eine weitere Kopie davon haben wollte – Seite für Seite und Buchstabe für Buchstabe. Diese Arbeit war aufwendig und brauchte sehr viel Zeit. Mönche arbeiteten jahrelang an der kunstvollen Kopie eines Buches. Deshalb waren Bücher sehr wertvoll und teuer – und arme Menschen konnten sie sich daher nicht leisten.

Die Erfindung des Buchdrucks und ihre Folgen

Der Drucker Johannes Gutenberg (etwa 1400–1468) erfand 1450 eine Technik, die die Herstellung von Büchern deutlich vereinfachen sollte: den Buchdruck mit beweglichen Buchstaben. Hierfür wurde eine Halterung hergestellt (1), mit Blei aufgefüllt (2) und ein beweglicher Buchstabe darauf befestigt (3). Diese Buchstaben wurden dann für eine Seite in die entsprechende Reihenfolge gebracht (4) und schwarz gefärbt (5). Papier wurde aufgelegt (6) und mit einer Presse auf die Buchstaben gedrückt (7). Wenn die Buchstaben einmal richtig angeordnet waren, konnten nun gleich mehrere Exemplare derselben Seite gedruckt werden (8).

Die meistgedruckten Bücher waren religiöse Bücher, vor allem die Bibel. Die sogenannte Gutenberg-Bibel war deshalb das bekannteste Buch dieser Zeit (9).

Durch den Buchdruck konnten Bücher deutlich schneller und in größeren Mengen gedruckt werden (10). Dadurch konnten die Kosten für ein Buch stark gesenkt werden. Außerdem entstanden nach der Erfindung des Buchdrucks in vielen europäischen Städten Druckereien. Viel mehr Menschen bekamen durch die vielen Druckereien und die gesunkenen Preise jetzt Zugang zu Büchern und damit zu Bildung. Ideen und Erfindungen konnten sich durch den Druck von Büchern und Flugschriften schnell über weite Strecken verbreiten. Da es nun mehr Bücher gab, wollten auch mehr Menschen Lesen und Schreiben lernen.

Der Buchdruck bewirkte auch, dass sich durch die Verbreitung der Gutenberg-Bibel ein einheitliches Deutsch herausbildete. Vor der Luther-Bibel sprach man jedem Landesteil ein anderes Deutsch. Heutzutage sind durch Buchhandlungen, Onlinemarktplätze und E-Books nahezu alle Bücher dieser Welt innerhalb kürzester Zeit für jeden verfügbar.

Tipps für die Erarbeitung und Präsentation:

1 Erstellt ein kurzes Erklärvideo über die Erfindung des Buchdrucks und ihre Folgen. Präsentiert eure Videos anschließend der Klasse.

> Nehmt die Methode „Ein Erklärvideo erstellen" von S. 293 zu Hilfe.

Welche Folgen hatten die Erfindungen der Schifffahrt?

1 Mit der Karavelle konnte man längere Zeit über das offene Meer reisen. Die verschiedenen Masten und Segel hielten auch starkem Wind stand. *Gemälde von Rafael Monleon y Torres, 1885.*

3 Der Kompass ermöglichte die Bestimmung der Himmelsrichtung und war ein wichtiges Werkzeug für die Bestimmung des Standortes und die Planung der Reise.

2 Mit dem Logscheit konnte man die Geschwindigkeit des Schiffes messen. Dafür warf man das Holzstück ins Wasser und zählte, wie viele Knoten innerhalb von 30 Sekunden vom Seil abgewickelt wurden. Bis heute wird die Geschwindigkeit von Schiffen in Knoten angegeben.

4 Mit dem Jakobsstab wurden Sterne in den Blick genommen, um Höhen, Abstände und Winkel zu berechnen. Für die Bestimmung der Position auf dem offenen Meer war der Winkel zwischen Horizont und Stern besonders wichtig.

Vor den neuen Erfindungen der Schifffahrt

Schon seit Tausenden von Jahren versuchten die Menschen, mit Booten und Schiffen Wasserwege zu nutzen. Im Mittelalter konnten die Menschen vor allem Flüsse und Meere in Küstennähe mit Schiffen befahren. Längere Strecken über das offene Meer zu fahren, war zunächst zu riskant. Dies wurde erst durch verschiedene wichtige Erfindungen machbar.

Die Schiffe wurden besser

Ab 1400 wurden die unterschiedlichen Arten von Schiffen verbessert. Eine dieser Schiffstypen war die Karavelle aus Spanien und Portugal (Bild 1). Mit ihr konnte man bald lange Strecken über das offene Meer fahren. Die neue Bauweise sorgte für mehr Platz, sodass man im Vergleich zu vorherigen Schiffen mehr Verpflegung und Werkzeug mitnehmen konnte.

Um sich auf dem offenen Meer zurechtzufinden, war die genaue Bestimmung des Standortes des Schiffs notwenig. Das heliozentrische Weltbild und das Wissen über die Position der Sterne am Himmel war für den Schiffskurs sehr wichtig. Verschiedene Erfindungen waren notwendig, um dieses Wissen auf dem offenen Meer zu nutzen. Zu diesen Erfindungen zählten der Kompass, der Jakobsstab und das Logscheit (Bilder 2–4). Sie ermöglichten Messungen der Himmelsrichtung, der Entfernungen und der Geschwindigkeit des Schiffs. Mithilfe dieser Werte konnte man anhand von Seefahrtstabellen, Seekarten und der Tageszeit die Position des Schiffes genau bestimmen und die weitere Reise planen. Durch all diese Erfindungen und Weiterentwicklungen war es Seefahrern im 15. Jahrhundert möglich, deutlich längere Strecken über das offene Meer zurückzulegen. Europäische Seefahrer nutzten nun die neuen Techniken für Schiffsreisen über alle Ozeane.

Jedes Smartphone kann heute mithilfe der Technik GPS die eigene Position bestimmen.

Tipps für die Erarbeitung und Präsentation:

1 ☒ Erstellt ein kurzes Erklärvideo über die Erfindungen der Schifffahrt und ihre Folgen. Präsentiert eure Videos der Klasse.
> *Nehmt die Methode „Ein Erklärvideo erstellen" von S. 293 zu Hilfe.*

Welche Folgen hatte die Erfindung der tragbaren Uhr?

1 Antike griechische Sonnenuhr aus Stein.

2 Turmuhr in Frankreich mit Uhrwerk von 1389.

3 Federuhr des Peter Henlein, 1510.

Vor der Erfindung der Federuhr

Immer schon richteten die Menschen ihren Tagesablauf nach dem Sonnenstand aus. Das war die einfachste Art der Zeitmessung. Schon in der Antike wurde ein Tag in 24 Stunden eingeteilt. Diese waren aufgeteilt in zwölf Stunden am Tag und zwölf Stunden in der Nacht. Die genaue Messung der Zeit war jedoch lange nicht möglich. Mit Sonnen-, Wasser- oder Sanduhren konnten Zeitangaben nur ungenau angegeben werden (Bild 1). Daher waren Verpätungen ganz normal.

Erste mechanische Uhrwerke entstanden im Laufe des 13. Jahrhunderts. Diese ersten Uhrwerke waren aber schwierig herzustellen, ziemlich groß – und daher sehr teuer. Sie waren meist nur in größeren Städten an den Kirchtürmen zu finden (Bild 2).

Die Federuhr von Henlein

Viele Handwerker arbeiteten an einer tragbaren Uhr, weil die Uhrzeit nur an Kirchtürmen in großen Städten abgelesen werden konnte. Der Schlosser Peter Henlein (1480–1542) baute schließlich die tragbare Federuhr (Bild 3). Sie erzeugte die nötige Energie, um die Uhr zu betreiben, und zwar durch eine aufgezogene Feder. Die Uhr hatte die Form einer Dose und nur einen Stundenzeiger. Für lange Zeit galt Henlein als der Erfinder der Taschenuhr, aber heutige Historikerinnen und Historiker gehen eher davon aus, dass nicht eine einzelne Person für die Erfindung verantwortlich war, sondern dass viele Teilerfindungen zur tragbaren Uhr geführt haben.

Taschenuhren waren lange Zeit vor allem Luxuswaren und daher nur wohlhabenden Menschen zugänglich. Sie veränderten das Reisen vor allem auf See. Seefahrer konnten nun jederzeit und an jedem Ort die Uhrzeit bestimmen. Mit der Uhrzeit und dem Stand der Sterne konnte die Position des Schiffes ermittelt werden. Erst dadurch waren Schifffahrten auf dem offenen Meer möglich.

Heute bestimmt die Uhrzeit für die meisten Menschen den Tagesablauf. Die Bestimmung der Uhrzeit ist durch Armbanduhren und Wanduhren, aber auch durch Mobiltelfone, noch einfacher geworden.

Tipps für die Erarbeitung und Präsentation:

1 Erstellt ein kurzes Erklärvideo über die Erfindung der tragbaren Uhr und ihre Folgen. Präsentiert eure Videos anschließend der Klasse.

> *Nehmt die Methode „Ein Erklärvideo erstellen“ von S. 293 zu Hilfe.*

Welche Folgen hatte die Erfindung des Mikroskops?

1 Antoni von Leeuwenhoek beim Blick durch sein Mikroskop. *Zeichnung 18. Jahrhundert.*

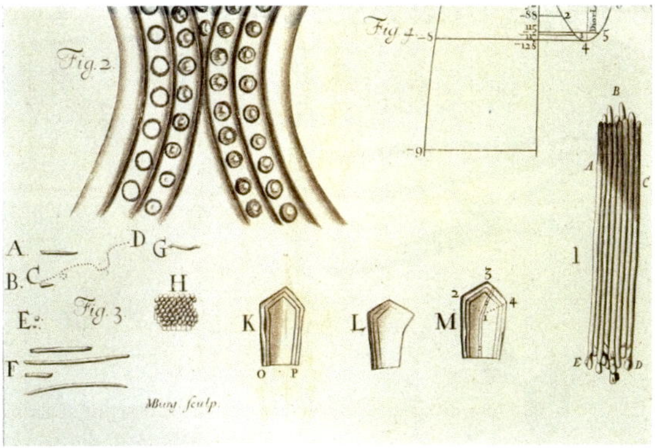

2 Von Leeuwenhoeks Zeichnung von Bakterien, 1683.

Vor der Erfindung des Mikroskops

Im Mittelalter wussten die Menschen noch wenig über den menschlichen Körper und den Ursprung von Krankheiten. Man ging davon aus, dass bei einer Krankheit eine „Krankheitsmaterie" im Körper zu finden ist, die entfernt werden musste. Um einem kranken Menschen zu helfen, vertraute man vor allem planzlichen Heilmitteln, antiken Heilverfahren und der Hilfe Gottes.

Das Mikroskop erweiterte das Wissen

Bereits in der Antike wurden Gläser als Lupen genutzt, um das Gesehene zu vergrößern. Im 13. Jahrhundert wurden die ersten Brillen geschliffen. Vor allem die Niederlande waren zum Ende des Mittelalters für ihre gute Glasverarbeitung bekannt. Im 16. und 17. Jahrhundert wurden die ersten Mikroskope erfunden. Der Brillenmacher Hans Janssen (1588–1631) erfand ein Mikroskop aus zwei Linsen, die hintereinanderstehen. Es sah aus wie ein Fernrohr und konnte Dinge 50-fach vergrößern. Der Forscher Antoni von Leeuwenhoek (1632–1723) verwendete eine einzelne kugelförmige Linse. Er erreichte damit 266-fache Vergrößerungen. Mit dieser Vergrößerung konnte er Dinge sehen, die vor ihm noch niemand sah. Er untersuchte viele Dinge, wie z.B. Insekten, Federn, Blut, und sah dadurch als erster Mensch *Bakterien (Bild 2).

Im Laufe der nächsten Jahrhunderte verbesserte sich die Technik der Mikroskope und man konnte wertvolle Erkenntnisse zum Blutkreislauf des Menschen, der menschlichen Fortpflanzung und vielen verschiedenen Krankheitserregern gewinnen. Menschen hatten durch das Mikroskop jetzt ein Werkzeug, um die Natur und den menschlichen Körper genau zu untersuchen. Dabei erhielt man wissenschaftliche Erkenntnisse und konnte Zusammenhänge erkennen, für die man früher nur übernatürliche Erklärungen hatte. Gott und die Kirche verloren dadurch im Verlauf der Neuzeit an Bedeutung.

Heutige Mikroskope

Bis zum 20. Jahrhundert verbesserten sich die Mikroskope so sehr, dass die Forschung im Bereich der Medizin bahnbrechende Erkenntnisse machen konnte. Diese Erkenntnisse findet man noch heute in medizinischen Lehrbüchern.

Mit den modernsten Elektronenmikroskopen kann heutzutage sogar die Bewegung von kleinsten Teilen – wie z.B. Atome – beobachtet werden.

Tipps für die Erarbeitung und Präsentation:

1 Erstellt ein kurzes Erklärvideo über die Erfindung des Mikroskops und ihre Folgen. Präsentiert eure Videos anschließend der Klasse.

> *Nehmt die Methode „Ein Erklärvideo erstellen" von S. 293 zu Hilfe.*

---

* **die Bakterien**
Dies sind winzige Lebewesen im oder auf dem Körper des Menschen oder auf seiner Haut, die man nicht sehen kann. Bakterien können nützlich sein, aber auch Krankheiten verursachen.

Wie entwickelten sich die Handelswege zwischen Europa und Asien?

1 Begehrte Handelswaren aus Asien.

Begehrte Handelswaren aus Asien

Europäische, orientalische und asiatische Kaufleute führten schon lange Handelsbeziehungen miteinander (siehe S. 32–35). Durch die Seidentraße waren die Kontinente Europa und Asien miteiander verbunden und es gab einen lebhaften Austausch von Waren (siehe S. 33). Europäische Waren wie Edelsteine, Gold, *Leinen und vor allem Glas wurden nach Asien gebracht. Die begehrtesten Handelsgüter für die Europäer kamen vor allem aus Indien und China. Gewürze wie Pfeffer, Ingwer, Zimt, Muskat, Vanille, Safran und Senf, aber auch Perlen, Porzellan, Teppiche und Seide wurden nach Europa gebracht. Wohlhabende Menschen konnten und wollten für solche besonderen Waren viel Geld bezahlen. Darüber hinaus konnte aus einigen Gewürzen auch Medizin hergestellt werden.

Wie veränderten die Osmanen den Handel?

Der lang bestehende Handel über die Seidenstraße veränderte sich durch die Ausdehnung des Osmanischen Reiches. Es bestand zwischen 1300 und 1922 und unterwarf in den ersten Jahrhunderten große Teile des Orients. Im Jahr 1453 eroberten die Osmanen die Stadt *Konstantinopel und machten sie zur neuen Hauptstadt ihres Reiches. Durch diese Eroberung hatten die Osmanen die Kontrolle über den Handel zwischen Europa und Asien. Der Landweg führte über Konstantinopel und der Seeweg über das Schwarze Meer, sodass Händler das Osmanische Reich durchqueren mussten (Karte).

Um am Handel mitzuverdienen, führten die Osmanen hohe Zölle für Handelsgüter ein. Nicht alle europäischen Staaten waren bereit, die hohen Abgaben zu zahlen. Auf der anderen Seite wollte sie jedoch nicht auf die Gewürze und Luxusgüter verzichten. Aus diesem Grund suchten sie nach neuen Wegen, um nach Indien und China zu gelangen.

*** das Leinen**
Stoff, der aus pflanzlichen Fasern besteht

*** Konstantinopel**
alter Name der heutigen Stadt Istanbul

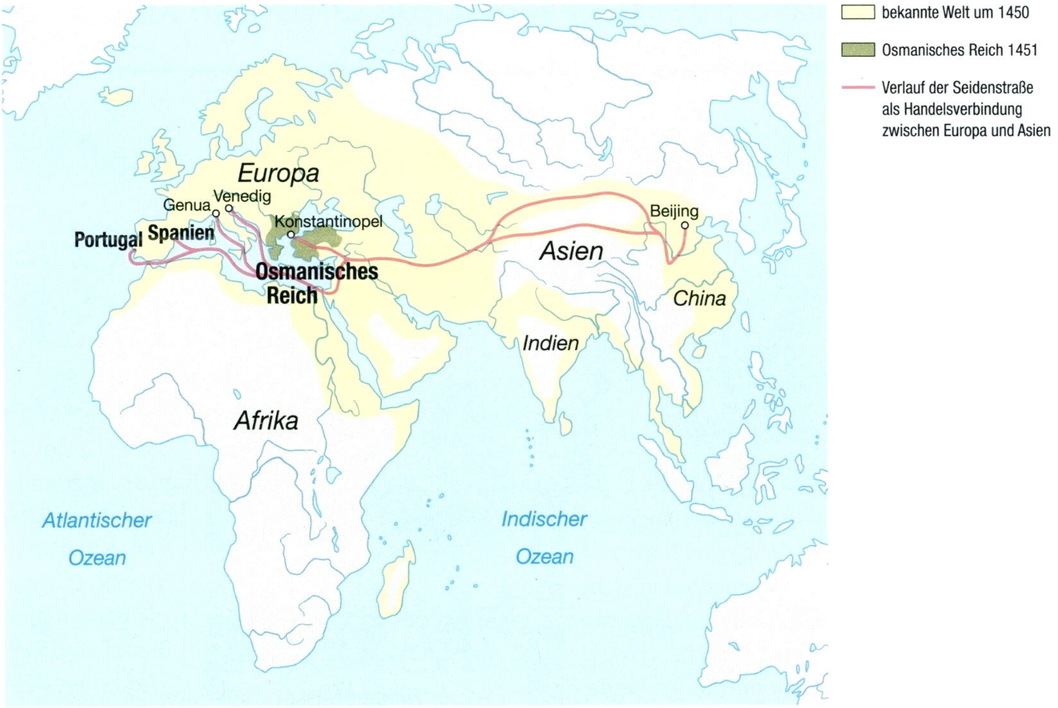

2 Der Handel mit Asien über die Seidenstraße und das Reich der Osmanen.

Die Entdeckungsfahrten begannen

Um 1450 begann die Suche vieler europäischer Staaten nach einem anderen Weg nach Indien und China. Spanien, Portugal und Italien, die einen direkten Zugang zum Meer hatten, suchten nach einem Seeweg nach Asien. Dadurch könnten alle Zölle umgangen werden und man hätte einen unabhängigen Zugang zu den begehrten Handelsgütern. Durch die neuen Erfindungen und die Weiterentwicklung der Schifffahrt waren nun auch längere Fahrten auf dem offenen Meer möglich. Es entstand eine regelrechte Konkurrenz zwischen den europäischen Staaten. Jeder wollte als Erster einen Seeweg nach Indien finden. Viele verschiedene Ideen wurden diskutiert und durch Entdeckungsfahrten ausprobiert. Die bekanntesten Entdeckungsfahrer der Zeit waren Vasco da Gama, Christoph Kolumbus und Ferdinand Magellan.

1492 beauftragte das spanische Königspaar den Italiener Christoph Kolumbus damit, einen Seeweg nach Indien zu finden. Sie erhofften sich Ruhm und Reichtum durch Waren und Bodenschätze in zu entdeckenden Gebieten – ebenso wie Kolumbus selbst.

1 Ordnet die Zahlen aus Bild 1 den folgenden Waren zu: Tee | Seide | Vanille | Pfeffer | Teppiche | Ingwer | Zimt | Muskat | Safran | Senf | Perlen | Porzellan | Seide

2 Erklärt mithilfe der Z. 18–37 die Veränderung des Handels entlang der Seidenstraße durch die Osmanen.

3 Beschreibt mithilfe des Textes Z. 38–55 und der Karte, welche neuen Wege von Spanien und Portugal aus nach Indien möglich gewesen wären. Nutzt den → Wortschatz.

4 Recherchiert zu einem Entdeckungsfahrer in Z. 54/55 und erstellt einen Steckbrief zu ihm. Stellt euch eure Steckbriefe in Gruppen vor.

> *Nehmt die Methode „Im Internet recherchieren“ auf S. 18/19 und die Karte auf S. 70 zu Hilfe.*

5 Erläutert die Gründe für die Entdeckungsreisen.

WORTSCHATZ

3 über den Landweg gelangen... | über den Seeweg gelangen... | Vorteile dieses Weges wären ... | Nachteile dieses Weges wären ...

Wie verlief die erste Entdeckungsfahrt von Christoph Kolumbus?

1 Die Fahrt der Santa Maria – auf der Suche nach einem Seeweg nach Indien. *Illustration.*

Am 3. August 1492 verließ der Seefahrer Christoph Kolumbus (ca. 1451–1506) den spanischen Hafen Palos de la Frontera mit drei Schiffen. Er war überzeugt davon, dass er einen Seeweg westwärts nach Indien finden würde. Auf dem Hauptschiff Santa Maria lebten und arbeiteten 40 Männer auf kleinstem Raum zusammen.

Niemand wusste, ob es den Weg wirklich gab oder wie lange die Fahrt dauern würde. Nachdem die anfängliche Aufregung vor dem Abenteuer vergangen war, bestimmten verschiedene Probleme den Alltag auf See.

Wählt eine Aufgabe aus. Stellt eure Ergebnisse anschließend euren Mitschülerinnen und Mitschülern vor.

1 Untersucht das Bild. Listet alle Probleme während der Entdeckungsfahrt auf und versucht, sie von klein nach groß zu ordnen.
> Überlegt für die Einordnung der Probleme, welche Faktoren für das Überleben der Seeleute von besonderer Bedeutung waren.

2 Eine unzufriedene Gruppe von Seeleuten bespricht sich am hinteren Teil des Schiffes. Verfasst die Diskussion dieser Männer und führt sie eurer Klasse vor.
> Mögliche Themen der Diskussion:
- *Unzufriedenheit mit Schiffsreise*
- *Unzufriedenheit mit der Hygiene*
- *Fehlende Überzeugung von Kolumbus' Idee*

3 Verfasst eine Rede von Kolumbus an seine Mannschaft, in der er sie motiviert, weiter durchzuhalten. Nutzt den → Wortschatz.

WORTSCHATZ
3 etwas durchhalten | etwas Besonderes schaffen | besondere Dinge sehen | sich gegenseitig helfen | reich werden | eine Extraportion ... bekommen

Wie beschrieb Kolumbus seine Reise?

1 Die Ankunft von Kolumbus auf Guanahani. *Gemälde von Theodor de Bry, 1594.*

Kolumbus' erste Reise
Kolumbus führte während seiner Reise ein Tagebuch. Es diente dazu, die spanische Königsfamilie zu informieren. Das Original ist verschwunden, jedoch gibt es eine Zusammenfassung vom Bischof Bartolomé de las Casas (1484–1566).

A Wie sah die Ankunft von Kolumbus aus?

Q1 Christoph Kolumbus schrieb am 12.10.1492 über die Ankunft auf der Insel Guanahani:
Um zwei Uhr morgens kam das Land in Sicht, von dem wir etwa acht *Seemeilen entfernt waren. Dann *legten wir bei und warteten bis zum Anbruch des Tages, der ein Freitag war, an welchem wir zu einer Insel gelangten. Dort erblickten wir alsogleich nackte *Eingeborene. Ich begab mich an Bord eines mit Waffen versehenen Bootes an Land. Dort entfaltete ich die königliche Flagge. Ich rief die beiden Kapitäne und auch all die anderen, die an Land gegangen waren, zu mir und sagte ihnen, durch ihre persönliche Gegenwart als Augenzeugen davon Kenntnis zu nehmen, dass ich im Namen des Königs und der Königin, meiner Herren, von der genannten Insel Besitz ergreife.

*** die Seemeile**
Einheit für die Schifffahrt, 1 Seemeile entspricht 1,852 km

*** beilegen**
mit dem Schiff am Ufer ankommen und anhalten

*** „der/die Eingeborene"**
eine abwertende Bezeichnung für die einheimische Bevölkerung

B Wie sah Kolumbus die einheimische Bevölkerung?

Q2 Am 12.10.1492 schrieb Kolumbus über die einheimische Bevölkerung in seinem Tagebuch:
Sofort sammelten sich an jener Stelle zahlreiche Eingeborene der Insel an. In der Erkenntnis, dass es sich um Leute handle, die man weit besser durch Liebe als mit dem Schwert retten und zu unserem Heiligen Glauben *bekehren könne, gedachte ich, sie mir zu Freunden zu machen, und schenkte also einigen unter ihnen rote Kappen und Halsketten aus Glas und noch anderen Kleinigkeiten von geringem Werte, worüber sie sich ungemein erfreut zeigten. Sie gehen nackend umher, so wie Gott sie erschaffen, Männer wie Frauen. Einige von ihnen bemalen sich mit grauer Farbe ... andere wiederum mit roter, weißer oder einer anderen Farbe, ... einige bestreichen damit nur ihr Gesicht oder nur die Augengegend oder die Nase, noch andere bemalten ihren ganzen Körper.

*** bekehren**
Die einheimische Bevölkerung soll den christlichen Glauben annehmen. Oft geschah eine solche Bekehrung gewaltsam

C Was waren die Pläne von Kolumbus?

2 Kolumbus besuchte nach seiner Rückkehr 1493 das spanische Königspaar. *Kolorierter Steindruck, 1892.*

Q3 Im Oktober und November 1492 notierte Kolumbus seine Pläne in seinem Tagebuch:

24. Oktober 1492
Diese Nacht ließ ich die Anker um Mitternacht *lichten, um in Richtung der Insel Kuba zu fahren, von der die Leute ... zu sagen wissen, dass sie sehr ausgedehnt ist, wo viel Handel getrieben wird und wo es Gold, Gewürze, Schiffe und Seefahrer gibt.

12. November 1492
Gestern machte ein Kanu an unserem Schiff fest, und sechs junge *Indios kamen an Bord, von denen ich fünf behielt, die ich mitbringen werde. Ich schickte nach einer Behausung an der Westküste, von wo man mir sieben Frauen brachte, ganz junge, erwachsene und drei Kinder. Ich tat dies in der Erwartung, dass meine Indios sich in Spanien besser aufführen, wenn sie Frauen ihres Landes bei sich haben.

27. November 1492
An der Südküste fand ich einen schön gelegenen Hafen. Eure Königliche Hoheiten werden hier Städte und Festungen anlegen, und das ganze Land wird bald zu unserem Glauben bekehrt sein.

*** lichten**
den Anker vom Wasser wieder hochziehen

*** „der Indio / die Indios“**
heute abwertende Bezeichnungen für die einheimische Bevölkerung

WAHLAUFGABEN

Teilt euch in Gruppen auf und bearbeitet jeweils eine der drei Aufgaben. Notiert eure Ergebnisse auf einem A3-Blatt. Findet euch im Anschluss in gemischten Dreiergruppen zusammen und tauscht euch über eure Ergebnisse aus.

Wie sah die Ankunft von Kolumbus aus?

A ⊠ Entwickelt mithilfe von Q1 ein Standbild über die Begegnung der Spanier und der einheimischen Bevölkerung. Berücksichtigt dabei die unterschiedlichen Perspektiven. Lasst das Standbild von eurer Lehrkraft fotografieren und wertet die Darstellung anschließend aus.
> *Nehmt die Methode „Ein Standbild entwickeln“ von S. 288/289 zu Hilfe.*

Wie sah Kolumbus die einheimische Bevölkerung?

B ⊠ Stellt euch vor, ihr hättet die Ankunft von Kolumbus auf Guanahani miterlebt. Schreibt mithilfe von Q2 und Bild 1 auf, was ihr den anderen, die nicht dabei waren, berichten würdet. Berücksichtigt dabei das Verhalten der Europäer bei der Ankunft sowie deren Aussehen, Kleidung und Ausrüstung.

Was waren die Pläne von Kolumbus?

C ⊠ Ermittelt anhand von Q3 und Bild 2 die Pläne von Kolumbus auf seiner Reise. Verfasst einen Brief an Kolumbus und erklärt ihm, warum er diese Pläne nicht umsetzen sollte. Berücksichtigt dabei die Perspektive der einheimischen Bevölkerung. Nutzt den → Wortschatz.

WORTSCHATZ

C Reichtum erwerben | das Land ausbeuten | Menschen verschleppen | ein Land besetzen | Menschen einen anderen Glauben aufzwingen | nur an den eigenen Nutzen denken | unmoralisch handeln

Entdeckte Kolumbus Amerika?

1 Christoph Kolumbus.
Holzschnitt, 16. Jhd.

2 Kolumbus stellt dem spanischen Königspaar seine Pläne vor.
Kolorierter Druck, 1884.

Kolumbus Reiseplan nach Indien

Der italienische Seefahrer Christoph Kolumbus (1451–1506) wollte einen kürzeren Seeweg nach Indien entdecken. Dafür plante er eine Fahrt Richtung Westen. Für seine Reise brauchte er Geld und Schiffe und suchte somit Unterstützung. Zunächst stellte er seine Pläne dem portugiesischen König vor. Dieser lehnte eine Unterstützung der Reise ab. Am 17. April 1492 schloss Kolumbus einen Vertrag mit dem spanischen Königspaar Isabella von Kastilien (1451–1504) und Ferdinand von Aragon (1452–1516) ab.

Ein neuer Seeweg, aber nach Indien?

Mit drei Karavellen trat Kolumbus am 3. August 1492 seine Reise an. Er rechnete mit einer Fahrt von ungefähr drei Wochen, doch tatsächlich dauerte die Reise zwei Monate. Das Essen und Trinken auf dem Schiff wurden knapp. Seine Matrosen *meuterten mehrmals und wollten umkehren. Doch Kolumbus setzte die Fahrt fort. Am Morgen des 12. Oktober 1492 kam Land in Sicht. Kolumbus war sich sicher, dass er vor Indien angekommen war. Tatsächlich war er auf der Inselgruppe der Bahamas in der Karibik angelangt. Kolumbus taufte die Insel zu Ehren Gottes San Salvador („Heiliger Retter" oder „Erlöser"). So heißt die Insel bis heute noch. Er nahm das Land im Namen Spaniens in Besitz. Die Einwohner, die er auf der Insel traf, nannte er „Indios". Bis zu seinem Tod glaubte Kolumbus, dass er einen neuen Seeweg nach Indien entdeckt hat. Später wurde klar, dass es sich dabei nicht um Indien, sondern um einen anderen Kontinent handelte. Dieser Kontinent war für die Europäer die „Neue Welt". Zu Kolumbus' Zeiten war noch nicht bekannt, dass zwischen dem heutigen Asien und Europa sowie Afrika der amerikanische Kontinent lag.

Weitere Fahrten in die „Neue Welt"

Nach Kolumbus' Rückkehr wurde in ganz Europa über seine Reise berichtet. Danach unternahm Kolumbus weitere drei Fahrten (1493–1496, 1498–1500, 1502–1504) in Richtung Westen. Nach und nach traten weitere Seefahrer im Namen verschiedener europäische Staaten wie Portugal oder England weitere Reisen an. Wichtige Seefahrer waren zum Bespiel Ferdinand Magellan (1485–1521) oder Amerigo Vespucci (1451–1512). Nach ihm wurde später der Kontinent „Amerika" benannt.

*** meutern**
sich dem Kapitän (gewaltsam) widersetzen

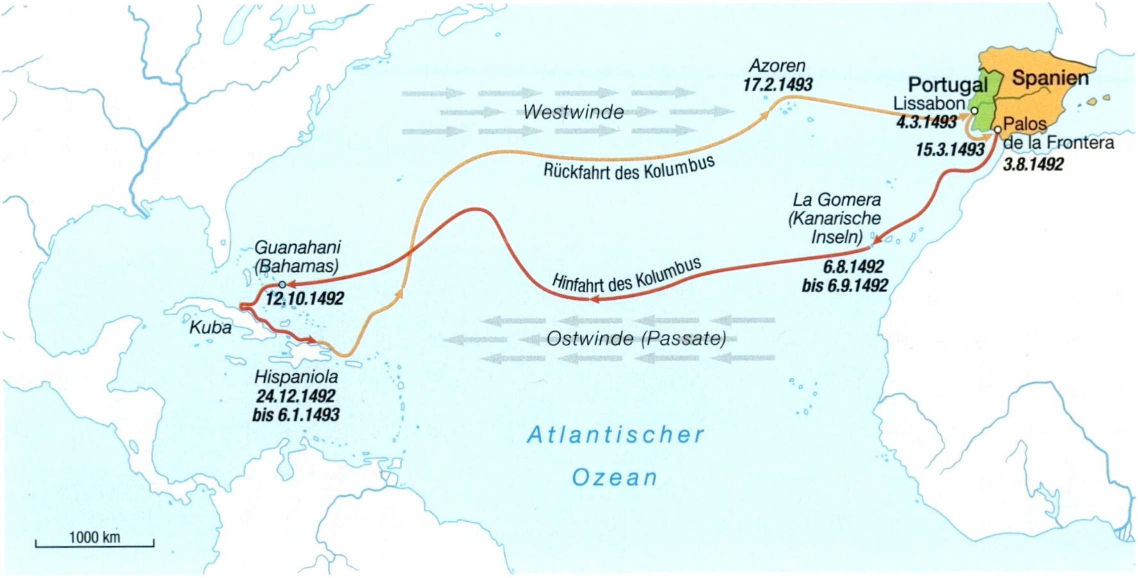

3 Die erste Fahrt des Kolumbus 1492–1493.

Q1 Aus dem Vertrag von Santa Fe bei Granada, 17. April 1492, zwischen Kolumbus und dem spanischen Königspaar:

2. Ihre Hoheiten als Herren der Ozeanischen Meere ernennen von jetzt an Christoph Kolumbus zu ihrem Admiral für alle jene Inseln und Festländer, die durch ihn und sein Bemühen in jenen Meeren entdeckt oder gewonnen werden, und zwar auf Lebenszeit und nach dem Tode des Kolumbus für dessen Erben und Nachfolger auf immer, mit allen jenen Vorrechten und Freiheiten zustehen.
3. Ihre Hoheiten ernennen Christoph Kolumbus zu ihrem Vizekönig und *Generalgouverneur auf allen Inseln und Festländern, die er in den genannten Meeren entdecke oder gewinne.
4. Von allen Waren jedweder Art, seien sie Perlen, Edelsteine, Gold, Silber, Gewürze und andere Dinge, die gekauft, getauscht, gefunden und erworben werden, soll Christoph Kolumbus für sich den zehnten Teil von allem haben und die übrigen neun Zehntel Ihren Hoheiten gehören.

1 ◩ Erklärt mithilfe des Textes Z. 1–12 und Bild 2, wie Kolumbus Unterstützung für seine Reise bekam.

2 ◩ Listet anhand von Q1 alle Vorteile für Kolumbus auf, die aus dem Vertrag von Santa Fe 1492 ausgingen.

3 ◪ Beschreibt mithilfe des Textes Z. 13–26 und der Karte Kolumbus' erste Reise.

4 ⊠ Erläutert mithilfe des Texts Z. 30–36, weshalb Kolumbus nicht erkennen konnte, dass er nicht Indien, sondern einen anderen Kontinent erreicht hat.
> Der Handelsweg nach Indien über Osten … / Der Seeweg in Richtung Westen … / Karten waren damals unvollständig …

5 ⊠ **a** Beurteilt, ob man von einer „Entdeckung Amerikas" sprechen kann.
> Aus europäischer Sicht war … / Aus der Sicht der einheimischen Bevölkerung … / Das Land war schon immer … / Kolumbus wollte …
⊠ **b** Beurteilt Aussage: Kolumbus' Reise war ein Erfolg. Nutzt den → Wortschatz.

Was ihr noch tun könnt:

1 ◩ Ermittelt mithilfe der Karten auf S. 70 und 99 sowie der Z. 44–46 weitere Seefahrer zur Zeit von Kolumbus.

* **der Generalgouverneur**
Das ist die Person, die für die gesamte Verwaltung der Region zuständig ist.

WORTSCHATZ
5b Unterstützung erhalten | Ruhm erlangen | reich werden | nicht wissen, dass … | eigene und fremde Erwartungen erfüllen

Wer waren die Azteken?

1 Tenochtitlán, die Hauptstadt der Azteken im 16. Jh. *Gemälde von Luis Covarrubias, 1960.*

Das Reich der Azteken

Auf dem amerikanischen Kontinent leben seit Jahrhunderten verschiedene *indigene Völker. Eines dieser Völker waren die Azteken. Sie lebten zwischen dem 14. und 16. Jahrhundert im heutigen Mexiko. Die Hauptstadt des Azteken-Reiches war Tenochtitlán (heute Mexico-Stadt, Mexiko, Bild 1). Dort sollen 100 000 bis 200 000 Einwohnerinnen und Einwohner gelebt haben. Sie sprachen „Nahuatl". Die Azteken waren in vielen Bereichen fortgeschritten, beispielsweise im Bau, Handwerk oder Handel. Sie hatten einen eigenen Kalender und ein Zahlensystem.

Die Gesellschaft der Azteken

Seit 1502 herrschte Moctezuma II. über die Azteken. Er war der sogenannte Sprecher. Die Azteken waren in vier gesellschaftlichen Gruppen aufgeteilt: Adel, Bauern und Handwerker, Händler und Kaufleute sowie Sklaven. Zum Adel zählten die Priester und die Angestellten des Staates. In den Städten wohnten die Adligen, Priester, Händler, Kaufleute und Handwerker. Auf den Märkten wurden Luxuswaren wie Felle, Schmuckstücke aus Gold, Edelsteinen und Papageienfedern verkauft. Die meisten Bauern lebten auf dem Land und betrieben Landwirtschaft. Sie bauten hauptsächlich Mais, Bohnen, Paprika und Tomaten an. Die Sklaven waren oft Kriegsgefangene oder Verbrecher, die zur Strafe zu Sklaven gemacht wurden.

Die Religion der Azteken

Für die Azteken hatte die Religion eine wichtige Stellung im Leben. Sie glaubten an mehrere Götter. Der wichtigste Gott war der Sonnen- und Kriegsgott „Huitzilopochtli". Dem Glauben nach war die Sonne die wichtigste Quelle für das Leben. Daher brauche der Sonnengott viel Energie. Diese Energie brachten die Azteken durch tägliche Menschenopfer dar. So verhindere man einen Weltuntergang, meinten sie.

*** indigene Völker**
Nachfahren der Erstbewohnerinnen und -bewohner eines Gebietes, hier des amerikanischen Kontinents

M1 Der Archäologe Berthold Riese beschreibt den Kalender und die Feste der Azteken:

Das Jahr von 365 Tagen war in 19 Monaten eingeteilt von denen 18 jeweils 20 Tage umfassen und einer nur fünf Tage. Der fünftägige Kurzmonat entsteht dadurch, dass bei der Teilung des Jahres von 365 Tagen durch 20 ein Rest von 5 übrig bleibt. ... Diese fünf Tage galten als unheilvoll und wurden nicht für Feste genutzt. Die Monate tragen verschiedene Namen, ... jeder der zwanzigtägigen Monate hatte sein eigenes großes öffentliches Fest.

2 Menschenopfer. *Illustration aus einer aztekischen Handschrift, Mitte 16. Jhd.*

Q1 Über die Hauptstadt Tenochtitlán schrieb Hernando Cortés 1520 an den spanischen König:

Die Hauptstadt Tenochtitlán liegt in einem salzigen See. Sie hat vier Zugänge, alle über Steindämme führend, die von Menschenhand erbaut sind. An einem der Dämme laufen zwei Röhren aus *Mörtelwerk entlang. Durch eine Röhre kommt ein Strom süßen Wassers bis in die Mitte der Stadt. Alle Menschen nehmen davon und trinken es. Die andere Röhre wird benutzt, wenn die erste gereinigt wird. Die Stadt hat viele öffentliche Plätze, auf denen ständig Markt gehalten wird. Dann hat sie noch einen anderen Platz, wo sich täglich mehr als 60 000 Einwohner treffen: Käufer und Verkäufer von Lebensmitteln, *Kleinodien aus Gold, Silber, Messing, Muscheln, Hummerschalen und Federn. Außerdem verkauft man Steine, Bauholz, Kalk und Ziegelsteine. Es gibt Apotheken, es gibt Häuser, wo man für Geld trinken und essen kann. Es gibt Leute zum Lasttragen. Es gibt in dieser Stadt viele sehr gute und große Häuser, weil alle großen Herren des Landes ihre Häuser in der Stadt haben. Sie wohnen dort eine gewisse Zeit des Jahres. Aber auch sonst gibt es viele reiche Bürger.

*** das Mörtelwerk**
Mörtel ist eine Mischung, die bei Bauarbeiten genutzt wird. Ein Mörtelwerk ist ein Bau (hier die Röhre), gebaut mithilfe von Mörtel.

*** das Kleinod**
ein wertvoller Gegenstand, häufig ein Schmuckstück

1 **a** Beschreibt Bild 1.
b Vergleicht Bild 1 mit der Beschreibung der Stadt Tenochtitlán aus Q1. Nennt Orte, die sowohl in Bild 1 als auch in Q1 zu finden sind.

2 Beschreibt mithilfe des Textes Z. 4–29 den Aufbau der Gesellschaft bei den Azteken.

3 Erklärt mithilfe des Textes Z. 34–38 und Bild 2, warum im aztekischen Glauben Menschen geopfert wurden.

4 **a** Beschreibt den Aufbau des aztekischen Kalenders anhand von M1.
b Vergleicht den Kalender der Azteken mit unserem Kalender. Welche Gemeinsamkeiten und Unterschiede gibt es?
> *Vergleicht z.B. die Anzahl der Tage, den Aufbau der Monate, Festtage.*

Was ihr noch tun könnt:

1 Übersetzt die folgenden Wörter mithilfe des Internets in ihre Ursprungssprache Nahuatl. Folgende Suchbegriffe können euch helfen: Übersetzung und Nahuatl.

Deutsch	Nahuatl
die Tomate	
die Avocado	
die Schokolade	
der Kojote	
der Chili	
der Ozelot	

Ein digitales Lernplakat erstellen

Digitale Medien sind in unserem Alltag überall zu finden. Vorträge und Präsentationen werden mithilfe von Lernplakaten visuell unterstützt. Diese Lernpakate können auch in digitaler Form erstellt werden.

Für die Erstellung der digitalen Lernplakate eignen sich alle gängigen Schreib- und Notizprogramme. Für das Lernplakat werden nur Textfelder sowie Pfeile gebraucht.

Folgende Hinweise helfen euch, das digitale Lernplakat zu erstellen:

Schritt 1: Die Recherche zum gewählten Thema durchführen
- Informationen im Buch und im Internet suchen

Schritt 2: Die Informationen auswählen
- Wichtige Informationen auswählen und stichpunktartig notieren

Schritt 3: Das Aussehen des Plakats gestalten
- Thema und Hingucker („Eyecatcher") im Zentrum
- Entscheidungen treffen über
  - Schreibprogramm
  - Hoch- oder Querformat
  - Anzahl und Größe der Textfelder
  - Zwischenüberschriften
  - Schriftart und -größe

Schritt 4: Das Lernplakat fertigstellen
- Bestandteile zunächst skizzieren, danach digital zusammenführen
- Rechtschreibung überprüfen
- Fachbegriffe markieren

Schritt 5: Die Präsentation vorbereiten und vorstellen
- Notizen für die Präsentation auf Karteikarten schreiben
- den Vortrag im Voraus üben
- das Lernplakat der Klasse vorstellen

1 Vervollständigt das digitale Lernplakat zu den Azteken mithilfe der fünf Schritte. Nutzt dafür die Informationen auf den Seiten 88/89.

2 Erstellt mithilfe der fünf Schritte ein digitales Lernplakat zu den „Inka". Nutzt dafür das Internet und den Informationstext auf der nächsten Seite. Stellt anschließend das Lernplakat eurer Klasse vor.

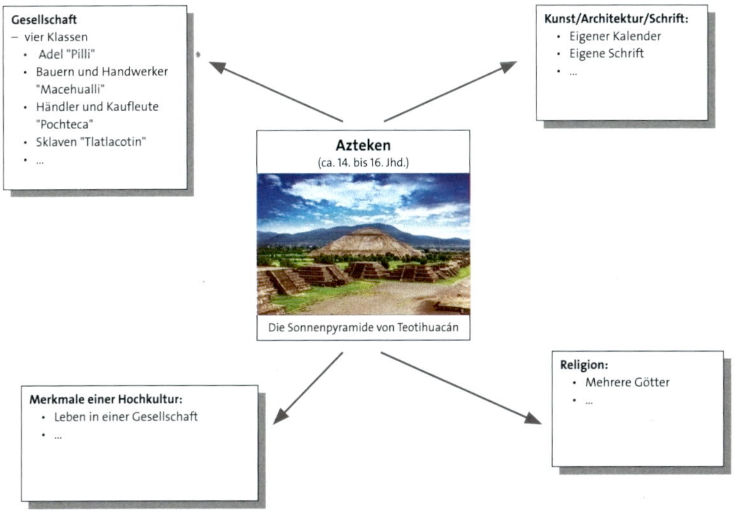

1 Vorlage für ein digitales Lernplakat „Azteken".

2 Die Stadt Machu Picchu (heutiges Peru).

Das Reich der Inka

Um 1500 war das Inka-Reich das größte Reich in Südamerika. Es existierte vom 13. bis zum 16. Jahrhundert. Es umfasste unter anderem die heutigen Länder Peru, Chile und Ecuador. Im Inka-Reich lebten ca. 14 Millionen Menschen. Die Hauptstadt war Cusco (heutiges Peru). Eine weitere wichtige Stadt war Machu Picchu. Das ganze Reich wurde in Regionen unterteilt. In diesen Regionen lebten die Menschen innerhalb ihrer Großfamilien, die „ayllu" genannt wurden. Der König bildete den Mittelpunkt des Staates. Seine Untertanen nannten ihn „Inka". Die Inka glaubten an mehrere Götter, für die sie auch Opfer darbrachten. Der Hauptgott hieß „Inti". Er war der Sonnengott. Der Inka-König wurde als sein Sohn angesehen. Die offizielle Sprache der Inka war „Quechua", daneben sprachen die Bewohnerinnen und Bewohner des riesigen Reiches auch zahlreiche weitere Sprachen. Sie hatten auch eine eigene Knotenschrift, die sogenannte „Quipu". Die größte Gruppe der Bevölkerung waren die Bauern. Im Inka-Reich entstanden mächtige Terrassen, Festungen, Tempel, Paläste, Straßen, Brücken, Bewässerungskanäle für Landwirtschaft und Bergwerke.

Lösungshilfen:

Zum Schritt 1:
Sucht zunächst im Schulbuch nach Informationen. Im Internet eignen sich Kindersuchmaschinen besonders gut.

Zum Schritt 2:
Schreibt wichtige Informationen kurz und knapp auf. Notiert auch eure Informationsquelle, falls ihr noch mal etwas nachschauen müsst.

Zum Schritt 3:
Probiert mithilfe des Schreibprogramms erste Funktionen aus: Wie fügt man Textfelder hinzu? Wie ändert man Einstellungen? usw.

Zum Schritt 4:
Fügt alle Informationen in das Schreibprogramm und erstellt das digitale Lernplakat. Zur Hilfe kann vorher eine Skizze auf einem Blatt gezeichnet werden.
Achtet auf Rechtschreibfehler, viele Schreibprogramme korrigieren diese Fehler automatisch.

Zum Schritt 5:
Macht auf Karteikarten kurze Stichpunkte und übt im Voraus euren Vortrag.

Wie zerstörten die Spanier das Azteken-Reich?

1 Begegnung zwischen dem Spanier Cortés und dem Azteken Moctezuma in Tenochtitlán.
Mexikanische Darstellung, 1590.

Die Ankunft der „Götter"

Für die Azteken spielte die Religion eine wichtige Rolle im Alltag. Es gab eine *Sage über den Gott Quetzalcoatl. Er war der Sprecher der Azteken und wurde aus Tenochtitlán vertrieben. „Am Tage der Wiederkehr meiner Geburt werde ich wiederkommen", habe er der Sage nach gesagt. Nach dem Kalender der Azteken könnte dies in den folgenden Jahren passieren: 1363, 1467 oder 1519. Weißhäutige Boten würden dann seine Ankunft melden. Im Jahr 1519 kam ein Bote zum damaligen Sprecher Moctezuma II. und berichtete, dass weiße Männer an der Küste gelandet seien. Moctezuma II. dachte, dass die Sage sich erfüllt habe und die Boten des Gottes angekommen waren. Doch es kamen der Spanier Hernando Cortés (1485–1547) mit 550 Soldaten, um das Azteken-Reich und die Schätze in Besitz zu nehmen. Moctezuma II. schickte Geschenke mit seinen Boten, damit die Spanier wieder zurückkehren. Doch Cortés und seine Soldaten zogen innerhalb kurzer Zeit in die Hauptstadt Tenochtitlán ein. Beim ersten Treffen empfing Moctezuma II. die Fremden friedlich. Er zeigt den Spaniern die Goldschätze, die in den Tempeln waren. Die Spanier nahmen das Gold an sich, schmolzen es zu Barren und nahmen weitere Schätze in ihren Besitz. Sie zerstörten alle religiösen Symbole und raubten die Tempel aus.

Der Aufstand der Azteken

Die Azteken wehrten sich und schafften es, die Spanier zu vertreiben. Doch im Jahr 1521 griff Cortés die Hauptstadt Tenochtitlán erneut an. Er hatte seine Truppe verstärkt, indem er sich mit anderen indigenen Völkern verbündete. Diese Völker standen zu dem Zeitpunkt unter der Herrschaft der Azteken und wollten die Unabhängigkeit. Bei den blutigen Kämpfen starb Moctezuma II. Die Hauptstadt wurde eingenommen und zerstört. Das gesamte Azteken-Reich war nach monatelangen Kämpfen im Besitz der Spanier. Es wurden ungefähr 300 000 Azteken ermordet.

Die Gründung „Vizekönigreichs Neuspanien"

Die Spanier gründeten auf dem Gebiet des eroberten Azteken-Reiches das „Vizekönigreich Neuspanien". Tenochtitlán wurde zu „Mexiko-Stadt" umbenannt. Anstelle der zerstörten Tempel wurden Kirchen gebaut. Die überlebenden Azteken wurden versklavt.

*** die Sage**
eine mündlich verbreitete Erzählung

2 Die aztekischen Krieger versuchen gewaltsam den gefangengesetzten Herrscher Moctezuma II. zu befreien. In der Bildmitte sieht man Cortés mit seinen Hilfstruppen. *Mexikanische Darstellung, 16. Jahrhundert.*

Q1 Die Begrüßungsrede Moctezumas II. hat Bernal Diaz del Castillo, ein Begleiter von Cortés, zwischen 1552 und 1575 aufgeschrieben:

O, unser Herr, mit Mühsal hast du es erreicht, ... dass du in deiner Stadt angekommen bist, dass du auf deinem Stuhl Platz nehmen kannst. ...
Das haben uns die Häuptlinge überliefert, dass du kommen wirst, deine Stadt aufzusuchen ... Und jetzt ist es wahr geworden.
Du bist zurückgekehrt. ... Sei nun wohl angekommen.
... Besuche deinen Palast

Q2 Bericht aus einer aztekischen Chronik über die Kämpfe in Tenochtitlán:

Noch einmal fingen die Spanier an zu morden. Und viele Azteken starben. Die Flucht aus der Stadt begann. ... Viele flohen über den See, andere auf den großen Dammstraßen. Auch da wurden viele getötet. ... (Die Spanier) suchten einige Männer aus. Man trennte sie von den anderen. Das waren die stärksten und tapfersten Krieger, die männliche Herzen hatten. Aber auch jüngere, die ihnen als Diener nützlich waren, suchten sie aus. Die Spanier zeichneten sie sofort. Mit heißen Eisen drückten sie ihnen Brandmale auf die Wangen

1 Fasst die Sage über den Gott Quetzalcoatl mithilfe des Textes Z. 1–15 zusammen.

2 Beschreibt mithilfe von Bild 1 und Q1, wie die Azteken die Spanier zunächst empfingen.
> *Die Azteken brachten den Spaniern zunächst Geschenke. ... In Tenochtitlán empfingen sie die Spanier im Tempel. ...*

3 Erstellt mithilfe des Textes Z. 15–47 und Q2 einen zeitlichen Ablauf von der Ankunft der Spanier bis zur Gründung des „Vizekönigreichs Neuspanien".

4 **a** Bewertet mithilfe des Textes Z. 20–47 das Verhalten der Spanier nach der Ankunft in einem fremden Land. Nutzt den → Wortschatz.
b Bewertet mithilfe des Textes Z. 28–40 und Bild 2 die Reaktion der Azteken auf das Verhalten der Spanier. Nutzt den → Wortschatz.
> *Nehmt die Methode „Ein persönliches Werturteil bilden" von S. 62/63 zu Hilfe.*

Was ihr noch tun könnt:

1 Recherchiert im Internet und listet auf, welche heutigen amerikanischen Länder das „Vizekönigreich Neuspanien" umfassten.

WORTSCHATZ

4a Gold, Schätze und Städte in Besitz nehmen | Tempel zerstören | aus heutiger Sicht ...
4b Spanier bekämpfen | Tempel und Städte beschützen | aus heutiger Sicht ...

Wie waren die Lebensumstände unter einem Kolonialherrn?

1 Die Kolonisation. *Gemälde des mexikanischen Künstlers Diego Rivera (1886–1957) von 1930.*

Die Gründung von Kolonien

Nach den Eroberungen konnten die Europäer nun ihre Ziele umsetzen. Es folgte die *Kolonialisierung der eroberten Regionen. Sie übernahmen somit die Verwaltung und die Wirtschaft der kolonialisierten Gebiete und nutzten fortan die vorhandene Landwirtschaft für sich selbst. Waren wie Tabak, Baumwolle oder Mais wurden nach Europa *exportiert. Die Kolonialherren begannen zeitgleich mit der Missionierung. Geistliche reisten in die Kolonien, um die indigene Bevölkerung zum christlichen Glauben zu bekehren. Dies geschah nicht friedlich und nicht freiwillig: Die indigene Bevölkerung wurde mit Zwang und Gewalt in Massen getauft. Aus der Sicht der Europäer mussten sie „erlöst" und „gerettet" werden. Zudem erhofften sich die Spanier gehorsame Untertanen. Ein Mönch berichtete im Jahr 1529, dass er über 200 000 Menschen getauft habe. Die Massentaufen hatten jedoch nur wenig Wirkung, da trotz der Zerstörung der Tempel die Religionen der indigenen Bevölkerung überlebten.

*** die Kolonialisierung**
die gewaltsame Eroberung von Ländern, Unterdrückung und Ausbeutung der indigenen Bevölkerung

*** exportieren**
Waren ins Ausland verkaufen

Sklaverei und Zwangsarbeit

Für die indigene Bevölkerung bedeutete die Kolonialisierung Sklaverei und Zwangsarbeit. Sie musste auf den Feldern unter sehr schlechten Bedingungen arbeiten. Nicht nur Lebensmittel, sondern auch Bodenschätze wie Gold oder Silber wurden von den Europäern ausgebeutet. Es wurden zahlreiche Bergwerke gebaut. Die indigenen Männer mussten ihre Familien in den Dörfern zurücklassen und monatelang in den Bergwerken arbeiten. Die Kolonialherren machten durch den Export große wirtschaftliche Gewinne. Dabei wurden die Einheimischen rücksichtslos ausgebeutet. Hinzu kam, dass die Europäer Krankheiten wie Masern oder Pocken mitbrachten, die die indigene Bevölkerung nicht überlebte. Sie hatte gegen diese Krankheiten keine Widerstandskräfte.

Menschenhandel aus Afrika

Die Folge der Ausbeutung und der Krankheiten auf dem amerikanischen Kontinent war, dass viele Menschen starben. So fehlten Arbeitskräfte. Die Kolonialherren baten um Erlaubnis des Menschenhandels aus Afrika. Bisher wurden Menschen als Sklavinnen und Sklaven nur nach Europa verschleppt. Der spanische König Karl V. (1500–1558) erteilte die Erlaubnis, Sklavinnen und Sklaven aus Afrika für die Zwangsarbeit nach Amerika zu ver-

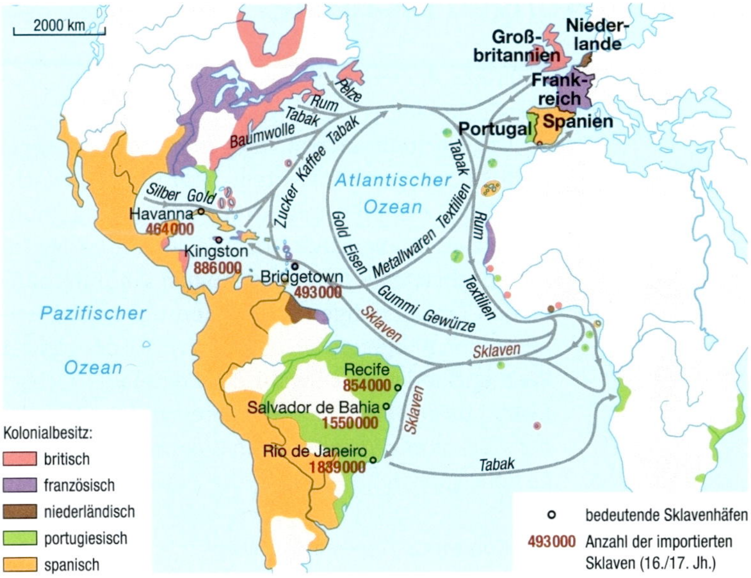

2 Der transatlantische Sklavenhandel im 16./17. Jahrhundert.

3 Bevölkerungsentwicklung Mexikos 1519–1580.

schleppen. Die Kolonialherren fuhren mit Schiffen an die westafrikanische Küste. Um die Menschen aus Afrika als Sklavinnen und Sklaven kaufen zu können, hatten sie Textilien, Glas oder Alkohol dabei, die sie als Tauschware den Oberhäuptern anboten. Anschließend wurden die Menschen mit Schiffen nach Amerika gebracht, wo sie als Sklavinnen und Sklaven verkauft und ausgebeutet wurden. Viele überlebten die Schifffahrt nicht. Dieser Menschenhandel wird als „*transatlantischer Sklavenhandel" bezeichnet.2 Der transatlantische Sklavenhandel im 16./17. Jahrhundert.

Q1 Der Bischof Bartolomé de las Casas (1484–1566) schrieb an den spanischen König:
Ein königlicher Beamter erhielt 300 Indios als Arbeitskräfte zugeteilt. Nach drei Monaten hatte er durch die Arbeiten in den Gruben 270 davon zu Tode gebracht, sodass ihm nur der zehnte Teil blieb. Danach gab man ihm wiederum dieselbe Zahl und noch mehr, doch er brachte sie wieder um, und je mehr man ihm gab, desto mehr mordete er.

1 Sucht in Bild 1 nach Darstellungen des menschenverachtenden Umgangs der Kolonialherren gegenüber der indigenen Bevölkerung.
> *Unten links im Bild wird eine indigene Person dargestellt, die ein Brandmal auf die Wange bekommt. ...*

2 Erklärt mithilfe des Textes Z. 1–22, wie die Kolonialherren die beiden Ziele, Kolonialisierung und Missionierung, umsetzten.
> *Die Kolonialherren übernahmen die Verwaltung, ...*

3 Erläutert mithilfe des Textes Z. 23–38, Bild 3 und Q1, wie die indigene Bevölkerung versklavt und ausgebeutet wurde.

4 Erklärt mithilfe des Textes Z. 42–59 und Bild 2 den transatlantischen Sklavenhandel. Nutzt den → Wortschatz.

5 Bewertet die Aussage: „Die indigenen und afrikanischen Menschen wurden wie Waren behandelt." Nutzt den → Wortschatz.
> *Nehmt die Methode „Ein persönliches Werturteil bilden" von S. 62/63 zu Hilfe.*

WORTSCHATZ
4 Folge der Ausbeutung: Sterben der indigenen Bevölkerung | neue Arbeitskräfte benötigen | Erlaubnis des Königs erhalten | Sklaven aus Westafrika holen
5 Menschen als Sklaven ausbeuten und verkaufen | Tauschwaren anbieten | mit dem Schiff eine gefährliche Reise unternehmen

*** transatlantisch**
über den Atlantischen Ozean

Welche Folgen haben die Eroberungen bis heute?

1 Amtssprachen auf dem amerikanischen Kontinent.

Die Folgen der Kolonisation

In den meisten Ländern Mittel- und Südamerikas ist heute die *Amtssprache Spanisch oder Portugiesisch (Karte). Es werden außerdem noch indigene Sprachen gesprochen, doch die Anzahl wird immer geringer. Im Dezember 2022 rief die *UNESCO die „Internationale Dekade der indigenen Sprachen" aus, um sie vor dem Aussterben zu schützen. Jahrhundertelang wurden diese Länder von den Nachfahren der europäischen Kolonisten unterdrückt. Rohstoffe, Bodenschätze und landwirtschaftliche Produkte wurden nach Europa exportiert. Kunst- und Kulturgüter wurden illegal entwendet. Auch heute noch wird sogenannte Raubkunst aus ehemaligen Kolonien in zahlreichen europäischen Museen ausgestellt. Viele der Länder Mittel- und Südamerikas haben politische, wirtschaftliche und soziale Probleme.

Die Nachfahren von indigenen Bevölkerungsgruppen werden größtenteils heute noch benachteiligt. Sie kämpfen mit Armut oder haben kaum politisches Mitspracherecht. Die Vereinten Nationen machen jedes Jahr am 9. August am „Internationalen Tag der indigenen Bevölkerung" auf die Probleme von indigenen Bevölkerungen auf der ganzen Welt aufmerksam. Obwohl die Kolonialherrschaft formal im 19. Jahrhundert endete, wird der Prozess der *Dekolonisierung auch in Zukunft eine wichtige Rolle spielen.

Der Kolumbus-Tag – ein Feiertag?

In verschiedenen Ländern wird der Tag der Ankunft der Europäer auf dem amerikanischen Kontinent als Feiertag bzw. Gedenktag gefeiert. In den USA ist jedes Jahr der zweite Montag im Oktober der „Columbus Day". In Spanien und spanischsprachigen Ländern zählt der 12. Oktober als Feiertag, an dem die Spanier und Südamerikaner den „Tag der spanischen Sprache" feiern.

Heutzutage werden diese Feiertage in vielen Ländern kritisch betrachtet. Die europäischen Eroberer zerstörten die Kultur und Religion der indigenen Bevölkerungen und ermordeten Millionen von Menschen. Die Nachfahren der indigenen Bevölkerungen sehen daher diesen Tag nicht als Feiertag. In Venezuela wird dieser Tag seit 2002 als „Tag des indigenen Widerstands" gefeiert. In Argentinien feiert man den 12. Oktober als „Tag des Respekts der kulturellen Verschiedenheit" und in Chile den „Tag der Begegnung der zwei Welten".

*** die Amtssprache**
die offizielle Sprache eines Landes

*** UNESCO**
eine Organisation der Vereinten Nationen (Zusammenschluss Vielzahl von Staaten) für Bildung, Wissenschaft, Kultur und Kommunikation

*** die Dekolonisierung**
Die Dekolonisierung bezeichnet die Befreiung der ehemaligen Kolonien durch die Unabhängigkeitskriege oder durch den Rückzug der Kolonisten. Dazu zählt ebenfalls die Zeit nach der Kolonisation. Der Aufbau eines unabhängigen Staates und der Wirtschaft, die Vergangenheitsbewältigung und ihre Auswirkungen auf die Gegenwart, der Erhalt der Kultur und der Sprache sind wichtige Themen, die unter Dekolonisierung fallen.

2 Die Statue von Christoph Kolumbus in Santo Domingo (Dominikanische Republik). Die Dominikanische Republik hieß früher „Hispaniola“ – die Insel, zu der Kolumbus nach Guanahani als nächstes fuhr und auf der sein Bruder die Stadt Santo Domingo gründete. *Denkmal von Ernesto Gilbert 1885/1886.*

3 „Columbus war kein Held“. Die Aufschrift im Stil eines Steckbriefes lautet: „Großer Dieb, Räuber, Folterer, begann die Auslöschung einer Kultur und Völkermord“. Protest am „Tag der indigenen Bevölkerung“ in Boston (USA). *Foto, 08. 10. 2022.*

M1 Über die Bedrohung der Existenz der indigenen Völker heißt es auf der Webseite der Bundeszentrale für politischen Bildung am 05. 08. 2019:
Angesichts des zunehmenden Interesses an neuen Quellen natürlicher Ressourcen wie Öl- oder Gasvorkommen sowie der Abholzung von Wäldern und Umweltbelastungen verschärft sich die Situation der indigenen Völker, deren Lebensräume zerstört werden. Aber auch andere Gründe zwingen sie zum Verlassen des Landes, zum Beispiel Verfolgung oder die Auswirkungen des Klimawandels. Nicht zuletzt verlassen viele Indigene ihre Heimatregion, weil sie in anderen Gebieten bessere Lebensgrundlagen, etwa Arbeitsplätze und Bildungseinrichtungen, treffen.

1 ☒ Erstellt mithilfe der Karte eine Tabelle der Sprachen in Amerika. Was fällt euch auf?

Sprache	Länder
Spanisch	Argentinien, ...
Portugiesisch	...
Englisch	USA, ...
...	...

2 ☒ Nennt stichpunktartig mithilfe des Textes Z. 1–28 die Folgen der Kolonisation.

3 ☒ **a** Vergleicht die Bilder 2 und 3 miteinander. Wie wird Kolumbus dargestellt?
b Nennt die Gründe für die entsprechenden Darstellungen. Nutzt die Bildunterschriften und den → Wortschatz.

4 ☒ **a** Begründet die unterschiedlichen Bezeichnungen für den 12. Oktober in Venezuela, Argentinien und Chile (Z. 45–49).
☒ **b** Diskutiert mithilfe des Textes Z. 29–45 die Frage, ob der Kolumbus-Tag ein Feiertag sein sollte.

5 ☒ Nehmt Stellung zu der aktuellen Situation indigener Bevölkerungen. Nutzt dafür den Text Z. 20–27, M1 und eure Ergebnisse aus Aufgabe 1. Nutzt den → Wortschatz.

Was ihr noch tun könnt:

1 ☒ Informiert euch über indigene Völker, die isoliert von anderen Bevölkerungsgruppen leben (QR-Code). Präsentiert der Klasse eure Ergebnisse.

WORTSCHATZ
3b eine unterschiedliche Sicht auf etwas haben | eine Stadt gründen | ein Land und seine Bewohnerinnen sowie Bewohner ausbeuten
5 Benachteiligung und Diskriminierung erfahren | Lebensräume verlassen | in Armut / ohne Bildung leben

Neues Denken, neue Wege, neue Zeit

Ich kann wichtige Begriffe im Zusammenhang erklären (Sachkompetenz):

die Neuzeit
die Renaissance
der Humanismus
die Kolonialisierung

1 ☒ Erklärt euch abwechselnd die Begriffe.

Ich kann folgende Aufgaben lösen (Sachkompetenz):

2 ☒ Erklärt, warum die Erfindung des Buchdrucks 1450 und die Ankunft von Kolumbus in Amerika 1492 wichtig für den Übergang in die Neuzeit waren.

3 ☒ Ordnet die Aussagen in M1 in einer Tabelle nach Ursachen und Folgen der Seefahrten. Schreibt die Tabelle in euer Heft.

4 ☒ Vergleicht die Situation der Azteken vor und nach der Ankunft der Spanier. Nutzt die Seiten 88/89 und 92–95. Schreibt die Tabelle in euer Heft.

Vor Ankunft der Spanier	Nach Ankunft der Spanier
– zahlreiche Tempel mit vielen religiösen Symbolen und Figuren – ...	– alle Tempel wurden zerstört – ...

Ich kann die Methode „Ein digitales Lernplakat erstellen“ anwenden (Methodenkompetenz):

5 ☒ Sucht euch einen Entdeckungsfahrer aus der Karte aus und erstellt ein digitales Lernplakat über ihn.
> Nehmt die Methode „Ein digitales Lernplakat erstellen“ von S. 90/91 zu Hilfe.

Ich kann mir ein Urteil bilden und es begründen (Urteilskompetenz):

6 ☒ Beurteilt, ob der Begriff der „Entdeckungsreise“ für alle Beteiligten im 15. Jahrhundert passend ist. Nehmt dazu Bild 2 zu Hilfe.
> Nehmt die die Methode „Ein persönliches Werturteil bilden“ von S. 62/63 zu Hilfe.

7 ☒ Beurteilt, inwiefern der Begriff „Dekolonisation“ auf die heutige Situation des amerikanischen Kontinentes zutrifft. Nehmt die S. 96/97 zu Hilfe.

Ich kann aus dem Gelernten Folgerungen für meine Gegenwart ziehen (Handlungskompetenz):

8 ☒ Stellt Erfindungen der Neuzeit den heutigen Möglichkeiten gegenüber, indem ihr eine Tabelle anlegt. Nehmt die Seiten 77–79 zu Hilfe.

Erfindungen der Neuzeit	Funktion	Heutige Möglichkeiten
Buchdruck, ...	Wissensvermittlung, ...	Bücher/E-Books, Internet, ...

9 ☒ Führt ein fiktives Interview mit Kolumbus über seine Reise nach Westen durch. Informiert ihn am Ende des Interviews, dass er nicht Indien, sondern einen anderen Kontinent erreicht hat, und stellt seine mögliche Reaktion dar.
> Nehmt die die Methode „Ein fiktives Interview verfassen“ von S. 288 zu Hilfe.

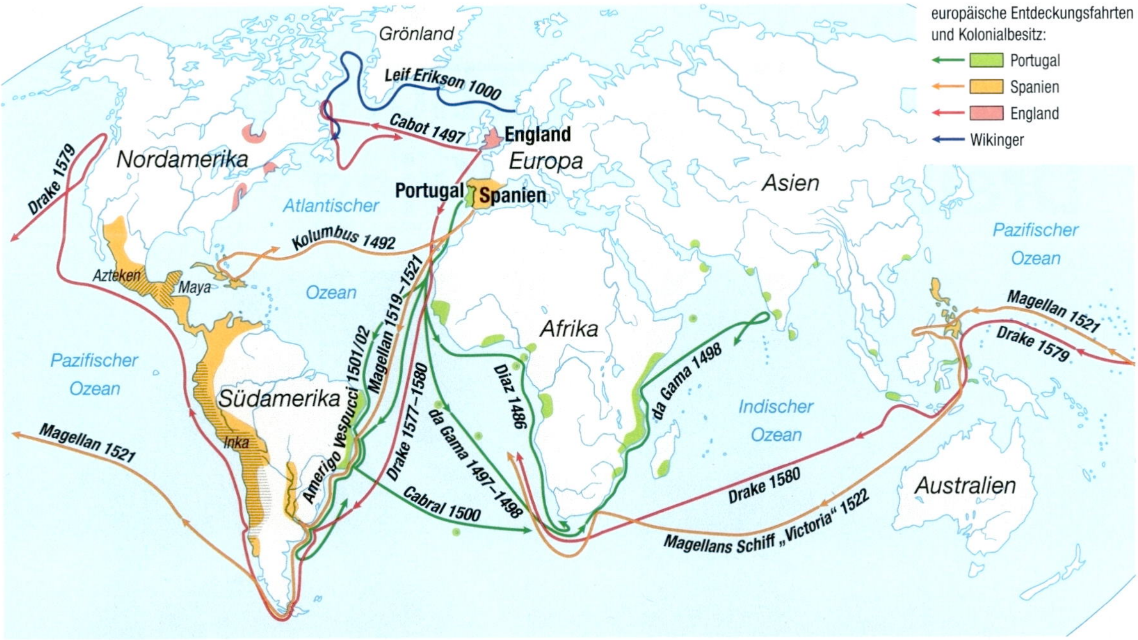

1 Entdeckungsfahrten der Europäer 1000–1522.

M1 Ursachen und Folgen der Entdeckung

1. Suche nach Gewürzen
2. Erfindungen und Erkenntnisse bei der Seefahrt
3. Einführung des Mais in Europa
4. Wunsch, das Christentum zu verbreiten
5. die Karavelle
6. Bildung von Kolonien in Amerika
7. Nachweis, dass die Erde eine Kugel ist
8. Durst nach neuen Erkenntnissen (= Wissensdurst)
9. Aufwärtsentwicklung (= Aufschwung) der Häfen am Atlantik
10. hohe Sterblichkeit der Indianer
11. Verlangen nach Gold
12. Suche nach einer Allianz gegen die Muslime

Ursachen für die Seefahrten	Folgen der Seefahrten
...	...

2 Eine indigene Amerikanerin protestiert am Kolumbus-Tag. Auf dem Plakat steht: „Amerika war bereits entdeckt!“ *Foto, 1999.*

Von der Reformation zum Dreißigjährigen Krieg

4

Eine evangelische Pfarrerin und ein katholischer Pfarrer stehen gemeinsam in der Ahrensböker Marienkirche in Schleswig-Holstein. Diese Kirche wird gemeinsam von evangelischen und katholischen Christinnen sowie Christen genutzt. Dies ist ungewöhnlich, denn jede dieser beiden christlichen Konfessionen hat eigene Gotteshäuser. Warum ist das so?

Zu Beginn des 16. Jahrhunderts kam es zu einer Trennung der bis dahin weitgehend einheitlichen christlichen Kirche in eine katholische und evangelische Kirche. Dadurch wurden große Veränderungen ausgelöst, denn während des gesamten Mittelalters hatte die christliche Kirche eine sehr wichtige Rolle im Leben der Menschen gespielt. Der Streit um den vermeintlich „richtigen" Glauben führte zu politischen Auseinandersetzungen und schließlich zu einem Krieg, der erst nach dreißig Jahren beendet wurde.

1 Betrachtet das Bild und beschreibt erkennbare Unterschiede zwischen den Geistlichen.
2 Tragt zusammen, was ihr über die Unterschiede und Gemeinsamkeiten der katholischen und evangelischen Kirche wisst.

Von der Reformation zum Dreißigjährigen Krieg

1 Konfessionen im Heiligen Römischen Reich 1555.

Das Leben der Menschen im 16. Jahrhundert war geprägt von Krisen, Missständen und Kriegen. Die Mehrheit der Bevölkerung waren Bauern. Sie litten unter Hunger, Krankheiten und Frondiensten für ihre Grundherren. Viele Bauern versuchten, sich aus ihrer Abhängigkeit von den Grundherren zu befreien.

In der christlichen Kirche herrschten viele Missstände. Sie bot den Gläubigen keinen Trost für ihre Nöte. Stattdessen schürten Geistliche die Angst vor dem Tod. Kritik an der Kirche und ihren Lehren äußerte vor allem der Mönch Martin Luther. Damals wusste er noch nicht, dass seine Kritik zu einer Spaltung in eine katholische und evangelische *Konfession führen würde. Dieser Spaltung folgte ein dreißig Jahre dauernder Krieg, der weite Teile des Deutschen Reiches verwüstete. Die verschiedenen Kriegsparteien verhandelten mehrere Jahre. Dann schafften sie es, einen Frieden zu vereinbaren.
Im 16. Jh. kam es auch zu einer Zunahme der Verfolgung von Frauen als sogenannte „Hexen“. Ihnen wurden vorgeworfen, mit dem Teufel im Bunde zu stehen. Auch die Kirche war an der Verfolgung der Hexen beteiligt.

1 Ermittelt mithilfe der Karte die christlichen Konfessionen und ihre Verteilung im Heiligen Römischen Reich.

2 Berichtet, was ihr über die Ereignisse in der Zeitleiste bereits gehört habt und tauscht euch dazu aus. Nutzt den → Wortschatz.

3 Stellt mithilfe eines Ereignisses auf der Zeitleiste rechts einen Zusammenhang zwischen dem Plakat und dem Denkmal auf Bild 1 her.

*** die Calvinisten**
Das sind Christen, die nach der Lehre des Reformators Jean Calvin leben. Calvin kritisierte – ähnlich wie Luther – die christliche Kirche (siehe S. 109).

*** die Anglikaner**
Christliche Kirche in Großbritannien, die sich weitgehend an den Traditionen der katholischen Kirche orientiert, aber auch reformatorische Elemente enthält.

*** die Konfession**
Bezeichnung für die verschiedenen Richtungen des christlichen Glaubens, z. B. evangelisch und katholisch

WORTSCHATZ
2 Das Leben war geprägt von ... | unter Hunger leiden | Trost bieten | Angst schüren | das Land verwüsten | einen Frieden aushandeln

1517	1521	1525	1555	1618	1648
95 Thesen, Beginn der Reformation	Reichstag in Worms	1524/25 Bauernkrieg	Augsburger Religionsfriede	Prager Fenstersturz	Ende des Dreißigjährigen Krieges

2 Plakat zum Luther-Jahr 2017 hinter dem Luther-Denkmal in Wittenberg.

3 Ein Schild in der Stadt Kaarst am Niederrhein weist darauf hin, dass es unterschiedliche Kirchen und Gottesdienste gibt.

4 Ein aufständischer Bauer. *Kolorierter Holzschnitt von 1522.*

5 Der Friedensaal im Rathaus der Stadt Münster. Dies ist – neben Osnabrück – der Ort, an dem nach 30 Jahren Krieg Frieden geschlossen wurde.

4 ☒ Ordnet die Bilder 2–5 den Ereignissen auf der Zeitleiste zu.

5 ☒ Sammelt Fragen zu den Ereignissen auf der Zeitleiste und den Bildern 2–5.

Kann man sich von seinen Sünden freikaufen?

1 Menschen im Fegefeuer. *Darstellung an einer Kirche in Santiago de Compostela (Spanien), 1803–1814.*

Das Geschäft mit der Angst

Viele Menschen befürchteten im Mittelalter, dass sie nach ihrem Tod für ihre *Sünden bestraft werden könnten. Die Kirche lehrte, dass die Seele der Verstorbenen im Fegefeuer gereinigt wird. Danach könnte sie in den Himmel kommen. In vielen Kirchen hingen angstmachende Bilder, die das Fegefeuer oder die Hölle zeigten (Bild 1). Sie führten eindrücklich vor Augen, was die Menschen nach ihrem Tod zu erwarten hatten.

Die Gläubigen pilgerten zu christlichen *Wallfahrtsorten oder sie schenkten der Kirche Geld und Besitz. Dadurch glaubten sie, gute Christen zu sein. Doch das reichte dem Papst nicht. Er brauchte viel Geld, um den Petersdom in Rom zu bauen. Der Dom sollte die größte Kirche der Welt werden. Damit wollte der Papst seine Macht zeigen. Im Jahr 1506 begannen die Bauarbeiten. Sie dauerten über einhundert Jahre.

Die Ablassprediger kamen

Durch ganz Europa zogen Ablassprediger. Das waren Mönche, die für den Papst sogenannte *Ablassbriefe verkauften. Sie versprachen den Käufern, dass sie durch den Kauf des Briefes von ihren Sünden freigesprochen würden und weniger Zeit im Fegefeuer verbringen müssten. Die Prediger behaupteten auch, dass man Verstorbenen half, wenn man nur genug zahlte.

Einer von ihnen war der Dominikanermönch Johann Tetzel. Er versprach den Menschen sogar, dass sie sich von Straftaten freikaufen konnten, die sie vielleicht erst in der Zukunft begehen würden.

Johann Tetzel war sehr erfolgreich und sammelte viel Geld ein. Der Papst ehrte ihn dafür. Von den Briefen profitierten besonders die Druckereien.

Viele Misstände in der Kirche

Manche Christen begannen zu zweifeln, ob die Briefe wirklich wirksam waren. Der Glaube wurde so immer mehr zum Geschäft.

Es gab noch weitere Gründe, warum viele gläubige Menschen immer unzufriedener mit der Kirche wurden. Die Kirchenführer schrieben den Christen in Europa vor, dass sie bescheiden und fromm zu leben hätten. Sie hielten sich aber selbst nicht daran und lebten in großem Luxus. Hohe Ämter wie die eines Bischofs konnte man kaufen. Häufig konnten die Priester weder schreiben noch die Bibel lesen.

* **die Sünde**
eine Tat, die nach Meinung der Christen gegen die Gebote Gottes verstößt

* **der Wallfahrtsort**
Der Ort hat eine besondere Bedeutung für eine Religion. Dort ist z. B. angeblich ein Wunder geschehen oder dort steht ein Heiligtum.

* **der Ablassbrief**
So wird ein Schriftstück genannt, das den Käufer von den Strafen für begangene Sünden befreien soll.

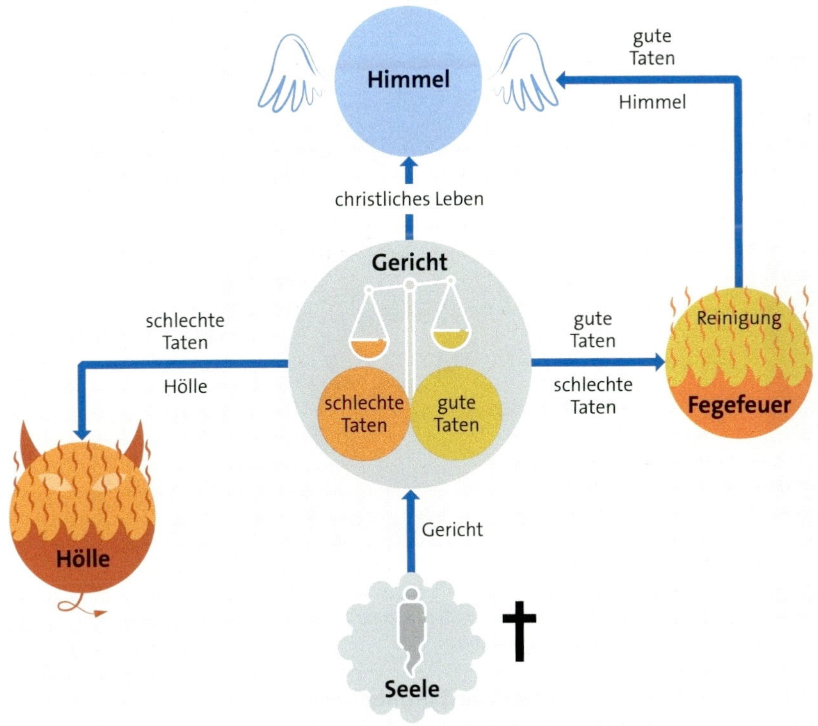

2 So stellten sich die Gläubigen um 1500 vor, was nach dem Tod mit der Seele passiert.

Was geschieht, wenn die Seele den Körper verlässt?

Die Menschen glaubten damals, dass ihre Seele nach dem Tod vor Gericht käme. Wenn man ein christliches Leben nach den 10 Geboten geführt hatte, so kam die Seele gleich in den Himmel. Hatte man sehr viele Sünden begangen, so musste die Seele in die Hölle. Die Seelen der Menschen, die weder gut noch böse waren, mussten ins Fegefeuer, um gereinigt zu werden.

M1 Der Theologe Hans Kühner forschte über die Misstände der Kirche und schrieb 1973 über Papst Leo X. (1513–1521):

Leos Hofstaat bestand aus 683 Menschen, vom Erzbischof bis zum Elefantenwärter, vom Hoforchester bis zum *Hofpoeten und zum Hofnarren verschlang es *Unsummen. Oft war Leo wochenlang auf Jagden, an denen bis zu 2000 Reitern teilnahmen, darunter Kardinäle, Spaßmacher und Hofschauspieler.

Und im Karneval von 1521 wurden alle Regierungsgeschäfte überhaupt eingestellt, weil die Aufführung eines Balletts wichtiger war.

1 Listet mithilfe der Z. 20–49 die Kritikpunkte der Menschen an der Kirche auf.

2 Beschreibt anhand der Grafik, wie sich die Menschen ein Leben nach dem Tod vorstellten.

3 Erklärt, warum viele Mönche Ablassbriefe verkauften und warum Menschen sie kauften.

4 Stellt euch vor, ein Bauer und eine Bäuerin kommen in die Kirche und sehen zum ersten Mal das Altarbild (Bild 1). Beschreibt ihre Gedanken und Gefühle.

5 Verfasst selbst einen kurzen, informierenden Text mit der Überschrift: Das Geschäft mit der Angst. Nutzt den → Wortschatz.

6 Stellt euch vor, ein Bauer und eine Bäuerin liefern Getreide an den Hof von Papst Leo X. Sie bekommen mit, wie es dort zugeht. Schreibt mithilfe von M1 einen Dialog und tragt ihn anschließend vor.

*** der Hofpoet**
ein Dichter, der seinen Herrn mit Gedichten und anderen Texten unterhalten muss

*** die Unsumme**
extrem hoher Geldbetrag

WORTSCHATZ

5 die Seele retten | das Fegefeuer fürchten | zum Wallfahrtsort pilgern | von seinen Sünden freigesprochen werden | sich freikaufen | in Luxus leben | ein Amt kaufen

Konnten die Missstände in der Kirche behoben werden?

1 Luther-Denkmal in Hannover von 1900.

2 Ein Händler verkauft Flugblätter. *Radierung von Jost Amman, 1589.*

Kritik am Ablasshandel

Seit dem Jahr 1512 lehrte der Mönch Martin Luther in Wittenberg *Theologie. Über das Geschäft mit den Ablassbriefen war er entsetzt und kritisierte sie. Er verfasste zum Ablass und anderer Probleme der Kirche 95 *Thesen in lateinischer Sprache und schickte sie an mehrere Bischöfe. Angeblich hat er die Thesen auch an die Schlosskirche in Wittenberg gehängt.

Die Bischöfe waren aber ganz anderer Ansicht als Luther. Sie hatten Sorge, dass Luther ihnen das gut laufende Geschäft mit den Ablassbriefen zerstörte. Sie meldeten dies an den Papst in Rom.

Luther entdeckte den Buchdruck als Möglichkeit, seine Meinung zu verbreiten. Schon wenige Monate später ließ er in deutscher Sprache die wichtigsten Thesen in einem kleinen Heft abdrucken. In kurzer Zeit waren sie in ganz Deutschland verbreitet. Die Menschen wollten nun Texte von ihm lesen und die Druckereien stellten sich darauf ein. Sie merkten, dass sie mit Luther viel Geld verdienen konnten.

Der Papst drohte Luther

Im Jahr 1520 drohte der Papst ihm mit einem Ausschluss aus der Kirche. Er schickte ihm eine Urkunde, eine sogenannte Bannbulle. Darin wurde ihm ein Ultimatum gestellt: Er sollte seine Schriften verbrennen und seine Lehre widerrufen. Sonst war er für die Kirche ein *Ketzer. Luther verbrannte daraufhin öffentlich die Bannbulle. Mit dieser Handlung trennte er sich endgültig von der Kirche des Papstes. Das hatte er ursprünglich gar nicht beabsichtigt.

Der Kaiser griff ein

Der deutsche Kaiser Karl V. fürchtete, dass sich viele Menschen Luther anschließen würden. Schließlich berief er einen Reichstag nach Worms ein. 80 Fürsten und 130 Grafen nahmen daran teil.

Dort sollte Luther verhört werden. Der aber weigerte sich, seine Meinung zu ändern. Deshalb verhängte Karl V. eine *Reichsacht über ihn. Doch Luther hatte inzwischen zahlreiche Anhänger. Dazu

---

*** die Theologie**
die Wissenschaft von Gott und allem Göttlichen

*** die These**
eine Aussage oder eine Behauptung

*** der Ketzer**
Bezeichnung für jemanden, der die Glaubenslehre der katholischen Kirche ablehnt oder kritisiert. Ketzer wurden oft verfolgt.

*** die Reichsacht**
Sie bedeutete, dass der Verurteilte aus der Gesellschaft ausgeschlossen war. Jeder hatte das Recht, ihn zu töten.

3 Luther steht vor dem Reichstag in Worms. *Auszug aus dem Comic „Martin Luther – ein Mönch verändert die Welt" von 2016.*

gehörte auch sein Landesherr Friedrich der Weise von Sachsen. Er versteckte Luther fast ein Jahr auf der Wartburg in Thüringen. Luther nutzte die Zeit und übersetzte in nur elf Wochen zum ersten Mal das Neue Testament ins Deutsche. Bald wurde es zum meist gelesenen Buch in Deutschland.

Im Jahr 1525 heiratete er die ehemalige Nonne Katharina von Bora. Eigentlich musste er als Mönch im *Zölibat leben. Nun machte er deutlich, dass er die Gesetze der Kirche nicht mehr akzeptieren wollte.

Q1 Auszug aus den 95 Thesen

27 Lug und Trug predigen diejenigen, die sagen, die Seele erhebe sich aus dem Fegefeuer, sobald die Münze klingelnd in den Kasten fällt.

28 Das ist gewiss: Fällt die Münze klingelnd in den Kasten, können Gewinn und Habgier zunehmen. Die Fürbitte der Kirche aber liegt allein in Gottes Ermessen.

43 Man muss die Christen lehren: Wer einem Armen gibt oder einem Bedürftigen leiht, handelt besser, als wenn er Ablässe kaufte.

86 Wiederum: Warum baut der Papst, dessen Reichtümer heute weit gewaltiger sind als die der mächtigsten Reichen, nicht wenigstens die eine Kirche des Heiligen Petrus mehr von seinen eigenen Geldern als von denen der armen Gläubigen?

*** der oder das Zölibat**
Katholische Priester, Mönche und Nonnen sind verpflichtet, nicht zu heiraten und keinen sexuellen Kontakt zu haben.

1 Erklärt mithilfe des Textes Z. 14–20 Luthers Vorgehen, um seine Thesen zu verbreiten. Bezieht dazu die Bilder 1 und 2 ein.

2 **a** Gebt die Thesen in Q1 in euren Worten wieder.
b Überlegt, wie die Menschen in den Städten und auf dem Land darauf reagiert haben könnten.

3 **a** Begründet Luthers Entscheidung, das Neue Testament ins Deutsche zu übersetzen.
b Nennt Vorteile, die die Menschen davon hatten.

4 Verfasst in Partnerarbeit mithilfe des Textes Z. 34–44 und Bild 3 je einen Bericht über den Auftritt Luthers in Worms aus Sicht eines Anhängers bzw. aus der Sicht eines Gegners.
> *Heute war in Worms viel los ...*

5 Bewertet das Verhalten Martin Luthers gegenüber dem Papst und dem Kaiser.
> *Nehmt die Methode „Ein persönliches Werturteil bilden" von S. 62/63 zu Hilfe.*

6 Erzählt mit eigenen Worten, was Luther mit seinen Thesen beabsichtigte und welche Folgen dies hatte. Nutzt den → Wortschatz.

WORTSCHATZ
6 Thesen verfassen | die päpstliche Kirche kritisieren | etwas verurteilen | ein Ultimatum stellen | den Reichstag einberufen | die Lehre widerrufen | die Reichsacht verhängen

Luther – eine Persönlichkeit voller Widersprüche?

1 Martin Luther (1483–1546). *Gemälde von Lucas Cranach, 1546.*

2 Plakat zum 500-jährigen Jubiläum der Reformation von 2017.

Martin Luther – eine historische Persönlichkeit

Das Jahr 2017 wurde in vielen Zeitungen das „Martin-Luther-Jahr" genannt (Bild 2). Es gibt Filme und sogar eine Spielfigur von ihm. 2017 war es fünfhundert Jahre her, dass er seine 95 Thesen veröffentlichte. Sie hatten weitreichende Folgen für Martin Luther selbst, aber auch für die katholische Kirche, für die Bevölkerung und für die Herrscher in Europa. Damit ist Martin Luther zu einer bedeutenden Persönlichkeit in der Geschichte geworden.

Er wurde 1483 in Eisleben geboren. Sein Vater arbeitete im Kupferbergbau, seine Mutter führte den Haushalt. Die Eltern sorgten dafür, dass er zur Schule ging und später in Erfurt studieren konnte. Luther entschied sich aber, Mönch zu werden, und ging zunächst in ein Kloster. Die Fragen des Glaubens interessierten ihn sehr und die Worte der Bibel waren für Luther die verbindlichste Grundlage des Glaubens.

Legenden über Luther

Legenden sind Geschichten, die ein besonderes Ereignis über einen Menschen erzählen. Darin wird die Person oft als heldenhaft dargestellt. Meistens lässt sich nicht überprüfen, ob das Ereignis tatsächlich so stattgefunden hat. Zu den bekanntesten Legenden über Luther gehört, dass er seine 95 Thesen mit einem Hammer an die Schlosskirche zu Wittenberg schlug. Das ist aber umstritten. Luther selbst hat das auch nie behauptet. Sicher ist, dass er die Thesen als Brief an seinen Vorgesetzten verschickt hat. Eine weitere Legende behauptet, dass Luther während seines Aufenthalts auf der Wartburg eines Abends vom Teufel persönlich besucht wurde, als er gerade die Bibel übersetzte.

Luther und die Frauen

Martin Luther schätzte seine Frau Katharina von Bora sehr. Sie führte den Haushalt, erzog die Kinder und erledigte seinen Briefverkehr. Seine Haltung zu den Frauen war aber widersprüchlich. Seiner Meinung nach waren Mann und Frau vor Gott gleich. Aber dennoch sollte die Frau dem Mann untertan sein. Was den Glauben an Zauberei und angeblichen Hexen betraf, so dachte er wie viele seiner Zeitgenossen. Er hatte dazu eine klare Meinung: Frauen, die sich angeblich mit dem Teufel einließen, sollten verfolgt und getötet werden. Mehr als 30 sogenannte „Hexenpredigten" sind von Luther überliefert.

Luther und die Juden

Martin Luther beherrschte Hebräisch – die Sprache, in der das Alte Testament verfasst ist, also der Teil der Bibel, der für die Juden wichtig ist. Luther predigte: Juden und Christen glauben an denselben Gott und haben durch das Alte Testament ein gemeinsames Buch. So veröffentlichte er 1523 die Schrift „Dass Jesus Christus ein geborener Jude sei“. Zudem setzte Luther sich für eine Annäherung zwischen Christen und Juden ein. Er hoffte, dass die Juden sich zum Christentum bekehren und Jesus als Messias anerkennen würden. Diese Hoffnung erfüllte sich aber nicht. Da änderten sich Luthers Einstellung und er begann, sie zu beschimpfen.

Luther war im Laufe der Zeit so überzeugt davon, dass nur seine Vorstellung vom wahren Glauben der richtige sei. Auch Menschen, die seiner Meinung waren, aber einiges kritisch sahen, beleidigte er aufs Äußerste.

Luther als Vorbild?

Es gab weitere Reformatoren, die sich mit Luthers Lehre auseinandersetzten und eigene Gedanken entwickelten. In der Schweiz setzten Ulrich Zwingli (1484–1531) und Johannes Calvin (1509–1564) die Ideen der Reformation um. Sie waren aber in einigen Punkten anderer Meinung als Luther. Es ging zum Beispiel um die Bedeutung des *Abendmahls. Während nach der Auffassung Luthers Jesus Christus in Brot und Wein leiblich anwesend wäre, war das Abendmahl für Zwingli nur eine symbolische Handlung. In diesem Streit konnten sie sich nicht einigen. Es kam zur Trennung der Reformationsbewegung. Luthers Anhänger wurden in der Folge „Lutheraner“ und die Anhänger von Zwingli und Calvin „Reformierte“ genannt.

Q1 Elisabeth von Rochlitz war eine adlige Frau aus Sachsen. Sie schrieb als Anhängerin der Reformation über Luther um 1537:

Ist er doch auch ein Mensch und nicht Gott. Wenn er über das Evangelium schreibt, lobe ich ihn, aber wo er schilt wie ein altes Weib, halte ich nichts von ihm.

3 Luther als Spielfigur. Der Text im Buch verweist auf Luthers Übersetzung der Bibel in die deutsche Sprache.

1 Erklärt mithilfe des Textes Z. 1–6 und der Bilder 2 und 3, aus welchem Grund das Jahr 2017 „Luther-Jahr“ genannt wurde.

2 **a** Überlegt, warum sich die Menschen Legenden über Martin Luther erzählten.
b Diskutiert, welches Bild man durch die Legenden über Luther bekommt.

3 **a** Beschreibt mithilfe von Z. 49–67 Luthers Meinung zum Judentum.
b Bewertet diese Meinung.
> *Nehmt die Methode „Ein persönliches Werturteil bilden“ von S. 62/63 zu Hilfe.*

4 Diskutiert: War Luther eine Persönlichkeit voller Widersprüche? Geht dabei auf seine Haltung zu Frauen und Juden ein. Nutzt die Z. 35–82, Q1 und eure Ergebnisse aus Aufgabe 3a sowie den → Wortschatz.

Was ihr noch tun könnt:

1 Recherchiert mithilfe der Informationen aus dem QR-Code weitere Legenden zu Martin Luther und deren Wahrheitsgehalt, z. B. die Legende vom Blitzschlag und Martin Luthers Gelöbnis. Berichtet über eure Ergebnisse.

2 Informiert euch über die Reformatoren Ulrich Zwingli, Johannes Calvin, Philipp Melanchthon und Jan Hus.

*** das Abendmahl**
Das Abendmahl ist ein Element des christlichen Gottesdienstes. Man feiert die Gemeinschaft mit Jesus Christus und erinnert sich an seinen Tod und seine Auferstehung.

WORTSCHATZ
4 einen bedeutenden Helden darstellen | jemandem untertan sein | sich zum Christentum bekehren

Welche Folgen hatte die Reformation für die Menschen?

1 Der Holzschnitt des Künstlers Georg Pencz von 1529 stellt die Predigt eines evangelischen Predigers (links) und eines katholischen Predigers (rechts) gegenüber. Der evangelische Prediger steht auf einer schlichten Kanzel und liest aus der Bibel vor.

Viele Landesherren wurden evangelisch

Viele Fürsten schlossen sich Luthers Ideen an. Für sie waren Luthers Ideen von Vorteil. Sie übernahmen persönlich die Aufsicht über die Kirche. Ein großer Anteil des Kircheneigentums ging in ihren Besitz über. Damit setzte eine „*Refomation" der Kirche ein. Das bedeutet eine Erneuerung und Umgestaltung der Kirche nach Luthers Ideen. Der Gottesdienst wurde nun ganz anders gestaltet. Die Predigt wurde nicht mehr in Latein, sondern auf Deutsch gehalten. Im Mittelpunkt der Predigt stand stattdessen das *Evangelium. Daher bezeichneten sich die Anhänger als evangelisch. Sie betrachteten sich jetzt als eigenständige Kirche. Ein Oberhaupt wie einen Papst wollten sie nicht. Die christliche Kirche war nun gespalten in evangelisch und katholisch.

Veränderungen in der Gesellschaft

Dort, wo die Fürsten die Reformation durchsetzten, gab es viele Veränderungen. Klöster wurden aufgelöst und Heiligenfiguren aus den Kirchen entfernt. Die Landesherren ließen Pfarrer ausbilden, die nach ihren Vorstellungen predigten.

Mithilfe des bereits im 15. Jahrhundert von Gutenberg erfundenen Buchdrucks verbreiteten sich Luthers Schriften ungewohnt schnell im ganzen Land und damit auch die von ihm verwendete Sprache. Luthers Übersetzung der Bibel ins Deutsche war der Grundstein für die Entstehung einer einheitlichen deutschen Schriftsprache.

Sie eröffnete erstmals auch den Menschen aus niederen Bildungsschichten einen Zugang zu Sprache. Der Buchdruck ersetzte den geistlichen Stand. Gottes Wort stand jetzt all jenen offen, die in der Lage waren zu lesen. Auch das Schulwesen wurde in den evangelischen Landesgebieten neu geregelt. Jungen und Mädchen konnten nun zur Schule gehen. Neu war auch, dass der Ablasshandel verboten wurde. Spenden an die Kirche wurden dazu verwendet, um Armen und Kranken zu helfen. Das Geld wurde in einem sogenannten „Gotteskasten" verwahrt und für wohltätige Zwecke ausgegeben.

*** die Reformation**
(lat.: reformatio = Erneuerung) Dies ist eine von Martin Luther ausgelöste Bewegung, die zur Gründung der evangelischen Kirche führte. Seit dieser Zeit ist das Christentum in mehrere Bekenntnisse gespalten.

*** das Evangelium**
Die vier Evangelien sind die Texte des Neuen Testaments und erzählen von Jesus.

2 Unterricht in einer Schule im 16. Jahrhundert. *Holzschnitt, 1592.*

Zwei Konfessionen und ein Frieden

Zwischen den katholischen Anhängern des Kaisers und den evangelischen Fürsten kam es immer wieder zu blutigen Kämpfen. Beide Seiten erlitten viele Verluste.

Daher trafen sie sich schließlich in der Stadt Augsburg zu Verhandlungen. Der Kaiser schickte seinen Bruder. Er selbst war nicht bereit dazu. Im Jahr 1555 kam es aber zu einer Einigung, dem Augsburger Religionsfrieden:

- Die katholische und evangelische Konfession sind gleichberechtigt.
- Die evangelischen Landesherren dürfen die beschlagnahmten Kirchengüter behalten.
- Die Landesherren können frei wählen, ob sie katholisch oder evangelisch sein wollen. Die andern protestantischen Glaubensrichtungen bleiben ausgeschlossen.
- Die Untertanen müssen den Glauben des Landesherrn annehmen. Ansonsten müssen sie auswandern.

Für die evangelischen Fürsten brachte der Frieden somit die Gleichberechtigung. Für den Kaiser war das allerdings eine Niederlage. Er hatte sein Ziel nicht erreicht und dankte enttäuscht ab. Die Kirche war von nun an gespalten. Das gilt bis heute.

1 ☒ Schaut euch Bild 1 an. Listet die Unterschiede auf, die der Künstler vermitteln will. Achtet auf die markierten Stellen.

2 ☒ Erstellt anhand der Z. 1–23 und 35–42 eine Liste, zu welchen Veränderungen es seit Beginn der Reformation kam.

3 ☒ **a** Beschreibt anhand von Bild 2 die Zustände, die in den Schulen des 16. Jahrhunderts herrschten.
b Vergleicht die Zustände mit eurem heutigen Schulalltag.

4 ☒ **a** Arbeitet mithilfe von Z. 24–35 die Bedeutung des Buchdrucks für die Reformation heraus.
☒ **b** Beurteilt, inwiefern der Buchdruck die Verbreitung der Reformation vorangebracht hat.

5 ☒ Ermittlelt anhand von Q1 die Bedeutung des Augsburger Religionsfriedens für die Fürsten und die Bevölkerung. Nutzt den → Wortschatz.

WORTSCHATZ

5 Zugang zu Bildung haben | etwas für wohltätige Zwecke ausgeben | Verluste erleiden | zu einer Einigung kommen | abdanken | beschlagnahmte Kirchengüter behalten | die Untertanen

Wie verbreiteten sich Luthers Lehren?

A Die Sprache wirkte

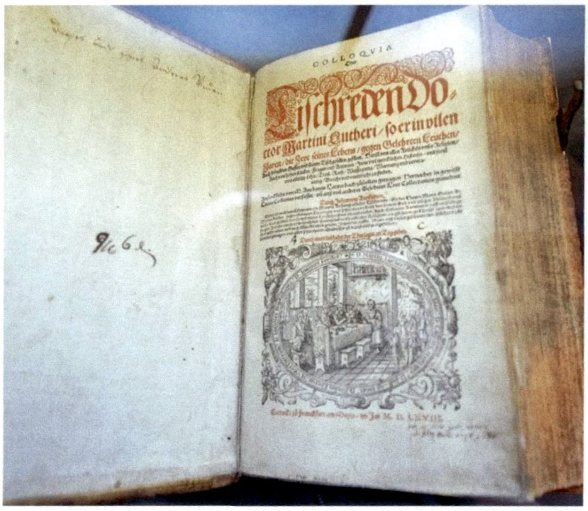

1 Titelbild der Tischreden Luthers in einer Ausgabe von 1567.

Martin Luther war ein guter Prediger. Er lud gern Gäste zu sich ein, die seine Tischreden mitschrieben und drucken ließen. Damit hatte er großen Einfluss auf die deutsche Sprache.

Q1 Luther sagte 1530 in einer seiner Tischreden:
Man muss nicht die Buchstaben der lateinischen Sprache fragen, wie man soll Deutsch reden, sondern man muss die Mutter im Hause, die Kinder auf der Gasse, den gemeinen Mann auf dem Markt drum fragen und denselbigen aufs Maul sehen, wie sie reden, und danach dolmetschen, so verstehen sie es denn und merken, dass man Deutsch mit ihnen redet.

M1 Der Sprachforscher Hartmut Günther sagte in 2017 zur Frage, wie wir heute sprechen würden, wenn Luther nicht gewesen wäre:
diese Begriffe: Lückenbüßer, friedfertig, wetterwendisch, Machtwort, Feuereifer, Langmut, Lästermaul, Morgenland. [Sie] stammen alle von Luther. ... Fraglich ist auch, ob wir die Redewendungen kennen würden, die er populär gemacht hat: Sein Licht unter den Scheffel stellen. Ein Stein des Anstoßes sein. Mit Blindheit geschlagen sein. Der Mensch lebt nicht vom Brot allein. Niemand kann zwei Herren dienen.

B Lieder wirkten

2 Martin Luther im Kreise der Familie. Der Künstler wollte 1866 mit dem Gemälde ein ideales Familienbild zeigen, zu dem auch das Musizieren gehört. *Gemälde von G. A. Spangenberg, 1866.*

Martin Luther erkannte, dass Musik einen großen Einfluss auf Menschen haben kann. Er selbst komponierte über 30 Kirchenlieder. Sie verbreiteten sich rasch. Menschen sangen sie in der Kirche, auf Festen, auf der Straße oder zu Hause. Viele Lieder wurden auf Flugblätter gedruckt.

Die Melodien waren einfach gehalten, sie passten zum Text. So wurden sie schon damals zu richtigen „Ohrwürmern".

Q2 „Ein feste Burg ist unser Gott" ist ein berühmtes Kirchenlied, das Luther zwischen 1521 und 1529 schrieb. Die Melodie ist ebenfalls von Luther, unter Mitarbeit von Johann Walter:
Ein feste Burg ist unser Gott,
ein gute Wehr und Waffen.
Er hilft uns frei aus aller Not,
die uns jetzt hat betroffen.
Der *alt böse Feind
mit Ernst er's jetzt meint;
groß Macht und viel List,
sein grausam Rüstung ist,
auf Erd ist nicht seinsgleichen.
...

*** der alt böse Feind**
Hiermit ist der Teufel gemeint.

C Bilder wirkten

Viele Menschen konnten zur Zeit Luthers nicht lesen und schreiben. Der Maler Lucas Cranach der Ältere war ein Freund Martin Luthers. Er malte die Grundlagen des neuen evangelischen Glaubens, und zwar die *Sakramente, wie Luther sie anerkannte.

3 Die Tafeln des Reformationsaltars in der Kirche St. Marien zu Wittenberg. *Gemälde von Lucas Cranach, 1547.*

1. Ein Kind wird getauft.
2. Jesus mit seinen Jüngern beim Abendmahl. Luther ist auch dabei.
3. Luther predigt der Gemeinde auf Grundlage der Bibel.
4. Der Pfarrer nimmt die Beichte ab.

WAHLAUFGABEN

Teilt euch in Gruppen auf. Wählt eines der drei Themen aus. Bereitet einen Beitrag für eine Wandzeitung vor. Präsentiert anschließend euren Beitrag.

Die Sprache wirkte

A **a** Nennt mithilfe der Materialien, Q1 und M1 die Gründe, warum Luther durch seine Sprache dazu beitrug, dass sich seine Lehre verbreitete.

b Recherchiert drei weitere Redewendungen, die Luther bekannt gemacht haben.

> Nehmt die Methode „Im Internet recherchieren" von S. 18/19 zu Hilfe.

Notiert eure Ergebnisse und schreibt sie auf die Wandzeitung.

Lieder wirkten

B **a** Untersucht das Kirchenlied Q2. Welche Wörter waren für Luther besonders wichtig?

b Untersucht auch die Wirkung, die das Lied auf euch hat. Spielt das Lied dazu ab (QR-Code). Nutzt den → Wortschatz.

c Entwerft ein Bild, das zu dem Lied passt.

Notiert eure Ergebnisse und schreibt sie auf die Wandzeitung.

Bilder wirkten

C **a** Ordnet die Wortkästen (1–4) dem jeweils dazugehörigen Bildausschnitt a–d in Bild 3 zu.

b Arbeitet mithilfe der Seiten 110/111 und 108/109 die Erneuerungen von Luthers Lehre heraus und findet diese in Bild 3 wieder.

Notiert eure Ergebnisse und schreibt sie auf die Wandzeitung.

WORTSCHATZ

B ein Gefühl auslösen | sich traurig oder glücklich fühlen | friedlich, angenehm, unangenehm, fremdartig, vertraut, kriegerisch, interessant klingen

***das Sakrament, die Sakramente**

(lat. Sacramentum = Heilszeichen) Dies sind bestimmte Handlungen im und außerhalb des christlichen Gottesdienstes, durch die die Menschen ihre Verbundenheit mit Gott zeigen. Die katholische Kirche kennt sieben Sakramente.

Dokumentarfilme und Spielfilme unterscheiden

Filme beeinflussen stark unsere Vorstellungen von der Vergangenheit. Sie bestehen aus einer Mischung von Bildern, Bewegung, Sprache und Ton (Geräusche, unterlegte Musik). Es gibt zwei Arten von Filmen: Dokumentarfilme und Spielfilme.

Dokumentarfilme basieren auf wahren Ereignissen und Personen. Oft kommen Expertinnen und Experten zu Wort und historische Dokumente oder Gebäude werden gezeigt. Es werden manchmal unterschiedliche Perspektiven gezeigt. Musik wird oft eingesetzt, um die Atmosphäre einer vergangenen Zeit zum Leben zu erwecken.

Ein Spielfilm hat zwar einen historischen Hintergrund, vieles ist aber erdacht und nicht belegt. Eine besondere Rolle spielt auch die Filmmusik. Sie ist oft dramatisch und soll bestimmte Gefühle bei den Zuschauerinnen und Zuschauern hervorrufen. Häufig wird die Hauptdarstellerin oder der Hauptdarsteller sehr positiv dargestellt. Ein Spielfilm bildet immer die Vorstellung und Absichten der Filmemacher ab.

Folgende Hinweise helfen euch, einen Filmausschnitt einem Dokumentarfilm oder einem Spielfilm zuzuordnen:

Schritt 1: Der erste Eindruck
- Wie ist der erste Eindruck? Vermutet, um welchen Filmtyp – Spielfilm oder Dokumentarfilm – es sich handelt.
- Welche historische Situation wird dargestellt?

Schritt 2: Einen Filmausschnitt untersuchen
- Wird vom Stand der Forschung berichtet oder wird eine durchgehende Handlung gezeigt?
- Gibt es einen erklärenden Kommentar oder bestimmen Dialoge die Handlung?
- Passt die Musik zur Atmosphäre der Zeit oder wird sie eingesetzt, um Gefühle zu erzeugen?
- Soll hauptsächlich informiert oder unterhalten werden?

Schritt 3: Auswertung und kritische Beurteilung des Ausschnitts
- Überprüft euer Urteil aus Schritt 1 und begründet, ob es sich bei dem Ausschnitt um einen Spielfilm oder Dokumentarfilm handelt. Berücksichtigt auch die Kriterien auf der rechten Seite unten.
- Welcher Eindruck wird über die behandelte Geschichte vermittelt? Wird sie kritisch dargestellt?

1 Schaut euch mehrere Szenen aus den beiden Filmen auf der rechten Seite an und macht euch Notizen dazu (QR-Code).

2 Erarbeitet für die beiden Filme eine Antwort auf die Frage, ob es sich um einen Dokumentarfilm oder einen Spielfilm handelt. Nutzt hierfür die Methodenschritte, die Kriterien auf der rechten Seite unten und die Lösungshilfen.

3 Erklärt mithilfe eures Wissens aus den vorhergehenden Seiten den geschichtlichen Zusammenhang der Szene in Bild 1.

1 Luther auf dem Reichstag zu Worms. Martin Luther wird von Joseph Fiennes gespielt.
Szene aus dem Film "Luther" von 2003.

2 Die Reporterin Petra Gerster spricht mit einem Experten.
Szene aus dem Film „Auf den Spuren Luthers“ von 2016.

Lösungshilfen:

Zum Schritt 1:
Der Film „Luther“ scheint ein ... film zu sein. | Es geht darin um ...
Der Film „Auf den Spuren des Reformators“ scheint ein ...film zu sein. | Es geht darin um ...
Die Reporterin Petra Gerster trifft ...

Zum Schritt 2:
Die Handlung des Films „Luther“ ... | Die Musik ... | Es gibt keine erklärenden ... |
Der Film „Auf den Spuren des Reformators“ dagegen konzentriert sich ... | Der Titel des Films macht schon deutlich, ...

Zum Schritt 3:
Die Untersuchung zeigt, dass der Film „Luther“ ... | Vor allem ... will ... | Es wird nicht überprüft, ob ... |
Der Film „Auf den Spuren des Reformators“ dagegen untersucht, ob ... |
Bild 1 stammt aus einem ...film, weil ... |
Bild 2 ist einem ...film entnommen, weil ...

Ein Dokumentarfilm über Geschichte
- informiert über ein historisches Thema auf dem Stand der Forschung,
- will hauptsächlich informieren,
- hat einen durchgehenden, gesprochenen Kommentar, deutet und bewertet,
- zeigt Dokumente, Bilder, Forschungen usw., um damit Aussagen glaubwürdiger zu machen,
- lässt Expertinnen und Experten und – wenn möglich – Zeitzeuginnen und Zeitzeugen zu Wort kommen,
- enthält meist auch Spielszenen.

Ein Spielfilm über Geschichte
- erzählt Ereignisse der Vergangenheit und deutet sie frei, ohne Bezug zum Stand der Forschung,
- will hauptsächlich unterhalten,
- hat eine durchgehende Handlung,
- ist eine Mischung aus frei erfundenen Handlungsteilen und historischen Fakten,
- hat frei erfundene Personen, kann aber historische Persönlichkeiten durch Schauspielerinnen und Schauspieler einbeziehen,
- enthält überwiegend Spielszenen.

Wie kam es zum Bauernkrieg?

1 Bewaffnete Bauern. *Holzschnitt von Hans Tirol, 1516.*

2 Joß Fritz mit der Bundschuhfahne. *Holzschnitt von Albrecht Dürer, 16. Jh.*

Die Lage der Bauern

Um 1500 hatten die Bauern ihre alten Rechte verloren, z.B. die gemeinschaftliche Nutzung von Weiden, Jagd- und Fischereirechte sowie das Schlagen von Holz im Wald. Gleichzeitig mussten die Bauern für ihre Herren immer mehr Frondienste leisten und Abgaben zahlen. So waren die Bauern völlig in die Abhängigkeit ihrer Grundherren geraten.
Viele Bauern beschlossen, sich dagegen zu wehren und eine gerechtere Ordnung zu fordern. Zunächst trafen sie sich heimlich und gründeten Geheimbünde, wie z.B. den Bundschuh. Der Bundschuh war ein Lederschuh, den die arme Landbevölkerung trug – und er wurde zum Symbol der Bewegung. Zwei Personen waren darin besonders wichtig: Joß Fritz (1470–1525) und Sebastian Lotzer (1490–1525). Beide stammten aus Schwaben. Sie wollten nicht hinnehmen, dass die verarmten Bauern hohe Abgaben zahlen mussten und die Grundherren davon Kirchen und Schlösser bauten.

Die Reformation machte den Bauern Mut

Die Bauern hörten von der Ausbreitung der Reformation. Besonders viel Mut machte ihnen, was Martin Luther verkündete: „Ein Christenmensch ist ein freier Herr über alle Dinge und niemandem untertan." Damit glaubten viele Bauern, dass Luther auf ihrer Seite war. Sebastian Lotzer stellte aus über 300 Beschwerdebriefen von Bauern zwölf Artikel zusammen mit den wichtigsten Forderungen (Q1).

Vom Aufstand zum Krieg

Joß Fritz organisierte ab 1502 mindestens drei Aufstände. Er hatte Tausende von Anhängern. Aber jedes Mal wurde er noch vor Beginn verraten. So hatte einer der Anhänger dem Pfarrer gebeichtet, was er vorhatte. Der Pfarrer verriet den Plan und der Aufstand wurde niedergeschlagen.
Im Laufe der Jahre kam es zu immer mehr Gewalttaten. Die Waffen der Bauern waren Mistgabeln, Dreschflegel oder Sicheln. Ihre Wut und Verzweiflung waren so groß, dass sie Schlösser und Klöster überfielen. Sie töteten Adlige und Geistliche und nahmen einige Städte ein. Aus den Aufständen wurde ein Krieg. Die Fürsten und manche Städte stellten gut ausgerüstete Heere auf. Die schlecht bewaffneten Bauern hatten gegen sie keine Chance.
Aus Furcht vor neuen Aufständen kamen einige Grundherren den Bauern entgegen: Sie mussten nicht mehr so hohe Abgaben zahlen. Die Abhängigkeit der Bauern blieb aber bis ins 19. Jahrhundert bestehen.

3 Bauernaufstände und Bauernkrieg 1524/1525.

Luthers Reaktion auf die Bauernaufstände

Martin Luther zeigte zunächst Verständnis für die Lage der Bauern. Er änderte aber seine Meinung, als sich die gewalttätigen Aufstände häuften. Luther stellte zwar die alte Kirche in Frage, doch eine Veränderung der weltlichen Ordnung wollte er nicht. Für ihn war es von Gott gewollt, dass die Bauern für ihre Grundherren zu arbeiten hatten. Luther wollte auch nicht die Fürsten gegen sich aufbringen, die auf seiner Seite standen. In seiner Schrift „Wider die mörderischen und räuberischen Rotten der Bauern" rief er die Landesherren dazu auf, die aufständischen Bauern zu töten.

Q1 Aus den zwölf Artikeln der Bauern von 1525:

1. Die Gemeinde soll ihren Pfarrer selbst wählen dürfen. Er soll das reine Evangelium predigen ...
3. Die Leibeigenschaft soll aufgehoben werden, da Christus alle mit seinem Blut erlöst ... hat.
4. Die Gemeinde soll das Recht der Jagd und des Fischfangs erhalten.
5. Wald und Holz, die sich die Herren angeeignet haben, sollen wieder an die Gemeinde zurückfallen, damit alle einen Nutzen haben.
6. Die Frondienste sollen verringert werden auf das Maß, das für die Eltern galt ...
10. Wiesen ..., die mal der Gemeinde gehörten, sollen wieder zurückgegeben werden.
12. Die Grundlage der bäuerlichen Forderungen ist das Evangelium.

1 ☑ **a** Benennt mithilfe des Textes Z. 1–8 die Probleme, die Bäuerinnen und Bauern um 1500 hatten.
☑ **b** Berichtet von der Reaktion der Bauern. Nutzt den Text Z. 9–50 und den → Wortschatz.

2 ☒ Erklärt anhand der Karte die Ausbreitung der Aufstände: Wo kam es zu besonders heftigen Aufständen, wo gab es keine?
> Nehmt die Methode „Geschichtskarten auswerten" von S. 286 zu Hilfe.

3 ☒ Erläutert mithilfe des Textes Z. 15–29 die Rolle des Handwerksgesellen Sebastian Lotzer.

4 ☒ Untersucht die Artikel der Bauern (Q1). Auf welche Forderung reagierten die Grundherren vermutlich besonders ablehnend?

5 ☒ Beurteilt die Haltung Luthers. Kann man sie aus damaliger Sicht verstehen?
> Nehmt die Methode „Ein eigenes Urteil bilden" von S. 285 zu Hilfe.

Was ihr noch tun könnt:

1 ☑ Entwerft Sprechblasentexte für die Personen auf Bild 1.

WORTSCHATZ

1b in Abhängigkeit geraten | eine gerechte Ordnung fordern | etwas nicht hinnehmen | eine Stadt einnehmen | ein Heer aufstellen

Wie kam es zum Dreißigjährigen Krieg?

1 Prager Fenstersturz. *Kupferstich von Matthäus Merian, 1635.*

Religiöse und politische Konflikte

Im Augsburger Religionsfrieden wurde 1555 die Gleichberechtigung der Protestanten festgelegt (siehe S. 111). Trotzdem herrschten sowohl aufseiten der Protestanten als auch bei den Katholiken weiter Misstrauen und Angst. Die katholische Kirche versuchte durch Reformen, ihren Einfluss zu vergrößern. Dadurch fühlten sich die Protestanten bedroht. Zu Beginn des 17. Jahrhunderts verschärften sich die Konflikte zwischen den Protestanten und den Katholiken immer weiter.

Der Prager Fenstersturz löste einen Krieg aus

Im Mai 1618 drangen im Königreich Böhmen protestantische Bürger und Adlige in die Prager Burg ein. Sie waren sehr wütend, weil der katholische Kaiser Ferdinand II. die politischen und konfessionellen Freiheiten wieder zurücknahm, die sein Vorgänger den Protestanten in Böhmen eingeräumt hatte. Kurz entschlossen warfen sie zwei Gesandte des Kaisers und ihren Sekretär aus dem Fenster. Alle drei überlebten den Sturz. Aber der Vorfall wurde zum Auslöser eines Krieges, der erst nach 30 Jahren beendet wurde. Der Kaiser schickte als Antwort Truppen nach Böhmen. Diese konnten die böhmischen Protestanten 1620 besiegen. Viele böhmische Adlige wurde danach hingerichtet und zahlreiche Protestanten verließen das Land.

Nachbarstaaten mischten sich ein

Der Krieg hätte nun zu Ende sein können, doch der Kaiser wollte weitere Gebiete zurückgewinnen. Mehrere Nachbarstaaten hatten die Sorge, dass der Kaiser dadurch zu viel Macht bekommen würde. Im Norden schickte zuerst der protestantische dänische König Truppen. Er musste sich 1629 zurückziehen, aber dann griff der schwedische König in das Kriegsgeschehen ein. Er wurde erst mit Geld, dann auch mit Truppen aus Frankreich unterstützt, obwohl Frankreich überwiegend katholisch war. Die katholische Seite erhielt hingegen Hilfe aus Spanien. Die verschiedenen Nationen trugen ihre Machtkämpfe auf dem Boden des Deutschen Reiches aus.

Die Zivilbevölkerung litt

Während des Krieges zogen die Soldaten der verschiedenen Kriegsparteien durch das Land. Einige Gebiete wurden mehrmals verwüstet. Die Soldaten forderten Proviant und Unterkunft in den Städten und Dörfern. Oft nahmen sie sich mit Gewalt, was sie haben wollten, und ermordeten dabei viele Menschen. Die Bevölkerung hungerte und war da-

2 Die erste Phase des Dreißigjährigen Krieges 1618–1623.

durch geschwächt. So konnten sich Krankheiten schnell verbreiten. Die Bevölkerung ging von ungefähr 17 auf 11 Mio. Einwohner zurück. Es dauerte lange, bis die Kriegsfolgen überwunden waren.

Q1 Der protestantische Pfarrer Betge schrieb ca. 1640 über die Auswirkungen des Krieges in seiner Schrift "Die Zerstörung Deutschlands":

Wie jämmerlich stehen nun die großen Städte. Da zuvor tausend Gassen gewesen sind, sind nun nicht mehr hundert. Wie elend stehen die kleinen Städte ...: da liegen sie verbrannt, zerfallen, zerstört, dass weder Dach, Gebälk, Türen oder Fenster zu sehen ist. Wie sind die mit den Kirchen umgegangen: Sie haben sie verbrannt, die Glocken hinweggeführt ..., zu Pferdeställen ... gemacht und auf die Altäre ihren Mist gelegt. ... wie jämmerlich steht's auf den Dörfern! Man wandert bis zu zehn Meilen und siehet nicht einen Menschen, nicht ein Vieh, nicht einen Sperling, höchstens sind an etlichen Orten ein alter Mann oder ein paar alte Frauen zu finden. In allen Dörfern sind die Häuser voller ... Leichname ... Mann, Weib, Kinder und Gesind, Pferde, Schweine, Kühe und Ochsen ... von der Pest und Hunger erwürgt ...

1 ☐ **a** Beschreibt Bild 1 genau.
> *Das Bild zeigt ... | Rechts sieht man ... | In der Mitte ... | Im Hintergrund ist ... zu erkennen*

☒ **b** Erklärt mithilfe der Z. 1–23 die Situation auf dem Bild.

2 ☒ Erarbeitet anhand der Karte, wer auf der Seite des Kaisers in der katholischen Liga kämpfte und wer die protestantischen Fürsten in der protestantischen Union unterstützte.

3 ☒ Fasst mithilfe des Textes Z 43–54 und Q1 die Folgen des Dreißigjährigen Krieges für die Bevölkerung zusammen.

4 ☒ Diskutiert, ob es im Dreißigjährigen Krieg nur um den Glauben ging.
> *Ich bin der Meinung, dass ... | Dafür spricht, dass ... | Dagegen spricht, dass ... | Man muss aber auch bedenken, dass ...*

Was ihr noch tun könnt:

1 ☒ Schreibt einen Bericht: Die Abgesandten des Kaisers beschreiben, was ihnen in Prag zugestoßen ist.

2 ☒ Recherchiert, ob und, wenn ja, wie euer Heimatort vom Dreißigjährigen Krieg betroffen war.

Welche Erfahrungen machten die Söldner im Krieg?

1 Die Anwerbung von Söldnern. *Darstellung von Jaques Callot, 1633.*

Wer wurde Söldner?

Die meisten Soldaten im Dreißigjährigen Krieg waren Söldner. Sie verpflichteten sich dazu, für einen Heerführer zu kämpfen. Dafür erhielten sie Geld (Sold). Für welche Kriegspartei sie sich verpflichteten, spielte für Söldner häufig keine große Rolle. Viele Männer ließen sich als Söldner anwerben, weil sie in den vom Krieg zerstörten Dörfern und Städten nichts mehr verdienen konnten. Söldner kamen aus allen Schichten der Bevölkerung.

Die Teilnahme an Kämpfen machte nur einen Teil des Lebens der Söldner aus. Sie mussten Lager aufbauen, Schutzwälle errichten, für ihr Essen sorgen und viel marschieren. Der Söldner Peter Hagendorf, dessen Tagebuch erhalten ist (Q2), legte zum Beispiel etwa 25 000 Kilometer im Dreißigjährigen Krieg zurück.

Q1 Der Feldherr Tilly beschreibt 1628 die Not seiner Truppen bei der Belagerung der Stadt Stade:

Hiermit muss ich untertänigst berichten, in welcher Armut und Elend die Soldaten stecken, die Stade belagern. Der Feind hat zuvor diese Gegend ganz ausgefressen und so den armen Soldaten an Brot, Bier, Käse und Fleisch nichts übrig gelassen. Ich muss euch eröffnen, dass durch Hunger, Frost, Pestilenz und andere Krankheiten viele Hundert wackere und tapfere Soldaten in dieser kurzen Zeit umgekommen sind.

Q2 Der Söldner Peter Hagendorf schrieb 1630 über die Erstürmung von Magdeburg:

Am 20. Mai haben wir ... gestürmt und auch erobert. Da bin ich mit stürmender Hand ohne allen Schaden in die Stadt gekommen. Aber in der Stadt am Neustädter Tor bin ich 2-mal durch den Leib geschossen worden. ... Nachher bin ich verbunden in das Lager geführt worden, denn einmal bin ich durch den Bauch vorne durchgeschossen worden, zum anderen durch beide Achseln, sodass die Kugel ist in dem Hemd gelegen. Also hat mir der Feldscher [Feldarzt] die Hände auf den Rücken gebunden, damit er die Kugel entfernen konnte. So bin ich in meine Hütte gebracht worden, halbtot. Ist mir doch von Herzen leid gewesen, dass die Stadt so schrecklich gebrannt hat.

Tipps für die Erarbeitung und Präsentation:

1 ☒ Verfasst ein Interview mit einem Söldner.
> *Nehmt Materialien dieser Seite und die Methode „Ein fiktives Interview verfassen" von S. 288 zu Hilfe. So könnt ihr beginnen:*
I: Guten Tag Herr Hagendorf. Können Sie uns ein paar Fragen zu Ihrem Leben als Söldner im Dreißigjährigen Krieg beantworten?
P. H.: Ja gern.
I: Warum sind Sie Söldner geworden?
P. H.: ...

Welche Erfahrungen machten Menschen in einem Tross?

1 „Hinter dem Heer her". Darstellung eines Trosses im Dreißigjährigen Krieg. *Gemälde von Wilhelm von Diez, 1897.*

„Der Krieg ernährt sich selbst"

Die Soldaten im Dreißigjährigen Krieg mussten essen, schlafen und bei Verletzungen gepflegt werden. Dafür mussten sie selbst sorgen. Dem Heer folgte deshalb ein sogenannter Tross mit Wagen, die Gepäck und Verpflegung transportierten. Männer, Frauen und Kinder gehörten dazu. Viele Soldaten wurden von ihren Ehefrauen begleitet. Besonders wichtig waren die Marketenderinnen. Sie handelten mit Lebensmitteln, Geschirr und Kleidungsstücken.

Es wurden auch Kinder im Krieg im Tross geboren, andere bei Überfällen geraubt. Die Männer waren Kutscher, Zimmerleute, Schmiede und Feldärzte. Manchmal blieb eine Truppe mit ihrem Tross für einen längeren Zeitraum, z.B. im Winter, an einem Ort. Dann wurden die umliegenden Städte und Dörfer gezwungen, Kriegssteuern zu bezahlen und den Soldaten sowie dem Tross Unterkunft und Verpflegung zu gewähren.

Q1 1625 wurde ein Regiment in Nördlingen einquartiert. Eine Quartierliste zeigt, wer wie viele Personen aufnahm und was es ihn gekostet hatte:

Hans Strauß hat 8 Soldaten, 3 Weiber, 4 Kinder und eine Magd aufgenommen. Um deretwillen hat er aufgewendet: 41 Gulden, 34 Kreutzer.

Georg Strauß hat 5 Soldaten, 4 Weiber, 2 Kinder und 3 Jungen, für die hat er aufgewendet: total 56 Gulden und 10 Kreuzer.

Thomas Strauß hat 12 Soldaten, 6 Weiber, 7 Kinder und 1 Jungen, für die er aufgewendet total: 64 Gulden, 42 Kreuzer.

[Zum Vergleich: Ein städtischer Zimmermann verdiente um die 100 Gulden im Jahr.]

Tipps für die Erarbeitung und Präsentation:

1 ☒ Verfasst ein Interview mit einem Mann oder einer Frau aus einem Tross oder jemandem, der Menschen aufnehmen musste (Q1).
> *Nehmt die Materialien dieser Seite und die Methode „Ein fiktives Interview verfassen" von S. 288 zu Hilfe. So könnt ihr beginnen:*
I: Guten Tag Frau Kayser. Können Sie uns ein paar Fragen zu Ihrem Leben im Tross im Dreißigjährigen Krieg beantworten? ...
Fr. Kayser: ...

Was machte den Feldherrn zum Kriegsunternehmer?

1 Ernst von Mansfeld (1580–1626), privater Kriegsunternehmer gegen den katholischen Kaiser und dessen Verbündete. *Radierung von Eberhard Kieser, 1617.*

2 Albrecht von Wallenstein (1583–1634), Kriegsunternehmer auf der Seite des Kaisers. *Kupferstich, 1625/28.*

Zwei gegnerische Feldherren

Ernst von Mansfeld und Albrecht von Wallenstein sind Beispiele für Feldherren, die im Dreißigjährigen Krieg kämpften (Bilder 1 und 2). Im April 1626 begegneten sie sich in einer Schlacht, die Wallenstein mit seinen Truppen gewann. Mansfeld und Wallenstein waren nicht nur Soldaten. Sie organisierten den Krieg und führten ihre Truppen an. Wie andere Feldherren auch standen sie im Dienst des Kaisers oder eines Fürsten und es gelang ihnen, durch den Krieg zu Macht und Reichtum zu kommen. Beide verloren allerdings vor Ende des Krieges ihr Leben. Wallenstein wurde ermordet und Mansfeld starb wahrscheinlich an der Lungenkrankheit Tuberkulose.

Wer bezahlte den Krieg?

Im Dreißigjährigen Krieg ging den Fürsten schnell das Geld aus, um ihre Soldaten zu bezahlen. Deshalb beauftragten sie erfolgreiche Feldherren als private Kriegsunternehmer mit der Aufstellung von Söldnerheeren. Dafür erhielten die Kriegsunternehmer Landbesitz oder einträgliche Rechte, wie z. B. das Recht, Bodenschätze abzubauen. Außerdem zwangen sie die Menschen dort, wo ihre Truppen einquartiert waren, Kriegssteuern zu bezahlen. Dabei spielte es keine Rolle, ob diese Kriegsgegner, Verbündete oder Neutrale waren: Alle mussten zahlen. Daran verdienten die Kriegsunternehmer zu Beginn des Dreißigjährigen Krieges gut. Doch je länger der Krieg dauerte, desto weniger Geld konnten die Menschen in den Städten und Dörfern bezahlen. Die Söldner erhielten ihren Sold nicht mehr und versorgten sich durch Plünderungen (siehe S. 123, Bild 1).

Tipps für die Erarbeitung und Präsentation:

1 ☒ Verfasst ein Interview mit einem Kriegsunternehmer (QR-Code).
> *Nehmt die Materialien dieser Seite und die Methode „Ein fiktives Interview verfassen" von S. 288 zu Hilfe. So könnt ihr beginnen:*
I: Guten Tag Herr von Mansfeld. Können Sie uns ein paar Fragen zu Ihrem Leben als Kriegsunternehmer im Dreißigjährigen Krieg beantworten?
E. v. M.: Ja gern.
I: Für wen haben Sie gekämpft?
E. v. M.: …

Welche Erfahrungen machte die Bevölkerung im Krieg?

1 Soldaten haben ein Dorf eingenommen und plündern es. *Holzstich nach einer Zeichnung von Josef Mathias von Trenkwald, um 1860.*

Wie lebten die Menschen im Dreißigjährigen Krieg?
Der Krieg bedeutete ständige Unsicherheit und Bedrohung in den Städten und Dörfern. Wenn eine Armee durch ein Gebiet zog, raubten die Soldaten die Lebensmittelvorräte. Sie zerstörten häufig Dörfer und Felder, damit ihre Feinde nach ihnen dort nichts finden konnten. Die Soldaten waren durch den Krieg an Brutalität gewöhnt und ermordeten viele Dorfbewohnerinnen und Dorfbewohner. Wer konnte, floh in die Wälder und versuchte, das Vieh und die Nahrungsmittel zu verstecken.

Die Nahrungsmittelknappheit durch den Krieg wurde noch durch das Klima im 17. Jahrhundert verstärkt. Die Winter waren lang und die Sommer überwiegend verregnet und kalt. Es gab viele Unwetter mit Hagelschauern. Deswegen fielen die Getreideernten gering aus. Die Folge war, dass die Brotpreise in den Städten stiegen. Die schlechte Ernährung schwächte die Menschen. Sie waren anfällig für Infektionskrankheiten. Es kam zu großen Ausbrüchen von Pest, Typhus, Grippe und Ruhr.

Q1 Über das Jahr 1626 schrieb die Nonne Klara Staiger (1588–1656):
1626 gab es Ende Mai sehr große Kälte und Eis. Das Wintergetreide, Obst und Wein, alles ist erfroren. Es hat im Herbst eine große Teuerung und Hungersnot gegeben, es hat niemand für Geld, sondern jedermann um Getreide oder Brot arbeiten wollen. Die Reisenden haben viele Menschen gesehen, die auf der Straße hinter den Zäunen vor Hunger gestorben sind. Sie hatten das Gras und Rinde von den Bäumen noch im Mund. Nach dieser Hungersnot ist der Krieg je länger je mehr wiederum in unser liebes Deutschland gekommen.

Tipps für die Erarbeitung und Präsentation:

1 ☒ Verfasst ein Interview mit einem Dorfbewohner oder einer Dorfbewohnerin aus der Zeit des Dreißigjährigen Krieges.
> Nehmt die Materialien dieser Seite und die Methode „Ein fiktives Interview verfassen" von S. 288 zu Hilfe. So könnt ihr beginnen:
I: Guten Tag, Frau Freise: Können Sie uns ein paar Fragen zu Ihrem Leben im Dreißigjährigen Krieg beantworten?
Fr. F.: Ja gern.
I: Welche Auswirkung hat der Krieg auf Ihr Leben? ...
Fr. F.: ...

Wie schloss man Frieden nach dreißig Jahren Krieg?

1 Am 15. Mai 1648 schlossen Spanien und die Niederlande in Münster Frieden. Die Niederländer werden unabhängig. Links sieht man die Niederländer, die zum Schwur ihre Hände erheben, rechts die Spanier, die nach katholischem Brauch die Hand auf die Bibel legen. *Gemälde von Gerard Ter Borch, um 1670.*

Niemand konnte den Krieg für sich entscheiden

Schon im Jahr 1635 ahnten die Beteiligten der Kriegsparteien, dass es für keine Seite einen eindeutigen Sieg geben würde. Es kam zu ersten Bemühungen um Friedensgespräche. Diese blieben jedoch erfolglos. 1641 wurden Münster und Osnabrück zu Tagungsorten erklärt. Doch erst Ende 1645 waren Gesandte aller beteiligten Mächte angereist und die Friedensverhandlungen konnten beginnen. Die Kämpfe wurden jedoch nicht beendet. Alle Kriegsparteien wollten durch militärische Erfolge ihre Verhandlungspositionen verbessern.

Zähe Verhandlungen in zwei Städten

Die Stadt Münster war ein katholisches Gebiet und Osnabrück ein evangelisches. Dies ermöglichte es, die Gesandten getrennt nach ihren Konfessionen unterzubringen. Münster hatte etwa 12 000 Einwohnerinnen und Einwohner, Osnabrück etwa 6000. Nun mussten 180 Delegationen mit ihrem Personal und oft auch ihren Familien untergebracht und versorgt werden. Insgesamt handelte es sich dabei um bis zu 10 000 Menschen. Das führte zu großer Enge und verlief nicht ohne Auseinandersetzungen.

Das Ziel aller Beteiligten war ein dauerhafter Frieden. Deshalb mussten sehr viele Fragen geklärt und Kompromisse gefunden werden. Es gab keine großen Verhandlungen, sondern kleine Gesprächsrunden, die durch Briefe ergänzt wurden. Die Briefe wurden durch Postreiter überbracht, die ständig zwischen Münster und Osnabrück unterwegs waren (Bild 2). Die Gesandten mussten alles mit ihren Herrschern abstimmen. Das war sehr mühsam, da Boten lange unterwegs waren. Ein Brief nach Spanien brauchte zum Beispiel etwa vier Wochen.

Trotz aller Schwierigkeiten gelang es schließlich, Friedensverträge auszuhandeln. Im Rathaus von Münster wurde der Frieden zwischen Spanien und den Niederlanden geschlossen (Bild 1 und S. 103, Bild 5). Am 24.10.1648 verkündeten drei *Kanonensalven in Münster den *Westfälischen Frieden (M1), der fast 150 Jahre lang dauerte. Der Friedensschluss war auch ein Vorbild, da hier zum ersten Mal alle an den Kriegen beteiligten Staaten gleichberechtigt miteinander verhandelten.

Das Reich hatte noch lange mit den Folgen des Dreißigjährigen Krieges zu kämpfen: Viele Städte und Dörfer waren zerstört. Am schwersten wog der Bevölkerungsverlust, denn in den Schlachten, durch Hungersnöte und Seuchen starben bis 1648 ca. 5–6 Mio. Menschen – von ursprünglich 18 Mio. Einwohnerinnen und Einwohnern.

* **die Kanonensalve**
Aus mehreren Kanonen wird gleichzeitig in die Luft geschossen. Salven kennzeichnen auch heute noch ein besonderes Ereignis und/oder feiern eine Person.

* **der Westfälische Frieden**
Friedensvertrag nach dem Dreißigjährigen Krieg im Jahr 1648, der die Gleichberechtigung der christlichen Konfessionen festschrieb und den deutschen Landesfürsten eine weitgehende Unabhängigkeit vom Kaiser gewährte

Vereinbarungen des Westfälischen Friedens:

- Anerkennung des Augsburger Religionsfriedens von 1555: Katholiken und Lutheraner wurden als gleichberechtigt anerkannt. Diese Gleichberechtigung wurde auch auf die Calvinisten (siehe S. 102) ausgedehnt.
- Die Konfessionsverteilung der Bevölkerung wurde auf den Stand von 1624 festgelegt, d.h., die Konfession, der zu diesem Zeitpunkt der Landesherr angehörte, galt auch für die Bevölkerung. Einem späteren Konfessionswechsel musste die Bevölkerung nicht mehr folgen.
- Der Kaiser erreichte, dass Österreich katholisch blieb.
- Frankreich erhielt Gebiete im Elsass.
- Schweden erhielt Vorpommern, Wismar und die Bistümer Bremen und Verden und trat als Reichsstand in das Reich ein.
- Die Schweiz und die Niederlande wurden unabhängig und schieden aus dem Reich aus.
- Die Fürsten und die freien Reichsstädte durften über Finanzen, Gesetze und Verteidigung selbst entscheiden.

M1 Aufruf zur Bildung einer Menschenkette für den Frieden von Osnabrück nach Münster am 24.02.2023:

Eine 50 km lange Menschenkette gemeinsam für den Frieden! Sie folgt dem Weg der Friedensreiter bei den Verhandlungen des Westfälischen Friedens vor 375 Jahren – vom Friedenssaal in Osnabrück zum Friedenssaal nach Münster. Das Jubiläum wird 2023 begangen – in einem Jahr, in dem in vielen Ländern Kriege geführt werden und Hungersnöte herrschen, Auswirkungen des Klimawandels die Lebensgrundlage von vielen Menschen vernichten, Menschenrechte missachtet und langjährig verhandelte Abrüstungsverträge infrage gestellt oder nicht verlängert werden. Die Verhandlungen zum Westfälischen Frieden haben erst begonnen, als Europa zerstört und unzählige Millionen Opfer des Krieges zu beklagen waren. Die Organisatoren fordern die Regierungen aller Länder auf, aus der Geschichte zu lernen und sich für Friedensverhandlungen einzusetzen.

Die verhandlungserprobten Friedenssäle der beiden Städte stehen hierfür sicher erneut zur Verfügung.

2 Friedensreiter verbreiten in ganz Europa die Nachricht von der Unterzeichnung des Vertrags. *Ausschnitt aus einem zeitgenössischen Flugblatt.*

1 Erklärt mithilfe des Textes Z. 13–17 die Wahl der Tagungsorte.

2 **a** Nennt die Schwierigkeiten, die bei den Friedensverhandlungen überwunden werden mussten. Nutzt den Text Z. 18–27 und 30–35.
b Erklärt anhand des Textes Z. 27–35, was zum Erfolg der Verhandlungen führte.

3 Bild 2 ist ein Ausschnitt aus einem Flugblatt zum Westfälischen Frieden, dessen Text so beginnt: „Ich komme von Münster her geritten. Ich bringe gute Nachricht ...“ Schreibt die Botschaft weiter. Bedenkt dabei, dass solche Flugblätter auch auf Marktplätzen verlesen wurden.

4 Untersucht mithilfe des Texts Z. 53–75, ob es Verlierer und Gewinner durch den Westfälischen Frieden gab.

5 Erarbeitet anhand des Textes Z. 42–52 und euren Ergebnissen aus Aufgabe 4 gesellschaftliche und wirtschaftliche Folgen des Dreißigjährigen Krieges und des Westfälischen Friedens.

6 Diskutiert anhand von M1, ob die Friedensverhandlungen zum Westfälischen Frieden Vorbild sein können, um aktuelle Konflikte zu lösen.
> Friedensverhandlungen sollte man nicht erst führen, wenn ...
Die Regierungen aller Länder müssen ...

Wie kam es zur Hexenverfolgung?

1 Zwei Hexen beim Zaubern. *Zeitgenössischer Holzschnitt.*

Ein „*Bestseller" mit schlimmen Folgen

Die Erfindung des Buchdrucks war ein großer Fortschritt. Viel mehr Menschen hatten nun Zugang zu Wissen und neuen Erkenntnissen. Doch es wurden nicht nur Werke der Vernunft gedruckt. Ein Bestseller der Zeit war das Buch des Mönches Heinrich Institoris. Es erschien 1487 mit dem Titel „Der Hexenhammer". 30 000 Exemplare wurden davon verbreitet.

Die Menschen hatten schon immer an übernatürliche Kräfte von Hexen und Zauberern geglaubt. Institoris fasste nun im „Hexenhammer" die bestehenden Vorstellungen zusammen. Er behauptete, eine Hexe erhalte ihre magischen Kräfte durch ein Bündnis mit dem Teufel. Außerdem erklärte er genau, woran man eine Hexe oder einen Zauberer angeblich erkennen könnte. Viele Geistliche verbreiteten diese falsche Vorstellung über Hexen durch ihre Predigten. Martin Luther forderte die Tötung von Hexen (siehe S. 108).

Jeder konnte verdächtigt werden

Vom 15. bis zum 17. Jahrhundert gab es viele Hexenverfolgungen. Nach Schätzungen wurden im deutschsprachigen Raum etwa 20 000 Frauen getötet. Wenn sich die Menschen schlimme Dinge nicht erklären konnten, fragten sie, wer Schuld an den Unglücken hatte: Manchmal starb ganz plötzlich ein Angehöriger oder die Kuh gab keine Milch mehr. Es geschah auch, dass Unwetter die Ernte vernichteten oder Seuchen ausbrachen. Dann glaubten die Menschen schnell, ein Mensch, der mit dem Teufel verbündet sei, müsse Schuld haben. Sie zeigten die sogenannten Hexen bei den Richtern an. Ein Hexenprozess konnte aber auch aus Geldgier geführt werden. Das Vermögen der Angeklagten wurde nämlich beschlagnahmt und Richter und Folterer erhielten einen Anteil.

Zuerst wurden vor allem alte Frauen beschuldigt. Später konnte es auch junge Frauen treffen. Häufig gerieten Hebammen wegen ihrer medizinischen Kenntnisse unter Verdacht.

Der Verlauf eines Hexenprozesses

1. Eine Frau wurde verdächtigt und verhaftet.
2. Der Prozess begann mit der Befragung der Verdächtigen.
3. Man zeigte ihr die Folterinstrumente.
4. Wenn die Angeklagte ihre Unschuld beteuerte, wurde sie gefoltert. Dann wurde sie wieder befragt.
5. Die Folter wurde immer schärfer. Die meisten Angeklagten sagten schließlich alles, was von ihnen verlangt wurde.
6. Nun war die Schuld der Angeklagten für das Gericht bewiesen.
7. Die Angeklagte wurde zum Tod durch Verbrennen verurteilt.
8. Das Urteil wurde vollstreckt.

Nur wenige Frauen überstanden einen Hexenprozess, ohne sich selbst zu beschuldigen. Viele von ihnen starben kurz nach ihrer Entlassung an den Folgen der Folter.

*** der Bestseller**
Das ist ein Buch, das von besonders vielen Menschen gekauft wird.

2 Verbrennung mehrerer Frauen aus Derneburg (Harz), die 1555 wegen angeblicher Hexerei verurteilt wurden.
Holzschnitt zu einem Flugblatt von Jörg Merckel, 1555.

Q1 Aus einer Fragenliste von 1629, die das Aufspüren von Hexen erleichtern sollte:

1. Gibt es an diesem Ort eine leichtfertige Person von schlechtem Ruf und Gerüchte, dass redliche Leute sie der Zauberei verdächtigen?
3. Hat einer anderen gedroht, Leib, Vieh oder Gütern Schaden zuzufügen, und ist dem Bedrohten auch alsbald solches geschehen?
12. Ist jemand vorhanden, welcher die Zauberei oder Hexenkunst verteidigt oder dieselbe für Fantasie hält?
13. Hat jemand wissentlich die Zauberer oder Hexen aufgenommen, heimlich versteckt oder ihnen Hilfe zur Flucht geleistet?

Q2 Rebekka Lemp, wegen Hexerei angeklagt und am 9. September 1590 verbrannt, schrieb am 2. August 1590 an ihren Mann:

Oh du, mein auserwählter Schatz, soll ich so unschuldig von dir scheiden müssen! Man zwingt uns, man muss reden, man hat mich gemartert. ... Oh du herzlieber Schatz, wie geschieht meinem armen Herzen. Oh weh, oh weh, meinen armen Waisen. ... Das Ringlein trage mir zur Erinnerung. Aus der Halskette mache 6 Teile. Lass es unsere Kinder an den Händen tragen ihr Lebtag. ... Oh Schatz, man nimmt mich dir mit Gewalt. ... Wohl geschieht mir so Unrecht über Unrecht.

1 Listet mithilfe von Bild 1, Z. 21–41 und Q1 auf, wofür die Frauen verantwortlich gemacht wurden, die als Hexen beschuldigt wurden.

2 Erklärt anhand der Z. 42–56, warum eine Angeklagte in einem Hexenprozess kaum eine Chance hatte, ihre Unschuld zu beweisen.

3 Diskutiert: Wer hätte eurer Meinung nach die Hexenverfolgung verhindern können?
› Die Frauen wurden für ... verantwortlich gemacht. / Man beschuldigte sie, dass sie ... / Es wurde ihnen vorgeworfen, dass sie ... / Sie wurden verdächtigt, ...

4 Ermittelt mithilfe von Q1 und dem Text Z. 21–41, wer besonders gefährdet war, der Zauberei verdächtigt zu werden.

5 Schreibt aus Sicht des Mannes von Rebekka Lemp einen Bittbrief an den Rat der Stadt (Q2).
› Sehr geehrte Ratsherren, meiner lieben Frau Rebekka wird vorgeworfen, dass ... / Das ist ... / Ich versichere ... / Bedenkt auch ... Bitte ...

Was ihr noch tun könnt:

1 Recherchiert, ob es in eurem Wohnort auch Hexenverfolgungen gab, und berichtet von euren Ergebnissen.

Von der Reformation zum Dreißigjährigen Krieg

Ich kann wichtige Begriffe und Daten im Zusammenhang erklären (Sachkompetenz):

der Ablasshandel
die Reformation
die Bauernkriege
1618–1648
der Westfälische Frieden

1 ☒ Erklärt den Zusammenhang zwischen dem Ablasshandel und der Reformation.
2 ☒ Beschreibt, wie es zum Bauernkrieg kam.
3 ☒ Erklärt die Bedeutung der Jahreszahlen 1618–1648.
4 ☒ In M1 sind im Buchstabengitter sechs Begriffe versteckt. Notiert sie und schreibt zu jedem Begriff eine kurze Erklärung.

Ich kann folgende Aufgaben lösen (Sachkompetenz):

5 ☒ Beschreibt und erklärt Bild 1. Überlegt euch Sprechblasen für einzelne Personen auf dem Bild.
6 ☒ Löst das Silbenrätsel M2. Schreibt die vollständigen Sätze auf.
7 ☒ **a** Erklärt, welche Rolle Martin Luther für die Reformation spielte (QR-Code).
☒ **b** Begründet mithilfe eures Wissens aus diesem Kapitel, inwiefern folgende Begriffe als Folgen der Reformation zu sehen sind:
– Entstehung neuer Konfessionen
– Bauernkrieg
– Dreißigjähriger Krieg

Ich kann Dokumentarfilme und Spielfilme mit geschichtlichem Inhalt unterscheiden (Methodenkompetenz):

8 ☒ **a** Entscheidet, ob Bild 2 aus einem Spielfilm oder aus einem Dokumentarfilm stammt. Nennt Gründe.
> *Nehmt die Methode „Dokumentarfilm und Spielfilm unterscheiden" von S. 114/115 zu Hilfe.*
☒ **b** Erklärt die Szene in Bild 2.

Ich kann mir ein Urteil bilden und es begründen (Urteilskompetenz):

9 ☒ Nehmt Stellung zu der Aussage: Aus dem Dreißigjährigen Krieg kann man auch heute noch viel lernen. Berücksichtigt dabei Bild 3.
10 ☒ Beurteilt, ob man den Dreißigjährigen Krieg als einen „Religionskrieg" bezeichnen kann (QR-Code).
> *Nehmt die Methode „Ein eigenes Urteil bilden" von S. 285 zu Hilfe.*
> *Prüft die Motive und Gründe der Kriegsparteien.*

Ich kann aus dem Gelernten Folgerungen für meine Gegenwart ziehen (Handlungskompetenz):

11 ☒ Die christliche Kirche ist bis heute gespalten. Benennt Unterschiede, die auch heute noch existieren.
> *Denkt z. B. an die unterschiedlichen christlichen Konfessionen, Zugang zum Priesteramt, Oberhaupt und Organisation usw.*
> *Informiert euch mithilfe des Stichworts „Unterschiede christliche Konfessionen" im Internet. Nehmt die Methode „Im Internet recherchieren" von S. 18/19 zu Hilfe.*

1 Ablasshandel. *Holzschnitt, 16. Jh., nachträglich eingefärbt.*

2 Szene aus dem Film „Luther“ von 2003. Der Darsteller ist Joseph Fiennes.

3 Titelseite einer Veröffentlichung der Universität Osnabrück. Sie zeigt die Eingangstür des Osnabrücker Rathauses.

M1 Buchstabengitter

D	O	P	G	N	C	T	A	P
U	T	H	Ö	L	L	E	J	A
G	E	L	Z	R	B	U	L	P
R	T	H	E	S	E	N	E	S
E	Z	R	S	I	O	W	A	T
F	E	G	E	F	E	U	E	R
K	L	S	Ö	L	D	N	E	R
I	A	S	D	F	G	H	J	K

M2 Silbenrätsel

Bund – Fens – West – He – Müns – Reichs – lass – den – fä – del – schuh – ter – han – xen – sturz – ham – mer – acht – ter – Frie – Ab – lischer

1. Martin Luther kritisierte den ______________.
2. Der Kaiser verhängte über Martin Luther die ______________.
3. Die Bauern gründeten einen Geheimbund namens ______________.
4. Der ______________ war ein Buch, das beschrieb, woran man angeblich eine Hexe erkennen konnte.
5. Der Prager ______________ löste den Dreißigjährigen Krieg aus.
6. In ______________ und Osnabrück wurde der ______________ ausgehandelt, der den Dreißigjährigen Krieg beendete.

Absolutismus, Aufklärung und Französische Revolution

Menschen erstürmen am 14. Juli 1789 das Gefängnis von Paris, die Bastille. Wie kam es zu diesem Ereignis?

Zu diesem Zeitpunkt herrschte König Ludwig XVI. in Frankreich absolut, d.h., dass er die meisten Dinge in der Regierung bestimmte.

Die Menschen auf dem Land und in den Städten wollten Veränderungen. Sie wollten dieselben Rechte wie die wohlhabenden Adligen und der Klerus bekommen. Ihr Ziel war es, die seit dem Mittelalter bestehende Einteilung der Menschen in drei Stände abzuschaffen.

Zu dieser Zeit waren schon Veränderungen im Gange: Neue Denkweisen und Ideen der Philosophen bewegten das Leben der Menschen.

1 Beschreibt die Elemente im Bild, die auf einen Umsturz hindeuten. Überlegt, warum es zu einem Umsturz gekommen sein könnte.

5

Absolutismus, Aufklärung und Französische Revolution

1 Europa (große Karte) und die Karibik (Karte rechts) in der zweiten Hälfte des 18. Jahrhunderts.

Bis in die zweite Hälfte des 18. Jahrhunderts herrschten die Königinnen und Könige in Europa fast unbeschränkt. Doch die Kritik an dieser sogenannten absolutistischen Herrschaft nahm zu. Den Anfang machten Philosophen sowie religiöse und politische Denker, die sich fragten: Werden die Menschen wirklich als Untertanen geboren? Was berechtigt die Monarchinnen und Monarchen dazu, andere zu beherrschen? Diese neue Denkschule wurde als Aufklärung bezeichnet. Sie erhielt Unterstützung von Naturwissenschaftlern, die keine Erklärung mehr akzeptieren wollten, die nicht überprüfbar war.

Besonders in Frankreich nahm unter Bürger und Bauern die Unzufriedenheit zu. Sie wollten die Vorherrschaft von König und Adel nicht länger hinnehmen. In einem langen Prozess, der immer wieder von Kämpfen begleitet war, wurden die politischen und gesellschaftlichen Verhältnisse in Frankreich grundlegend umgestaltet (= Revolution). Zu diesen Veränderungen gehörte auch die Idee der Freiheit und Gleichheit aller Menschen.

Die Forderungen nach Freiheit und Gleichheit verbreitete sich nicht nur in anderen Ländern Europas, sondern auch in den französischen Kolonien (kleine Karte).

1 ☒ Betrachtet die Karte und vergleicht sie mit einer aktuellen Europakarte in eurem Atlas. Was fällt euch auf? Notiert die Unterschiede.
> Österreich war ein Kaiserreich und umfasste auch Ungarn und Teile der heutigen Tschechischen Republik.
> Italien ...
> Polen...

2 ☒ Schaut Bild 2 an und überlegt, was die dargestellten Personen wohl denken und empfinden könnten. Welche Situation könnte hier dargestellt sein?

3 ☒ Die Bilder 3 und 4 entstanden im Laufe der Französischen Revolution. Überlegt, welche Träume und Hoffnungen der Menschen sich darin ausdrücken.

4 ☒ Stellt einen Zusammenhang zwischen der Allgemeinen Erklärung der Menschenrechte 1949 (Bild 5) und der Französischen Revolution her. Beachtet auch Bild 4.

ca. 1690–1790	1789	1791	1802	1804
Zeitalter der Aufklärung	Sturm auf die Bastille – die Französische Revolution beginnt.	Frankreich erhält eine Verfassung; Verkündung der Menschenrechte.	Haiti wird unabhängige Republik.	Napoleon wird zum Kaiser gekrönt.

2 „Die Bäuerin bei der Fronarbeit. Es ist zu hoffen, dass dieses Spiel bald zu Ende sein wird.“ Eine Bäuerin trägt Adel und Geistlichkeit (eine Nonne) auf dem Rücken. *Französische Karikatur von 1789.*

3 Das Volk von Paris tanzt auf den Trümmern der Bastille, des Stadtgefängnisses von Paris. *Kolorierter Stich von 1789.*

4 „Alle Menschen sind gleich. Nicht die Geburt unterscheidet sie, sondern die Tugend.“ Bildliche Darstellung der Erklärung der Menschenrechte 1791. *Kolorierter Stich von 1793.*

5 Die Vorsitzende der Menschenrechtskommission der Vereinten Nationen, Eleanor Roosevelt, präsentiert ein Exemplar der Allgemeinen Erklärung der Menschenrechte, die 1949 verabschiedet wurde. *Gemälde nach einer Fotografie vom November 1949.*

Was ist Absolutismus?

1 König Ludwig XIV. von Frankreich. Das Bild ist 2,8 m hoch und 1,9 m breit. Symbole: Szepter und Schwert (= Herrschaftszeichen), Hermelinmantel (Pelz vom Tier Hermelin = selten und teuer), Säule mit Göttin Justitia (Herrscher als gerechter Richter), Vorhang (Herrscher als Gott). *Gemälde von Hyacinthe Rigaud, 1701.*

Alleinherrscher in Europa

Am Ende des Dreißigjährigen Krieges waren große Teile Europas verwüstet. Viele Städte und Dörfer waren zerstört, ihre Bewohnerinnen und Bewohner getötet oder geflohen. Die Fürsten bemühten sich, ihre Reiche wieder aufzubauen und besser auf Kriege vorzubereiten. Dafür begannen sie mit dem Aufbau *stehender Heere. Die Verwaltung wurde so geordnet, dass der Herrscher oder die Herrscherin über alle wichtigen Fragen zu entscheiden hatte.

Ein König, strahlend wie die Sonne?

Vorbild für eine solche Neuordnung des Staates war König Ludwig XIV. von Frankreich, der von 1661 bis 1715 regierte. Er bestimmte, dass alle Staatsbediensteten nur noch seine Befehle auszuführen hätten. Nichts durfte ohne seine Anweisung geschehen. Bisher hatten Adlige wichtige Regierungsämter bekleidet. Diese entzog ihnen der König nun, indem er Fachleute aus dem Bürgertum als Minister und Verwaltungsbeamte einsetzte.

Ludwig errichtete ein stehendes Heer von 400 000 Mann. Dazu entstanden überall im Land Kasernen und Militärschulen. Außerdem erklärte sich der König zum obersten Richter und erhob den Anspruch, Bischöfe zu ernennen. Den Katholizismus machte er zur einzigen Konfession in Frankreich. Protestantische Gläubige mussten das Land verlassen. Viele dieser *Hugenotten fanden Zuflucht in deutschen Fürstentümern.

Diese Art der Herrschaft ging von der Idee aus, dass der König von Gott eingesetzt sei und deshalb auch nur Gott gegenüber verantwortlich sei. An menschliche Gesetze sei der Herrscher nicht gebunden. Diese Herrschaftsform heißt *Absolutismus. In seiner herausgehobenen Stellung verglich sich Ludwig XIV. mit der Sonne, die die Menschen von oben bescheint.

Um seine Macht zu betonen, ließ der König in Versailles bei Paris ein großes Schloss mit prachtvollen Gärten bauen. Die Wege waren wie die Strahlen einer Sonne alle auf die Mitte des Schlosses ausgerichtet. Hier lagen die Räume des Königs.

Der König wünschte, dass sich die wichtigsten Adligen in seiner Nähe aufhielten. So konnte er sie kontrollieren. Viele Adlige lebten daher mit ihren Familien auch im Schloss von Versailles (QR-Code). Der König zeichnete einzelne Personen dadurch aus, dass er ihnen erlaubte, bei seinen Mahlzeiten zuzusehen oder anwesend zu sein, wenn er aufstand oder zu Bett ging. Zusammen mit den Bediensteten hielten sich zeitweise etwa 5000 Personen im Schloss auf. Das Leben im Schloss war sehr unbequem. Viele Räume waren nicht zu heizen, und es gab anfangs weder Bäder noch Toiletten.

*** das stehende Heer**
Wenn ein Land auch in Friedenszeiten Soldaten unterhält und trainiert, spricht man von einem stehenden Heer.

*** die Hugenotten**
Menschen protestantischen Glaubens, die Frankreich während des Absolutismus verlassen mussten und in andere Länder zogen

*** der Absolutismus**
(lat. losgelöst, unabhängig) Herrschaftsform in Europa im 17. und 18. Jh., in der die Könige bzw. Fürsten ihre Herrschaft von Gott ableiteten und den Anspruch erhoben, weitgehend uneingeschränkt zu regieren

2 Die Entwicklung Brandenburg-Preußens unter dem Großen Kurfürsten Friedrich Wilhelm 1640–1688.

Der Große Kurfürst

Das Kurfürstentum Brandenburg war durch den Dreißigjährigen Krieges verwüstet und entvölkert worden. Zudem bestand es aus mehreren Teilen, die keine Verbindung untereinander hatten (Karte).

Kurfürst Friedrich Wilhelm regierte das Land von 1640 bis 1688 (QR-Code). Er konzentrierte sich nach dem Ende des Krieges darauf, ein stehendes Heer von 30 000 Mann zu schaffen, um sein Land in Zukunft zu schützen. Das verursachte enorme Staatsausgaben, die Friedrich Wilhelm durch höhere Steuereinnahmen beschaffen musste. Daher setzte er alles daran, die Wirtschaft seines Landes zu stärken. Er unterstützte die Landwirtschaft, erleichterte Handel und Verkehr und lud protestantische Flüchtlinge ein, die Ludwig XIV. aus Frankreich vertrieben hatte. Wie andere Fürsten seiner Zeit beanspruchte er in absolutistischer Weise für sich selbst das letzte Wort in allen Entscheidungen. Seine Politik war so erfolgreich, dass er schon zu Lebzeiten den Beinamen „der Große Kurfürst“ erhielt. Sein Sohn Friedrich setzte seine Politik fort und ließ sich 1701 zum „König in Preußen“ krönen. Der Name „Preußen“ setzte sich bald für das ganze Herrschaftsgebiet durch.

Q1 Im Jahre 1671 schrieb Ludwig XIV. über sich selbst:

Ich entschloss mich, keinen „Ersten Minister“ mehr in meinen Dienst zu nehmen ... Ich wollte die oberste Heeresleitung ganz allein in meiner Hand zusammenfassen. ... Ich bin über alles unterrichtet, höre auch meine geringsten Untertanen an, weiß jederzeit über Stärke und Ausbildungszustand meiner Truppen und über den Zustand meiner Festungen Bescheid. ... Ich regle Einnahmen und Ausgaben des Staates und lasse mir von denen, die ich mit wichtigen Ämtern betraue, persönlich Rechenschaft geben.

1 **a** Beschreibt Bild 1. Berücksichtigt Art und Wirkung der Darstellung.
b Dieses Gemälde ist zum Vorbild für viele andere Herrscherporträts der Zeit geworden. Erklärt, warum das der Fall war.
> *Das Bild zeigt Ludwig XIV. als ...*
> *Andere absolutistische Herrscher konnten sich an dieser Darstellung orientieren, indem sie ...*

2 Untersucht Q1 und erarbeitet, was Ludwig XIV. als seine wichtigste Aufgabe betrachtete.

3 **a** Nennt mithilfe der Z. 7–37 die Kennzeichen absolutistischer Herrschaft.
b Beantwortet die Leitfrage der Doppelseite.

4 Stellt die Situation des Kurfürstentums Brandenburg beim Regierungsantritt von Friedrich Wilhelm dar. Nutzt dazu den Text auf dieser Seite und die Karte.

Was ist Aufklärung?

1 Im *Salon von Madame Geoffrin, 1775. Im Hintergrund ist die Büste des Philosophen Voltaire zu sehen. Vorne liest der Schauspieler Lekain aus einem Text vor. *Gemälde von Anicet Lemonnier, 1812.*

Wie entstanden die Ideen der *Aufklärung?

Nach dem Ende des Dreißigjährigen Krieges förderten die Monarchen in ganz Europa die Verbreitung neuer Kenntnisse und Techniken im Handwerk und in der Wissenschaft. Viele Berufe änderten sich, andere entstanden neu. So entstand eine neue Schicht von gebildeten Bürgern in der Gesellschaft.

Diese Personen kritisierten zunehmend die Vorrechte von Adel und Kirche. Sie fragten sich: Sind die Herrscher wirklich von Gott eingesetzt? Ist es richtig, dass einzelne Menschen über viele andere regieren? Neu war auch, dass bei ihren Zusammenkünften Frauen anwesend waren und mitredeten (Bild 1). Die Gesamtheit dieser neuen Ideen wird als „Aufklärung“ bezeichnet. Einer der wichtigsten Vertreter war der Autor Voltaire (1694–1778), der in seinen Schriften Absolutismus und Kirche scharf kritisierte.

Kritik an der absolutistischen Herrschaft

Der Philosoph Denis Diderot (1713–1784) erklärte, dass die Menschen von Geburt an gleich seien und gleiche Rechte hätten. Das müsse sich auch an der Art und Weise zeigen, wie sie regiert wurden. Außerdem betonte Diderot, es könne den Menschen nicht vorgeschrieben werden, was sie zu glauben hätten.

Der Philosoph Jean-Jacques Rousseau (1712–1778) war der Auffassung, das Volk habe das Recht, sich selbst zu regieren. Die Regierungsmacht könnte einem Herrscher nur durch eine Absprache mit dem Volk vorübergehend übertragen werden. Das nannte er „Gesellschaftsvertrag“.

Der Schriftsteller Charles de Montesquieu (1689–1755) beschrieb in seinem Buch „Vom Geist der Gesetze“ die drei Elemente einer Regierung, die er als „Gewalten“ bezeichnete. Eine der Gewalten erlässt die Gesetze. Diese nennt man die

*** der Salon**
So bezeichnete man im 17. bis 19. Jh. das Empfangszimmer eines bürgerlichen Haushaltes. Später wurde die Bezeichnung auf die regelmäßigen Zusammenkünfte von Bürgerinnen und Bürgern, Gelehrten und Künstlern ausgedehnt, die in diesen Räumen stattfanden.

*** die Aufklärung**
eine Reformbewegung des philosophischen, theologischen und politischen Denkens im 17. und 18. Jh., die sich auf die Vernunft stützte und für Meinungsfreiheit und Menschenrechte eintrat

2 Moses Mendelssohn am Berliner Tor auf der Reise von Berlin nach Potsdam. Als Jude durfte Mendelssohn Berlin nur durch bestimmte Tore betreten und verlassen. Außerdem brauchte er jedes Mal einen besonderen Passierschein dafür. *Kupferstich von Daniel Chodowiecki 1774.*

„Legislative". Eine weitere führt die konkreten Regierungsmaßnahmen aus: die „Exekutive". Und die dritte Gewalt kontrolliert, ob die Gesetze eingehalten werden. Sie wird als „Judikative" bezeichnet. Montesquieu zufolge ist es sehr wichtig, dass diese drei Gewalten voneinander getrennt sind, denn nur so könnten sie sich gegenseitig kontrollieren.

Q1 Der deutsche Philosoph Immanuel Kant (1724–1804) beschrieb die Aufklärung 1784 folgendermaßen:

Aufklärung ist der Ausgang des Menschen aus seiner selbst verschuldeten Unmündigkeit. Unmündigkeit ist das Unvermögen, sich seines Verstandes ohne Leitung eines anderen zu bedienen. Selbstverschuldet ist diese Unmündigkeit, wenn die Ursache derselben nicht am Mangel des Verstandes, sondern der Entschließung und des Mutes liegt, sich seiner ohne Leitung eines anderen zu bedienen. ... Habe den Mut, dich deines Verstandes zu bedienen! Ist also der Wahlspruch der Aufklärung ...

Q2 Der jüdische Philosoph Moses Mendelssohn (1729–1786) forderte 1783:

Regenten der Erde! ... Belohnt und bestraft keine Lehre, lockt und besticht zu keiner Religionsmeinung! Wer die öffentliche Glückseligkeit nicht stört, wer gegen die bürgerlichen Gesetze, gegen euch und seine Mitbürger rechtschaffen handelt, den lasst sprechen, wie er denkt, Gott anrufen nach seiner oder seiner Väter Weise, und sein ewiges Heil suchen, wo er es zu finden glaubt.

1 ☒ **a**) Beschreibt Bild 1.
> *Auf dem Bild sieht man eine große Gruppe Menschen ... / Der Raum ist ... / An den Wänden ... / Sie hören ... / Männer und Frauen ...*

☒ **b** Erklärt, woran man erkennen kann, dass es sich um ein Bild der Aufklärung handelt. Nehmt die Bildunterschrift und den Text zu Hilfe.

2 ☒ Stellt in einem Schaubild die drei Gewalten dar, die sich, Montesquieu zufolge, die Ausübung der Staatsmacht teilen sollen.

3 ☒ Gebt die Aufforderung von Kant in Q1 mit eigenen Worten wieder.

4 ☒ Untersucht Q2 und prüft, ob der Verfasser Einschränkungen für die Religionsfreiheit vorsieht.
> *Nehmt die Methode „Textquellen untersuchen" von S. 285/286 zu Hilfe.*

5 ☒ **a** Legt eine Tabelle mit den Namen der genannten Philosophen an. Notiert mithilfe des Textes Z. 15–44 sowie Q1 und Q2 für jeden Philosophen, mit welchen Ideen er zur Aufklärung beigetragen hat.

Denker	Idee/Neuerung
Diderot	Menschen sind gleich.
...	...

☒ **b** Erklärt euch gegenseitig die Neuerungen dieser Ideen.

6 ☒ **a** Beschreibt die Vorgänge in Bild 2. Achtet auf die Darstellung der Personen, ihre Kleidung und Körperhaltung.

☒ **b** Überlegt, aus welchen Gründen es für Mendelssohn besonders wichtig war, die Freiheit der Religionsausübung (Q2) zu fordern.

Wie veränderte die Aufklärung die Wissenschaft?

1 „Das Experiment mit dem Vogel in der Luftpumpe“. Der Vogel sitzt in einem luftdichten Gefäß, aus dem die Luft herausgepumpt wird. Es lässt sich beobachten, dass der Vogel ohnmächtig wird und schließlich stirbt. Daraus wurde abgeleitet, dass Atemluft für Lebewesen unverzichtbar ist. Diese Feststellung war im 18. Jahrhundert noch keineswegs allgemein anerkannt. *Ölgemälde von Joseph Wright of Derby, ca. 1767.*

Beobachtung als Grundlage der Wissenschaft

Angeblich entwickelte der Physiker Isaac Newton (1643–1727) die Idee von der Schwerkraft, als ihm ein Apfel auf den Kopf fiel. Diese Geschichte ist erfunden, aber sie zeigt, dass die Gedanken der Aufklärung zu einem neuen Verständnis in der Wissenschaft führten: Naturerscheinungen wurden nicht mehr auf das Wirken Gottes zurückgeführt. Vielmehr glaubte man nun, dass ihnen Gesetze zugrunde lagen. Diese wollte man herausfinden. Das war nur mithilfe von Beobachtungen möglich. Durch Experimente ließ sich überprüfen, ob gleiche Bedingungen auch immer wieder gleiche Ergebnisse hervorbrachten.

Wissenschaftsakademien wurden gegründet

Immer mehr Naturforscher schlossen sich zusammen und tauschten ihre Überlegungen aus: 1660 gründeten zwölf englische Forscher einen Verein zur Förderung naturwissenschaftlicher Experimente.Diese Wissenschaftsvereinigung besteht bis heute unter dem Namen „Royal Society“ (= königliche Gesellschaft). Newton war eines der ersten Mitglieder. Er forschte auf den Gebieten der Mathematik und Physik. Seine Ergebnisse haben bis heute Gültigkeit.

Kurz darauf entstand in Paris die „Académie des Sciences“ (= Forschungsanstalt der Wissenschaften) mit demselben Ziel. Gottfried Wilhelm Leibniz (1646–1716) legte 1700 in Berlin die Grundlagen für die spätere „Königlich-Preußische Akademie der Wissenschaften“. Die Akademien ermöglichten auch den Austausch zwischen Wissenschaftlern unterschiedlicher Länder.

Die Aufklärung überschritt Fächergrenzen

In Göttingen wurde der Physikprofessor Georg Christoph Lichtenberg (1742–1799, Bild 2) dafür bekannt, dass er als einer der ersten in seinem Unterricht an der Universität Experimente vorführte, vor allem mit elektrischem Strom. Er war aber auch ein politischer und philosophischer Aufklärer und ein Freund von Moses Mendelssohn (siehe S. 137) sowie von Georg Forster (1754–1794, Bild 3).

Forster war sicherlich der am weitesten gereiste Forscher seiner Zeit. Er begleitete den britischen Seefahrer James Cook auf seiner zweiten Weltumsegelung und studierte die Tier- und Pflanzenwelt der Südsee. Vor allem aber interessierte er sich für die Menschen, ihre Sprachen und Bräuche. Mit seinen genauen Beschreibungen legte er die Grundlagen für eine neue Wissenschaft, die Völkerkunde. Heute nennen wir sie Ethnologie. Aufgrund seiner Beobachtungen erklärte Forster, dass es keine

2 Georg Christoph Lichtenberg. *Zeichnung eines unbekannten Künstlers.*

3 Georg Forster (vorne rechts) mit seinem Vater Johann Reinhold Forster auf Tahiti, einer Insel im Pazifischen Ozean. Forsters Aufgabe war es zunächst, die bisher unbekannten Tiere und Pflanzen zu zeichnen. *Gemälde von J. F. Rigaud, um 1780.*

„Menschenrassen“ gebe, sondern die Menschen im Grundsatz alle gleich seien. Hier war Forster seiner Zeit weit voraus und sein Verständnis ist heutiger Stand der Wissenschaft, weswegen der Begriff der „Rasse“ nicht mehr verwendet wird.

Außerdem beobachtete Forster, dass der Kontakt mit Europäern die Menschen in Polynesien in Gefahr brachte – durch Krankheiten und durch die Zerstörung ihrer Traditionen.

Q1 In seinen persönlichen Notizen vermerkte Georg Christoph Lichtenberg:
Nichts setzt dem Fortgang der Wissenschaft mehr Hindernis entgegen, als wenn man zu wissen glaubt, was man noch nicht weiß.

Q2 Georg Forster fasste die Erfahrungen seiner Weltreise so zusammen:
Es ist Unglücks genug, dass alle unsere Entdeckungen so vielen unschuldigen Menschen das Leben gekostet haben. ... So ... fürchte ich, dass unsere Bekanntschaft den Bewohnern der Südsee durchaus nachteilig gewesen ist, und ich bin der Meinung, dass gerade jene Völkerschaften am besten weggekommen sind, die sich immer von uns ferngehalten ... haben.

1 **a** Beschreibt Bild 1.
b Erklärt mithilfe der Bildlegende, inwiefern es sich hier um ein Experiment handelt.

2 Erläutert anhand des Textes Z. 7–14 den Zusammenhang von Aufklärung und dem neuen Verständnis von Wissenschaft.

3 **a** Beschreibt die Bedeutung von Georg Christoph Lichtenberg für den Fortschritt der Naturwissenschaft und für die Aufklärung. Nutzt den Text Z. 34–40 und Q1 (QR-Code).

4 **a** Stellt alle Informationen über Georg Forster von dieser Doppelseite zusammen (QR-Code).
b Begründet anhand des Textes Z. 58–61 die negative Meinung Forsters in Q2.
> *Untersucht erst Q2 und setzt diese dann in Zusammenhang mit dem Text Z. 58–61.*

5 Überlegt, welche Probleme für die Forschung sich aus Forsters Feststellung ergeben könnten.

Was ihr noch tun könnt:

1 Wählt einen der drei Wissenschaftler, die auf dieser Doppelseite erwähnt werden, aus und recherchiert über sein Leben. Erstellt einen Steckbrief.

Kann es aufgeklärte Monarchen geben?

1 König Friedrich II von Preußen (1712–1786). *Ölgemälde von Anton Graff, 1781.*

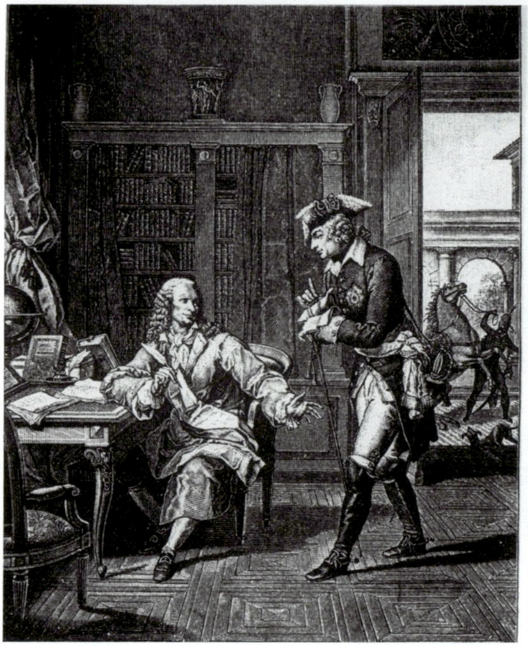

2 Friedrich II besucht den Aufklärer Voltaire in seinem Arbeitszimmer in Potsdam. *Kupferstich von P. C. Baquoy, um 1800.*

Der Absolutismus stieß an Grenzen

Angeblich störte sich König Friedrich II. von Preußen am Lärm einer Mühle in der Nähe seines Schlosses Sanssouci. Als der Müller die Mühle nicht verkaufen wollte, drohte der König, sie ihm einfach wegzunehmen. Der Müller ließ sich aber nicht einschüchtern und erinnerte den König daran, dass ein Gericht in dieser Frage das letzte Wort sprechen würde. Allerdings ist diese Geschichte nie so passiert. Dieser erfundene Fall zeigt, wie die Ansprüche eines absoluten Monarchen (siehe S. 134) und die Forderungen der Aufklärung (siehe S. 136/137) in Konflikt gerieten.

In der Mitte des 18. Jahrhunderts waren die europäischen Herrscherinnen und Herrscher zunehmend mit den Ideen von Menschenrechten, Meinungsfreiheit und Gewaltenteilung konfrontiert. Die Versuche, diese Forderungen mit alten Machtansprüchen zu vereinbaren, wurden als „*aufgeklärter Absolutismus" bezeichnet. Ein besonders deutliches Beispiel dafür war Friedrich II. von Preußen.

*** der aufgeklärte Absolutismus**
Herrschaft eines absoluten Monarchen, der aber bestimmte Grundsätze der Aufklärung respektiert

Reformen eines aufgeklärten Monarchen

Schon als junger Mann hatte sich Friedrich mit den Schriften aufgeklärter Autoren beschäftigt. Der französische Philosoph Voltaire war mehrere Jahre Gast bei ihm in Potsdam.

Gleich im Jahr seines Regierungsantrittes, 1740, schaffte Friedrich die Folter bei Gerichtsverfahren ab. Er beauftragte Juristen aus seiner Verwaltung, ein „Allgemeines Landrecht" für sein Reich zu entwerfen. Gerichte sollten sich an geschriebenen Gesetzen orientieren.

Er verzichtete darauf, seine Untertanen auf einen bestimmten Glauben zu verpflichten, und behandelte die Angehörigen aller religiösen Konfessionen gleich. Juden unterlagen allerdings auch unter seiner Herrschaft noch besonderen Einschränkungen.

Er lockerte die Überwachung von Zeitungen und ließ zunehmend kritische Meinungen zu. Eine staatliche Kontrolle der Presse fand aber weiterhin statt.

Schon sein Vater Friedrich Wilhelm hatte die allgemeine Schulpflicht eingeführt. Friedrich II. weitete sie aus und förderte die Einrichtung von Grundschulen, vor allem auf dem Land.

3 Katharina II., Zarin von Russland (1729–1796). *Gemälde von Alexei Antropow. 1766.*

Zarin Katharina II.

In Russland wurde 1762 nach dem Tod von Zar Peter III. seine Frau Katharina die Herrscherin. Sie regierte 34 Jahre. Zu ihren Vorbildern zählte auch Friedrich II. von Preußen. Auch sie suchte den Austausch mit den französischen Vertretern der Aufklärung: Sie hatte einen Briefwechsel mit Voltaire und lud Diderot an ihren Hof ein (siehe S. 136).

Katharina unternahm Anstrengungen, um die politische Verwaltung ihres riesigen Reiches einheitlicher zu gestalten. Außerdem versuchte sie, ein einziges Gesetzbuch für das ganze Land zu schaffen. Schließlich förderte sie die Bildung und richtete im ganzen Land Grundschulen ein.

Q1 1740 schrieb König Friedrich II. an den Rand einer Beschwerdeschrift:

Die Religionen müssen alle tolerieret (geduldet) werden, und muss der Fiskal (die Verwaltung) nur das Auge darauf haben, dass keine der anderen Abbruch tue (schadet), denn hier muss ein jeder nach seiner Fasson (Art und Weise) selig werden.

Q2 Zu ihrem Regierungsantritt 1762 schrieb Zarin Katharina II.:

[Ich werde] auf gesetzlichem Wege solche staatlichen Institutionen schaffen, durch die die Regierung unseres lieben Vaterlandes ihren Lauf nehmen kann, auf dass auch in Zukunft jede Staatsbehörde ihre Grenzen und Gesetze zum Zwecke der Wahrung der guten Ordnung habe.

1 Stellt dar, wie der Absolutismus und die Ideen der Aufklärung in Konflikt geraten konnten. Nutzt dazu den ersten Abschnitt des Textes.
> *Ihr könnt so beginnen: Absolutistische Herrscher oder Herrscherinnen waren davon überzeugt, dass ... Die Ideen der Aufklärung dagegen besagten, dass ...*

2 Nennt die Berührungspunkte zwischen Friedrich II. und den Ideen und Vertretern der Aufklärung. Nutzt dazu Z. 14–47 und Bild 2.

3 **a** Drückt den Sinn von Q1 in eigenen Worten aus.
b Stellt einen Bezug zwischen dieser Äußerung des Königs und den Ideen der Aufklärung her. Zieht dazu den Text von Moses Mendelssohn (S. 137, Q2) heran.

4 Vergleicht mithilfe von Q2 die Maßnahmen von Friedrich II. und Katharina II.

5 Vergleicht Bild 3 mit dem Porträt von Ludwig XIV. auf S. 134. Achtet auf Haltung, Kleidung, Umgebung und die Gegenstände im Hintergrund.

6 Diskutiert die Leitfrage dieser Doppelseite. Zieht auch die Ergebnisse der vorigen Aufgaben heran und tragt eure Antwort mit Begründung in der Klasse vor (QR-Code).

Warum geriet Frankreich in eine Krise?

1 „Der dritte Stand trägt die Last." Auf dem Stein steht: Steuer, Steuerwesen und Fronarbeit. *Französische Karikatur, 1789.*

Der Staat war pleite

Ein Blick auf das prachtvolle Schloss von Versailles lässt nicht vermuten, dass es in Frankreich an Geld mangeln könnte. Doch Frankreich war ein hochverschuldeter Staat. Der König und der Adel gaben sehr viel Geld für das eigene Wohlergehen und Kriege aus. Da der Staat so hoch verschuldet war, musste sich der König überlegen, wie er mehr Geld in die Staatskasse bekam. Eine Möglichkeit, wieder Geld in die Staatskasse zu bekommen, war eine Erhöhung der Steuern. Das Problem war nur, dass der *dritte Stand die alleinige Steuerlast trug und der Adel und Klerus überhaupt keine Steuern zahlte. Immer höhere Abgaben an den Staat zu leisten, verstärkte den Unmut der Bäuerinnen und Bauern. In Flugblättern wurden die Vorherrschaft und Privilegien des Adels immer öfter kritisiert.

Die Menschen mussten hungern

Den Menschen des dritten Standes ging es besonders schlecht. In den Jahren 1788 und 1789 kam es zu Missernten: Überschwemmungen, gefrorene Böden in kalten Wintern und vertrocknete Böden durch heiße Sommer ließen die Ernteerträge sinken. Dies hatte zur Folge, dass die Brotpreise stiegen. Viele Menschen konnten sich wenig oder kein Brot mehr kaufen. Die Einwohner mussten die Brote beim Bäcker stehlen, um zu überleben. Viele Menschen wurden arbeitslos und mussten hungern, ohne dass irgendjemand sie unterstützt hätte.

Kritik am Absolutismus

Die meisten Bürgerinnen und Bürger sowie Bäuerinnen und Bauern waren unzufrieden. Sie fühlten sich ungerecht behandelt, denn der erste und zweite Stand hatten viel mehr Geld als der dritte Stand. Unter den hohen Steuern litt besonders die Bauernschaft, denn sie mussten viele weitere Abgaben leisten, zum Beispiel an den Grundherrn. Die Bürger in den Städten, die wohlhabender waren und Berufe wie Arzt oder Anwalt ausübten, litten weniger unter den Steuerlasten. Die Unzufriedenheit im dritten Stand wurde immer größer und sie empfanden es als ungerecht, dass der Klerus und Adel keine Steuern zahlten. Zudem wollten die Menschen des dritten Standes politisch auch mitbestimmen. Sie wollten keine Politik, die allein vom Adel und Klerus gemacht wird.

Durch die Aufklärung wurden traditionelle Werte und Autoritäten, wie zum Beispiel der König, infrage gestellt. Viel mehr standen nun Werte wie Freiheit und Vernunft im Vordergrund. Der aufklärerische Gedanke, dass alle Menschen die gleichen Rechte haben, nahm immer mehr Einfluss auf die Politik und die Gedanken der Menschen.

*** der dritte Stand**
Zum dritten Stand zählten die Bürgerinnen und Bürger sowie die Bäuerinnen und Bauern. Die Mehrheit der Bevölkerung gehörte mit circa 98 % dem dritten Stand an.

Q1 Bischof Jacques-Bénigne Bossuet, königlicher Hofprediger und Erzieher des Thronfolgers [Ludwig XIV.], in seiner Schrift „Die Politik nach den Worten der Heiligen Schrift", 1682:

Alle Welt beginnt mit der monarchischen Staatsform. Sie hat ihr Vorbild in der väterlichen Gewalt, d. h. in der Natur selber. Die Menschen werden allesamt als Untertanen geboren, und die väterliche Autorität, die sie an den Gehorsam gewöhnt, gewöhnt sie zugleich daran, nur ein Oberhaupt zu kennen ... Die monarchische Staatsform ist die dauerhafteste und damit auch die stärkste. Niemals ist die Einheit besser gewahrt als unter einem einzigen Oberhaupt. Der Fürst blickt von einem höheren Standort aus; man darf darauf vertrauen, dass er weiter sieht als wir; deshalb muss man ihm ohne Murren gehorchen: denn das Murren ist schon so viel wie eine Neigung zum Aufruhr.

Die Fürsten dienen als Gottes Diener und Statthalter auf Erden. Durch sie übt er seine Herrschaft aus. Die königliche Gewalt ist absolut. Der König braucht niemandem Rechenschaft abzulegen über das, was er befiehlt. Ohne diese absolute Gewalt kann er weder das Gute tun noch das Böse unterdrücken. Der einzige Schutz des Untertanen gegen die Staatsgewalt muss seine Unschuld sein ... Infolgedessen wird derjenige, der dem Fürsten den Gehorsam verweigert, als Feind der menschlichen Gesellschaft zum Tode verurteilt. Der ganze Staat ist in der Person des Fürsten verkörpert; in ihm ist der Wille des Volkes wirksam.

Der Fürst kann sich selber zurechtweisen, wenn er merkt, dass er Böses getan hat.

Die königliche Autorität ist der Vernunft unterworfen. Die Könige dürfen ihre Macht nur für das Gemeinwohl gebrauchen.

Q2 In einer Flugschrift aus Paris aus dem Jahr 1788 stand geschrieben:

Steht auf gegen den Klerus, den Adel. Duldet nicht, dass ungefähr 600 000 Menschen vierundzwanzig Millionen das Gesetz aufzwingen! Völker, denkt an die Lasten, die ihr tragt. Schaut euch um, nach den Palästen, den Schlössern, die gebaut sind, mit eurem Schweiß und euren Tränen! Vergleicht eure Lage mit der dieser *Prälaten und Großen. Sie nennen euch Gesindel! Lasst sie erkennen, dass Gesindel diejenigen sind, die auf eure Kosten leben und sich mästen an eurer Arbeit.

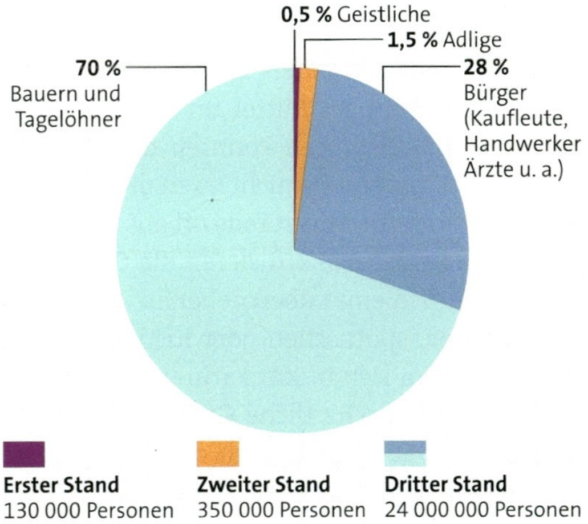

2 Die Einteilung der französischen Bevölkerung in Stände um 1780.

1 Nennt mithilfe des Textes Z. 5–53 Gründe für die Krise in Frankreich.

2 **a** Ordnet die Personen in Bild 1 den drei Ständen zu.

b Überlegt, was es bedeutete, dass eine Karikatur wie Bild 1 gezeichnet und veröffentlicht wurde. Tauscht euch aus.

3 **a** Erklärt mithilfe von Q1, wie der Klerus den Absolutismus rechtfertigt.

b Erklärt die Kritik in der Flugschrift Q2. Bezieht dabei Bild 2 ein.

4 Stellt euch vor, ihr seid eine arme Bürgerin oder ein armer Bürger. Ihr seid sehr unzufrieden, weil ihr kaum Geld zum Leben habt. Schreibt mithilfe des Textes und den Ergebnissen von Aufgabe 3 b eine Beschwerde an den König.
So könnt ihr beginnen:
> An den König!
So kann es nicht mehr weitergehen! Meine Familie und ich haben kaum noch Brot. Außerdem ...

*** der Prälat**
hoher kirchlicher Würdenträger, zum Beispiel ein Bischof oder Kardinal

Karikaturen untersuchen

Karikaturen sind besonders seit dem 18. Jahrhundert ein sehr wichtiges Mittel, um auf Missstände hinzuweisen. Karikaturen konnten die Menschen auch verstehen, wenn sie nicht lesen und schreiben konnten, weil sie die Missstände oft aus ihrem eigenen Leben kannten. Sie kritisieren die Gesellschaft und die Politik in einer übertriebenen und manchmal boshaften, spöttischen oder lustigen Art und Weise. So finden sich in Karikaturen oft Personen, die für eine gesellschaftliche Gruppe oder für ein Land stehen. Dabei spielt auch die Körpersprache eine wichtige Rolle, denn diese sagt häufig etwas über die Einstellungen und Gefühle der Personen aus. Karikaturen enthalten außerdem Symbole wie Zylinder oder Kreuze, die für einen bestimmten Stand oder für eine bestimmte Bevölkerungsgruppe stehen. Zudem benutzen Zeichner auch häufig Vergleiche oder Gegensätze. So kann zum Beispiel ein sinkendes Schiff für einen Staat in Not oder ein Hell-dunkel-Kontrast für Gut und Böse stehen. Mit einer Karikatur will der Zeichner also die Realität abbilden und eine Kritik äußern, die die Menschen gleichzeitig zum Nachdenken anregen soll.

Folgende Hinweise helfen euch, Karikaturen zu analysieren:

Schritt 1: Die Beschreibung
- Was ist auf den ersten Blick zu sehen (Gesamtüberblick)?
- Welche Personen/Tiere/Gegenstände/Symbole sind zu sehen?
- Wie sehen die Personen aus (Kleidung, Körperhaltung, Gestik, Mimik)?

Schritt 2: Die Deutung
- Wer könnten die Personen sein? Für wen oder was könnten sie stehen?
- Was könnten die Symbole bedeuten?

Schritt 3: Die Interpretation
- Auf welche Probleme / historischen Ereignisse wird hier aufmerksam gemacht?
- Was möchte der Zeichner oder die Zeichnerin mit der Karikatur ausdrücken?
- Gegen wen richtet sich die Kritik (Gesellschaft, Politik oder bestimmte Personengruppen usw.)?
- Wen möchte der Zeichner oder die Zeichnerin mit der Karikatur ansprechen?

1 Vervollständigt die Beispiellösung auf der folgenden Seite zu Bild 1.

2 Untersucht die Karikatur (Bild 2). Folgt hierfür Schritt 1 (beschreiben), Schritt 2 (untersuchen) und Schritt 3 (interpretieren), wie im Beispiel auf der folgenden Seite vorgegeben.

3 Vergleicht nun Bild 1 und 2 miteinander und notiert euch, was sich in der französischen Gesellschaft verändert haben muss.

1 „Es darf gehofft werden, dass das Spiel bald vorbei ist". *Französische Karikatur, 1789.*

2 „Ich wusste ja, dass wir auch einmal an die Reihe kämen". *Französische Karikatur, 1789.*

Übersetzungen zu den Schriftzügen in

Karikatur 1:

1 „Bischof, Abt, Herzog, Graf, Unterhalt, Großspurigkeit"

2 „Salz- und Tabaksteuer, Frondienst, Zehnt, Militärdienst"

3 „gerötet von Blut"

4 „getränkt mit Tränen"

Karikatur 2:

1 „Waage, die Freiheit und Volksrechte abwägt"

2 „Territorialsteuern"

3 „Voll des Mutes"

4 „Frieden und Eintracht"

5 „zum Schutz der Nation"

Lösungshilfen zu Karikatur 1:

Zum Schritt 1:

Die Karikatur „Es darf gehofft werden, dass das Spiel bald vorbei ist" ist aus dem Jahr 1789 und zeigt ... |
Der gebückte Mann ... . |
Sein Gesichtsausdruck erscheint ...
Er trägt ... Kleidungsstücke.
Seine Kleidung ist | sieht ... aus.
Aus seiner Tasche hängen ... |
Der Mann, der direkt hinter dem Kopf des gebückten Mannes sitzt, trägt ... |
Der in Rot gekleidete Mann, trägt ... Er hat auch ... bei sich.

Zum Schritt 2:

Der gebückte Mann ist ein Bauer. Dies erkennt man an ... |
Außerdem stützt er sich auf ... |
Der Bauer steht hier für den ... |
Der Mann, der direkt hinter dem Kopf des Bauern sitzt, ist wahrscheinlich ... | Dies erkennt man an ...
Er steht hier für den ... |
Der Mann, der ...

Zum Schritt 3:

Der Zeichner möchte mit der Karikatur auf die ... aufmerksam machen. Mit der Darstellung des gebückten Bauern stellt er die ... in den Fokus. Die Kritik richtet sich gegen ...

Wie begann die *Französische Revolution?

1 König Ludwig XVI. beruft am 5. Mai 1789 die Generalstände in Versailles ein. *Gemälde von Auguste Couder, 1839.*

Der König berief die Generalstände ein

Im Mai 1789 erhöhte sich der Druck auf den König immer mehr. Die hohen Schulden und die Ernteausfälle führten zu starken Preissteigerungen. Ein Handwerker musste nun fünfzig Prozent seines Einkommens für Brot ausgeben. Der König entschied sich, die Generalstände einzuberufen. Dies war eine Versammlung von Abgeordneten des Klerus, des Adels und des dritten Standes, die die den König beraten und vor allem die Höhe der Steuern bewilligen sollten. Und Steuern brauchte der König. Mehrere Wochen trafen sich die Abgeordneten, um zu beraten, wie Frankreich mit der Krise in Zukunft umgehen sollte. Die Vorstellungen gingen dabei stark auseinander. Der König wollte wegen der hohen Schulden die Steuern erhöhen. Die Abgeordneten des drittes Standes waren dagegen, denn sie wollten nicht noch mehr Steuern zahlen. Ihnen ging es um viel mehr: Wer hat die Macht im Staat und wie ist die Macht verteilt? Sie forderten die Abschaffung der Vorrechte von Adel und Klerus. Nicht nur die Stimmen der Abgeordneten des dritten Standes wurden laut, sondern auch von vielen Bürgerinnen und Bürgern: In Beschwerdeheften hatten sie aufgeschrieben, was sie als ungerecht empfanden.

*** die Französische Revolution**
Als Französische Revolution bezeichnet man die Zeit zwischen 1789 und 1799 in Frankreich und den damit verbundenen politischen Umsturz. Sie beseitigte die Monarchie und weitgehend die Ständegesellschaft. Durch die Erklärung der Menschen- und Bürgerrechte 1789 wurden Ideale der Aufklärung umgesetzt.

Nationalversammlung und Ballhausschwur

Der dritte Stand war durch 600 Abgeordnete vertreten. Adel und Klerus setzten sich aus jeweils 300 Personen zusammen. Der König wollte, dass jeder Stand eine Stimme hat. Doch wäre dies eine faire Abstimmung? Die Abgeordneten des dritten Standes empfanden dies nicht so, denn Adel und Klerus hatten dieselben Interessen und würden bei einer Abstimmung den dritten Stand mit 2:1 immer überstimmen. Eine Abstimmung nach Köpfen, also nach Personen, war ihre Forderung. Der König lehnte diese Forderung jedoch ab. Die Abgeordneten des dritten Standes waren wütend.

Daraufhin entschieden sich die Männer des dritten Standes am 20. Juni 1789 zu einem *revolutionären Vorgehen: Sie erklärten sich zur Nationalversammlung, denn sie vertraten 98 % der Bevölkerung. Die Nationalversammlung erhob den Anspruch, die ganze Bevölkerung zu vertreten. Sie stellte damit die politischen Rechte der beiden anderen Stände infrage. In einer großen Ballspielhalle in Versailles kam es schließlich zum Schwur: Sie schworen sich, nicht eher auseinanderzugehen, bis sie eine *Verfassung ausgearbeitet hätten.

*** das revolutionäre Vorgehen**
Menschen handeln revolutionär, wenn sie sich für große Veränderungen und Neuerungen in einem Land, oft mithilfe von Gewalt, einsetzen.

*** die Verfassung**
In einer Verfassung steht, wie ein Staat funktioniert. Mit der Verfassung sollte die Macht des Königs, des Adels und Klerus eingeschränkt werden.

2 Der Ballhausschwur am 20. Juni 1789 in Versailles. In der Mitte steht der Astronom Jean-Sylvain Bailly, der die Sitzung im Ballhaus leitete. *Kopie nach dem Gemälde von 1791 von Jacques-Louis David (1748–1825).*

Q1 Der Priester Emmanuel Joseph Sièyes schrieb im Januar 1789 in der Flugschrift „Was ist der dritte Stand?“:

Der Plan dieser Schrift ist ganz einfach. Wir haben uns drei Fragen zu stellen:

1. Was ist der dritte Stand? Alles.
2. Was ist er bis jetzt im politischen Gefüge gewesen? Nichts.
3. Was fordert er? Darin etwas zu werden.

Q2 Auszüge aus einem Lied von 1789, das die wieder einberufenen Generalstände ehren sollte:

Der Adlige, voreingenommen wegen seines Namens,
Ohne Ehrgefühl und Anstand,
Wird seinen Hochmut und seine *Manier verlieren.
Halleluja!

Komm, kostbare Freiheit,
Um unter den Gesetzen der Gleichheit
Den Menschen die Menschlichkeit wiederzubringen.
Halleluja!

1 Beschreibt Bild 1 und berücksichtigt dabei besonders die Personen und deren Anordnung.

2 Erklärt mithilfe des Textes Z. 1–14, welches historische Ereignis in Bild 1 thematisiert wird und wie es dazu gekommen ist.

3 Nennt die Hoffnungen der Bevölkerung nach der Einberufung der Generalstände. Nutzt den Text Z. 14–26 und Q2.

4 Ein Abgeordneter des dritten Standes wird von einem Freund nach der Versammlung der Generalstände zu den Ergebnissen der Versammlung befragt. Entwickelt einen Dialog mit Fragen und Antworten. Berücksichtigt darin die Forderungen des dritten Standes und die Einstellung des Abgeordneten zu den Ergebnissen.
> *Lest nochmals zum Ablauf und Ergebnis im Text nach. Überlegt euch dann, welche Fragen ein Angehöriger des dritten Standes haben könnte, der nicht dabei war, und wie er die Ergebnisse bewerten könnte. Schreibt dann das Interview.*

5 Beurteilt mithilfe des Textes Z. 28–50, ob die Aussagen in Q1 stimmen.

6 Ermittelt die Haltung des Malers David zu den Ereignissen in Bild 2. Begründet eure Aussagen mithilfe der Zahlen im Bild.
> *Die Person in der Mitte (Nr. 1) ist der ...*
> *Die Personen ganz vorne im Bild (Nr. 2–4) stehen für ...*
> *Das einfallende Licht (Nr. 5) und der Wind (Nr. 6) ...*

*** die Manier, der Manierismus**
Kurzform von Manierismus. Gemeint sind hier unnatürliche und übertriebene Verhaltensweisen von Adligen.

Wie wurden Bürgerinnen und Bürger politisch aktiv?

1 Sturm auf die Bastille am 14. Juli 1789. *Zeitgenössischer Kupferstich.*

Die städtische Revolution

König Ludwig XVI. reagierte auf die Verfassungsankündigung, indem er 20 000 Soldaten in Paris und Versailles zusammenziehen ließ. Die Gefahr, dass so die Ausarbeitung einer Verfassung verhindert werden würde, sorgte in Paris für eine zusätzliche Aufheizung der Stimmung. Auf den Straßen schimpften Volksredner über den König und die alte Regierung. Außerdem entließ Ludwig XVI. seinen Finanzminister Jacques Necker, der die Revolutionäre und die Nationalversammlung unterstützte. Die Bürgerinnen und Bürger wollten auf keinen Fall, dass der König wieder seine alte Macht erlangte. Das Volk hatte Angst und war wütend. Tausende plünderten Klöster und Waffenschmieden. Sie bewaffneten sich mit Gewehren und zogen in Richtung der Bastille. Dieses Gefängnis war ein Symbol für die absolute Monarchie und für die *Willkür des Königs. Am 14. Juli 1789 belagerten etwa 8000 bewaffnete Pariser die Bastille (Bild 1 , S. 130/131). Zu ihnen gehörten viele einfache Bürger: Tischler, Schreiner, Schneider und weitere. Der Leiter der Bastille musste sich am Ende mit seinen Soldaten ergeben.

*** die Willkür**
Haltung, die nur den eigenen Interessen folgt, ohne Rücksicht auf die Interessen anderer zu nehmen

Die Folgen der Erstürmung

Der Sturm auf die Bastille war ein Zeichen dafür, dass der König nicht wieder die Macht zurückerlangte und somit die Nationalversammlung ihre Arbeit fortsetzen konnte. Außerdem wurde durch die Erstürmung die Macht der Revolutionäre gestärkt. Der König erkannte nun die Nationalversammlung an und setzte den Finanzminister Jacques Necker wieder ein.

Die Revolution auf dem Land

Der Sturm auf die Bastille hatte den Bäuerinnen und Bauern bewiesen, dass die Wut des Volkes einiges bewirken konnte. Einige von ihnen hatten sich schon zuvor im Jahr 1788 geweigert, weiterhin Steuern zu zahlen und Abgaben an den Grundherrn zu leisten. Nun verweigerten dies immer mehr Menschen in den Dörfern. Im Sommer 1789 bewaffneten sie sich mit Sensen und Mistgabeln und richteten diese gegen ihre Grundherrn. Die Bäuerinnen und Bauern setzten die Schlösser der Adligen in Brand und zerstörten z.B. Akten über Abgaberegelungen (Bild 2). Die Aufstände bewirkten, dass Adel und Klerus auf die Abgaben verzichteten. Dies wurde von der Nationalversammlung als Artikel mit in die Menschen- und Bürgerrechte aufgenommen, die kurze Zeit später in Kraft traten (siehe S. 150/151).

2 Bauern schlagen mit Dreschflegeln auf Gegenstände ein, die symbolisch für die alte Ordnung stehen, wie z. B. Wappenschilder, Schwerter oder Kleidung von Adligen. *Zeitgenösssische Radierung eines unbekannter Künstlers.*

Q1 Die Nationalversammlung setzte im Zeitraum vom 4. bis 11. August 1789 neue Gesetze durch:

Art. 1 Die Nationalversammlung zerstört vollständig das *Feudalwesen.

Art. 3 Das ausschließliche Recht [des Herrn] zur Jagd ... wird ebenfalls abgeschafft; und jeder Eigentümer hat – jedoch nur auf seinem Besitz – das Recht, jede Art von Wild zu töten oder töten zu lassen.

Art. 4 Jegliche grundherrliche Rechtsprechung wird ohne irgendeine Entschädigung abgeschafft.

Art. 5 Alle Arten von Abgaben oder die dafür eintretenden Grundzinsen werden abgeschafft.

Art. 9 Der Besteuerung sollen alle Bürger und alle Vermögen auf gleiche Weise und in derselben Form unterliegen.

Art. 11 Alle Bürger können ohne Unterschied ihrer Geburt zu allen kirchlichen, zivilen und militärischen Ämtern und Würden zugelassen werden.

*** das Feudalwesen**
Dies ist eine gesellschaftliche und politische Ordnung. Nach dieser Ordnung standen die Adligen und die Mitglieder der Kirche ganz oben. Sie verfügten über Land und verliehen ihr Land an ihre Untertanen (z. B. Ritter). Die Ritter konnten ihr Land an Bäuerinnen und Bauern weiterverleihen. Dafür mussten die Bäuerinnen und Bauern Dienste und Abgaben leisten.

1 Erstellt einen Zeitleiste und tragt alle Ereignisse zwischen 1788 und 1789 ein.
> *Nehmt die Methode „Eine Zeitleiste erstellen" von S. 284 zu Hilfe.*

2 Erklärt mithilfe des Textes Z. 2–11, 35–46 die Angst und Wut der Bevölkerung.

3 Verfasst eine historische Erzählung zur Erstürmung der Bastille oder der Revolution auf dem Land.
> *Nehmt die Methode „Eine historische Erzählung verfassen" von S. 286 und Bild 1 zu Hilfe.*
> *Dieser Tag, der 14. Juli 1789, ist ein ganz besonderer Tag. Heute ist etwas passiert, was es zuvor noch nie gegeben hat. Ich war heute ...*

4 Untersucht die Karikatur (Bild 2).
> *Nehmt die Methode „Karikaturen untersuchen" von S. 144/145 zu Hilfe.*

5 **a** Erklärt in eigenen Worten, was mit den Artikeln in Q1 gemeint ist.
b Diskutiert, welche Beschlüsse in Q1 das Leben der Bürgerinnen und Bürger am meisten verändert haben könnten.

Was ihr noch tun könnt:

1 Der 14. Juli ist heute ein Nationalfeiertag in Frankreich. Begründet die Entscheidung für dieses Datum mit dessen historischer Bedeutung.

Die Menschenrechte – Für wen galten sie?

1 „Der Fall der Massen". Über der Kurbel steht sinngemäß geschrieben: „So wird der elektrische Funke der Freiheit alle Herrscher von ihren Thronen stoßen." Auf der Kurbel steht „Erklärung der Menschenrechte" geschrieben. Oberhalb der Schnur stehen die Begriffe „Freiheit, Gleichheit, Brüderlichkeit, Einheit und Unteilbarkeit der Republik". *Karikatur aus Frankreich, 1789.*

Freiheit, Gleichheit und Brüderlichkeit

„Freiheit, Gleichheit und Brüderlichkeit" lautete der Leitsatz der Revolution. Von nun an sollten diese Werte für alle Bürger gelten. Die Nationalversammlung wollte diese Forderungen in die Tat umsetzen und beschloss im August 1789, die Leibeigenschaft, die Vorrechte des Adels und des Klerus abzuschaffen (siehe S. 149). Damit wurde die schon seit dem Mittelalter bestehende Ständeordnung beseitigt. Bäuerinnen und Bauern mussten keine Abgaben und Frondienste mehr leisten. Rechte, die sich an das Grundeigentum banden, blieben allerdings bestehen. So mussten sich die Bauern nun von den jeweiligen Abgaben freikaufen. Viele Bauern hatten nicht so viel Geld, sodass die Unruhen nicht aufhörten.

Die Abgeordneten der Nationalversammlung wollten jedoch mehr: Die Rechte für alle Bürger sollten in einem Gesetz festgeschrieben werden. Dies tat die Nationalversammlung am 26. August 1789 mit der Verabschiedung der Menschen- und Bürgerrechte (Q1). Die Bürger hatten durch die Erklärung der Menschen- und Bürgerrechte nun Freiheits-, Gleichheits- und Besitzrechte, die sie vor Willkür schützten. Die neuen Gesetze waren durch die Ideen der Philosophen der Aufklärung beeinflusst. Diese Rechte galten jedoch nicht ausnahmslos für alle Menschen: Für Frauen und Sklaven in den französischen Kolonien, wie zum Beispiel Saint Domingue (Haiti), galten sie nicht. Zwar wurde die Abschaffung der Sklaverei zunächst beschlossen. Auf Antrag der Plantagenbesitzer hob die Nationalversammlung die Beseitigung der Sklaverei jedoch wieder auf, da die Zuckerlieferungen nach Frankreich wegen der Befreiung der Sklaven stockten.

Konnten Frauen den König zu etwas zwingen?

Die Abschaffung der Leibeigenschaft und die Erklärung der Menschen- und Bürgerrechte stießen beim König auf Ablehnung. Frankreich befand sich zu diesem Zeitpunkt immer noch in einer Krise. Das Brot war teuer und die Menschen hungerten.

Besonders die Pariser Marktfrauen empfanden die teuren Brotpreise als Zumutung und marschierten in einem Protestmarsch mit Tausend anderen Frauen und der Nationalgarde zum Schloss nach Versailles. Dort drangen sie gemeinsam ins Schloss vor und forderten den König auf, die Brotpreise zu senken sowie die Menschen- und Bürgerrechtserklärung zu unterschreiben. Man verlangte außerdem, dass der König nach Paris und somit zu seinem Volk kommen solle.

Der König musste den Forderungen der tausend Frauen nachgeben und mit nach Paris kommen. Dieses Ereignis trug maßgeblich zur Stärkung der Revolution durch die Frauen bei und führte zu einer Entmachtung der Monarchie und somit des Königs.

2 Menschen- und Bürgerrechtserklärung vom 26. August 1789. Die Symbole der Bildquelle haben alle eine Verbindung zur Französischen Revolution. Das Auge im Dreieck ist ein Symbol für die Lehren der Vernunft. Die zerrissenen Ketten stehen für „Befreiung und Freiheit“, die rote Mütze steht für „Freiheit“ und für die „Befreiung aus der Sklaverei“. Die Girlande aus Lorbeerblättern steht für „Ruhm und Sieg“. Die linke Frau in Rot, Blau und Weiß mit der Krone auf dem Kopf symbolisiert die französische Nation. Die Frau auf der rechten Seite stellt einen Engel dar. Die oben in der Mitte abgebildete Schlange steht für die „Unendlichkeit“. *Gemälde von Jean Jacques François Le Barbier, 1789.*

Q1 Auszug aus den Menschen- und Bürgerrechten vom 26. August 1789:

Art. 1: Die Menschen sind und bleiben von Geburt frei und gleich an Rechten. Soziale Unterschiede dürfen nur im gemeinen Nutzen begründet sein.

Art. 2: Das Ziel einer jeden politischen Vereinigung besteht in der Erhaltung der natürlichen und unantastbaren Menschenrechte. Diese Rechte sind Freiheit, Eigentum, Sicherheit und Widerstand gegen Unterdrückung.

Art. 4: Die Freiheit besteht darin, alles tun zu können, was einem anderen nicht schadet.

Art. 7: Jeder Mensch kann nur in den durch das Gesetz bestimmten Fällen und in den Formen, die es vorschreibt, angeklagt, verhaftet und gefangengehalten werden. Diejenigen, die willkürliche Befehle betreiben, ausfertigen, ausführen oder ausführen lassen, sollen bestraft werden.

Art. 11: Die freie Mitteilung der Gedanken und Meinungen ist eines der kostbarsten Menschenrechte. Jeder Bürger kann also frei schreiben, reden und drucken ...

Art. 17: Da das Eigentum ein unverletzliches und heiliges Recht ist, kann es niemandem genommen werden, wenn es nicht die gesetzlich festgelegte, öffentliche Notwendigkeit augenscheinlich erfordert.

1 **a** Gebt Q1 mit eigenen Worten wieder.
b Erläutert mithilfe des Textes Z. 4–23 und Q1, warum die Erklärung der Menschen- und Bürgerrechte die französische Gesellschaft grundlegend veränderten.

2 Untersucht das Bild zur Erklärung der Menschen- und Bürgerrechte und ermittelt die Bildaussage.

3 Beantwortet mithilfe des Textes Z. 2–33 die Leitfrage „Die Menschenrechte – Für wen galten sie?“. Nutzt den → Wortschatz.

4 **a** Erklärt mithilfe von Bild 1, was die französischen Revolutionäre mit ihrem Vorgehen bewirkten.
> *Nehmt die Methode „Karikaturen untersuchen“ von S. 144/145 zu Hilfe.*

b Vermutet, an wen sich die Karikatur richtet und für wen sie bedrohlich wirkt.

5 Vergleicht die Menschen- und Bürgerrechte in Q1 mit dem Grundgesetz (siehe Anhang S. 294/295) und erarbeitet Gemeinsamkeiten und Unterschiede (QR-Code).

WORTSCHATZ

3 jemandem ein Recht zugestehen | Die Rechte galten für ... | Die Rechte galten nicht für ... | einen Beschluss wieder aufheben

Die Frauen forderten ihren Anteil an der Revolution

1 Sitzung eines Frauenclubs. *Zeichnung von Jean-Baptiste Lesueur, 1793.*

Frauen spielten in der Revolution von Anfang an eine wichtige Rolle, aber in der Erklärung der Menschen- und Bürgerrechte wurden sie nicht erwähnt. Auch bei den öffentlichen Diskussionen in der Nationalversammlung durften sie nur zuschauen. So gründeten viele Frauen ihre eigenen Vereine, in denen sie sich gegenseitig Zeitungsartikel und Reden der Politiker vorlasen und darüber diskutierten. Im September 1792 veröffentlichte die Autorin Olympe de Gouges ihre „Erklärung der Rechte der Frau und Bürgerin“. Artikel 1 lautete: „Die Frau ist frei geboren und bleibt dem Manne ebenbürtig in allen Rechten.“ Aber im Laufe des Jahres 1793 wurden die Aktivitäten von Frauen als nebensächlich oder sogar gefährlich für die Revolution eingeschätzt: Olympe de Gouges wurde zum Tode verurteilt und hingerichtet, die Frauenclubs wurden verboten, und ab Mai 1795 durften Frauen nicht einmal mehr die Zuschauertribüne des Konvents (Umbenennung der Nationalversammlung) betreten.

Wählt eine der folgenden Gruppenaufgaben 1–3.

1 ◩ Eine der Teilnehmerinnen schreibt ihrer Schwester auf dem Land einen Brief über ihren Besuch im Frauenclub. Schreibt diesen Brief. Ihr könnt so beginnen.
> *Liebe Schwester, gestern Abend war ich wieder einmal in unserem Frauenclub ...*

2 ⊠ Die Frauen diskutieren, wie der Brotpreis in Paris gesenkt werden kann. Stellt die Diskussion in einem Rollenspiel nach.
> *Nehmt die Methode „Ein Rollenspiel planen und durchführen“ von S. 26/27 zu Hilfe.*

3 ⊠ Die Frau links hält den anderen einen Vortrag über Olympe de Gouges und ihre Forderungen. Recherchiert über Olyme de Gouges und notiert Stichworte für diesen Vortrag.

Wie wurde Frankreich eine Republik?

1 Rückkehr der königlichen Familie am 25.06.1791. Nach ihrem Fluchtversuch und der Verhaftung in Varennes am 22. Juni wurden der König und seine Familie nach Paris zurückgebracht. *Zeitgenössische kolorierte Radierung eines unbekannten Künstlers.*

Die erste Verfassung

Die Erklärung der Menschen- und Bürgerrechte von 1789 wurde auch in die neue Verfassung aufgenommen, die 1791 schließlich in Kraft trat. Frankreich war nun eine „*konstitutionelle Monarchie“. In der Verfassung von 1791 sollte das Wahlrecht vom Besitz des einzelnen Bürgers abhängen. Als Maßstab dienten die Steuern, die der Betreffende bezahlte. Man spricht hier von „Zensuswahlrecht“. Der so wahlberechtigte männliche Bürger war dann ein „Aktivbürger“.

Die Revolution in Gefahr

Im Juni versuchte die königliche Familie, ins Ausland zu fliehen. Sie wurde aber erkannt und nach Paris zurückgebracht. Unter Druck erkannte der König im September 1791 die Verfassung an.

Die europäischen Monarchen hatten Angst, dass die Revolution auch auf ihre Länder übergreifen könnte. Daher griffen sie im April 1792 Frankreich militärisch an. Der Anführer der preußischen und österreichischen Truppen, der Herzog von Braunschweig, kündigte in einem öffentlichen Brief schreckliche Rache und die Zerstörung von Paris an, wenn dem König etwas angetan werden sollte. Die Anhänger der Revolution sahen sich nun von verschiedenen Seiten bedroht: Der König hatte sein Volk im Stich gelassen, ausländische Mächte versuchten, Frankreich zu überrennen, und obendrein setzten sich Versorgungsprobleme und Hungersnöte fort. Unter diesen Bedingungen kam es zu Panik, Hetze und Gerüchten. Im September taten sich bewaffnete Einwohner von Paris zusammen und überfielen mehrere Gefängnisse, in denen Gegner der Revolution in Haft saßen. Sie wurden alle des Verrats beschuldigt und ermordet. Innerhalb weniger Tage fielen diesen Massakern über 1000 Personen zum Opfer. Kurz darauf gelang es dem französischen Revolutionsheer, die feindlichen Truppen vorläufig zurückzudrängen.

Unter dem Eindruck dieser Ereignisse verkündete die Nationalversammlung, die nun Nationalkonvent hieß, das Ende der Monarchie. Der König war abgesetzt und Frankreich eine *Republik.

*** die konstitutionelle Monarchie**
Dies ist eine Staatsform, in der die absolute Macht des Monarchen durch eine Verfassung (Konstitution) beschränkt wird. Die Verfassung garantiert dem Parlament Rechte, z. B. Gesetze zu erlassen und die Finanzen zu kontrollieren.

*** die Republik**
(lat. res publica = die öffentliche Sache) Begriff für eine Staatsform mit einer gewählten Regierung. Durch Wahlen übt das Volk oder ein Teil des Volkes die Macht aus.

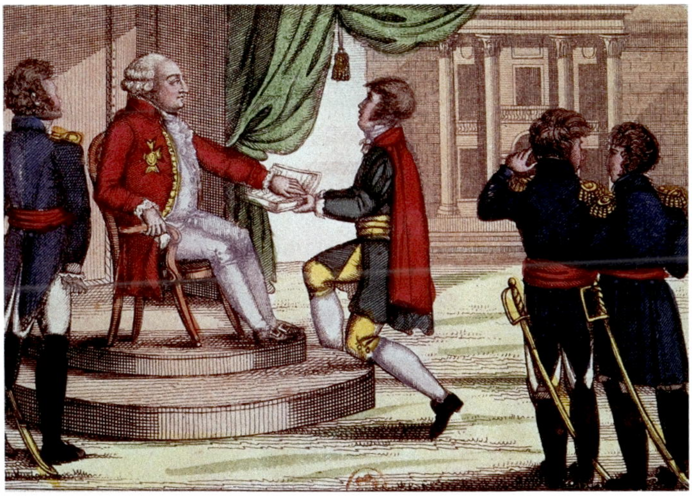

2 Im September 1791 leistet Ludwig XVI den Eid auf die Verfassung. *Zeitgenössische kolorierte Radierung, 1791.*

Todesurteil gegen den König

Im November wurden im Pariser Stadtschloss geheime Unterlagen des Königs entdeckt. Daraus ging hervor, dass er einige Politiker bestochen und heimlich Verhandlungen mit Österreich geführt hatte, mit dem sich Frankreich zu diesem Zeitpunkt im Krieg befand. Daraufhin wurde er wegen Verrats angeklagt. Mehrere Wochen dauerte der Prozess vor dem Nationalkonvent, der mit dem Todesurteil endete. Am 21. Januar 1793 wurde Ludwig XVI. hingerichtet.

Q1 Der Politiker und Journalist Camille Desmoulins schrieb 1789 über das Zensuswahlrecht in seiner Zeitung „Die Revolutionen in Frankreich und Brabant“:

Aber was meint ihr eigentlich mit dem so oft gebrauchten Wort „Aktivbürger“? Die aktiven Bürger, das sind die Eroberer der Bastille, das sind die, welche den Acker bestellen, während die Nichtstuer im Klerus und bei Hofe trotz ihrer Riesenbesitzungen nichts weiter sind als kümmerliche Pflanzen.

Q2 Während der Verhandlung gegen den König sagte der Abgeordnete Maximilien Robespierre am 3. Dezember 1792:

Was mich angeht, so verabscheue ich die Todesstrafe, und für Ludwig habe ich weder Hass noch Liebe, nur seine Untaten verabscheue ich. Aber ein König, dessen Name allein schon für unsere Nation den Krieg bedeutet, stellt für das öffentliche Wohl eine Gefahr dar. Mit Schmerz spreche ich die bittere Wahrheit aus: Es ist besser, dass Ludwig stirbt, als dass 100 000 tugendhafte Bürger umkommen. Ludwig muss sterben, weil das Vaterland leben muss.

1 Beschreibt die Situation von Bild 1. Achtet auf die Haltung der dargestellten Personen.

2 **a** Gebt Q1 mit eigenen Worten wieder.
b Stellt dar, was der Autor von der Verfassung von 1791 denkt. Berücksichtigt auch den Text Z. 5–11.

3 Beschreibt die Situation in Bild 2. Stellt einen Bezug zum Text Z. 11–43 her.

4 Stellt die Situation in Paris im September 1792 dar. Nutzt dazu den Textabschnitt „Die Revolution in Gefahr“.

5 Nennt mithilfe des Textes Z. 45–51 Gründe, die für die Verurteilung des Königs angeführt wurden.
> *Dem König wurde vorgeworfen … / Er hatte sich verdächtig gemacht, indem er … / Die Menschen befürchteten …*

6 Erklärt, was Robespierre mit dem Satz meint: „Aber ein König, dessen Name allein schon für unsere Nation den Krieg bedeutet, stellt für das öffentliche Wohl eine Gefahr dar.“ (Q2)

Ein Verfassungsschema lesen und verstehen

Eine Verfassung regelt, wie die Macht in einem Staat verteilt ist. Sie ist das grundlegende Gesetz, nach dem sich alle anderen Gesetze und das Handeln der Regierung richten müssen. Ein Verfassungsschema stellt die Elemente einer Verfassung in einem Bild dar.

In dieser bildlichen Darstellung kann man die wichtigsten Ämter und Einrichtungen (z.B. Präsident, Parlament) und ihre Rechte ablesen. Es zeigt z.B. auch, wer wählen darf oder von Wahlen ausgeschlossen ist, wer Gesetze beschließt und wer Regierungsmacht ausübt. Mithilfe des Schaubilds kann man die Machtverteilung in einem Staat in Worte fassen und erklären.

Folgende Hinweise helfen euch, ein Verfassungsschema zu lesen und zu verstehen:

Schritt 1: Den Aufbau untersuchen
- Wie kann man das Schema lesen? Die Pfeile helfen.
  - Von unten nach oben bzw. oben nach unten?
  - Von links nach rechts bzw. rechts nach links?
- Was sind wichtige Bestandteile des Schaubildes?
- Welche Ämter und Einrichtungen gibt es?

Schritt 2: Aussagen erschließen
- Wer darf wählen?
- Wie kommen Gesetze zustande?
- Wie werden Ämter besetzt und Einrichtungen zusammengesetzt?
- Welche Aufgaben haben Ämter und Einrichtungen?

Schritt 3: Zusammenhänge herstellen
- Wie ist die Macht verteilt? Welches Amt hat besonders viel Macht?
- Wer kontrolliert wen?
- Wessen Macht geht auf Wahlen zurück?
- Welche anderen Quellen der Macht gibt es?
- Wo werden Einflussmöglichkeiten des Volkes erkennbar?
- Sind Gruppen von politischer Mitbestimmung ausgeschlossen?

Schritt 4: Die Verfassung beurteilen
- Fasst noch einmal zusammen, ob die gesetzgebende, die ausführende und die richterliche Gewalt geteilt sind.
- Beurteilt, ob es sich um eine demokratische Verfassung handelt.
- Beurteilt, ob das Wahlrecht aus heutiger Sicht als demokratisch bezeichnet werden kann.

1 Bearbeitet Verfassungsschema 1 mithilfe der vier Schritte. Vervollständigt den Text im Lösungsbeispiel auf der rechten Seite.

2 In der Erklärung der Bürger- und Menschenrechte heißt es in Artikel 1: „Die Menschen werden frei und gleich an Rechten geboren und bleiben es ...“ Untersucht mithilfe von Schaubild 1, ob die Verfassung von 1791 diese Forderung erfüllt.

3 Diskutiert mithilfe von M1, an welchen Punkten diese Verfassung korrigiert werden müsste, damit sie in unserem heutigen Verständnis als demokratisch bezeichnet werden könnte.

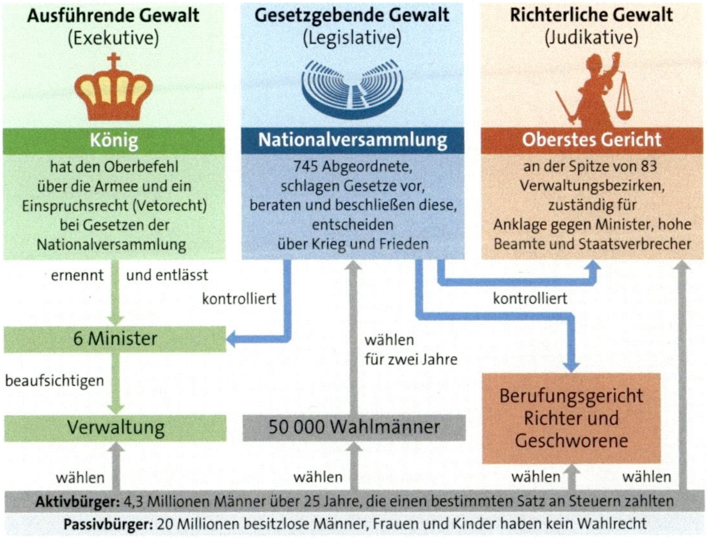

1 Die Verfassung Frankreichs von 1791.

Was kennzeichnet eine demokratische Verfassung?

„Demokratie" bedeutet „Herrschaft des Volkes". Eine demokratische Verfassung muss also so gestaltet sein, dass das Volk entweder direkt oder durch gewählte Vertreter über die Verteilung der politischen Herrschaft entscheidet. Dazu gehören folgende Voraussetzungen:

- Die Legislative (z.B. das Parlament) wird durch das Volk gewählt. Alle Erwachsenen haben das gleiche Recht zu wählen.
- Die Regierung wird vom Parlament gewählt und kann auch abgewählt werden.
- Unabhängige Gerichte kontrollieren auch Regierung und Behörden.
- Die Minderheit wird geschützt. Auch eine große Mehrheit kann einer Minderheit nicht die Grundrechte auf Gleichberechtigung und Meinungsfreiheit absprechen.

Lösungshilfen:

Zum Schritt 1:
Das Schema kann ... | Wichtiger Bestandteil ist der graue Kasten unten: ... | Von links nach recht gelesen sind drei wichtige Einrichtungen zu sehen: ...

Zum Schritt 2:
Der graue Kasten unten zeigt, ... | Es wird deutlich, wie der Wille der Wahlberechtigten ... | Die Nationalversammlung ... Der König ...

Zum Schritt 3:
Die Regierungsgewalt liegt ... | Er wird ... | Das Oberste Gericht ... | Von politischer Mitsprache ausgeschlossen ...

Zum Schritt 4:
Die Teilung der Gewalten ... | Es ist aber nicht demokratisch, ... | Die Regierung (der König) ...

Wie kam es zur Schreckensherrschaft?

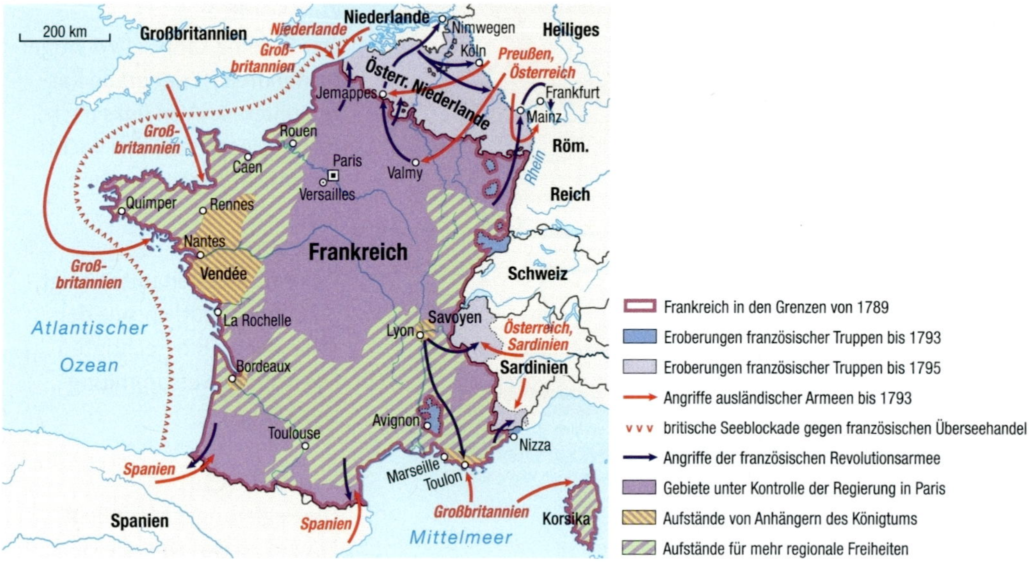

1 Frankreich und seine Konflikte 1789–1795.

Die Revolution war von allen Seiten bedroht

Nach der Hinrichtung des Königs befand sich die Revolution in einer sehr bedrängten Lage. Fast alle europäischen Nachbarländer hatten Frankreich nun den Krieg erklärt. Vor allem in den Städten litten die Menschen Hunger. Viele Bauern waren nicht bereit, Paris mit Getreide zu versorgen. Zugleich begannen in der Vendée, einer Region im Westen des Landes, Anhänger des Königs einen bewaffneten Aufstand.

Der Wohlfahrtsausschuss regierte mit Terror

Im August 1793 verabschiedete der Nationalkonvent eine neue Verfassung. Sie trat aber nie in Kraft. Denn schon kurz darauf stattete der Konvent den sogenannten „Wohlfahrtsausschuss" mit unbeschränkten Vollmachten aus. Dieses Gremium sollte die Revolution gegen alle Feinde sichern. Es wurde von der Gruppe der *Jakobiner kontrolliert.

Der Wohlfahrtsausschuss musste die militärische Verteidigung organisieren, er musste die Lebensmittelversorgung garantieren und Aufstände im Inneren des Landes bekämpfen. In allen diesen Bereichen gingen die Jakobiner unter der Führung von Maximilien Robespierre (1758–1794) sehr radikal vor. Um die Angriffe von außen zurückzuschlagen, verkündete der Wohlfahrtsausschuss eine Massenaushebung: Das bedeutet, dass alle Männer von 18 bis 25 Jahren zum Kriegsdienst verpflichtet wurden.

Der Kampf gegen den Aufstand in der Vendée wurde mit großer Brutalität geführt. Es kam zu Massenhinrichtungen und Gräueltaten gegenüber der Zivilbevölkerung. Die Zahl der Opfer dieses Bürgerkrieges wird auf 300 000 geschätzt.

In Paris verstärkte der Wohlfahrtsausschuss den Kampf gegen die „Feinde der Revolution". Dabei stand er unter dem Druck der hungernden Stadtbevölkerung, die mit Aufständen drohte. Nach und nach traf die Verfolgung auch Personen, die die Politik der Jakobiner kritisierten, auch wenn sie grundsätzlich mit der Revolution einverstanden waren. Die Verdächtigen wurden von sogenannten Revolutionsgerichten im Schnellverfahren abgeurteilt – viele von ihnen zum Tode. Die Urteile wurden in der Regel sofort vollstreckt. Zwischen Juni 1793 und Juli 1794 wurden ca. 500 000 Personen verhaftet, davon etwa 40 000 hingerichtet. Die Gesamtbevölkerung Frankreichs betrug zu diesem Zeitpunkt ca. 28 Millionen.

*** der Jakobiner, die Jakobiner**
Die Jakobiner waren zunächst ein politischer Klub, in dem über die Revolution diskutiert wurde. Der Name ging auf den ersten Treffpunkt, das Jakobinerkloster in Paris, zurück. Nach und nach sammelten sich bei den Jakobinern die Befürworter besonders radikaler Maßnahmen.

2 Robespierre wird am 27. Juli 1794 verhaftet. *Druck, um 1900.*

In der Hauptstadt wurden diese Hinrichtungen meistens durch die *Guillotine vollstreckt.

Das Ende der Schreckensherrschaft

Im Sommer 1794 hatte das französische Militär die Bedrohung von außen zurückgeschlagen. Damit hatten die Jakobiner die wichtigste Rechtfertigung für ihre Schreckenspolitik verloren. Zudem hatte der blutige Terror immer mehr Menschen abgeschreckt. Die Gegner der Jakobiner sammelten sich und ließen Robespierre und seine wichtigsten Unterstützer verhaften und hinrichten.

Q1 Am 25. Dezember 1793 sagte Robespierre vor dem Nationalkonvent:

Die Revolution ist der Krieg der Freiheit gegen ihre Feinde, die Verfassung ist die Herrschaft der siegreichen und friedlichen Freiheit. Da sich die Revolutionsregierung im Krieg befindet, muss sie zu außerordentlichen Maßnahmen greifen. ... Den guten Bürgern schuldet sie den Schutz der Nation, den Feinden des Volkes schuldet sie nur den Tod.

M1 Der Historiker François Furet schrieb 1965 über die Schreckensherrschaft:

Der sichtbarste Nutzen der Guillotine ist nicht mehr die Auslöschung der erklärten Feinde, sondern die Beseitigung der „*Faktionen".

1 ⊠ Beschreibt anhand des Textes Z. 1–10 und der Karte die Situation, in der sich die Revolution im Jahr 1793 befand.

2 ⊠ Nennt mithilfe des Textes Z. 16–29 die Aufgaben des Wohlfahrtsausschusses.

3 ⊠ **a** Beschreibt Bild 2.
⊠ **b** Erklärt, warum Robespierre gestürzt wurde.

4 ⊠ **a** Stellt mithilfe von Q1 in eigenen Worten dar, wie Robespierre die Schreckensherrschaft rechtfertigte.
⊠ **b** Bewertet die Rechtfertigung von Robespierre. Nehmt eure Ergebnisse aus Aufgabe 4a zu Hilfe. Ihr könnt so beginnen:
> *Aus heutiger Sicht ...*

5 ⊠ **a** Erläutert den Begriff „Faktion".
⊠ **b** Gebt in eigenen Worten wieder, wie der Historiker Furet (M1) den Terror erklärt.

*** die Guillotine**
Der französische Arzt Joseph-Ignace Guillotin hatte dieses Fallbeil als Instrument für die Vollstreckung der Todesstrafe durch Enthaupten entwickelt. Dieses Verfahren sollte angeblich humaner sein als bisherige Hinrichtungsarten.

*** die Faktion**
Eine Gruppe innerhalb einer politischen Partei. Im Rahmen der Französischen Revolution bezeichnet man mit „Faktionen" Gruppen von Revolutionären, die eine bestimmte eigene Meinung über die Entwicklung der Revolution vertreten. Diese Meinung stimmt unter Umständen nicht mit der Mehrheit oder der gerade an der Macht befindlichen Gruppe überein.

Warum wurde Napoleon zum Kaiser der Franzosen?

1 Napoleon in seinem Arbeitszimmer, 1812. Napoleon trägt eine militärische Uniform (1), die den Uniformen der kaiserlichen Truppen ähnelt. Er trägt zwei militärische Orden (2). Hinter ihm auf dem Tisch sieht man eine Papierrolle (3), auf welcher das Wort „Code" zu erkennen ist. Rechts neben ihm liegt ein Schwert auf dem Stuhl (4). *Gemälde von Jacques-Louis David, 1812.*

Das Ende der Schreckensherrschaft

Nach dem Ende der Jakobinerherrschaft kam es in Frankreich zu weiteren Unruhen.

Im Jahr 1795 bekam Frankreich eine neue Verfassung. Mit dieser wurde festgelegt, dass ein sogenanntes Direktoriumsparlament regieren sollte. Das Direktorium bestand aus fünf Männern, die wohlhabende Bürger waren und für fünf Jahre im Amt bleiben sollten. Dies gefiel besonders den Jakobinern, die weiterhin die Ideen der französischen Revolution umsetzen wollten. Die *Royalisten, die eine Monarchie forderten, lehnten dies ab. Deshalb gab es viele Aufstände von Royalisten, die jedoch durch das Militär zurückgedrängt wurden. Hierzu trug Napoleon Bonaparte wesentlich bei.

*** die Royalisten**
Dies sind Menschen, die wieder in einer Monarchie leben wollen.

Vom Militärschüler zum General

Napoleon Bonaparte kam am 15. Januar 1769 auf der Insel Korsika zur Welt. Seine Eltern gehörten dem niederen Adel an, wodurch die Familie ein gewisses Ansehen genoss. Napoleon besuchte zunächst staatliche Schulen und konnte aufgrund seiner guten Leistungen 1784 schnell auf die Militärschule wechseln. Diese schloss er 1785 als Offizier ab. Im Anschluss an die Militärschule begann seine erfolgreiche Karriere beim Militär. Während der Französischen Revolution besiegte er mit der Revolutionsarmee die Engländer, die die Hafenstadt Toulon besetzt hatten. Die Engländer mussten abziehen und Napoleon wurde 1793 zum General befördert. Wenig später lernte er die Adlige Josefine Beauharnais kennen und heiratete sie. Napoleon profitierte von der Heirat mit Josefine, denn sie hatte aufgrund ihrer Herkunft zahlreiche Verbindungen zu anderen angesehen Adligen oder Menschen mit politischem Einfluss.

Napoleon erhielt das militärische Kommando über die Armee und erzielte in vielen Schlachten fast immer den Sieg. Besonders erfolgreich war sein Italienfeldzug 1796, bei dem er italienische Gebiete unter französische Gewalt brachte. Weitere Siege gegen Österreich und Belgien kamen hinzu. Dadurch stieg sein Ansehen beim Volk. Sein Ruhm war so groß, dass selbst ein verlorener Feldzug in Ägypten 1798 nichts daran änderte.

Erster Konsul und Kaiser der Franzosen

Napoleon konnte durch seine militärischen Siege und durch sein hohes Ansehen beim Volk die Politik in Frankreich ohne Widerstand verändern. So kam es 1799 zum Staatsstreich: Napoleon löste das Parlament auf und erklärte sich selbst zum *Ersten Konsul und damit zum Staatsoberhaupt. Damit erklärte Napoleon die Revolution für beendet und herrschte

*** der erste Konsul**
Er hat die Macht über die Regierung. Er kann z. B. bestimmen, wer als Minister eingesetzt wird oder welche Gesetze in Kraft treten sollen.

2 Die Kaiserkrönung Napoleons I. in der Kirche Notre Dame zu Paris. Mit der Krone in der Hand (1). Er trägt festliche Kleidung und einen Lorbeerkranz (dieser erinnert an die Krönung römischer Kaiser). Vor ihm kniet Josefine Beauharnais (Ehefrau Napoleons) (2), welche die Krone von Napoleon erhält. Im Hintergrund sitzt Napoleons Mutter, Letizia Bonaparte, die jedoch bei seiner Kaiserkrönung nicht anwesend war. Der Maler hat sie hinzugefügt (3). Hinter Napoleon sitzt Papst Pius VII. (4). *Ausschnitt aus einem Gemälde von Jacques-Louis David, 1806–07.*

allein. Doch das Volk sollte das Gefühl haben, auch mitbestimmen zu können. So ließ er sich im Jahr 1802 sein Amt als Konsul per Volksabstimmung bestätigen und wurde „Konsul auf Lebenszeit".

Im Jahr 1804 krönte er sich selbst zum Kaiser. Auch diese Entscheidung ließ er per Volksabstimmung bestätigen.

Dadurch gewann er das Vertrauen des Volkes und die Mehrheit des Volkes akzeptierte ihn als „Kaiser der Franzosen".

Unter seiner Herrschaft ordnete Napoleon den Staat neu. Er schuf eine neue Währung, da Frankreich nach den langen Jahren der Revolution wenig Geld in der Staatskasse hatte. Zudem sorgte er dafür, dass die von ihm besiegten Länder nun Abgaben an Frankreich zahlen mussten. Auch so besserte er die Staatskasse auf.

Napoleon schuf auch etwas vorher noch nie Dagewesenes: Den Code civil oder auch Code Napoleon. Dies war ein bürgerliches Gesetzbuch, welches die Gleichheit vor dem Gesetz, das Recht auf Eigentum und Freiheitsrechte zum Inhalt machte. Diese Rechte galten jedoch nur für Männer. Dennoch war der Code civil ein großer Fortschritt für die Rechte der Bürger.

Es gab jedoch auch Einschränkungen für Bürgerinnen und Bürger. In Zeitungen durfte nicht frei alles geschrieben werden und das Volk wurde von der Polizei überwacht.

1 Beschreibt Napoleons militärische Karriere mithilfe des Textes Z. 16–44 und erstellt dazu eine Zeitleiste (QR-Code).
> *Nehmt die Methode „Eine Zeitleiste erstellen" von S. 284 zu Hilfe.*

2 **a** Beschreibt Bild 1 mithilfe der Bildlegende.
b Erklärt die Bedeutung der Symbole in Bild 1. Bezieht eure Ergebnisse aus Aufgabe 2a mit ein.
> *Die Orden zeigen ... / Das Wort „Code" könnte für ... stehen. / Napoleons militärische Uniform soll ... hervorheben. / Das Schwert konnte mit ... in Verbindung stehen. / Das Bild zeigt Napoleon als ...*

3 Erläutert, warum Napoleon beim Volk so beliebt war.

4 **a** Vermutet, warum Napoleon mit dem Rücken zu Papst Pius VII. in Bild 2 steht.
b Überlegt, warum Napoleon sich selbst zum Kaiser krönte.

5 Beurteilt, inwiefern Napoleon die Ideen der französischen Revolution umsetzte.
> *Nehmt die Methode „Ein eigenes Urteil bilden" von S. 285 zu Hilfe.*

Wie veränderte Napoleon Europa?

1 Feldzüge und Schlachten Napoleons.

Neue Grenzen wurden gezogen

Mit seinen Truppen eroberte Napoleon in wenigen Jahren große Teile Europas. Durch die Eroberung deutscher Gebiete gingen die linksrheinischen Gebiete an Frankreich. Die deutschen Fürsten wurden durch die *Säkularisation und *Mediatisierung entschädigt. Säkularisation bedeutete, dass geistliche Landesherrn enteignet wurden und weltliche Landesherrn diese Gebiete erhielten. Zahlreiche Klöster und Kirchen wurden geschlossen, verkauft oder einer gewerblichen Nutzung zugeführt. Mit der Mediatisierung wurden fast alle Reichsstädte und viele Kleinstaaten an mächtigere Landesherrn gegeben. Etwa 300 kleine Herrschaftsgebiete verschwanden so von der deutschen Landkarte. Folglich erhielten etwa 3 Millionen Menschen einen neuen Herrscher. Zu den Gewinnern zählten Bayern, Sachsen und Württemberg, denn sie wurden durch Napoleon zu Königreichen erhoben. 1806 schlossen sich 16 deutsche Fürsten zum Rheinbund zusammen (Karte 3).

Neue Machtverhältnisse entstanden

Die Fürsten des Rheinbundes erkannten Napoleon als Schutzherrn an und verpflichteten sich, ihn im Kriegsfall mit Truppen zu unterstützen. Gleichzeitig traten die verbündeten Rheinbundfürsten aus dem Heiligen Römischen Reich aus. Daraufhin legte der Habsburger Franz II. die Kaiserkrone des Heiligen Römischen Reiches nieder und war von nun an nur noch Kaiser von Österreich.

Napoleon setzte seine Verwandten als neue Herrscher ein. So erhielt sein Bruder Jerome das neugeschaffene Königreich Westfalen. Sein Bruder Joseph war erst König von Neapel und dann von Spanien. Auch erfolgreiche Feldherrn konnten mit einer Ernennung zum Herzog, Fürsten oder König rechnen. Wichtig war, dass alle treu und ergeben zu Frankreich standen, Errungenschaften der Revolution in ihren Gebieten durchsetzten und halfen, Napoleons Feinde in die Knie zu zwingen.

*** die Säkularisation**
Dies ist die Auflösung von geistlichen Gebieten, die neuen, größeren Staaten zugeschlagen werden.

*** die Mediatisierung**
Einziehung eines weltlichen Gebietes und Eingliederung in größere Staaten

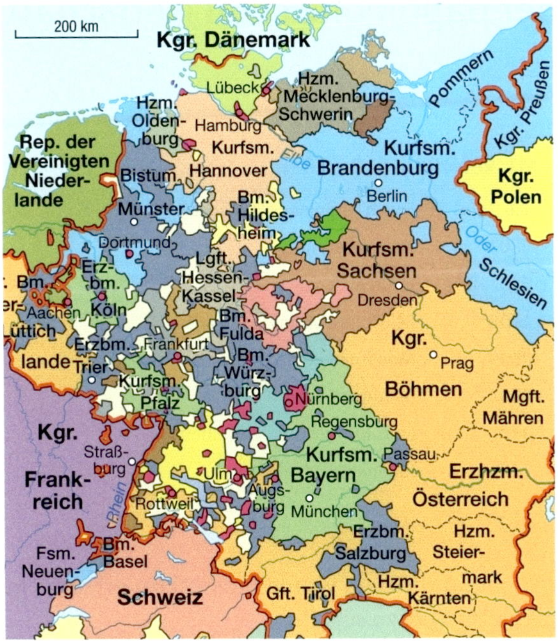

Grenze des Heiligen Römischen Reichs 1789
Reichsstädte
geistliche Gebiete

2 Mitteleuropa vor 1789.

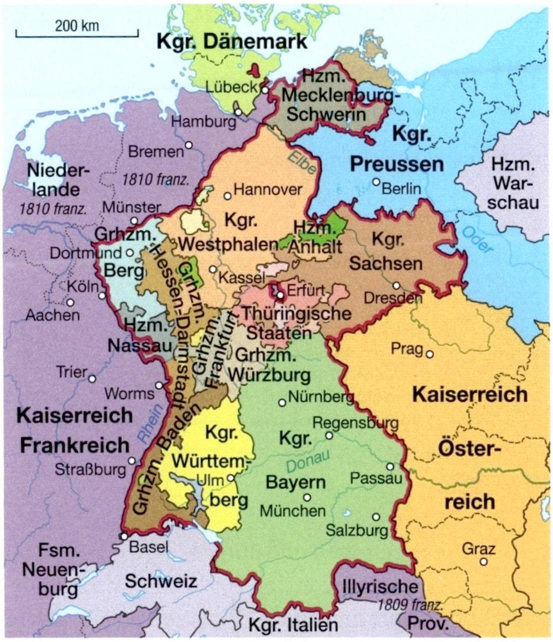

Kaiserreich Frankreich unter Napoleon 1812
Rheinbund 1812 (von Napoleon abhängig)
sonstige von Napoleon abhängige Staaten

3 Mitteleuropa von 1806 bis 1812.

Russlandfeldzug und Ende Napoleons

Im Jahr 1812 überschritten Napoleons Truppen die russische Grenze. Ihr Ziel war Moskau. Die russische Armee wich immer weiter zurück; auch Moskau wurde geräumt. Als Napoleon in die Stadt einzog, war sie fast menschenleer. Napoleon befahl den Rückzug. Halb verhungert, traten die Soldaten den langen Heimweg an. Von etwa 600 000 Soldaten kehrten nur 30 000 zurück. Tausende junger Männer meldeten sich freiwillig zum Kampf gegen Napoleon. Im Juni 1815 wurden Napoleons Truppen bei Waterloo im heutigen Belgien vernichtend geschlagen. Er selbst wurde auf die Insel St. Helena im Südatlantik verbannt. Dort starb er 1821.

Q1 Napoleon erklärte seine außenpolitischen Ziele so:

Europa wird nicht zur Ruhe kommen, bevor es nicht unter einem einzigen Oberhaupte steht, unter einem Kaiser, der Könige als seine Beamten hat und der seinen Generälen Königreiche gibt.

Wir brauchen ein europäisches Gesetz, einen europäischen Gerichtshof, eine einheitliche Münze, die gleichen Gewichte und Maße. Wir brauchen dieselben Gesetze für ganz Europa. ... Aus allen Völkern Europas muss ich ein Volk machen und aus Paris die Hauptstadt der Welt.

1 ☒ Beschreibt mithilfe von Karte 1, in welchen Phasen Napoleon seine Herrschaft über Europa ausdehnte.

2 ☒ Vergleicht die Karten 2 und 3 und nennt die Unterschiede.

3 ☒ Erklärt die Begriffe Mediatisierung, Säkularisation, Rheinbund, das Datum 1806 anhand der Karten 2 und 3 sowie der Z. 6–21.

4 ☒ Arbeitet mit Q1 die außenpolitischen Ziele Napoleons heraus.

Was ihr noch tun könnt:

1 ☒ Erstellt mithilfe der Seiten 160/161 einen Steckbrief zu Napoleon.
> *Berücksichtigt Daten und wichtige Lebensstationen.*

2 ☒ Ermittelt mithilfe der Karten 2 und 3 die Entwicklung des Gebietes des heutigen Nordrhein-Westfalen.

Welche Vorteile brachte die Zeit der napoleonischen Herrschaft mit sich?

Q1 Auszug aus dem Code civil zum Thema „Ehe“:

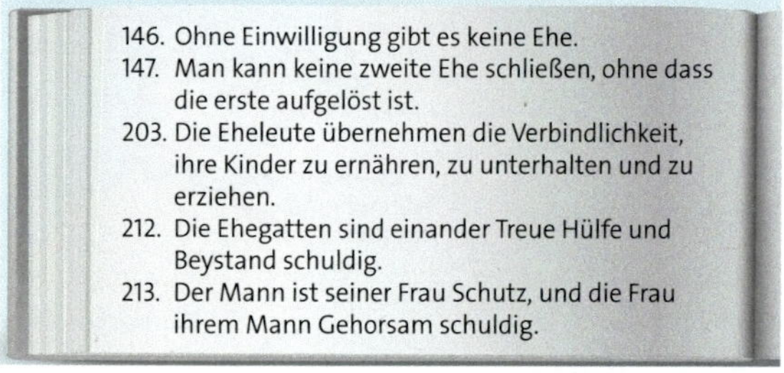

146. Ohne Einwilligung gibt es keine Ehe.
147. Man kann keine zweite Ehe schließen, ohne dass die erste aufgelöst ist.
203. Die Eheleute übernehmen die Verbindlichkeit, ihre Kinder zu ernähren, zu unterhalten und zu erziehen.
212. Die Ehegatten sind einander Treue Hülfe und Beystand schuldig.
213. Der Mann ist seiner Frau Schutz, und die Frau ihrem Mann Gehorsam schuldig.

1 Der Code civil, ein bürgerliches Gesetzbuch von 1804, nachgestellt.

M1 Reformen in Preußen

Ab (Jahr)	Durch Napoleons Herrschaft
1807	Bauernbefreiung
1807–1814	Heeresreform
1808	Selbstverwaltung der Städte
1808	Modernisierung der Staatsverwaltung
1808	Bildungsreform
1811	Einführung Gewerbefreiheit
1812	Judenemanzipation

Rechte für Bürgerinnen und Bürger

Was blieb eigentlich von den Forderungen der Französischen Revolution übrig? Napoleon veränderte das Leben der Menschen in Europa maßgeblich. Er führte eine Schulpflicht ein, gründete Gymnasien und Universitäten und vereinheitlichte Maße und Gewichte.

Durch die französische Besetzung in Deutschland wurden viele kleine Fürstentümer aufgelöst, wodurch zusammenhängende Gebiete entstanden. Ein Beispiel dafür ist die Gründung des Königreichs Westfalens. Napoleon setzte hier seinen Bruder als König ein, der das Königreich nach französischem Vorbild regierte. Dies bedeutete: Die Rechte der Menschen orientierten sich von nun an am Code civil.

Neuerungen in Preußen

Preußen hatte in den Napoleonischen Kriegen mehrmals verloren, denn Frankreich war Preußen militärisch und von seiner Verwaltung her überlegen. Preußen war durch die Niederlagen geschwächt und der König an Reformen interessiert, damit der Staat wieder an Macht gewinnt.

Mit der Bauernbefreiung wurde das alte Feudalsystem abgeschafft. Die Bäuerinnen und Bauern konnten von nun an das Land, auf welchem sie arbeiteten, ihrem Grundherrn abkaufen. Dadurch mussten sie keine Frondienste mehr leisten und waren von ihrem Grundherrn auch nicht mehr abhängig. Mit der Heeresreform wurde die allgemeine Wehrpflicht eingeführt. Die Ausbildung der Soldaten und Offiziere wurde umstrukturiert, um ein stärkeres Heer zu schaffen.

Durch die Städtereform konnten die Bürgerinnen und Bürger ihre Städte von nun an selbst verwalten. Zuvor war der Staat für die Verwaltung der Städte zuständig. Des Weiteren wurde auch der gesamte Staat modernisiert. Es wurden Minister für verschiedene Bereiche eingesetzt, zum Beispiel für die Innen- und Außenpolitik. Die Verwaltung des Staates wurde zentralisiert. Das heißt, dass ähnliche Aufgaben und Bereiche zusammengelegt wurden. Nicht nur die Verwaltung wurde verändert, sondern auch die Bereiche Bildung, Gewerbe und der Umgang mit jüdischen Menschen. Durch die Bildungsreform wurden humanistische Gymnasien errichtet, wo junge Menschen eine gute Bildung erhalten sollten. Zudem wurde der Zunftzwang abgeschafft und die Gewerbefreiheit eingeführt. Nun konnten die Menschen ihren Beruf frei wählen. Die in Preußen lebenden jüdischen Menschen wurden ab 1812 zu Bürgerinnen und Bürgern und erhielten damit die gleichen bürgerlichen Rechte wie alle anderen.

Tipps für die Erarbeitung und Präsentation:

1 Gestaltet einen Teil für eine Wandzeitung mit der Überschrift „Welche Vorteile brachte die Zeit der napoleonischen Herrschaft mit sich?“ Nehmt zu folgender Aussage Stellung: „Napoleon befreite die Menschen in Europa.“

Wie entstand ein Nationalbewusstsein in den europäischen Staaten?

1 Beim Hambacher Fest in der Rheinpfalz trafen sich die Menschen vom 27. bis 30. Mai 1832. Die Menschen kamen aus dem deutschen Bundesstaaten, aber auch aus Polen, Frankreich und Großbritannien. Sie forderten die nationale Einheit, Freiheit und eine Beseitigung der Monarchie. *Gemälde nach alten Stichen von Hans Mocznay (1906–1996), vermutlich 1948.*

Widerstand gegen die Herrschaft Napoleons

Napoleon scheiterte bei seinem Russlandfeldzug 1812. Der kalte Winter und die schlechte Versorgung der Soldaten führten zur Niederlage Frankreichs. Die Niederlage bestärkte Frankreichs Gegner England, Österreich und Russland in ihrem Widerstand. Aber auch Preußen wandte sich gegen Napoleon. Viele Deutsche wollten keine französische Fremdherrschaft mehr. Deshalb schlossen sich nun Napoleons Gegner zusammen, um ihn zu besiegen. In der Völkerschlacht bei Leipzig 1813 und Waterloo 1815 wurde Napoleon endgültig besiegt.

Nationalismus in Europa

Die Errungenschaften der Französischen Revolution hatten einen großen Einfluss auf die Nationalstaatsbildung und auf das Nationalbewusstsein der Menschen. Die Erklärung der Menschen- und Bürgerrechte, die Gewaltenteilung und das Mitspracherecht des Volkes waren wichtige Aspekte für die Bildung eines französischen Nationalstaats. Ein Nationalstaat ist ein Staat (Land), in welchem sich die Menschen aufgrund bestimmter Merkmale als Gemeinschaft fühlen. Zu diesen Merkmalen gehören beispielsweise die Kultur oder die Sprache.

Die europäischen Länder entwickelten nach und nach ein Nationalbewusstsein. Auch viele Deutsche entwickelten durch den gemeinsamen Kampf gegen Napoleon ein Gemeinschaftsgefühl. Im Laufe des 19. Jahrhunderts entwickelte sich nach und nach aus dem Gemeinschaftsgefühl ein Nationalbewusstsein. In Deutschland kam es dann schließlich 1848/49 auch zu einer Revolution, bei welcher die Menschen Freiheit, Gleichheit und einen vereinten Nationalstaat forderten.

Q1 Auszug aus dem Lied „Der Gott, der Eisen wachsen ließ" von Ernst Moritz Arndt aus dem Jahr 1812. Die Melodie ist von Albert Methfessel.

O Deutschland, heil'ges Vaterland!
O deutsche Lieb' und Treue!
Du hohes Land, du schönes Land!
Dir schwören wir aufs neue:
...
So ziehn wir aus zur Hermannsschlacht
und wollen Rache haben.

Lasst brausen, was nur brausen kann
in hellen, lichten Flammen!
Ihr Deutschen alle, Mann für Mann
fürs Vaterland zusammen!
Und hebt die Herzen himmelan
und himmelan die Hände,
und rufet alle, Mann für Mann
Die Knechtschaft hat ein Ende!

Tipps für die Erarbeitung und Präsentation:

1 ☒ Gestaltet einen Teil für eine Wandzeitung mit der Überschrift „Widerstand gegen die französische Fremdherrschaft". Erläutert, warum sich in den europäischen Staaten ein Nationalbewusstsein entwickelte.

Welchen Einfluss hat die Französische Revolution bis heute auf die politische Kultur in Deutschland?

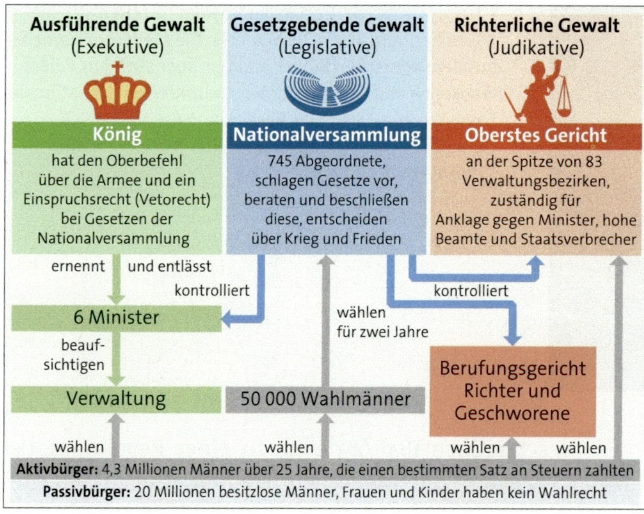

1 Die Verfassung Frankreichs 1791.

2 Bild 1 zeigt den deutschen Bundestag (Legislative), Bild 2 zeigt die Waage der Gerechtigkeit und einen Richterhammer (Judikative). Auf dem dritten Foto sieht man einen Polizisten (Exekutive).

Ein Schritt in Richtung Demokratie

In der französischen Verfassung von 1791 war die Gewaltenteilung, also eine Aufteilung der Macht im Staat, fest verankert. Die Einführung der Gewaltenteilung hat den Grundstein für unsere heutige politische Ordnung in Europa gelegt.

In Deutschland haben wir heute auch eine Verfassung, das Grundgesetz, welches das Zusammenleben der Menschen regelt. Im Grundgesetz ist auch geregelt, dass die Macht in Deutschland auf drei Staatsgewalten aufgeteilt werden muss. Die erste Gewalt ist die gesetzgebende Gewalt (Legislative). Der Bundestag beschließt die Gesetze in Deutschland und legt damit fest, was erlaubt und verboten ist. Die zweite Gewalt ist die vollziehende Gewalt (Exekutive). Diese sorgt dafür, dass die beschlossenen Gesetze in Deutschland auch umgesetzt werden. Zur Exekutive gehören die Bundesregierung, alle Behörden des Bundes, der Länder und der Gemeinden sowie die Polizei. Die richterliche Gewalt (Judikative) ist dazu da, um Verstöße gegen die Gesetze zu überprüfen. Aber warum ist die Aufteilung der Macht ein Schritt in Richtung Demokratie? Die Gewaltenteilung bringt mehr Gerechtigkeit, denn die drei Gewalten kontrollieren sich gegenseitig. Das bedeutet, dass nun nicht einfach eine Person alleine bestimmen kann, was im Staat geschieht. Das Volk kann durch Wahlen mitbestimmen, welche Politikerinnen und Politiker im Bundestag sind und die Gesetze machen.

M1 Auszug aus dem Grundgesetz der Bundesrepublik Deutschland vom 23. Mai 1949:

Art. 20, (2): Alle Staatsgewalt geht vom Volke aus. Sie wird vom Volke in Wahlen und Abstimmungen und durch besondere Organe der Gesetzgebung, der vollziehenden Gewalt und der Rechtsprechung ausgeübt.

Art. 20, (3): Die Gesetzgebung ist an die verfassungsmäßige Ordnung, die vollziehende Gewalt und die Rechtsprechung sind an Gesetz und Recht gebunden.

Tipps für die Erarbeitung und Präsentation:

1 ☒ Gestaltet einen Teil einer Wandzeitung und beantwortet die Leitfrage „Welchen Einfluss hat die Französische Revolution bis heute auf die politische Kultur in Deutschland?“ Erläutert, warum die Gewaltenteilung für die Demokratie wichtig ist.

Wie beeinflusste die Französische Revolution die Rechte der Menschen bis heute?

1 Flagge der UNO.

2 Die Fahnen der Mitgliedsstaaten der UNO vor dem Hauptsitz in Europa, Genf (Schweiz). *Foto, 2011.*

Freiheit und Gleichheit für alle

Mit der Erklärung der Menschen- und Bürgerrechte im August 1789 haben die Vertreter der Nationalversammlung einen wichtigen Grundstein für die Freiheit, die Gleichheit und das Recht am eigenen Eigentum gelegt.

Die Französische Revolution war somit ein Vorbild für viele andere Länder. Die Idee von der Umsetzung dieser Werte war von nun an fest im Gedankengut der Menschen verankert. Heute gehören Werte wie Freiheit und Gleichheit zu unserer Demokratie dazu.

Sicherung der Menschenrechte

Damit diese Rechte auch gesichert werden können, gibt es die UNO. Die UNO ist ein Zusammenschluss von fast allen Ländern auf der Welt. Die Ziele der UNO sind, den Weltfrieden zu bewahren, für internationale Sicherheit zu sorgen und die Menschenrechte zu schützen. Die UNO setzt sich also dafür ein, dass alle Menschen, Erwachsene und Kinder, Rechte haben. Diese Rechte sind das Recht auf Leben, körperliche Unversehrtheit, Freiheit, Meinungsfreiheit, Versammlungsfreiheit und das Recht auf Bildung (Q1). Die UNO achtet darauf, dass diese Rechte in den Ländern auch eingehalten werden, denn in manchen Ländern wird gegen diese Rechte verstoßen. Diese Menschenrechte wurden von der UNO am 10. Dezember 1948 verabschiedet. Jährlich wird auch in Deutschland dieser Tag, der Internationale Tag der Menschenrechte, gefeiert.

Q1 Auszug aus der Erklärung der Menschenrechte der UNO vom 10. Dezember 1948:

Art. 1 Alle Menschen sind frei und gleich an Würde und Rechten geboren. ...

Art. 2 Jeder hat Anspruch auf alle in dieser Erklärung verkündeten Rechte und Freiheiten, ohne irgendeinen Unterschied, etwa nach „Rasse", Hautfarbe, Geschlecht, Sprache, Religion, politischer oder sonstiger Anschauung, nationaler oder sozialer Herkunft, Vermögen, Geburt oder sonstigem Stand. ...

Art. 4 Niemand darf in Sklaverei oder Leibeigenschaft gehalten werden; ...

Art. 7 Alle Menschen sind vor dem Gesetz gleich und haben ohne Unterschied Anspruch auf gleichen Schutz durch das Gesetz.

Tipps für die Erarbeitung und Präsentation:

1 ☒ Gestaltet einen Teil einer Wandzeitung und beantwortet die Leitfrage „Wie beeinflusste die Französische Revolution die Rechte der Menschen bis heute?" Überlegt gemeinsam, warum die Menschenrechte für die Demokratie von großer Bedeutung sind.

Haiti: Galten die Menschenrechte auch in der Karibik?

1 Arbeit auf einer karibischen Zuckerplantage. Oben wird das Zuckerrohr gemahlen und ausgepresst. Der Saft läuft nach unten in die Kessel, wo er eingekocht wird. Der Zuckersirup wird getrocknet, die Reste werden zu Rum verarbeitet. *Stich von 1749.*

Die Zuckerinsel

Der westliche Teil der Insel Hispaniola, das heutige Haiti, war im 18. Jahrhundert eine französische Kolonie mit dem Namen Saint Domingue. Sie war überwiegend in der Hand reicher Landbesitzer, die auf ihren Ländereien Zucker produzierten. Die schwere Arbeit auf den Plantagen wurde von schwarzen Sklavinnen und Sklaven verrichtet. 1791 waren von den 600 000 Einwohnerinnen und Einwohnern der Kolonie 90 % versklavt. Die Hälfte des weltweit produzierten Zuckers kam von hier.

Menschenrechte für alle?

Als in Frankreich die Menschenrechte verkündet wurden, verlangten die Bewohner von Haiti, dass diese Rechte auch für sie gelten sollten. Sie wollten als gleichberechtigte Bürgerinnen und Bürger Frankreichs anerkannt werden. Das wiesen die reichen Landbesitzer zurück, da sie auf ihre billigen Arbeitskräfte nicht verzichten wollten. So kam es 1791 zu Aufständen der Sklavinnen und Sklaven, die sich zu einem langen und blutigen Bürgerkrieg ausweiteten. Unter ihrem Anführer, dem ehemaligen Sklaven Toussaint Louverture (1743–1803), waren die Aufständischen zunächst erfolgreich: 1794 beschloss die Nationalversammlung in Paris die Abschaffung der Sklaverei. 1801 formulierte Toussaint eine Verfassung für Haiti, die die Freiheit und Gleichheit aller, unabhängig von der Hautfarbe, noch einmal ausdrücklich hervorhob. Nach seinem Aufstieg zum ersten Konsul bemühte sich Napoleon Bonaparte allerdings, die alten Machtverhältnisse in der Kolonie wieder herzustellen. Er schickte 1802 eine große Armee nach Haiti, aber viele seiner Soldaten fielen Krankheiten zum Opfer. Es gelang Toussaint, einen Waffenstillstand mit den Franzosen zu erreichen. Dann wurde er jedoch in einen Hinterhalt gelockt, gefangen genommen und nach Frankreich gebracht, wo er im folgenden Jahr im Gefängnis starb.

Die erste unabhängige Republik in Südamerika

Da Napoleon weiterhin darauf bestand, die Sklaverei wieder einzuführen, flammten die Kämpfe noch einmal auf. 1804 wurden die französischen Truppen endgültig vertrieben und die ehemalige Kolonie unter dem Namen Haiti unabhängig. Seit 1820 gibt es die Republik Haiti. Allerdings hatte die Nationalversammlung den ehemaligen Großgrundbesitzern umfangreiche Entschädigungen zugesprochen, die Haiti zu bezahlen hatte. Damit war das Land bis weit in das 20. Jahrhundert verschuldet.

2 Auf dem Markt der haitianischen Hafenstadt Cap Haitien lagern Aufständische während der Kämpfe gegen die Truppen Napoleons.

Q1 In der Sitzung des französischen Nationalkonvents vom 4. Februar 1794 schlug der Abgeordnete LaCroix vor:
Der Nationalkonvent erklärt die Sklaverei in allen Kolonien für abgeschafft. Er erklärt weiter, dass alle Menschen, die in den Kolonien leben, ohne Unterschied der Hautfarbe, französische Bürger sind und alle in der Verfassung garantierten Rechte genießen.

Q2 Aus der Verfassung Haitis von 1801:
Art. 3: Es gibt keine Sklaven mehr auf diesem Territorium; die Sklaverei ist für immer abgeschafft. Alle Menschen hier werden frei geboren. Sie leben und sterben frei und als Franzosen.
Art. 4: Jedermann, gleich welcher Hautfarbe, hat Zugang zu allen Berufen und öffentlichen Ämtern. Das Gesetz ist für alle gleich.

Q3 Das Parlament unter dem Konsul Napoleon Bonaparte beschloss am 20. Mai 1802:
Art. 1: In den Kolonien ... wird die Sklaverei aufrechterhalten gemäß den Gesetzen und Bestimmungen aus der Zeit vor 1789.
Art. 3: Der Handel mit Schwarzen und ihre Einfuhr in die genannten Kolonien findet gemäß den Gesetzen und Bestimmungen aus der Zeit vor 1789 statt.

1 Beschreibt Bild 1 und erklärt den Prozess der Zuckerherstellung. Stellt Vermutungen an, weshalb die Arbeit in der Zuckerproduktion sehr schwer und gefährlich war.
2 Stellt mithilfe des Textes Z. 12–26 und von Q1 dar, wie sich die Erklärung der Menschrechte auf die Situation in Haiti auswirkte.
3 Beschreibt die Stimmung auf Bild 2. Achtet besonders auf das Verhalten der dargestellten Personen. Nutzt auch Q2.
4 Vermutet, was die Gründe für Art. 1 und 3 in Q3 waren.
> Nehmt die Methode „Ich – Du – Wir" von S. 289/290 zu Hilfe.
5 Schreibt eine Erwiderung auf die Beschlüsse in Q3 aus der Sicht einer Haitianerin oder eines Haitianers. Nutzt den → Wortschatz.

WORTSCHATZ
5 über etwas enttäuscht sein | sein Wort brechen | Gerechtigkeit fordern | Menschenrechte, die für ... gelten

Absolutismus, Aufklärung und Französische Revolution

Ich kann wichtige Begriffe im Zusammenhang erklären (Sachkompetenz):

die Aufklärung
die Revolution
die Verfassung
die Gewaltenteilung
die Menschenrechte
die Republik

1 Schreibt diese Begriffe zu den passenden Definitionen in M1.

2 Erklärt den Begriff „Ständegesellschaft“.

Ich kann folgende Aufgaben lösen (Sachkompetenz):

3 Erklärt, wie die Ideen der Aufklärung Politik, Religion und Wissenschaft beeinflusst haben.
> *Überlegt erst, welches die zentralen Ideen der Aufklärung sind und wo diese Ideen umgesetzt worden sind. Nehmt euer Wissen über dieses Kapitel zu Hilfe.*

4 Stellt euch vor, ihr seid eine Frauenrechtlerin zur Zeit der Revolution. Ihr seid mit der Menschenrechtserklärung nicht ganz einverstanden. Gestaltet mit anderen Frauenrechtlerinnen ein Flugblatt, das die Gründe für eure Unzufriedenheit verdeutlicht.

5 Erklärt Anlass, Ursache und Verlauf der Französischen Revolution.
> *Nehmt das Bild auf S. 130/131 zu Hilfe.*

Ich kann Karikaturen untersuchen (Methodenkompetenz):

6 Untersucht die Karikatur rechts (Bild 1).
> *Nehmt die Methode „Karikaturen untersuchen“ von S. 144/145 zu Hilfe.*

7 Tauscht eure Ergebnisse mit einer Partnerin oder einem Partner. Überprüft, ob die Schritte zur Untersuchung einer Karikatur eingehalten worden sind.

Ich kann mir ein Urteil bilden und es begründen (Urteilskompetenz):

8 „Die Menschen sind und bleiben von Geburt frei und gleich an Rechten.“ Beurteilt, ob die Erklärung der Menschenrechte, so wie sie 1789 formuliert wurde, diesem eigenen Anspruch gerecht wird.
> *Nehmt die Methode „Ein eigenes Urteil bilden“ von S. 285 zu Hilfe.*

9 Beurteilt, ob Napoleon die Ideen der Französischen Revolution mit seiner Herrschaft fortgeführt hat.

10 Nehmt Stellung zur Frage, ob und inwiefern die Errungenschaften der Französischen Revolution die Politik in Europa beeinflusst hat. Bezieht Bild 2 mit ein.

Ich kann aus dem Gelernten Folgerungen für meine Gegenwart ziehen (Handlungskompetenz):

11 Erklärt, warum der 14. Juli ein französischer Nationalfeiertag ist.
> *Nehmt die Ergebnisse von Aufgabe 5 zu Hilfe.*

M1 Zuordnungsrätsel wichtige Begriffe:

1	**A** Dies ist eine Staatsform, in der die Regierung mithilfe von Wahlen durch das Volk bestimmt wird.
2	**B** Dies ist das grundlegende Gesetz eines Landes, welches regelt, wie die politische Macht verteilt wird.
3	**C** Dieser Begriff bezeichnet die Epoche, in der die Vorgaben der Kirche und die absoluten Herrschaftsansprüche der europäischen Monarchen von immer mehr Menschen in Zweifel gezogen wurden.
4	**D** Hiermit ist die grundlegende Umwälzung der politischen und gesellschaftlichen Verhältnisse gemeint.
5	**E** Dieser Ausdruck bezeichnet den Anspruch aller Menschen auf Freiheit und Gleichheit vor dem Gesetz.
6	**F** So wird eine Verteilung der politischen Zuständigkeiten bezeichnet, bei der Regierung, Gesetzgebung und Rechtsprechung voneinander unabhängig sind.

1 „Das Erwachen des dritten Standes“. Unter dem Bild steht: „Es wird Zeit, dass ich erwache, weil meine Ketten mir etwas zu starke Albträume verursachen.“ *Zeitgenössische Karikatur um 1789.*

2 Der deutsche Bundestag. Der Bundestagsadler wurde 1953 von Ludwig Gies gestaltet.

6

Auf dem Weg zum Nationalstaat

Das Bild zeigt die Barrikadenkämpfe in Berlin in der Nacht vom 18. zum 19. März 1848. Die deutsche Bevölkerung demonstrierte gegen den preußischen König Friedrich Wilhelm IV. Sie forderten Freiheit, einen einheitlichen deutschen Staat sowie bessere Arbeits- und Lebensbedingungen. Bei ihnen allen verband sich mit dem Aufbegehren gegen die bestehende Ordnung die Erwartung, dass sich ihr Leben hin zu Unabhängigkeit und Wohlstand verbessern würde.

Das 19. Jahrhundert ist geprägt durch Revolutionen sowie gesellschaftliche und politische Umbrüche. Die Ideen der Französischen Revolution von der Freiheit und Gleichheit hatte ihre Nachwirkungen auch im 19. Jahrhundert auf die Politik in Europa.

1 Beschreibt euch gegenseitig Details aus dem Bild. Die Partnerin bzw. der Partner versucht, diese Details zu finden.

2 Notiert eure Gedanken, wenn ihr die Farben Schwarz, Rot und Gold einzeln und anschließend gemeinsam betrachtet.

Auf dem Weg zum Nationalstaat

1 Revolutionen und Aufstände in Europa 1848/1849.

Im 19. Jahrhundert gab es noch kein geeintes und demokratisches Deutschland, wie wir es heute kennen. Die deutsche Bevölkerung lebte damals in verschiedenen *Kleinstaaten und Fürstentümern. Diese wurden von einem Monarchen bzw. Fürsten regiert. Diese beschlossen die Rechte und Gesetze. Doch das Volk war damit nicht einverstanden: Man nahm sich die Franzosen mit ihrer Revolution von 1789 zum Vorbild in Europa. Es kam in den Jahren 1848 und 1849 europaweit zu vielen Aufständen und Revolutionen. In Deutschland wünschte sich die Mehrheit der Bevölkerung eine Nation in „Einigkeit und Recht und Freiheit“. Diese Forderungen werden heute in der deutschen Nationalhymne gesungen, die aus dem Jahr 1841 stammt. Im Mai 1848 versammelte sich die deutsche Nationalversammlung mit gewählten Abgeordneten aus allen deutschen Staaten – diese war jedoch nicht langlebig. Am 18.01.1871 wurde das deutsche Kaiserreich ausgerufen und es herrschte erneut ein Monarch über die deutsche Bevölkerung. Dieser war künftig an eine Verfassung gebunden.

1 Listet anhand der Karte die Orte auf, in denen Revolutionen und Aufstände in den Jahren 1848/49 stattgefunden haben.

2 Sucht euch ein Bild von der rechten Seite aus und beschreibt, was ihr seht.

3 Auf den Bildern 2, 3 und 4 sieht man die schwarz-rot-goldene Fahne. Vermutet, wofür die Fahne und die entsprechenden Farben in den einzelnen Situationen standen.
> Die Fahne mit den Farben Schwarz-Rot-Gold könnte für ... stehen. | Fahnen als Schmuck | Symbol für ...

4 **a** Nennt mögliche Orte und Anlässe, bei denen man heute die schwarz-rot-goldene Fahne findet.
> Heute sieht man die schwarz-rot-goldene Fahne ... | Fußballspiel | Sportveranstaltungen | Bundestag | Staatsbesuch | Nationalhymne
b Erläutert die Bedeutung der Fahne für die genannten Orte und Anlässe.

5 Recherchiert im Internet das Kaiser Wilhelm-Denkmal in Porta Westfalica (Bild 5, QR-Code).
> Wer war Kaiser Wilhelm I. ? Wie groß ist das Denkmal? Kann man das Denkmal besuchen?

*** der Kleinstaat**
kleiner, unabhängiger Staat, der nicht viel Macht gegenüber anderen Staaten hat

1815	1817	1832	1848/1849	1864/1866/1870	1871
Wiener Kongress	Wartburgfest	Hambacher Fest	Revolutionen und Aufstände in Europa	Einigungskriege	Ausrufung des Kaiserreiches

2 Wartburgfest, 18.10.1817. *Holzstich, 1817.*

4 Kampf zwischen Bürgerinnen und Bürgern und Soldaten in Berlin am 18. und 19. März 1848. *Druck, 1848.*

3 Nationalversammlung in der Frankfurter Paulskirche 1848. *Holzstich, 1848.*

5 Das Kaiser-Wilhelm-Denkmal in Porta Westfalica. Es wurde zu Ehren Kaiser Wilhelm I. (1861–1888) von 1892 bis 1896 erbaut. *Foto, 2015.*

Wie wurde Europa neu geordnet?

Der Dialog der Fürsten während der Aufteilung Europas (von links nach rechts):
1 Kaiser Franz I. von Österreich: „Die Abwesenden sind selbst schuld." Er greift die Lombardei und Venedig.
2 König Friedrich Wilhelm III. von Preußen: „Nehmen wir uns die guten Stücke." Er greift nach Sachsen.
3 Zar Alexander I.: „Ich fürchte mich vor dem Gespenst." (= Napoleon) Alexander greift nach Polen, Kurland und Litauen.
4 König Georg IV. von England: „Der Preis des Blutes."
5 Napoleon: „Wer die Rechnung ohne den Wirt macht, rechnet zweimal." Napoleon greift nach Paris und Frankreich. Napoleon ist „das Gespenst" (siehe Zar Alexander), weil er zu diesem Zeitpunkt verbannt war und somit nicht am Wiener Kongress teilnahm.
6 Napoleons Sohn: „Papa passt auf meinen Anteil auf."
7 Französischer Außenminister Talleyrand (unter dem Tisch liegend): „Ich werde vom Bischof zum Müller. Ich lebe hier unten auf gefährlichem Fuß."
8 Auf der Karte: „Wehe dem, der dies [Frankreich und Paris] hier anfasst."

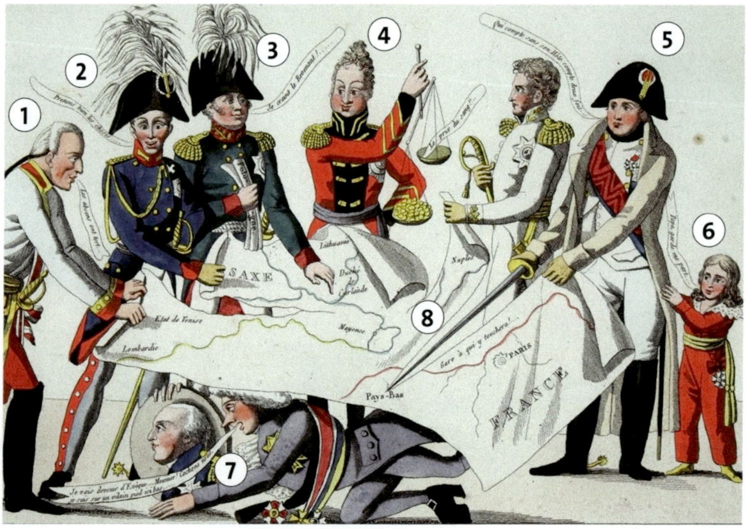

1 „Der Kuchen der Könige". *Französische Karikatur, 1815.*

Der *Wiener Kongress 1815

Nach dem Sturz Napoleons war eine Neuordnung der europäischen Landkarte notwendig. Unter der Leitung des österreichischen Ministers Fürst Metternich (1773–1859) versammelten sich im September 1814 die Könige und Fürsten aus ganz Europa in Wien. Bis Juli 1815 wurde auf dem sogenannten Wiener Kongress eine neue Friedensordnung für Europa verhandelt. Der große Wunsch war, Europas Machtverhältnisse wie vor der Französischen Revolution 1789 wiederherzustellen. Diesen Wunsch nannte man die Zeit der *Restauration.

Der Deutsche Bund

Auf dem Wiener Kongress wurde von den deutschen Fürsten über die zukünftige Gestaltung Deutschlands beraten. Viele Deutschen hofften auf einen Zusammenschluss der einzelnen Staaten zu einem deutschen Nationalstaat. Sie wollten sich als eine Nation verstehen, die eine gemeinsame Sprache, Kultur, Tradition und Herkunft pflegt. Die Fürsten konnten sich aber nicht auf ein vereinigtes Deutschland einigen und wollten sich keinem Kaiser unterordnen. Deshalb führten die Beratungen der Fürsten zur Errichtung eines Bundes unabhängiger Staaten. Dieser sogenannte Deutsche Bund besaß weder ein gemeinsames Staatsoberhaupt noch eine gemeinsame Regierung. Die Bevölkerung hatte eine Volksversammlung gefordert. In dieser sollten gewählte Abgeordnete ein politisches Mitspracherecht haben. Stattdessen gab es in Frankfurt eine Bundesversammlung mit Repräsentanten der einzelnen Staaten. Doch mit dem Deutschen Bund hielten die Fürsten ihr Versprechen nicht; es gab weder Einheit noch Freiheit. Die Enttäuschung der Bevölkerung war groß.

Neuverteilung in Europa

Österreich, Preußen, Großbritannien, Frankreich und Russland wollten auf dem Wiener Kongress eine friedliche Verhandlung und ein Gleichgewicht der Machtverhältnisse in Europa. Aber sie nutzten auch die Gelegenheit, ihr Staatsgebiet zu vergrößern und stellten deshalb Gebietsansprüche. Dabei nahmen sie keine Rücksicht auf die Wünsche und Forderungen der Bevölkerungen.

*** der Wiener Kongress**
die Versammlung der europäischen Könige und Fürsten für die Neuordnung Europas im Jahr 1815

*** die Restauration**
die Wiederherstellung der politischen Ordnung zur Zeit der Französischen Revolution

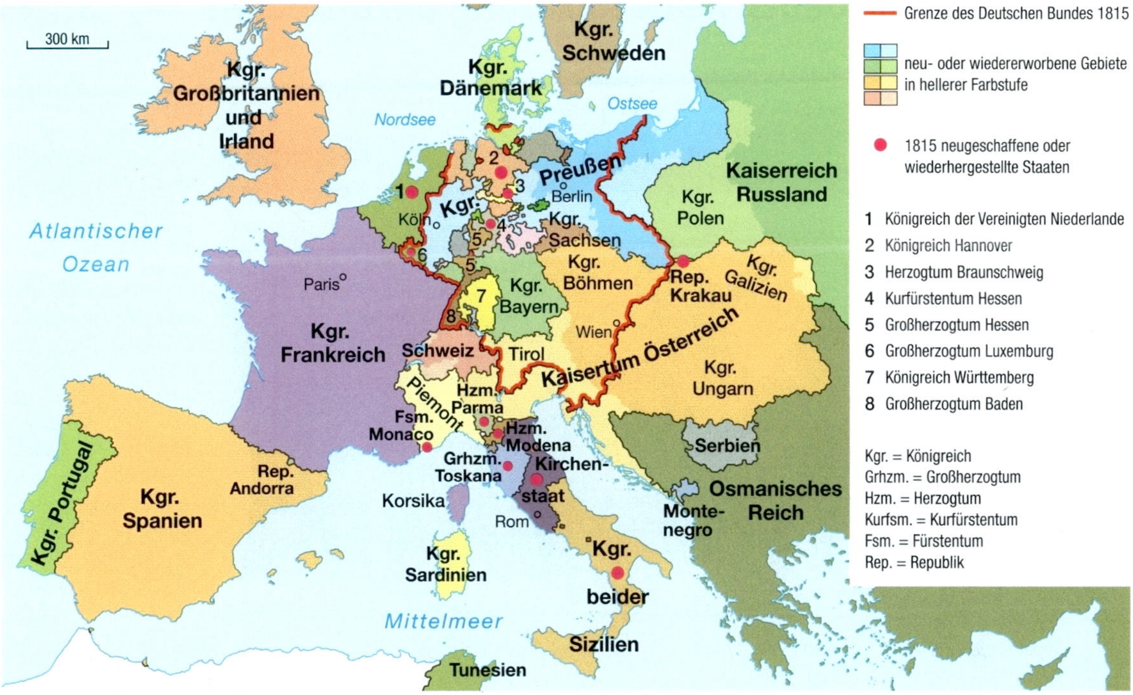

2 Europa nach dem Wiener Kongress 1815.

Am Ende der langen und intensiven Verhandlungen gab es Änderungen, die für einige Staaten besonders vorteilhaft waren:

- Österreich erhielt die Gebiete Galizien, Oberitalien und Dalmatien.
- Zum preußischen Gebiet kam ein Teil Sachsens, die Rheinprovinz und Westfalen hinzu.
- Großbritannien bekam die Inseln Malta, Ceylon, Helgoland und die Kapkolonie in Südafrika.
- Frankreichs Grenzen wurden auf den Stand von 1789 festgelegt.
- Russland erhielt das Königreich Polen und der russische Zar wurde dort ebenfalls zum König.

Q1 In einem an den Kongress gerichteten Flugblatt hieß es:

Europas Fürsten haben Deutschland von der Knechtschaft unter Napoleon befreit. Wer fühlt jetzt nicht voller Begeisterung, dass der Zeitpunkt da ist, wo der Deutsche an Donau und am Rhein den an der Elbe und Weser als seinen Mitbruder umarmen möchte. Jetzt ist die Zeit, wo die Herrscher erkennen, dass die Völker nicht um ihretwillen, sondern dass sie um der Völker willen da sind.

1 Erklärt mithilfe des Textes Z. 1–35 die Entstehung des Deutschen Bundes.

2 Erläutert, warum es nicht zu einem vereinigten Deutschland kam. Nutzt den → Wortschatz.

3 Nennt anhand des Textes Z. 16–32 die Forderungen der Bevölkerung an den Deutschen Bund.

4 Erklärt mithilfe von Q1 die Enttäuschung der Bevölkerung nach der Gründung des Deutschen Bundes.

5 Untersucht anhand der Legende die Karikatur. Nutzt den → Wortschatz.
> *Nehmt die Methode „Karikaturen untersuchen" auf S. 144/145 zu Hilfe.*

6 Listet anhand der Karte und des Textes Z. 45–57 die Neuordnung in Europa auf.

WORTSCHATZ

2 Macht der Fürsten und Könige erhalten | sich nicht unterordnen wollen | die alte Ordnung wiederherstellen

5 Die Karikatur zeigt ... | Herrscher teilen ... auf | die Karte symbolisiert | Gebietsansprüche stellen | alte und neue Grenzen setzen | Die Karikatur kritisiert ...

Warum war die deutsche Bevölkerung unzufrieden?

1 Der „Denker-Club“. *Karikatur, um 1820.*

Texte: Wichtige Frage welche in heutiger Sitzung bedacht wird. Wie lange möchte uns das Denken wohl noch erlaubt sein?
Gesetze des Denker-Clubs:
I. Der Präsident eröffnet präzise um 8 Uhr d. Sitzung.
II. Schweigen ist das erste Gesetz dieser gelehrten Gesellschaft.
III. Auf dass kein Mitglied in Versuchung geraten möge, seiner Zunge freien Lauf zu lassen, so werden beim Eintritte Maulkörbe ausgeteilt.

Die große Enttäuschung

Die politische Lage, der Wiener Kongress sowie der Deutsche Bund führten zu einer großen Enttäuschung der Bevölkerung. Das Interesse an Politik wurde immer geringer und die Menschen zogen sich in ihr Privatleben zurück. In den Universitäten hingegen wurden kritische Stimmen lauter: Die Bevölkerung sollte sich an politischen Entscheidungen mehr beteiligen und in einem einheitlichen Staat leben. Deutschland sollte ein *Rechtsstaat werden, sodass mithilfe von Gesetzen regiert wird und nicht die Könige bzw. Fürsten allein Entscheidungen treffen.

Das Wartburgfest 1817

In den deutschen Universitäten schlossen sich Studenten in *Burschenschaften zusammen und setzten sich für einen vereinigten Nationalstaat ein. Ihre Parolen waren „Ehre, Freiheit, Vaterland“. Sie zogen mit einer schwarz-rot-goldenen Fahne durch die Straßen. Diese Farben trugen die Studenten bereits im Kampf gegen Napoleon: schwarze Uniform, rote Abzeichen und goldene Knöpfe. Sie wurden zum Symbol für den Wunsch nach einem deutschen Nationalstaat. Die Wirkung war so groß, dass sich im Jahr 1817 450 Studenten auf der Wartburg bei Eisenach (heutiges Thüringen) trafen und gegen die Fürsten protestierten. Dieses Ereignis wird als Wartburgfest bezeichnet.

Als 1819 ein Student den Dichter August von Kotzebue, einen Gegner der Nationalbewegung, ermordete, fühlten sich die Fürsten zum Handeln gegen die revolutionären Vorgehen gezwungen. Die sogenannten Karlsbader Beschlüsse verboten von nun an die Burschenschaften. Zudem wurde die *Zensur verschärft und die Versammlungsfreiheit eingeschränkt.

Das Hambacher Fest

Am 27. Mai 1832 fand die größte Demonstration für Einheit und Freiheit statt: das Hambacher Fest.

*** der Rechtsstaat**
So wird ein Staat bezeichnet, in dem mit Gesetzen regiert wird.

*** die Burschenschaft**
Als Burschen wurden Studenten bezeichnet. Eine Burschenschaft ist eine Gruppe von Studenten.

*** die Zensur**
die Kontrolle bzw. Überprüfung durch den Staat

2 Der Zug auf das Hambacher Schloss am 27. 05. 1832. *Zeitgenössischer Druck eines unbekannten Künstlers.*

Hier zogen 30 000 Menschen zum Schloss Hambach (heutiges Rheinland-Pfalz) und protestierten gegen die Fürsten. Es nahmen Menschen aus verschiedenen Bevölkerungsgruppen an den Protesten teil: Professoren, Ärzte, Studenten, Bauern, Kaufleute und Handwerker. Das Hambacher Fest wurde zur größten Massendemonstration auf deutschem Boden. Genau wie bei dem Wartburgfest 1817 sah man die Farben Schwarz-Rot-Gold als Symbol für den Wunsch nach einem deutschen Nationalstaat.

Q1 „Die Gedanken sind frei". Ein deutsches Volkslied eines unbekannten Autors um 1780/1790. Melodie: um 1819:

1: Die Gedanken sind frei, wer kann sie erraten,
sie fliehen vorbei wie nächtliche Schatten.
Kein Mensch kann sie wissen,
kein Jäger erschießen, es bleibet dabei:
die Gedanken sind frei.
...
4: Und sperrt man mich ein im finsteren Kerker,
das alles sind rein vergebliche Werke;
denn meine Gedanken zerreißen die Schranken
und Mauern entzwei:
die Gedanken sind frei.

1 Nennt die Gründe für die Unzufriedenheit der Bevölkerung mithilfe des Textes Z. 1–13.

2 Untersucht die Karikatur.
> *Nehmt die Methode "Karikaturen untersuchen" auf S. 144/145 zu Hilfe.*

3 Erklärt anhand des Textes Z. 14–51, wie die Bevölkerung ihre Unzufriedenheit öffentlich machte und wie die Fürsten darauf reagierten.

4 Erläutert mithilfe der Texte Z. 18–25, 48–51 die Bedeutung der Farben Schwarz-Rot-Gold und warum sie zum Symbol der Demonstrationen wurden (QR-Code).

5 **a** Fasst die Strophen des Liedes in Q1 in eigenen Worten zusammen.
b Fasst die weiteren Strophen von „Die Gedanken sind frei" zusammen und erklärt, warum dieses Lied als Protest gegen die Fürsten genutzt wurde. Nutzt für den vollständigen Text und die Audiodatei den QR-Code.
c Beurteilt, ob die Gedanken tatsächlich frei sind und nicht kontrolliert oder zensiert werden können.
> *Ja, die Gedanken sind immer frei, weil ... | Nein, die Gedanken sind nicht immer frei, weil ...*

Historische Lieder untersuchen

Musik ist ein wichtiger Bestandteil des Alltags. Sie bereitet nicht nur gute Laune, sondern beinhaltet auch häufig wichtige Botschaften. So war das auch in der Vergangenheit: Autorinnen und Autoren haben ihre Gefühle sowie Gedanken mit Liedern bzw. Liedtexten in Form von Gedichten ausgedrückt. Historische Ereignisse, Veränderungen in der Gesellschaft und die Stimmung der Bevölkerung wurden in Liedern widergespiegelt. Deshalb geben historische Lieder wichtige Informationen über ihre Entstehungszeit und dienen als Quellen.

Während der Liedtext eine Aussage beinhaltet, unterstützt die Melodie diese Aussage mithilfe von Instrumenten, Rhythmus und Tonhöhen. Die ausgewählten Melodien sind häufig nicht aus derselben Zeit oder sie wurden speziell für das Lied komponiert.

Folgende Hinweise helfen euch, historische Lieder zu untersuchen:

Schritt 1: Den ersten Eindruck beschreiben
- Wie lautet der Titel?
- Was ist der erste Eindruck beim Hören des Liedes bzw. Lesen des Textes?
- Gibt es unbekannte Wörter im Liedtext?

Schritt 2: Das Lied untersuchen
- Wer hat den Liedtext verfasst?
- Wer hat das Lied komponiert?
- Wann wurde das Lied geschrieben und die Melodie komponiert?
- Wie unterstützen Melodie, Rhythmus und Instrumente den Text?

Schritt 3: Eine Bewertung vornehmen
- Welche Bedeutungen haben die einzelnen Strophen?
- Welche Absicht oder welches Ziel hatte die Autorin bzw. der Autor des Liedes?
- Welche Meinung könnte die Autorin bzw. der Autor vertreten?
- Wie lässt sich das Lied in seine Entstehungszeit einordnen?
- Welche Informationen erhält man mithilfe des Liedes über die Zeit der Handlung?

1 ☒ Nutzt die Methode „Ich – Du – Wir“ von S. 289:
   a Vervollständigt die drei Schritte zum historischen Lied „Der deutsche Mai“ (Q1) mithilfe der Lösungshilfen.
   b Vergleicht eure Ergebnisse mit einer Partnerin / einem Partner.

2 ☒ Untersucht das historische Lied „Die Gedanken sind frei“ (S. 179) aus dem Jahr 1812 mithilfe der drei Schritte. Nutzt für den vollständigen Text und die Audiodatei den QR-Code.

Was ihr noch tun könnt:

1 ☒ Informiert euch im Internet über Philipp Jakob Siebenpfeiffer.
   > Nehmt die Methode „Im Internet recherchieren“ von S. 18/19 zu Hilfe.

Q1 Der deutsche Mai/Hambach-Lied von 1832. Der Liedtext stammt von Philipp Jakob Siebenpfeiffer. Die Melodie geht auf das Reiterlied von Friedrich Schiller von 1797 zurück:

Hinauf, *Patrioten, zum Schloß, zum Schloß!
Hoch flattern die deutschen Farben;
Es keimet die Saat und die Hoffnung ist groß,
Schon binden im Geiste wir *Garben.
Es reifet die Ähre mit goldnem Rand,
Und die goldne Ernt' ist das Vaterland.
...
Auch wir, Patrioten, wir ziehen aus,
In festgeschlossenen Reihen;
Wir wollen uns gründen ein Vaterhaus
Und wollen der Freiheit es weihen;
Denn vor der *Tyrannen *Angesicht
Beugt länger der freie Deutsche sich nicht.
...
Was *tändelt der *Badner mit Gelb und Rot,
Mit Weiß, Blau, Rot Bayer und Hesse?
Die vielen Farben sind Deutschlands Not,
Vereinigte Kraft nur zeugt Größe,
Drum weg mit der Farben buntem *Tand,
Nur eine Farbe und ein Vaterland!

Lösungshilfen:

Zum Schritt 1:
Der Titel des Liedes lautet ... | Der erste Eindruck ist ... | Das Wort ... ist unbekannt.

Zum Schritt 2:
Der Autor des Textes ist ... | Er hat das Lied ... verfasst. | Die Melodie stammt von ... und ist aus dem Jahr ... |
Die Melodie unterstützt den Text durch ... | Der Rhythmus ist ...

Zum Schritt 3:
In der ersten Strophe wird dazu aufgefordert, ... | Es wird die Hoffnung zum Ausdruck gebracht, ... | Dies kommt zum Ausdruck in der Formulierung ... |
In Strophe zwei geht es um ... |
In Strophe drei wird dazu aufgerufen, ... |
Das Lied spiegelt die Zeit, in der es entstanden ist, weil ... |
Da der Autor sich mit „wir" in die Ansprache im Lied einbezieht ...

*** der Patriot**
eine Person, die nationalistisch ist

*** die Garbe**
Bündel aus Getreide

*** der Tyrann**
gewaltsamer Herrscher

*** das Angesicht**
das Gesicht

*** tändeln**
herumspielen

*** der Badner**
Hier sind Menschen aus der Region Baden (heutiges Baden-Württemberg) gemeint.

*** der Tand**
wertloser Gegenstand

Gleiche unter Gleichen?

1 Rahel Varnhagen von Ense, geb. Levin. Schriftstellerin. Gemälde, 1870.

Ein langer Weg zu gleichen Rechten

Juden hatten jahrhundertelang in vielen Staaten Benachteiligung erfahren, auch auf dem Gebiet des heutigen Deutschland. Bis zur Gründung des Kaiserreichs 1871 gab es hier noch viele Herrschaftsgebiete und keine einheitliche Regierung.

Die Gleichstellung mit anderen Bevölkerungsgruppen nennt man *Emanzipation. Die Entwicklung zur Gleichstellung der Juden in Deutschland begann in Frankreich. Dort erhielt die jüdische Bevölkerung durch die Französische Revolution mit dem Code civil die gleichen Rechte. Grundlage dafür waren die Ideen der Aufklärung und der Grundsatz der Gleichheit der Menschen. Die Gleichstellung der Jüdinnen und Juden in Frankreich galten auch in den von Frankreich eroberten Gebieten in Deutschland, z.B. dem Königreich Westphalen (siehe S. 162/163). Mit dem Ende Napoleons und der Restauration wurden viele Rechte davon allerdings wieder zurückgenommen. In Preußen erließen König Friedrich Wilhelm III. und sein Staatskanzler Hardenberg vergleichsweise früh, 1812, eine Anordnung zur Emanzipation (Q1).

Jüdisches Leben bis 1871

Die Juden nutzten die Möglichkeiten, die sich ihnen durch das Emanzipationsedikt boten. Dies waren vor allem die freie Berufswahl und die Möglichkeit, eine Firma oder ein Geschäft zu eröffnen. Manch einer wurde zum Großhändler, eröffneten Geschäfte vor Ort oder Unternehmer. Die Mitte des 19. Jh. einsetzende Industrialisierung und der wirtschaftliche Aufschwung trug zu dieser Entwicklung bei. Sie führte auch dazu, dass sich Jüdinnen und Juden vermehrt in der Stadt niederließen. Dennoch darf diese Entwicklung nicht darüber hinwegtäuschen, dass die Mehrheit der Juden in einfachen Verhältnissen als Kleinhändler, Arbeiter oder Handwerker lebte.

Bildung trug ebenfalls erheblich zum sozialen Aufstieg bei. Man orientierte sich dabei am Lebensstil des gebildeten Bürgertums, dem man angehören wollte. Jüdinnen und Juden engagierten sich entsprechenden Vereinen, pflegten Musik, Bildung und Geselligkeit. Die Schriftstellerin Rahel Levin (1771–1833, Bild 1) ist ein Beispiel. Sie führte in Berlin Salons, in denen sich Menschen aus verschiedenen gesellschaftlichen und religiösen Gruppen, trafen, um sich über politische, kulturelle und gesellschaftliche Themen auszutauschen (siehe S. 136). Allerdings wurde ihr dieser Aufstieg nicht leicht gemacht. Sie erfuhr – wie viele andere Jüdinnen und Juden auch – Diskriminierung wegen ihrer jüdischen Herkunft. Rahel Levin ließ sich taufen, um den Heiratsantrag des Christen Varnhagen von Ense annehmen zu können.

Der deutsche, jüdische Dichter Heinrich Heine (1997–1856) ließ sich ebenfalls taufen und sprach von der Taufe als „Eintrittskarte zur europäischen Kultur". Trotz weitgehender rechtlicher Gleichstellung wurden Juden auch weiterhin Probleme bereitet, beruflich erfolgreich zu sein. Etwa 22 000 entschieden sich im 19. Jahrhundert für die Taufe. Andere wanderten aus – v.a. in die USA. Etwa 70 000 bis 113 000 Juden wählten diesen Weg, um der Benachteiligung zu entgehen.

*** die Emanzipation**
Dies bedeutet rechtliche und soziale Gleichstellung, hier von Juden.

Jüdisches Leben im Kaiserreich

Mit der Reichsgründung und der Verfassung von 1871 wurden alle deutschen Juden gleichberechtigte Staatsbürger. Dies bedeutete, dass sie ihre Religion frei ausüben und sich politisch betätigen konnten sowie freie Berufswahl hatten.

Mit dem neuen Status, aber auch durch das Anwachsen der jüdischen Bevölkerung kam es zu einem Aufschwung der jüdischen Gemeinden. Viele neue Synagogen entstanden in dieser Zeit – so auch in Köln (Bild 2).

Was bereits in der Zeit vor dem Kaiserreich grundgelegt wurde, prägte sich nun mehr aus: Viele Juden wurden erfolgreiche Unternehmer (Walter Rathenau), Inhaber von Kaufhäusern (Georg Wertheim) und Verlagen (Rudolf Mosse). Ebenso gab es berühmte jüdische Künstler und Wissenschaftler, wie z. B. Max Liebermann und Albert Einstein.

Dennoch war die Realität im Kaiserreich von einer echten Gleichberechtigung, wie sie die Verfassung vorsah, weit entfernt. Juden wurden z. B. oft verwehrt, höhere Ränge beim Militär, im Staatsdienst oder an der Universität einzunehmen. In der Gesellschaft um 1900 prägte sich auch eine starke judenfeindliche Grundhaltung aus, Antisemitismus genannt.

Q1 In der Anordnung zur Emanzipation der Juden in Preußen vom 11. 03. 1812 hieß es:

§ 1. Die in unsern Staaten jetzt wohnhaften Juden und deren Familien sind für Inländer und preußische Staatsbürger zu achten.

§ 7. Die Juden sollen gleiche bürgerliche Rechte und Freiheiten mit den Christen genießen.

§ 8 Sie können akademische Lehr- und Schul-, auch Gemeindeämter verwalten.

§ 9. Inwiefern die Juden zu öffentlichen Staatsämtern zugelassen werden können, behalten Wir Uns vor, in der Folge der Zeit gesetzlich zu bestimmen.

§ 11. Sie können alle erlaubten Gewerbe treiben.

2 Die Kölner Synagoge in der Roonstraße, die 1899 errichtet wurde. Die jüdische Gemeinde in Köln ist eine der ältesten in Europa. Um 1895 lebten 8000 Jüdinnen und Juden in Köln. *Foto, 09. 11. 2021.*

1 **a** Nennt wichtige rechtliche Schritte auf dem Weg zur Gleichberechtigung von Juden.

b Untersucht Q1 und ermittelt die Bedeutung der Rechte, die den Juden in Preußen gegeben wurde.

> *Das Recht unter §1 besagt, dass …*

2 „Die Geschichte der Emanzipation der Juden im 19. Jh. ist von Licht und Schatten geprägt." Erarbeitet die Bedeutung dieser Aussage und findet Beispiele in den Materialien dieser Doppelseite. Berücksichtigt dabei politische, wirtschaftliche und gesellschaftliche Aspekte.

3 Findet eine Antwort auf die Frage der Doppelseite.

4 Informiert euch über die Geschichte der Juden in Köln (QR-Code).

Was ihr noch tun könnt:

1 Recherchiert und referiert über die Lebensgeschichte und Bedeutung jüdischer Persönlichkeiten wie Rahel Levin, Walther Rathenau, Georg Wertheim, Rudolf Mosse, Max Liebermann und Albert Einstein.

Wie wurde Italien zu einem Nationalstaat?

1 Italien um 1815.

2 Giuseppe Garibaldi (1807–1882), *Foto, 1880.*

Der Ruf nach Einheit erhob sich

In fast jeder italienischen Stadt gibt es einen Platz oder eine Straße, die nach Giuseppe Garibaldi benannt ist, denn dieser Name ist untrennbar mit der Vereinigung Italiens zu einer Nation verbunden. Der Wiener Kongress hatte die napoleonischen Eroberungen rückgängig gemacht. Das bedeutete, dass das Land weiterhin in eine Vielzahl von kleinen Reichen zerfallen war.

Handwerker, Händler und auch einige aufgeklärte Angehörige des Adels waren damit unzufrieden. Sie verlangten Verfassungen und Parlamente und immer häufiger auch die Vereinigung Italiens. So kam es in den folgenden Jahren an verschiedenen Orten zu Aufständen, an denen sich auch der junge Seemann Giuseppe Garibaldi beteiligte. Sie wurden aber alle niedergeschlagen und ihre Anführer wurden verhaftet oder flohen ins Ausland.

Volksabstimmungen für die Einheit

1860 sprachen sich große Teile Norditaliens und Süditaliens in Volksabstimmungen für einen Anschluss an das Königreich Sardinien-Piemont aus. Das war die einzige Monarchie in Italien, die inzwischen eine Verfassung besaß.

Im selben Jahr landete unter der Führung Garibaldis ein Heer von 1000 Freiwilligen in Sizilien. Es zog von dort aus nach Norden und eroberte Neapel. Im Oktober 1860 traf Garibaldi mit dem König Viktor Emmanuel zusammen und erkannte ihn als König von ganz Italien an.

Die Einheit blieb unvollkommen

Die Vereinigung brachte dem Norden Italiens große Fortschritte im Verkehrswesen und der industriellen Entwicklung. Im Süden dagegen behielten die Großgrundbesitzer ihre angestammte Macht. Viele Landarbeiter und Kleinbauern verloren daher die Hoffnung auf eine Verbesserung ihrer Lage. Sie wanderten in den Norden des Landes oder sogar nach Nordamerika aus.

Tipps für die Erarbeitung und Präsentation:

1 ☒ Gestaltet ein (digitales) Plakat, auf dem ihr die Entstehung des italienischen Nationalstaates darstellt. Stellt dar, wer für und wer gegen den Einigungsprozess Stellung bezog.
> *Nehmt die Methode „Ein digitales Lernplakat erstellen" von S. 90/91 zu Hilfe.*

2 ☒ Erklärt die Bedeutung Garibaldis für die Einheit Italiens.

Polen: Konnte eine Nation ohne Staat überleben?

1 Die Teilungen Polens 1772–1795.

2 Jan Henryk Dombrowski (1755–1818) in Französischer Uniform. *Stich von James Hopwood, 1845.*

Polen wurde geteilt

Zwischen 1772 und 1795 wurde das Königreich Polen unter seinen Nachbarn aufgeteilt. Nach der Französischen Revolution hofften aber viele Polen, die französische Republik würde sie dabei unterstützen, wieder einen eigenen Staat zu erhalten. Dafür kämpften sie an verschiedenen Fronten unter französischem Kommando. Zu diesen polnischen Militärführern gehörte auch Jan Hendryk Dombrowski, der deshalb als Held der polnischen Nation gilt. Ein Lied, das für ihn geschrieben wurde („Dombrowskis Marsch") ist heute die polnische Nationalhymne. Die Hoffnungen wurden nicht erfüllt. Nach dem Wiener Kongress lebten die Polen weiter unter preußischer, österreichischer oder russischer Verwaltung.

Im Jahr 1830 kam es zu einem Aufstand im sogenannten „Kongresspolen": der russische Vertreter wurde vertrieben und das polnische Parlament erklärte den Zaren in diesem Gebiet für abgesetzt. Russland konnte den Aufstand aber niederschlagen. Viele Teilnehmer flüchteten nach Deutschland und Frankreich. Sie trafen auf große Sympathie in der deutschen Nationalbewegung. Auf dem „Hambacher Fest" schwenkten die Teilnehmer neben den Farben Schwarz-Rot-Gold auch die polnische Fahne in Weiß und Rot (siehe S. 165).

Was konnten die Polen tun?

Unter der Herrschaft von Preußen, Österreich und Russland hatten die Polen in der Regel drei Möglichkeiten:

Sie konnten mit der Besatzungsverwaltung zusammenarbeiten. Das brachte sie aber oft in schwierige Situationen, wenn sie im Fall von Konflikten gegen ihre eigenen Landsleute vorgehen mussten.

Sie konnten sich einer der Widerstandsbewegungen anschließen, die im Untergrund arbeiteten. Das war allerdings sehr gefährlich. Viele Polen wurden wegen ihrer politischen Tätigkeit festgenommen und zu langer Haft oder sogar zum Tode verurteilt.

Schließlich konnten sie versuchen, einen Mittelweg zu finden. Das bedeutete häufig, sich auf die polnische Identität zu konzentrieren, z.B. durch die Pflege von Sprache und Kultur.

Für viele Polen blieb aber nur der Ausweg, das Land zu verlassen. Die Auswanderung von Polen in die USA nahm in dieser Zeit deutlich zu.

Tipps für die Erarbeitung und Präsentation:

1 ☒ Gestaltet ein Plakat, auf dem ihr die Kämpfe der polnischen Nation darstellt. Macht eine Aufstellung der Möglichkeiten, wie sich die Polen verhalten konnten.
> *Nehmt die Methode „Ein digitales Lernplakat erstellen" von S. 90/91 zu Hilfe.*

2 ☒ Recherchiert über das Leben von Henryk Dombrowski und erstellt einen Steckbrief.

Wie erreichten die spanischen Kolonien in Südamerika ihre Unabhängigkeit?

1 Feldzüge von José de San Martin und Simón Bolívar.

2 Simón Bolívar (1783–1830) und José de San Martín (1778–1850) treffen am 26. Juli 1822 in Guayaquil zusammen. *Stich von 1843, Künstler unbekannt.*

Kolonien – die Schatzkammer Spaniens

Nach der Eroberung Südamerikas nahm Spanien den Kontinent (mit Ausnahme des heutigen Brasilien) in Besitz und ließ große Mengen an Edelmetallen und Rohstoffen nach Spanien schaffen. Die Verwaltung lag in den Händen von Spaniern, die für begrenzte Zeiträume in die Kolonien geschickt wurden. Die *Kreolen dagegen konnten keine politischen Ämter ausüben. Nachdem Napoleon 1808 den spanischen König abgesetzt hatte, verbreitete sich unter den Kreolen die Hoffnung auf ein Ende der Kolonialherrschaft. Sie beriefen sich auf die Versprechungen der Französischen Revolution und verlangten ihre Unabhängigkeit.

Die Befreier

Zwei Männer stehen heute für die politische Unabhängigkeit Lateinamerikas: José de San Martín (1778–1850) aus Río de la Plata (heutiges Argentinien), führte diese Region 1816 in die Unabhängigkeit. Danach überquerte er mit einer Streitmacht von mehreren Tausend Kämpfern die Anden und eroberte das spätere Chile. Von dort aus machte er sich auf den Weg nach Norden. Der zweite Anführer der Befreiungsbewegung war Simón Bolívar (1783–1830) aus Caracas (heute Venezuela). Es gelang ihm, die spanischen Kräfte aus dem Norden des Kontinents zu vertreiben und schließlich Quito (heute Ecuador) zu erreichen. 1824 besiegten Bolívar und seine Generäle die letzten spanischen Truppen auf dem Kontinent. In allen ehemaligen Kolonien hatten nun die Kreolen die Reichtümer des Landes und die politische Macht inne. An der Armut der indigenen Dorfgemeinschaften oder Kleinbauern änderte sich wenig. Auch für die Arbeiter in den Bergwerken und auf den Plantagen wurde die Lage nicht besser: Ihnen war zwar die Abschaffung der Sklaverei versprochen worden, aber das verhinderten die Kreolen noch für mehrere Jahrzehnte.

Tipps für die Erarbeitung und Präsentation:

1 Gestaltet ein digitales Plakat zur Leitfrage dieser Seite. Berücksichtigt auch die Länder, die aus den befreiten Gebieten entstanden sind.
> *Nehmt die Methode „Ein digitales Lernplakat erstellen" von S. 90/91 zu Hilfe.*

2 Recherchiert über das Leben von San Martín und Bolívar und erstellt zu beiden Steckbriefe.

*** der Kreole, die Kreolen**
Nachkommen von Spaniern, die in Südamerika geboren wurden

Was unterscheidet die Schweiz von anderen Nationen?

1 Die Schweizer Eidgenossenschaft 1815–1848.

Ein besonderer Nationalstaat

Die Schweiz liegt in der Mitte Europas, umgeben von modernen Nationalstaaten. Aber anders als ihre Nachbarn gehört sie keinem internationalen Sicherheits- oder Wirtschaftsbündnis an. Sie ist ein Zusammenschluss verschiedener Regionen, die als Kantone bezeichnet werden und große politische Unabhängigkeit genießen. Die Schweiz hat vier offizielle Amtssprachen (Französisch, Deutsch, Italienisch und *Rätoromanisch). Ihre Regierung, der Bundesrat, setzt sich aus Mitgliedern aller Parteien zusammen, die im Parlament vertreten sind. Mehrheit und Opposition, wie wir es kennen, gibt es in der Schweiz nicht. Ähnlichkeiten mit den Nachbarstaaten zeigen sich aber darin, dass auch die Schweiz in den Jahrzehnten nach dem Wiener Kongress (siehe S. 176/177) ihre heutige politische Gestalt erhielt.

Ein freiwilliges Bündnis von Städten und Gemeinden

Bis zur Reformation existierte auf dem Gebiet der heutigen Schweiz ein Bündnis von Städten und ländlichen Gemeinden, die sich als Eidgenossenschaft bezeichneten. Sie hielten nach außen zusammen, hatten aber untereinander keineswegs alle die gleichen Rechte. Die Trennung in protestantische und katholische Kantone brachte zusätzlich heftige Konflikte in dieses Bündnis. Dennoch blieb die Schweiz von den Gräueln des Dreißigjährigen Krieges weitgehend verschont. Mit dem Westfälischen Frieden (1648) erkannten die europäischen Mächte die staatliche Unabhängigkeit der Schweizer Eidgenossenschaft an.

Napoleon Bonaparte versuchte vergeblich, die Schweiz in eine Republik nach französischem Muster zu verwandeln. Nach seinem Rückzug wurde das Bündnis wiederhergestellt, alle Kantone gleichberechtigt. Der Wiener Kongress beließ es bei dieser Situation und erlaubte der Schweiz ausdrücklich, in internationalen Konflikten neutral zu bleiben.

1848 gab sich der Bund eine Verfassung, die auf den Ideen der Menschenrechte und der Gleichberechtigung aller Bürger beruhte. Sie legte Wahlen, ein Parlament und den Bundesrat als Regierung fest. Sehr viele Entscheidungen wurden und werden immer noch von den Gemeinden oder Kantonen getroffen, oft durch Volksabstimmung. Das Wahlrecht für Frauen wurde allerdings erst 1971 eingeführt.

Tipps für die Erarbeitung und Präsentation:

1 ☒ Gestaltet ein (digitales) Plakat über die Entstehung der modernen Schweiz. Beantwortet dabei die Leitfrage dieser Seite.
> *Nehmt die Methode „Ein digitales Lernplakat erstellen" von S. 90/91 zu Hilfe.*

2 ☒ Die Schweiz wird auch als „Willensnation" bezeichnet. Vermutet, was damit gemeint sein könnte.

*** Rätoromanisch**
eine Sprache, die mit dem Französischen und dem Italienischen verwandt ist. Sie wird im Südosten der Schweiz gesprochen.

Warum ging das Volk auf die Barrikaden?

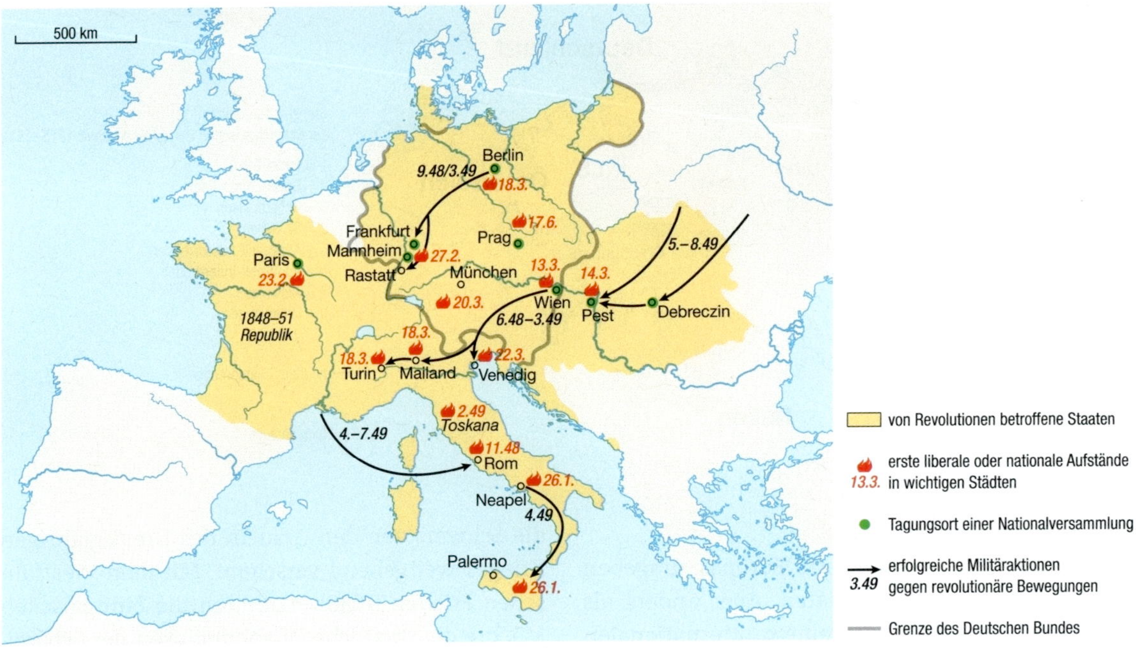

1 Revolutionen in Europa 1848/1849.

Revolutionen in Europa

Im Jahr 1848 gab es in vielen Ländern in Europa Aufstände. In Paris gingen die Menschen im Februar 1848 auf die Straßen und protestierten gegen den König und die Monarchie. Sie forderten ein Wahlrecht, das alle Bevölkerungsschichten berücksichtigt. Es kam zu Kämpfen und der französische König Louis-Philipp I. (1773–1850) setze seine Truppen gegen die Demonstranten ein. Die Franzosen stürmten Ende Februar den Königspalast. Anschließend floh der König. Das Volk rief die Republik aus. Die Revolution in Frankreich hatte Auswirkung auf die anderen europäischen Staaten. Auch hier fanden Revolutionen statt, welche zunächst von den Bürgerinnen und Bürgern und Arbeitern ausgingen. Später schlossen sich Menschen aus den oberen Bevölkerungsschichten an.

Revolutionen in Wien und Berlin

In den Hauptstädten Berlin und Wien wurden die Revolutionen ebenfalls gewaltsam. Die Bürgerinnen und Bürger wollten eine freiheitliche und gerechte Politik. Die Straßenkämpfe führten in Wien dazu, dass der Staatskanzler Fürst Metternich (1773–1853) seinen Rücktritt erklärte. Der österreichische Kaiser Ferdinand I. (1793–1875) zeigte sich daraufhin zu *Kompromissen bereit. In Berlin sah die Situation ähnlich aus. Die Arbeiterinnen und Arbeiter protestierten gegen die hohe Arbeitslosigkeit. Außerdem verlangten sie gemeinsam mit den Bürgerinnen und Bürgern und Studentinnen und Studenten die Versammlungs-, Presse- und Meinungsfreiheit. Eine freiheitliche Verfassung und ein gerechtes Mitspracherecht des Volkes in politischen Angelegenheiten gehörten ebenfalls zu den Forderungen. Der preußische König Friedrich Wilhelm IV. (1795–1861) stellte sich zunächst gegen das Volk und schickte Truppen, um die Demonstranten auseinanderzutreiben. Die Soldaten schafften es jedoch nicht, die Aufstände zu beenden. Schließlich versprach der preußische König dem Volk, dass es eine Verfassung geben werde.

Barrikadenkämpfe in Berlin

Als Dank für seine Versprechen versammelten sich am 18. März 1848 etwa 10 000 Bürgerinnen und Bürger vor dem königlichen Schloss in Berlin. Es fielen unerwartet zwei Schüsse – vermutlich aus Versehen. Das versammelte Volk nahm dies als Bedro-

---

*** der Kompromiss**
die Einigung bei Meinungsverschiedenheiten

2 Barrikadenkämpfe im März 1848 in Berlin. *Darstellung aus dem Neuruppiner Bilderbogen, März 1848.*

hung wahr und dachte, der König würde auf sie schießen lassen. Die Bürgerinnen und Bürger wehrten sich und bauten auf den Straßen Barrikaden. Sie kämpften gegen die königlichen Soldaten. Als Symbol des Widerstandes sah man bei den Barrikadenkämpfen ebenfalls die schwarz-rot-goldenen Fahnen. Nach blutigen und verlustreichen Kämpfen zog Friedrich Wilhelm I. seine Truppen zurück. Die Demonstranten trugen die Leichen der Kämpferinnen und Kämpfer vor das Schloss und zwangen den König, sich davor zu verbeugen. Er versprach der Bevölkerung, sich für Freiheit und Einheit einzusetzen. Wenige Tage später zog der König mit der schwarz-rot-goldenen Fahne durch Berlin. Die Revolution war zunächst erfolgreich.

Q1 Die Erklärung von König Friedrich Wilhelm IV. vom 21. März 1848:

An mein Volk und an die Deutsche Nation.

Ich habe heute die alten Deutschen Farben angenommen und mich und mein Volk unter das ehrwürdige Banner des Deutschen Reiches gestellt. Preußen geht fortan in Deutschland auf. Allgemeine Einführung wahrer, konstitutioneller Verfassungen, gleiche politische und bürgerliche Rechte für alle religiöse Glaubensbekenntnisse und eine wahrhaft volkstümliche, freisinnige Verwaltung werden im Stande sein.

1 Fasst mithilfe des Textes Z. 1–13 den Verlauf der Revolution in Frankreich zusammen.

2 Untersucht die Karte im Hinblick auf die Ausbreitung der Revolutionen in Europa.
> *Nehmt die Methode „Geschichtskarten auswerten“ von S. 286 zu Hilfe.*

3 Erklärt Anlass und Ursachen der Revolution in Berlin.

4 Vergleicht den Verlauf der Revolutionen in Wien und in Berlin. Nutzt den → Wortschatz und die Z. 18–41.

5 Erläutert mithilfe des Textes 35–62 und Q1 das Verhalten des preußischen Königs Friedrich Wilhelm I.
> *Während der Revolution ... / Während der Barrikadenkämpfe ... / Nach den Barrikadenkämpfen*

6 **a** Listet die in der Quelle aufgeführten Umgestaltungen nach den Barrikadenkämpfen auf.
b Beurteilt, ob die Barrikadenkämpfe erfolgreich waren. Nutzt die Starthilfe.
> *Die Barrikadenkämpfe waren erfolgreich, weil ... / Die Barrikadenkämpfe waren nicht erfolgreich, weil ...*

WORTSCHATZ

3 Die Demonstranten fordern ... | Straßenkämpfe führen | gewaltsam niederschlagen | den Rücktritt erklären | einen Kompromiss eingehen | Truppen einsetzen | ein Versprechen geben

Welche Aufgaben hatte die Nationalversammlung?

1 Die Eröffnung der Nationalversammlung in der Paulskirche in Frankfurt am Main am 28. Mai 1848. *Holzstich, um 1890.*

Die Wahl der Nationalversammlung

Nach den Revolutionen und Barrikadenkämpfen aus dem Jahr 1848 wurden überall in Deutschland die Regierungen zum Rücktritt gezwungen. Es sollte eine vom Volk gewählte Nationalversammlung geben, die eine Verfassung erarbeitet. Es fanden Wahlen in ganz Deutschland statt. Jedoch waren nicht alle Personen stimmberechtigt: Kinder, Frauen und wirtschaftlich unselbstständige Männer, wie beispielsweise Auszubildende oder Tagelöhner, durften nicht wählen.

Am 18. Mai 1848 kamen ca. 600 frei gewählte Abgeordnete in der Paulskirche in Frankfurt am Main zusammen. Dort hatte sich bereits der Deutsche Bund im Jahr 1815 versammelt. In der Nationalversammlung gab es noch keine Parteien, wie wir sie heute kennen. Einzelne Gruppen von Abgeordneten vertraten gemeinsame politische Ziele. Diese Gruppen nannte man Fraktionen. Sie wurden nach ihrem Sitzplatz im Parlament als „Rechte", „Linke" oder „Zentrum" bezeichnet.

Aufgaben der Nationalversammlung

Die wichtigste Aufgabe der Nationalversammlung war es, die Verfassung auszuarbeiten. In dieser Verfassung sollten die Grundrechte und die Gewaltenteilung festgelegt werden. Bei der Gewaltenteilung handelt es sich um die Aufteilung der Staatsmacht: Die ausführende Gewalt (Exekutive) regiert und setzt die beschlossenen Gesetze um. Die gesetzgebende Gewalt (Legislative) entwirft und beschließt Gesetze. Die richterliche Gewalt (Judikative) sorgt für die Justiz und überprüft die Einhaltung der beschlossenen Gesetze. Somit sollte es keinen alleinigen Herrscher geben, sondern nur einen Monarchen, der durch die Verfassung in seiner Macht eingeschränkt wurde.

Streitfragen der Nationalversammlung

Eine weitere Aufgabe der Nationalversammlung war die Gründung eines Nationalstaates. In zwei Fragen gab es Unstimmigkeiten: Welche Gebiete sollten zum Nationalstaat gehören und wer sollte Deutschland regieren? Bei der sogenannten „Deutschen Frage" wurde über drei Möglichkeiten diskutiert:

– „kleindeutsche Lösung", Nationalstaat unter Führung des protestantischen Preußens ohne Österreich,
– „großdeutsche Lösung", Bundesstaat mit deutsch-österreichischen Teilen von Österreich unter Führung der katholischen Habsburger,

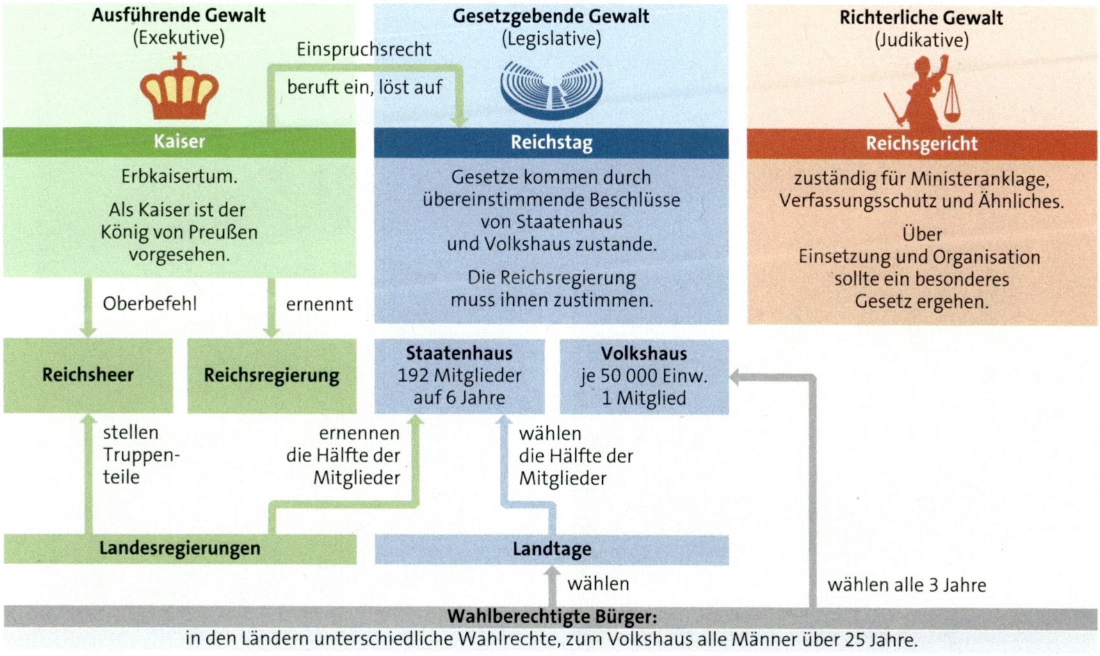

2 Schaubild der Reichsverfassung vom 28. März 1849.

– „großösterreichische Lösung“, alle deutschen Staaten mit dem gesamten Gebiet von Österreich.

Außerdem konnten sich die Abgeordneten bei der Regierungsform nicht einigen: Sollte Deutschland eine Republik werden oder weiterhin eine Monarchie bleiben? Der Kompromiss war dann eine konstitutionelle Monarchie. Das bedeutete, dass es einen Kaiser als Staatsoberhaupt geben sollte. Der Kaiser sollte der preußische König Friedrich Wilhelm IV. werden. Im März 1849 endete die Arbeit an der Verfassung.

Q1 Auszug aus der Reichsverfassung von 1849:

§ 137 Vor dem Gesetz gilt kein Unterschied der Stände. Der Adel als Stand ist aufgehoben. Die Deutschen sind vor dem Gesetz gleich.

§ 138 Die Freiheit der Person ist unverletzlich.

§ 143 Jeder Deutsche hat das Recht, seine Meinung frei zu äußern.

§ 144 Jeder Deutsche hat volle Glaubensfreiheit.

§ 161 Die Deutschen haben das Recht, sich friedlich und ohne Waffen zu versammeln.

1 Beschreibt anhand von Bild 1 die Paulskirche als Ort für die Nationalversammlung. Welche räumlichen Vorteile bietet sie (z. B. Größe, Anordnung des Kirchengestühls)?

2 Fasst mithilfe des Textes Z. 22–36 die Aufgaben der Nationalversammlung zusammen.

3 Erklärt mithilfe des Textes Z. 37–62 die Streitfragen der Nationalversammlung.

4 Beschreibt anhand des Textes Z. 40–50 die Grenzen der sogenannten „Deutschen Frage“.

5 Untersucht die Reichsverfassung von 1849 im Hinblick auf Machtbefugnisse und Wahlberechtigungen.
> Nehmt die Methode „Ein Verfassungsschema lesen und verstehen“ von S. 156/157 zu Hilfe.

6 Erläutert mithilfe der Quelle die gesetzlichen Neuerungen der Reichsverfassung von 1849.

Was ihr noch tun könnt:

1 Vergleicht die ersten fünf Artikel des Grundgesetzes auf S. 294 mit den Rechten der Reichsverfassung aus Q1.

Wie beendeten die Fürsten die Revolution?

1 Republikanischer Volksaufstand vor der Frankfurter Paulskirche am 18.09.1848. *Neuruppiner Bilderbogen, 1848.*

2 „Das Volk ist mir zum Kotzen" zeigt Friedrich Wilhelm IV. *Karikatur von C. Böhme, um 1848.*

Der König lehnte die Krone ab

In der Frage, welche Staatsform das zukünftige Deutschland haben solle, einigten sich die Abgeordneten der Nationalversammlung auf eine konstitutionelle Monarchie. An der Spitze sollte ein Kaiser stehen, dessen Macht aber durch die Verfassung und das Parlament eingeschränkt wäre. Eine Gruppe von Abgeordneten bot dem preußischen König Friedrich Wilhelm IV. die Kaiserkrone an – doch dieser lehnte die Krone ab (Q1). Diese Entscheidung schwächte die Revolution, denn die Nationalversammlung hatte keine Mittel, wie z.B. ein Heer, um ihre Interessen durchzusetzen. Sie war auf den guten Willen des Königs angewiesen.

Die Könige und Fürsten des Deutschen Bundes hatten die lange Zeit der Beratung über die Verfassung genutzt, um gegen die Revolutionäre zu arbeiten und ihre Macht zu stabilisieren. Einige Staaten wie Österreich, Preußen und Bayern erklärten die Reichsverfassung für unrechtmäßig. Preußen und Österreich zogen ihre Abgeordneten aus Frankfurt ab. Viele andere gaben auf und verließen die Nationalversammlung. Die beschlossene Verfassung trat nie in Kraft (siehe S. 191). Eine Gruppe von ca. 100 Abgeordneten wollte die Nationalversammlung nicht aufgeben und zog nach Stuttgart.

Die Revolution scheiterte

Die 100 Abgeordneten, die sich eine Republik als Staatsform wünschten, wandten sich an das Volk. Es solle die Reichverfassung vom März 1849 anerkennen und die verbliebenen Abgeordneten unterstützen. Diese Aktion führte zu Aufständen im Mai 1849. Die Fürsten ließen diese Aufstände gewaltsam niederschlagen. Viele Revolutionäre wurden hingerichtet oder zu hohen Haftstrafen verurteilt. Manche von ihnen konnten ins Ausland fliehen, z.B. in die Vereinigten Staaten (siehe S. 194/195). In den meisten Staaten wurden die Reformen der Revolution zurückgenommen und die alte Ordnung vor 1848 wiederhergestellt. Die Revolution scheiterte endgültig mit der Niederschlagung der Aufstände durch preußische Truppen in Rastatt (heutiges Baden-Württemberg) am 23.07.1849.

1850 vereinbarten Österreich und Preußen, den Deutschen Bund wiederherzustellen. Die Frankfurter Bundesversammlung von 1815 mit den Repräsentanten aus den einzelnen Staaten wurde erneut errichtet. Die Bundesversammlung hob 1851 endgültig die Grundrechte der Frankfurter Nationalversammlung von 1849 auf. Alle Gesetze, die nicht mit denen von 1815 übereinstimmten, wurden für unwirksam erklärt.

3 Festnahmen der Revolutionäre durch die preußischen Truppen in Rastatt, am 23. Juli 1849. *Neuruppiner Bilderbogen, 1849.*

Q1 Friedrich Wilhelm IV. schrieb zur angebotenen Kaiserkrone in einem Brief im Februar 1849:
Diese Krone ist nicht die tausendjährige Krone „deutscher Nation", sondern eine Geburt des scheußlichen Jahres 1848. Untertanen können keine Krone vergeben. Mit Gottes Hilfe werden wir „oben" wieder „oben" und „unten" wieder „unten" machen. Das ist das, was vor allem Not tut.

Q2 Aufruf der Volksversammlung in Offenburg (heutiges Baden-Württemberg) vom 13. Mai 1849:
Deutschland befindet sich fortwährend im Zustand voller Revolution, aufs Neue hervorgerufen durch die Angriffe der größeren deutschen Fürsten auf die von der deutschen Nationalversammlung endgültig beschlossene Reichsverfassung und die Freiheit überhaupt. Die Deutschen Fürsten haben sich zur Unterdrückung der Freiheit verschworen und verbunden, der Hochverrat an Volk und Vaterland liegt offen zutage. ... Die Deutschen befinden sich also im Stande der Notwehr, sie müssen sich verbünden, um die Freiheit retten; sie müssen dem Angriff der fürstlichen Rebellen den bewaffneten Widerstand entgegensetzen.

1 Beschreibt und vergleicht die Personen in Bild 1 und in Bild 3.

2 Erklärt, wie es zur Auflösung der Nationalversammlung und zum Ende der Revolution von 1848/1849 kam. Nutzt die Texte Z. 15–44 und 34–54.

3 **a** Untersucht die Karikatur (Bild 2).
> *Nehmt die Methode „Karikaturen untersuchen" von S. 144/145 zu Hilfe.*

b Erläutert die Gründe, aus denen der preußische König Friedrich Wilhelm IV. die Krone ablehnte. Nutzt den → Wortschatz.
> *Nehmt den Text Z. 1–10, Q1 und eure Ergebnisse aus Aufgabe a zu Hilfe.*

4 Bewertet mithilfe des Textes Z. 34–54 das Vorgehen der Fürsten.
> *Nehmt die Methode „Ein persönliches Werturteil bilden" von S. 62/63 zu Hilfe.*

5 Nehmt Stellung zu den Vorwürfen der Volksversammlung an die Fürsten (Q2). Nutzt den → Wortschatz.

WORTSCHATZ
3 jemandem eine Krone anbieten | Untertanen sein | König von Gottes Gnaden sein | Gott wählt den Herrscher aus.
5 eine weitere Revolution ausrufen | etwas als Verrat ansehen | Widerstand mit Waffen leisten | aus Notwehr handeln | Meiner Ansicht nach ist ... richtig / nicht richtig, weil ...

Im Zwischendeck nach Amerika

1 Passagiere auf dem Zwischendeck des Auswandererschiffes „Samuel Hope", um 1850. Segelschiffe brauchten in der Regel etwa sechs Schiffes konnte die Zahl der Passagiere zwischen 100 und 400 liegen. *Darstellung in der „Illustrierten Zeitung", Leipzig, 1850.*

Wochen für die Strecke von Europa nach Nordamerika. Je nach Größe des

Nach dem Scheitern der Versammlung in der Paulskirche und der Niederlage der Revolution von 1848/49 (siehe S. 162/163) mussten viele Menschen aus ihrer Heimat fliehen, weil sie verfolgt wurden. Zudem hatten Kriege und veränderte Klimabedingungen schlechte Ernten und Hungersnöte verursacht. Ein stetiger Bevölkerungsanstieg führte dazu, dass Land und Arbeitsplätze knapp wurden. Handwerksbetriebe hatten die Konkurrenz der neu entstehenden Industrie zu fürchten. Die Auswanderung bot einen Ausweg aus all diesen Problemen. Allein zwischen 1845 und 1855 verließen fast eine Million Menschen Deutschland in Richtung USA.

Wählt in Gruppen eine Aufgabe aus und bearbeitet sie. Stellt eure Ergebnisse anschließend euren Mitschülerinnen und Mitschülern vor.

1 Wählt eine Person aus dem Bild aus, die einen Brief an Verwandte oder Freunde in der Heimat schreibt. Wie schildert er/sie die Umstände der Reise? Nutzt die Illustration und die Bildunterschrift.

2 Wählt zwei Personen aus und schreibt einen Dialog, den sie führen könnten. Über folgende Themen könnten sie sprechen:
- Aus welchen Gründen haben sie sich zur Auswanderung entschieden?
- Welche Träume oder Befürchtungen haben sie für die Zukunft?

3 Stellt diese Situation auf dem Schiff in einem Standbild nach und lasst davon ein Foto machen. Wertet den Standbildbau aus und berichtet anschließend der Klasse über eure Erkenntnisse zur Situation auf dem Schiff.
> *Nehmt die Methode „Ein Standbild entwickeln" von S. 288 zu Hilfe.*

Wie konnten Kriege zur deutschen Einigung führen?

1 Deutscher Bund, Norddeutscher Bund und Deutsches Reich.

Bismarck wurde preußischer Ministerpräsident

Die Idee eines vereinigten Deutschlands war nach dem Scheitern der Revolution von 1848 keineswegs vergessen. Allerdings war eine wichtige Frage ungeklärt: Wer sollte darin die führende Rolle spielen – Preußen oder Österreich?

In Preußen regierte König Wilhelm I. mit seinen Ministern. 1850 erhielt Preußen eine Verfassung und eine Volksvertretung, die Gesetze beschließen und die Gelder für den Staatshaushalt bewilligen durfte. Als der König 1862 sein Heer vergrößern wollte, verweigerten ihm die Abgeordneten das Geld dafür. Der König berief Otto von Bismarck zum preußischen Ministerpräsidenten, der von da an ohne das Einverständnis des Parlaments regierte.

Bismarcks Ziel war es, Preußen zur wichtigsten Macht unter den deutschsprachigen Ländern zu machen. Dies erreichte er durch Kriege: 1864 wollte der König von Dänemark die Herzogtümer Schleswig und Holstein, die seiner Verwaltung unterstanden, in sein Königreich eingliedern. Bismarck protestierte und berief sich auf bestehende Verträge. Mit österreichischer Hilfe führte er einen kurzen und erfolgreichen Krieg gegen Dänemark. Am Ende fiel Schleswig unter preußische und Holstein unter österreichische Verwaltung.

Preußen verdrängte Österreich aus Deutschland

Diese Aufteilung verschärfte die Konkurrenz zwischen Österreich und Preußen. Bismarck nutzte 1866 diesen Konflikt, um einen Krieg gegen Österreich zu beginnen, der nur wenige Wochen dauerte. Die preußischen Streitkräfte siegten, und Österreich verließ den Deutschen Bund. Preußen gliederte das Königreich Hannover, das Herzogtum Nassau, das Kurfürstentum Hessen und die Stadt Frankfurt, die auf der Seite Österreichs gekämpft hatten, dem eigenen Staatsgebiet ein. Auf diese Weise reichte Preußen nun von Aachen im Westen bis Königsberg im Osten. Zusammen mit den übrigen Staaten, die nördlich des Flusses Main lagen, bildete Preußen nun den „Norddeutschen Bund“ (Karte). Seine militärischen Erfolge hatten Bismarck viel Zustimmung in den deutschsprachigen Ländern gebracht. So war es ihm gelungen, Schritt für Schritt der Idee eines deutschen Nationalstaates unter preußischer Führung näherzukommen. Mit den Forderungen von 1848/49 nach Volkssouveränität und Menschenrechten hatte dieses politische Ziel nur wenig zu tun. Vielmehr betrieb Bismarck eine Vereinigung „von oben“. Die Kriege gegen Dänemark, Österreich und 1870/71 gegen Frankreich wurden daher unter der Bezeichnung „Einigungskriege“ zusammengefasst.

2 Die Schlacht von Königgrätz am 03. 07. 1866. In der Nähe der böhmischen Stadt Königgrätz siegten die preußischen über die österreichischen Streitkräfte und leiteten damit das Ende des Krieges ein, der auch als „Deutscher Bruderkrieg“ bezeichnet wurde. Auf diesem Gemälde stehen die Betrachter hinter den preußischen Linien und sehen von dort aus auf das Schlachtfeld. *Ölgemälde von Georg Bleibtreu, 1869.*

Q1 Im Preußischen Parlament sagte Bismarck am 30. September 1862:

Nicht auf Preußens *Liberalismus sieht Deutschland, sondern auf seine Macht; ... Preußens Grenzen ... sind zu einem gesunden Staatsleben nicht günstig; nicht durch Reden und *Majoritätsbeschlüsse werden die großen Fragen der Zeit entschieden – das ist der große Fehler von 1848 und 1849 gewesen – sondern durch Eisen und Blut ...

Q2 Zum Friedensschluss mit Österreich schrieb Bismarck 1866:

Österreich darf nicht gedemütigt werden. Man muss für die Zukunft seine Freundschaft gewinnen, sonst wird es der Bundesgenosse Frankreichs. ... Wir wollen nicht Richter über Österreich spielen ..., sondern die *Anbahnung der deutschen Einheit unter dem König von Preußen ins Auge fassen ...

*** der Liberalismus**
hier: freiheitliche politische Ordnung

*** der Majoritätsbeschluss**
Mehrheitsbeschluss

*** die Anbahnung**
Vorbereitung

1 ☑ Betrachtet die Karte und nennt drei wichtige Unterschiede zwischen dem Deutschen Bund und dem Deutschen Reich.

2 ☒ Beschreibt mithilfe der Karte und der Informationen des Textes die Politik Bismarcks.
> *Als Bismarck preußischer Ministerpräsident wurde, war sein Ziel ... / Zu diesem Zweck ... / Am Ende ...*

3 ☒ Gebt Q1 in eigenen Worten wieder und erklärt anschließend die Bedeutung der Begriffe „Eisen und Blut“.

4 ☒ **a** Beschreibt Bild 2.
☒ **b** Überlegt, welchen Eindruck der Künstler beim Publikum erwecken wollte. Achtet auf die Farben und den Standort des Betrachters / der Betrachterin.

5 ☒ Begründet mithilfe der Z. 27–52 und Q2 die Bezeichnung „deutscher Bruderkrieg“ für den Krieg zwischen Preußen und Österreich 1866.

Was ihr noch tun könnt:

1 ☒ Recherchiert zur Person Otto von Bismarcks und erstellt einen Steckbrief.
> *Berücksichtigt wichtige Daten, Lebensstationen und politische Einstellungen.*

Wie entstand das deutsche Kaiserreich?

1 Der französische Kaiser Napoleon III. (links im Vordergrund) ergibt sich nach der Schlacht von Sedan und überreicht König Wilhelm von Preußen (4. von rechts) symbolisch seinen Degen.

Krieg gegen Frankreich

Die französische Regierung unter Napoleon III. betrachtete den wachsenden Einfluss Preußens mit großer Sorge. 1870 zeichnete sich die Möglichkeit ab, dass ein Verwandter des preußischen Königs den spanischen Thron besteigen könnte. Frankreich protestierte heftig. Geschickt verschärfte Bismarck diesen Konflikt, sodass Frankreich im Juli 1870 Preußen den Krieg erklärte. Da Bismarck zuvor Bündnisse mit den süddeutschen Staaten Bayern, Baden, Württemberg und Hessen geschlossen hatte, stand nun ein starkes deutsches Lager den Franzosen gegenüber. Diese Konfrontation entfachte in der deutschen Bevölkerung ein starkes Zusammengehörigkeitsgefühl, das zugleich gegen den äußeren Feind – also Frankreich – gerichtet war.

Bei Sedan in Nordfrankreich konnten die Deutschen schon nach wenigen Wochen einen entscheidenden Sieg davontragen. Fast 100 000 Soldaten gerieten in Gefangenschaft, mit ihnen auch Kaiser Napoleon III. (Bild 1).

Die Pariser Kommune

Die französische Bevölkerung wollte sich mit dieser Situation allerdings nicht abfinden. Der Kaiser wurde abgesetzt und eine neue Regierung gebildet, die den Krieg fortsetzte. Erst im Januar 1871 unterzeichnete die neue Regierung einen Waffenstillstand. Fast 140 000 französische und 50 000 deutsche Soldaten hatten ihr Leben verloren. Bis deutsche Truppen in Paris einrücken konnten, dauerte es allerdings noch mehrere Monate. Die Bewohnerinnen und Bewohner der Hauptstadt hatten in der Zwischenzeit eigene Formen der Verwaltung von unten aufgebaut, die als „Kommune“ bezeichnet wurden. Jetzt verlangte die französische Regierung von ihnen, diese Selbstverwaltung aufzugeben. Die Kämpferinnen und Kämpfer der Kommune errichteten zu ihrer Verteidigung Barrikaden in den Straßen von Paris. Die deutschen Truppen hielten sich aus diesem Konflikt heraus und überließen französischen Kräften den blutigen Straßenkampf, der bis zum 28. Mai dauerte. Insgesamt kostete die Niederschlagung der Kommune ungefähr 20 000 Pariserinnen und Parisern das Leben, 10 000 weitere wurden zu Gefängnis oder Verbannung verurteilt.

Der König von Preußen wurde deutscher Kaiser

Noch während Paris belagert wurde, versammelte Bismarck am 18. Januar 1871 die deutschen Fürsten im Spiegelsaal von Versailles und ließ hier den preußischen König zum deutschen Kaiser ausrufen.

Die Verfassung des neu gegründeten Deutschen Reiches sah einen gewählten Reichstag vor, aber mehr Macht lag bei den 25 Landesfürsten, unter denen Preußen eine Vormachtstellung einnahm. Der preußische König war zugleich der Kaiser. Dieser konnte nicht nur den Reichskanzler ernennen und

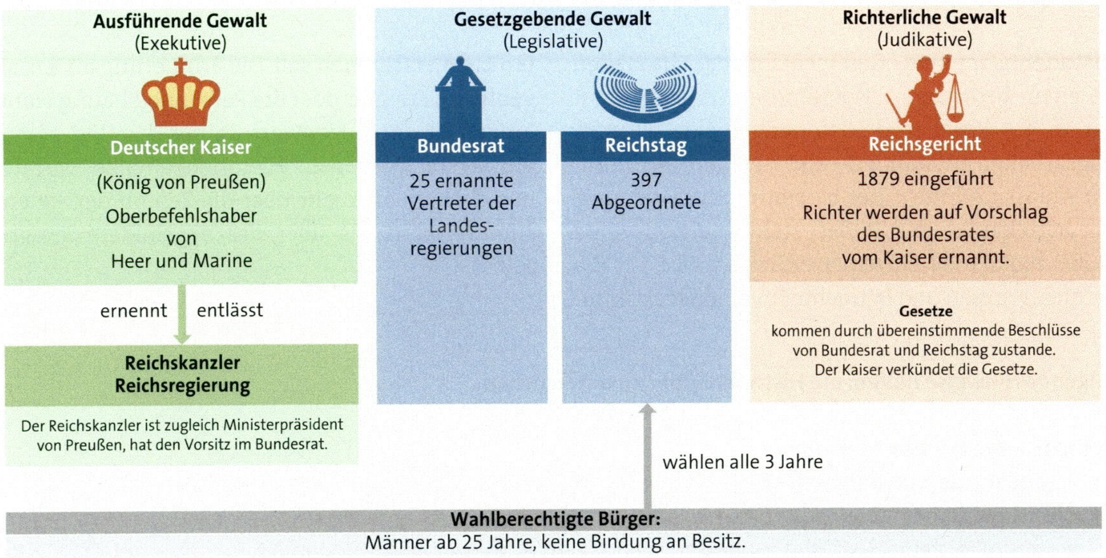

2 Die Reichsverfassung von 1871.

entlassen, sondern auch allein über die Einberufung oder Auflösung des Reichstages entscheiden. Von einer wirksamen Kontrolle der Regierung durch das Parlament konnte daher keine Rede sein. Andererseits wurde der Reichstag von allen männlichen Bürgern ab 25 Jahren gewählt. Das war ein deutlicher Unterschied zur preußischen Verfassung, die das *Dreiklassenwahlrecht vorsah.

M1 Der Historiker Helmut M. Müller schrieb 1987 über die Reichsverfassung von 1871:

Aber [dem Bundesrat] gegenüber stand der aus allgemeinen und gleichen Wahlen hervorgegangene Reichstag als echte Vertretung der Gesamtheit des Volkes. Der überwiegenden Mehrheit der Bürger erschien deshalb die Reichsverfassung als ein wesentlicher Fortschritt im Vergleich zu dem bisherigen Zustand im Deutschen Bund, obwohl dem Parlament außer der Teilnahme an der Gesetzgebung durchgreifende Entscheidungsfunktionen vorenthalten blieben.

*** das Dreiklassenwahlrecht**
Die Wähler wurden nach ihrem Besitz in drei Wählerklassen eingeteilt. Jede Klasse entsandte dieselbe Anzahl von Abgeordneten. In der ersten Klasse befanden sich die wenigsten Wähler, deren Stimmen so im Vergleich das meiste Gewicht hatten.

1 Fasst den Verlauf des Krieges zwischen Frankreich und Deutschland und die Belagerung von Paris anhand des Textes links mit eigenen Worten zusammen.

2 Vergleicht Bild 1 mit den Informationen über die Schlacht von Sedan in Z. 17–21.

3 Erklärt, warum die Pariser Bevölkerung gegen die Einnahme der Stadt Widerstand leistete.

4 Der Maler Anton von Werner war bei der Ausrufung des Kaisers in Versailles anwesend. In seinen Erinnerungen beschreibt er die Zeremonie als „prunklos“ und außerordentlich kurz. Überlegt mögliche Gründe, weshalb dies der Fall war.

5 Untersucht die Reichsverfassung von 1871 mithilfe des Verfassungsschemas und des Textes Z. 52–65.
> *Nehmt die Methode „Ein Verfassungsschema lesen und verstehen“ von S. 156/157 zu Hilfe.*

6 **a** Gebt M1 mit eigenen Worten wieder.
b Nehmt Stellung zu M1 und beurteilt, inwieweit die Verfassung von 1871 einen Fortschritt bedeutete. Nehmt auch die Ergebnisse von Aufgabe 5 zu Hilfe.
> *Im Vergleich zum preußischen Landtag wurde der Reichstag … / Andererseits hatte das Parlament … / Der Kaiser entschied … / Insgesamt beurteilen wir die Reichsverfassung von 1871 …*

Historienbilder untersuchen

Historienbilder sind „Geschichtsbilder". Oft stellen sie einen besonderen Moment der Vergangenheit dar. In der Regel sind Historiengemälde als Auftragsarbeiten entstanden – also zu einem bestimmten Anlass und mit einer bestimmten Zielsetzung. Im Mittelpunkt des Bildes steht meistens eine große, handelnde Einzelpersönlichkeit, die für die Betrachterinnen und Betrachter in einem bestimmten Licht erscheinen soll. Die Erinnerung an das abgebildete Ereignis oder die Person soll häufig Handlungen in der Gegenwart, in der das Bild gemalt wurde, rechtfertigen. Historiengemälde verraten uns deshalb oft mehr über die Zeit, in der sie entstanden sind, als über das abgebildete Ereignis selbst.

Folgende Hinweise helfen, die Historienbilder zu untersuchen:

Schritt 1: Die Bildbeschreibung
- Wer oder was wird dargestellt?
- Wie ist die Darstellung: Welche Farben gibt es? Wer oder was ist im Vordergrund, im Mittelteil und Hintergrund zu sehen? Gibt es weitere Auffälligkeiten (Personen, Motive, Farben, ...)?

Schritt 2: Die ersten Informationen
- Wer ist die Künstlerin oder der Künstler?
- Wo und wann entstand das Gemälde? Gibt es zeitliche Abweichungen zum Ereignis?

Schritt 3: Den Wahrheitsgehalt untersuchen
- Welche weiteren Historienbilder, (schriftliche) Quellen und Informationen gibt es zu dem Thema?
- Wie können vorhandene Informationen mit neuen Informationen in Verbindung gesetzt werden?
- Gibt es offene Fragen?

Schritt 4: Eine Bewertung vornehmen
- Welche Absicht oder welches Ziel hat das Historienbild?
- Wie lässt sich das Bild in die dargestellte und die Entstehungszeit einordnen?
- Welche Informationen erhält man über das dargestellte Ereignis im historischen Zusammenhang?

1 ⊠ Untersucht das Historienbild „Ausrufung des deutschen Kaiserreiches" von 1885 in seiner dritten Fassung (Bild 1) mithilfe der vier Schritte. Nutzt dafür den Text und die Lösungshilfen.

2 ⊠ Untersucht das Historienbild „Ausrufung des deutschen Kaiserreiches" von 1877 in der ersten Fassung (Bild 2) mithilfe der vier Schritte.

3 ⊠ Vergleicht die beiden Fassungen mithilfe der Untersuchungen. Welche Gemeinsamkeiten und Unterschiede fallen auf?

Was ihr noch tun könnt:

1 ⊠ Informiert euch im Internet über den Maler Anton von Werner.
> *Nehmt die Methode „Im Internet recherchieren" von S. 18/19 zu Hilfe.*

1 Die Ausrufung des deutschen Kaiserreiches im Spiegelsaal zu Versailles am 18.01.1871. Zu sehen sind: (1) Kaiser Wilhelm I., (2) Großherzog Friedrich von Baden, (3) Reichskanzler Bismarck sowie die Reichsfürsten, ranghohe Offiziere und Beamte. Bismarck ist hier in einer festlichen weißen Uniform dargestellt, obwohl er am Tag der Ausrufung eine blaue Uniform trug. Ebenfalls wurde der (4) General Albrecht von Roon abgebildet, der aber bei der Ausrufung nicht anwesend war. Das 1,70 × 2,00 m große Bild ist die dritte Fassung des Malers Anton von Werner über das Ereignis von 1885. Das Bild war ein Geschenk Kaiser Wilhelms I. an Bismarck zu dessen 70. Geburtstag.

2 Die Ausrufung des deutschen Kaiserreichs am 18.01.1871 im Spiegelsaal von Schloss Versailles. *Gemälde von Anton von Werner, 1877, erste Fassung.*

Lösungshilfen:

Zum Schritt 1:
Das Historienbild handelt von der Ausrufung ... | Das Ereignis fand am ... im ... statt. | Auf dem Bild sind ... zu sehen | Im Zentrum steht ... | Im Vorder-/Mittel-/Hintergrund sind zu sehen ...

Zum Schritt 2:
Der Maler heißt ... | Das Gemälde entstand ... | Der Auftraggeber war ... | Das Bild ist ein Geschenk von ... an ...

Zum Schritt 3:
Dieses Gemälde ist die ... Fassung ... | Im Vergleich zur ersten Fassung in Bild 2 ...

Zum Schritt 4:
Die Veränderungen, besonders die Darstellung ..., legen den Schluss nahe, dass der Auftraggeber ...

Wie lebten Frauen und Kinder im deutschen Kaiserreich?

1 Kaiser Wilhelm II und seine Familie in den Gärten von Schloss Sanssouci in Potsdam. *Ölgemälde, 1891.*

2 Ein Hausmädchen. *Aufnahme aus dem Fotostudio Adolf Zierold, Zschopau in Sachsen, um 1900.*

Kinder im Matrosenanzug

Die politische Ordnung des Kaiserreiches beruhte auf der Herrschaft des Kaisers und des Adels. Die Idee von klarer Über- und Unterordnung wurde auch auf andere gesellschaftliche Bereiche übertragen. Der Adel und das Militär standen an der Spitze. Die allgemeine Begeisterung für das Militär zeigte sich sogar in der Kindermode: In den oberen Schichten trugen kleine Jungen Uniformen oder Matrosenanzüge (Bild 1). Militärische Sitten herrschten auch in der Schule. Von den Kindern wurde absolute Disziplin verlangt, der Unterricht bestand zum großen Teil aus Auswendiglernen. Schläge waren an der Tagesordnung.

Respekt vor der Obrigkeit galt als wichtigste Bürgerpflicht. Auch innerhalb der bürgerlichen Familien spiegelten sich diese Verhältnisse wider. Der Mann und Vater hatte in allen Angelegenheiten das letzte Wort. Er entschied, ob die Ehefrau einen Beruf ausüben durfte und bestimmte über das gesamte Familieneinkommen.

Die Situation der bürgerlichen Frauen

Seit Mitte des 19. Jahrhunderts kritisierten Frauen aus bürgerlichen Familien die geringen Bildungschancen für Mädchen. Sie gründeten Frauenvereine und private Bildungsinstitute. Erst um das Jahr 1900 herum gab es die ersten Schulen, in denen Mädchen das Abitur ablegen konnten. Um dieselbe Zeit wurden die ersten Frauen zum Studium an den Universitäten zugelassen. In der Berufsausübung waren Frauen im Vergleich zu Männern stark eingeschränkt. Lehrerinnen durften zum Beispiel nicht heiraten. Wenn sie es doch taten, mussten sie ihren Beruf aufgeben und verloren das Anrecht auf ihre Pension. Diese Bestimmung wurde erst 1919 abgeschafft, als das Kaiserreich nicht mehr bestand.

Neben einer besseren Bildung für Mädchen forderten die Frauen auch das Wahlrecht. Während seit 1871 alle Männer ab 25 Jahre an den Reichstagswahlen teilnehmen durften, blieben Frauen vom Stimmrecht ausgeschlossen. Auch dies änderte sich erst nach dem Ende des Kaiserreiches.

Frauen in der Arbeiterschaft

Für Frauen aus armen Verhältnissen galten andere Regeln, denn es war klar, dass sie zur Versorgung ihrer Familien beitragen mussten. Junge Frauen arbeiteten vor allem als Hausmädchen in wohlhabenden Haushalten (Bild 2). Mehr und mehr fanden sie aber auch Beschäftigung in den entstehenden Fabriken. Obwohl die Löhne gering und die Arbeitszeiten lang waren, zogen manche Frauen diesen Arbeitsplatz vor, weil Bezahlung und Arbeitsbedin-

3 Veranstaltungsplakat des Hamburg-Altonaer Vereins für Frauenstimmrecht. *Foto, 1894.*

4 Heimarbeiterfamilie im Erzgebirge bei der Herstellung von Tierfiguren. *Foto, 1909.*

gungen immerhin klar geregelt waren. Wenn Frauen nicht außer Haus arbeiten konnten, nahmen sie häufig Aufträge in Heimarbeit an (Bild 4). Im Schnitt verdienten Frauen nur 35 %–50 % des Lohnes von männlichen Arbeitern. Deshalb war für sie – neben dem Wahlrecht – die Forderung nach gleichem Lohn für gleiche Arbeit besonders wichtig.

Kinderarbeit

Auf dem Land und in den Arbeiterfamilien in der Stadt mussten Kinder mitarbeiten. Die Arbeit in der Fabrik stand aber dem Schulbesuch im Wege, deshalb wurde sie schrittweise durch Gesetze eingeschränkt. Dennoch durfte der Arbeitstag von 14-jährigen Jugendlichen um 1860 immer noch zehn Stunden betragen. Die Beteiligung von Kindern an der Heimarbeit war gesetzlich gar nicht geregelt.

Q1 Die Textilarbeiterin Anna Perthen erinnerte sich um 1880 an ihre Jugend:

Als ich zwölf Jahre alt war, musste ich in die Textilfabrik gehen, wo damals noch die Arbeitszeit von 5 Uhr früh bis 7 Uhr abends dauerte. Nachmittags von 4 bis 6 Uhr besuchten wir die Fabrikschule, welche neben der Fabrik in einem Gasthaus abgehalten wurde. … Der Verdienst war klein … und samstags wartete schon der Vater auf mich, um mir das Geld abzunehmen.

1 ☒ Erläutert mithilfe des Textes Z. 1–21 und Bild 1 den Einfluss des Militärs und des Adels auf die Gesellschaft im Kaiserreich.

2 ☒ Vergleicht anhand des Textes Z. 22–59, Q1 und Bild 2 die Situation der berufstätigen Frauen aus bürgerlichen Familien mit der von Arbeiterinnen.

	Gemeinsamkeiten	Unterschiede
bürgerliche Frauen	– hatten kein … recht	…
Arbeiterinnen	– …	…

3 ☒ Schreibt eine Rede für die Veranstaltung in Hamburg-Altona (Bild 3), in der ihr das Wahlrecht für Frauen fordert.

4 ☒ Nehmt Stellung zur Situation armer Kinder im Kaiserreich. Nutzt dafür den Text Z. 61–68, Q1 und Bild 4.
> Nehmt die Methode „Ich – Du – Wir" von S. 289/290 zu Hilfe.

Was ihr noch tun könnt:

1 ☒ **a** Recherchiert im Internet über die Arbeitsbedingungen von Hausmädchen im Kaiserreich.
☒ **b** Verfasst aus der Sicht der jungen Frau aus Bild 2 einen Brief an ihre Eltern, die auf dem Dorf wohnen. Berücksichtigt darin ihre Arbeit, ihre Gründe, in die Stadt zu ziehen und ihre Gefühle.
> Liebe Eltern, jetzt lebe ich schon seit drei Monaten im Haus von … Frei habe ich am …

Was bedeuten Hymnen und Symbole für eine Nation?

1 Fußballeuropameisterschaft 2024: Deutsche Fans während des Spiels gegen Ungarn in Stuttgart. *Foto, 19. 06. 2024.*

Woher kommen Flaggen und Farben?

Vor einem Länderspiel im Fußball werden in der Regel die Flaggen der beiden beteiligten Nationen aufs Spielfeld getragen. Dann werden die *Nationalhymnen gespielt, und oft singen die jeweilige Mannschaft sowie große Teile des Publikums mit. Viele Zuschauer kleiden und schminken sich in den Farben ihrer Landesflagge. Wann sind diese nationalen Symbole entstanden?

Für Deutschland kann erst seit der Reichsgründung 1871 von einer gemeinsamen Flagge und Hymne gesprochen werden. Die Farben des Kaiserreiches waren Schwarz-Weiß-Rot. Schwarz und Weiß waren die Farben des preußischen Herrscherhauses und das Rot kam aus den Wappen der meisten Hansestädte, die inzwischen zum Reich gehörten. Eine offizielle Nationalhymne gab es nicht, aber man spielte und sang, vor allem in Anwesenheit des Kaisers, die sogenannte Kaiserhymne.

Für Deutschland – gegen Frankreich?

Ein deutsches Nationalgefühl war bereits zu Anfang des 19. Jahrhunderts entstanden. In den Kämpfen gegen Napoleon sowie in den Kämpfen für eine demokratische Verfassung hatte es sich gefestigt. Aus den sogenannten Befreiungskriegen stammte die Farbkombination Schwarz-Rot-Gold für ein geeintes demokratisches Deutschland (siehe S. 178). Daraus entstanden schließlich 1949 die Fahnen der beiden deutschen Staaten der Bundesrepublik und der Deutschen Demokratischen Republik (DDR).

Das deutsche Nationalgefühl war von einer sehr widersprüchlichen Tradition des Fort- und Rückschritts geprägt. Es gab Dichter, Journalisten und Politiker, die im 19. Jh. zwar Freiheit für die Bauern, Gleichheit aller vor dem Gesetz und ein Ende der Fürstenherrschaft forderten. Dieselben Personen behielten allerdings ihre Vorurteile gegen Frankreich und Jüdinnen und Juden bei. Die Leute glaubten, es ließe sich ein „deutsches Wesen" beschreiben, das „den Deutschen" deutlich von „dem Franzosen" und „dem Juden" unterscheide.

Der Schriftsteller Heinrich Heine musste selbst erfahren, wie stark die Vorurteile gegenüber Jüdinnen und Juden waren. Er wechselte zwar seinen Glauben zum Christentum, doch er wurde trotzdem angefeindet. Der Autor Ernst Moritz Arndt vertrat die Position eines negativen Frankreich- und Judenbildes. Er kämpfte selbst gegen Napoleon und war Frankreich gegenüber feindlich eingestellt.

*** die Nationalhymne**
Dies ist ein Lied, das die Gemeinsamkeit einer Nation in besonderer Weise zeigt.

Auch der Dichter August Heinrich Hoffmann von Fallersleben (1798–1874) zählte zu den Autoren, die Nationalgefühl und Fremdenhass vermischten. 1841 verfasste er ein „Lied der Deutschen“ (Q1), das allerdings auf kriegerische Töne verzichtete. Seit 1922 diente es als deutsche Nationalhymne. Nach der Gründung der Bundesrepublik Deutschland 1949 wurde dort nicht mehr die erste, sondern die dritte Strophe gesungen. Seit der Wiedervereinigung der beiden deutschen Staaten am 3. Oktober 1990 ist diese Strophe offiziell die Nationalhymne der Bundesrepublik Deutschland.

2 Heinrich Heine (1797–1856). Der Dichter war in Düsseldorf geboren und lebte seit 1831 in Paris. *Gemälde von Moritz Daniel Oppenheim, 1831.*

Q1 Das „Lied der Deutschen“ (1841) von August Heinrich Hoffmann von Fallersleben; Melodie: Joseph Haydn, 1797:

Deutschland, Deutschland über alles,
Über alles in der Welt,
Wenn es stets zu Schutz und *Trutze
Brüderlich zusammenhält,
Von der *Maas bis an die *Memel,
Von der *Etsch bis an den *Belt –
Deutschland, Deutschland über alles,
Über alles in der Welt!
2 ...
3 Einigkeit und Recht und Freiheit
Für das deutsche Vaterland!
Danach lasst uns alle streben
Brüderlich mit Herz und Hand!
Einigkeit und Recht und Freiheit
Sind des Glückes *Unterpfand –:
Blüh im Glanze dieses Glückes,
Blühe, deutsches Vaterland!

Q2 Der Autor Ernst Moritz Arndt schrieb 1813 in seiner Flugschrift „Über den Volkshass“:

Wir sollen die Franzosen nicht allein wegen dessen hassen, was sie uns in den letzten zwanzig Jahren Übels getan haben, ... nein, wir sollen sie hassen, weil sie schon über drei Jahrhunderte unsere Freiheit hinterlistig belauert haben ... Dieser Hass glühe als die Religion des deutschen Volkes, als ein heiliger Wahn in allen Herzen ...

Q3 Der Dichter Heinrich Heine dagegen warnte davor, Nationalgefühl und Hass zu vermischen:

Aber wir verstehen uns bass [besonders gut],
Wir Germanen auf den Hass.
Aus Gemütes Tiefen quillt er,
Deutscher Hass! Doch riesig schwillt er,
Und mit seinem Gifte füllt er
Schier das *Heidelberger Fass.

1 ◩ Beschreibt die Entwicklung zur heutigen deutschen Flagge.

2 ◩ Beschreibt den Weg zur deutschen Nationalhymne von 1990.

3 ☒ **a** Sucht in einem Atlas die Orte, die in der ersten Strophe von Q1 genannt werden.
☒ **b** Untersucht das Lied der Deutschen (Q1) und erklärt, warum heute die letzte Strophe des Liedes als Nationalhymne gesungen wird.
> *Wir singen heute die letzte Strophe, weil ... In der ersten Strophe ...*

4 ☒ **a** Vergleicht die Aussagen von Q2 und Q3.
> *Nehmt die Methode „Textquellen vergleichen“ von S. 58/59 zu Hilfe.*
☒ **b** Nehmt Stellung zu den Aussagen von Arndt und Heine in Q2 und 3.

*** der Trutz**
hier: Verteidigung

*** die Maas, *die Memel, *die Etsch, *der Belt**
Flüsse im heutigen Belgien, Litauen (Belarus, Russland), Italien

*** das Unterpfand**
hier: Garantie

*** Heidelberger Fass**
ein riesiges Weinfass, das im Heidelberger Schloss aufbewahrt wird

Auf dem Weg zum Nationalstaat

Ich kann wichtige Begriffe im Zusammenhang erklären (Sachkompetenz):

die Restauration
der Deutsche Bund
der Rechtsstaat
die Emanzipation
der Liberalismus
der Nationalstaat
die Meinungsfreiheit
die Nationalhymne

1 ☒ Ordnet die Begriffe den richtigen Definitionen in der Tabelle (M1) zu.

Ich kann folgende Aufgaben lösen (Sachkompetenz):

2 ☒ **a** Beschreibt die Entwicklung zur Nationalversammlung in der Paulskirche in Frankfurt. Nutzt dazu S. 188–190.
☒ **b** Erklärt, warum die Verabschiedung einer Verfassung 1849 gescheitert ist.

3 ☒ Erklärt, warum Heinrich Heine sich christlich taufen ließ. Nutzt dazu M2 und die Seiten 182/183.
> *Wie viele Juden seiner Zeit fühlte sich Heine .... Trotz der rechtlichen Gleichstellung der Juden ... Heine wünschte sich ... Von der Taufe versprach er sich ...*

4 ☒ Beschreibt, wie es Bismarck gelungen ist, Deutschland unter der Führung Preußens zu einen und Österreich auszuschließen. Berücksichtigt dabei auch die Art der Einigung.

Ich kann Historienbilder untersuchen (Methodenkompetenz):

5 ☒ Untersucht Bild 1 nach der Methode „Historienbilder untersuchen" auf S. 200/201.

Ich kann mir ein Urteil bilden und es begründen (Urteilskompetenz):

6 ☒ Nehmt Stellung zu der Einschätzung von Helmut M. Müller in M3. Nennt Beispiele für eure Meinung. Nutzt dazu die Seiten 192/193 und 196/197.
> *Nach 1848 war der politische Fortschritt blockiert, denn der preußische König ... Außerdem ...*

7 ☒ Das Kaiserreich wird sowohl als rückständig als auch als fortschrittlich beschrieben. Nennt anhand der Seiten 198–203 Beispiele für beide Tendenzen und wägt sie gegeneinander ab (QR-Code).

Ich kann aus dem Gelernten Folgerungen für meine Gegenwart ziehen (Handlungskompetenz):

8 ☒ Vergleicht anhand von S. 190/191 die Wahl zur Nationalversammlung von 1848 mit einer Bundestagswahl heute. Achtet besonders auf das Wahlrecht (QR-Code).

9 ☒ Untersucht, wie sich die Situation von Frauen im Berufsleben heute von der in der Epoche des Kaiserreiches unterscheidet. Nutzt dazu S. 202/203 und den QR-Code.

1 „Verfassunggebende deutsche National-Versammlung in der Paulskirche zu Frankfurt a. M.". *Gemälde von Carl Lill (1807–1879), 1848.*

M1 Begriffe gesucht:

ein Staat, dessen Bürger durch eine gemeinsame Sprache und Kultur verbunden sind	
ein Lied, das die Identität einer Nation repräsentiert	
das Recht, die eigenen Ansichten in der Öffentlichkeit frei zu äußern	
ein Staat, in dem die Ausübung der politischen Macht an Gesetze gebunden ist	
Ein Zusammenschluss deutschsprachiger Staaten; er bestand von 1815 bis 1866.	
die rechtliche und soziale Gleichstellung einer Gruppe innerhalb der Gesellschaft, z. B. von Juden oder von Frauen	
Die politische Neuordnung Europas durch den Wiener Kongress; hierdurch wurden die Machtverhältnisse wieder hergestellt, die vor der Französischen Revolution geherrscht hatten.	
Im 19. Jahrhundert war damit eine freiheitliche politische Ordnung und eine grundsätzliche Kritik an der Monarchie gemeint.	

M2 Auf der Webseite der Humboldt-Universität in Berlin heißt es über ihren ehemaligen Studenten Heinrich Heine:

1824 kehrte Heine nach Göttingen zurück, legte dort ein Jahr später sein Examen ab und wurde zum Doktor der Rechte *promoviert. Ein Jahr darauf fasste er den Entschluss, zum Christentum zu *konvertieren, weil er sich davon höhere Anstellungschancen als Jurist erhoffte. Er ließ sich taufen, was er später mehrfach bereute ... . Aber seine jüdischen Wurzeln verhinderten weiterhin die angestrebte Laufbahn als Anwalt ebenso wie eine Professur an der Universität München.

M3 Der Historiker Helmut M. Müller schrieb 1987:

Die Jahre nach dem Scheitern der Revolution von 1848 werden als „Reaktionszeit" bezeichnet, d.h. als eine Phase, die durch starres Festhalten an überholten politischen und gesellschaftlichen Verhältnissen geprägt ist.

* **promovieren**
eine wissenschaftliche Arbeit in einem Fach verfassen mit dem Ziel, einen Doktortitel zu erwerben

* **konvertieren**
zu einem anderen Glauben übertreten

Industrialisierung und soziale Frage

Städte wuchsen, Fabriken entstanden und neu erfundene Maschinen stellten immer mehr Waren her. Die Arbeit und das Leben der Menschen veränderten sich in vielen Bereichen grundlegend. Diese Entwicklung nennt man Industrialisierung. Sie begann in Europa um 1750.

Die neue Art der Herstellung von Waren, die damals entstand, prägt noch heute den Handel auf der ganzen Welt.

Gab es durch die Industrialisierung mehr Vorteile oder mehr Nachteile? Von Beginn an entstanden unterschiedliche Meinungen zu diesem Streitpunkt.

Diese historische Postkarte von 1908 sollte für die Stadt Essen werben.

1 Vermutet, warum dieses Bild ausgewählt wurde.

Gußstahlfabrik Krupp

Industrialisierung und soziale Frage

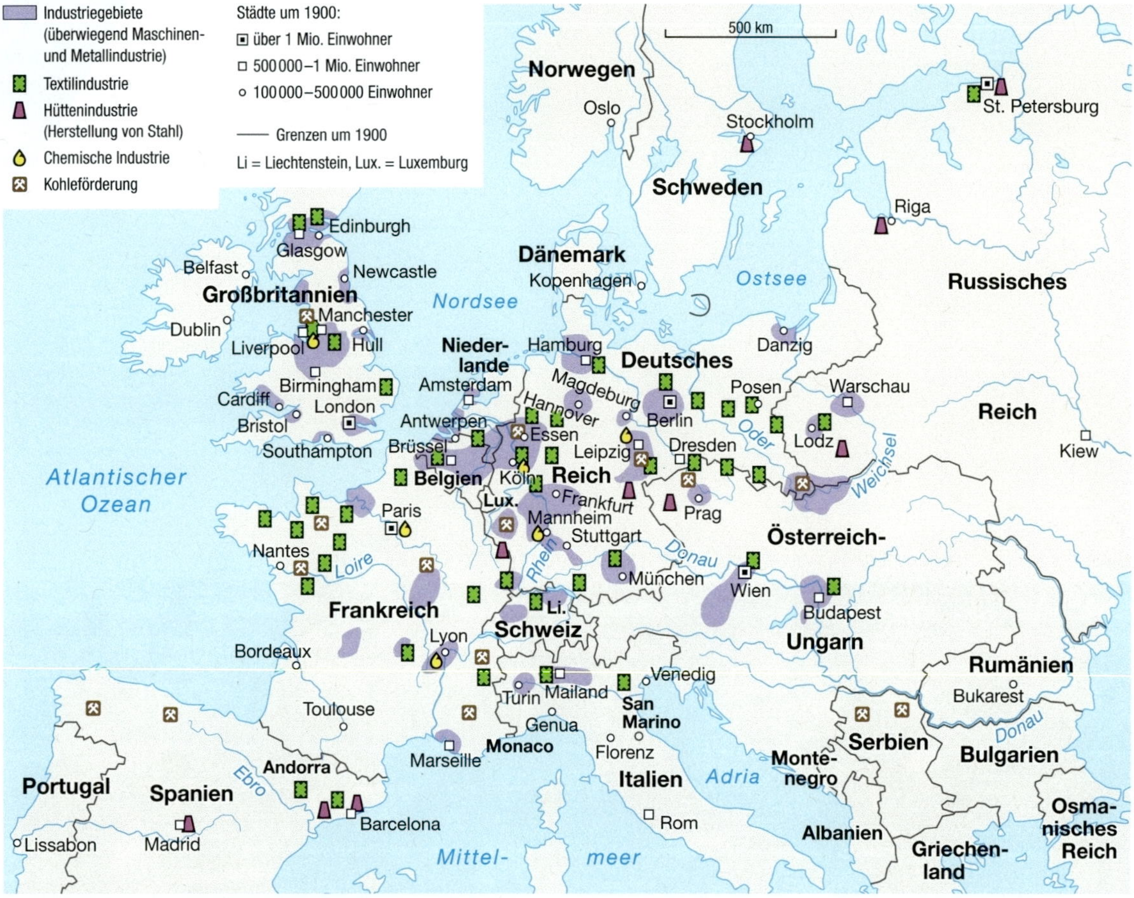

1 Industriegebiete in Europa um 1900.

Jahrhundertelang hatte sich das Leben der Menschen nur wenig verändert: Der größte Teil der Bevölkerung lebte auf dem Dorf und von der Landwirtschaft. Andere Bevölkerungsteile arbeiteten als Handwerkerinnen und Handwerker und im Handel in den Städten. Die wenigen Reichen gehörten dem Adel oder dem wohlhabenden Bürgertum an.

Durch die Industrialisierung veränderte sich das Leben der Menschen erheblich. Dieser Wandel betraf vor allem ihr Arbeitsleben. Man spricht deshalb auch von der industriellen Revolution. Dieser Prozess dauert bis heute an.

1 Beschreibt mithilfe der Karte, wo sich in Europa Industriegebiete bildeten und wo sie fehlten.
> *Größe Industriegebiete waren ... | In Nordeuropa, Mitteleuropa ...*

2 **a** Beschreibt die vier Bilder auf der rechten Seite. Geht dabei besonders auf die Gemeinsamkeiten und Unterschiede ein.
> *Bild 2 und 4 ist gemeinsam ...; Kinderarbeit gab es ... und gibt es ...*

b Sucht Überschriften für die Bildpaare.

3 Schreibt Fragen zum Thema des Kapitels auf und findet im Laufe der Arbeit am Kapitel die Antworten. Notiert die Antworten.

4 Tauscht euch aus: Was hat die Industrialisierung mit euch oder eurer Familie zu tun?
> *In unserem Haushalt ... Ich kenne jemanden, ... In der Nähe ...*

um 1760	1835	um 1840	1875	1883–1889	2015
Erfindung erster Maschinen in England	Erste deutsche Eisenbahnstrecke Nürnberg – Fürth	Frauen und Männer arbeiten 14–16, Kinder ca. 10 Stunden täglich	Gründung der Arbeiterpartei SPD	Einführung von Versicherungen zum Schutz der Arbeiterschaft	Arbeiterinnen und Arbeiter erhalten einen Mindestlohn in Deutschland

2 Dampfschmiedehammer in der Fabrik der Familie Krupp in Essen. Mithilfe dieses schweren Geräts konnte Stahl mit hoher Kraft und Präzision geschmiedet werden. *Foto, um 1900.*

4 Arbeiterin in einer modernen Fabrik. Statt für einzelne Arbeitsschritte mehrere Arbeitskräfte einzusetzen, kann nun eine Person mithilfe von Computern viele Arbeitsschritte überblicken. *Foto, 2021.*

3 Die elfjährige Sadie Pfeiffer arbeitet in einer Baumwollfabrik, in den USA. *Foto von Lewis Hine, 1908.*

5 Arbeiterin in einer Teppichfabrik in Kairo. Hier werden Teppiche überwiegend in Handarbeit erstellt. Ein großer Teil der Kinder in Ägypten geht zur Schule. Viele Familien sind dennoch darauf angewiesen, dass ihre Kinder Geld verdienen. *Foto, 2013.*

Warum begann die Industrialisierung in England?

1 Verarbeitung von Wolle zu Garn vor der Industrialisierung. Die Wolle vom Schaf wurde gewaschen (1) und getrocknet. Dann kam sie auf die sogenannte Spindel (2). Mit der Hand wurden Fäden aus der Wolle gezogen und auf dem Spinnrad zu Garn verarbeitet (3). Schließlich wurde der Faden auf eine Garnrolle gewickelt (4). *Illustration, 1783.*

Die Industrialisierung

Ab 1800 veränderten sich Arbeit und Arbeitswelt in erheblichem Maße: Maschinen nahmen den Menschen nun zunehmend die Arbeit ab. Erfindungen wie die Eisenbahn ermöglichten es, sich schneller fortzubewegen und waren Voraussetzungen für die Entwicklung von Verkehr und Handel. Man nennt diese Entwicklung auch *Industrialisierung.

Gute Bedingungen in England

In England stieg zu Beginn des 19. Jahrhunderts die Bevölkerungszahl stark an: Im Jahr 1750 lebten 7 Millionen Menschen dort, 1850 schon fast 21 und 1900 32 Millionen. Ursachen für den Bevölkerungsanstieg waren Verbesserungen in der Medizin und der Ernährung, sodass mehr Kinder geboren wurden und weniger in jungen Jahren starben. Mehr Menschen benötigten mehr Nahrung und mehr Arbeit. Landwirte konnten durch Neuerungen den Ertrag von Ernten stark steigern: Dazu gehörten die Versorgung der Felder mit wachstumsfördernden Mitteln wie Dünger und neue Nahrungs- und Futterpflanzen wie Kartoffeln, Kohl und Mais. Die wachsende Zahl der Menschen konnte so mit Lebensmitteln versorgt werden. Diese Änderungen waren so grundlegend, dass man von einer Revolution in der Landwirtschaft spricht.

Politische Voraussetzungen

Auch politische Voraussetzungen brachten den Prozess der Industrialisierung in England voran: Das Land war keine absolute Monarchie mehr. Es besaß ein Parlament, das unternehmerisches Handeln unterstützte. So machte das Parlament den Kaufleuten aus dem Bürgertum wenige Vorgaben, sodass diese selber darüber entscheiden konnten, für welche Geschäfte sie Geld verwendeten. Die Kaufleute legten z.B. Bergwerke an und förderten Kohle, um Gewinne zu erzielen. Sie konnten damit Maschinen kaufen oder neue Betriebe errichten.

Ausgebaute Straßen und Kanäle bildeten ein gutes Verkehrsnetz für den Transport von Gütern. Wer damals Grenzen übertrat, musste Geld für die Handelswaren bezahlen (Zoll). Grenzen gab es aber in England nicht. Dieser grenz- und zollfreie Handel erleichterte Einkauf und Verkauf.

*** die Industrialisierung**
Darunter versteht man die Zeit, in der Maschinen erfunden wurden. Statt mit eigener Muskelkraft konnte man nun mit Maschinen in der gleichen Zeit viel mehr Produkte herstellen. Die Industrialisierung begann in England am Ende des 18. Jahrhunderts. Wir leben heute noch in einer Zeit, in der immer wieder technische Erfindungen das Leben verändern.

2 Die „Spinning Jenny“. Ein Mensch konnte daran so viel Garn spinnen wie acht Menschen mit bisher bekannten Spinnrädern. *Illustration, 1880.*

Fortschritte bei der Herstellung von Kleidung

Mehr Menschen benötigen auch mehr Kleidung. Bisher waren Garn und Stoffe am Webstuhl in Heimarbeit hergestellt worden (Bild 1). Diese Art der Herstellung reichte nun aber nicht mehr aus. Man brauchte viel mehr und möglichst preisgünstige Stoffe. Statt an einem Spinnrad einen einzelnen Faden zu spinnen, sollte es eine Maschine möglich machen, gleich sechs Fäden aus Wolle oder Baumwolle zu spinnen. Eine solche Maschine erfand der englische Weber James Hargreaves 1765 für einen Wettbewerb. Er gewann und nannte seinen neuen Webstuhl „Spinning Jenny“, der sogar 16 Fäden gleichzeitig spinnen konnte (Bild 2). Man weiß nicht, woher der Name kommt, denn weder eines seiner 13 Kinder noch seine Frau hießen Jenny. Möglicherweise ist „Jenny“ eine Kurzform von „engine“ (engl. = Maschine). Die Produktion von Kleidung stieg massiv an.

Wirkung der Dampfmaschine

Muskelkraft, Wasserkraft und Windkraft reichten nicht mehr aus, die zahlreichen Maschinen, die erfunden wurden, anzutreiben. Diese Lücke füllte die Dampfmaschine mit ihrem Antrieb aus Wasserdampf. Der Engländer James Watt verbesserte die bisherige Dampfmaschine 1869 zu einem Maschinentyp, der in der Folge in fast allen Wirtschaftsbereichen zum Einsatz kam. Um die vielen Maschinen zu betreiben, wurde wiederum mehr Kohle gebraucht, sodass immer mehr Arbeitskräfte für den Bergbau benötigt wurden. Neue Arbeitsplätze entstanden.

M1 Erfindungen und Entdeckungen

Vor der Industrialisierung		*Durch* die Industrialisierung
Muskel-, Wasser-, Windkraft	ab 1869	Dampfmaschine
Pferd, Kutsche	1835	Lokomotive
Gemälde	1839	Fotografie
Bote, Brieftaube	1861	Telefon
Kerze	1879	Glühbirne
Pferd, Kutsche	1884	Auto
Theater	1895	Film
Kräuter	1899	Aspirin-Tabletten

1 Erklärt euch mithilfe von Bild 1 und der Bilderklärung die Herstellung von Garn.

2 Vergleicht die Bilder 1 und 2 und nennt Gemeinsamkeiten und Unterschiede.

3 Nennt mithilfe des Textes Z. 9–44 mindestens drei Bedingungen, die die Industrialisierung in England vorbereitet haben. Nutzt den → Wortschatz.

4 Erklärt euch mithilfe des Textes die Vorteile der „Spinning Jenny“ (Z. 45–63) und der Dampfmaschine (Z. 64–76).

5 **a** Nennt für die Beispiele in M1 die Vorteile der Erfindungen.
> *Die Lokomotive kann ... Die Erfindung des Telefons hat den Vorteil, dass ...*

b Nennt auch Erfindungen der Gegenwart und ihre Vorteile.

6 Erklärt in euren Worten den Begriff „Industrialisierung“ und beantwortet die Leitfrage der Doppelseite.

Was ihr noch tun könnt:

1 Bereitet einen Kurzvortrag über ein Technikmuseum eurer Wahl vor und präsentiert ihn. Geht darauf ein, was warum und wie gezeigt wird (QR-Code).
> *Nehmt die Unterrichtsmethode „Einen Kurzvortrag halten“ von S. 290 zu Hilfe.*

WORTSCHATZ

3 Verbesserungen ermöglichen | Nahrungs- und Futterpflanzen anbauen und ernten | Düngung einsetzen | Geld einsetzen | (keinen) Zoll erheben | Zoll zahlen |

Statistiken untersuchen

In einer Statistik werden die Ergebnisse einer Befragung in Zahlen übersichtlich dargestellt. Statistiken begegnen uns in Zeitungen, im Fernsehen und im Internet.

Statistiken können als Diagramme (Bilder 1 und 2) oder als Tabellen (Bild 3) dargestellt werden. Im Geschichtsunterricht helfen Statistiken beispielsweise, Entwicklungen über einen längeren Zeitraum darzustellen.

Wie man Statistiken auswerten und wie man mit ihnen Fragen beantworten kann, zeigen die folgenden vier Schritte.

Folgende Hinweise helfen euch, Statistiken zu untersuchen:

Schritt 1: Das Thema klären
- Was ist das Thema? Informationen finden sich in Überschriften, Unterschriften oder Legenden (Erklärungsteil, z. B. am Rand).
- Für welchen Zeitabschnitt gelten die Daten?
- Für welche Regionen gelten die Daten?

Schritt 2: Die grafische Darstellung verstehen
- Wie ist die Statistik gestaltet (als Tabelle, als Säulen-, Linien-, Kreis- oder Streifendiagramm)?
- Welche Maßeinheiten werden verwendet (z. B. Zeit in Jahren, Einwohnerinnen und Einwohner in Tausend, Anteile in Prozent)?
- Welche Sachverhalte werden dargestellt (z. B. die Warenproduktion eines Landes oder mehrerer Länder, Bevölkerungswachstum)?

Schritt 3: Die Informationen entnehmen
- Welche besonderen Informationen kann man entnehmen (z. B. größter Wert / kleinster Wert, starke oder plötzliche Veränderungen)?
- Welche Entwicklungen kann man ablesen (z. B. Zunahme/Wachstum, Abnahme/Rückgang, keine Veränderung)?

Schritt 4: Die Ergebnisse auswerten
- Benötigt man für die Klärung des Themas weitere Informationen?
- Welche Ergebnisse kann man zusammenfassend formulieren?
- Welche Folgerungen kann man aus den Informationen ziehen?

1 Ordnet die Statistiken in Bild 1–3 den Begriffen Tabelle, Säulen-, Linien-, Kreis- oder Streifendiagramm zu.

2 Ergänzt die Lösungshilfen für die Statistiken 1 und 2.

3 Vergleicht die Statistik 1 und 2 miteinander und nennt jeweils die Vorteile der Darstellung.

4 Untersucht die Statistik 3 mithilfe der Schritte 1–4.

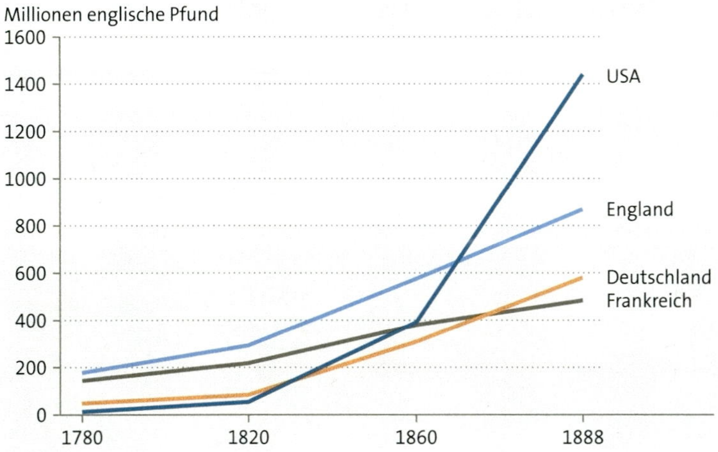

1 Industrielle Produktion führender Industriestaaten von 1780 bis 1888 in Millionen englische Pfund (Pfund = englische Währung).

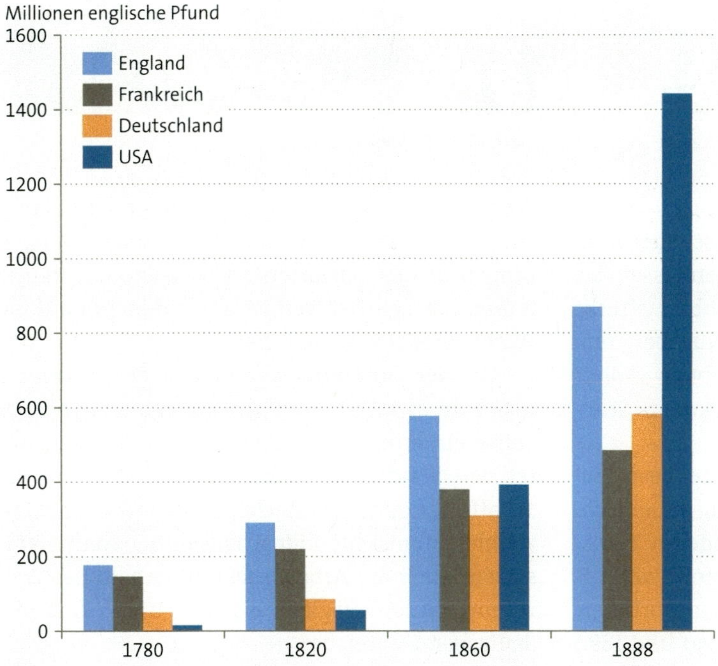

2 Industrielle Produktion führender Industriestaaten von 1780 bis 1888 in Millionen englische Pfund (Pfund = englische Währung).

	1800	1850	1880	1900
Berlin	172	419	1122	1889
Essen	4	9	57	119
London	959	2336	3830	4537
Manchester	77	336	462	544

3 Entwicklung der Einwohnerzahlen (in Tausend) von ausgewählten Städten in Deutschland und England von 1800 bis 1900.

Lösungshilfen:

Zum Schritt 1:
Die Statistiken 1 und 2 machen Angaben über die industrielle Produktion in England und ... | von 1780 bis ... | in Millionen ...

Zum Schritt 2:
Bei Statistik 1 handelt es sich um ... | Die x-Achse gibt ... an | die y-Achse ...

Zum Schritt 3:
Man kann für jedes der vier Länder die industrielle Produktion, gemessen in Millionen englische Pfund, ablesen. | Auffällig ist ein deutlich geringer Wert für die USA bis ... | 1888 aber ... |
Für jedes der vier Länder kann man ein Wachstum ...

Zum Schritt 4:
Die Angaben reichen nicht über 1888 hinaus. | Seinen Vorsprung kann England im Vergleich zu Frankreich und Deutschland bis 1888 behaupten. |
Für die Entwicklung der USA ergibt sich die Frage, wie es zwischen 1860 und 1888 zu einem so rasanten Anstieg der Produktion kommen konnte (QR-Code). | Für alle Industriestaaten gilt, ...

Wie begann die Industrialisierung in Deutschland?

1 Abfahrt des ersten Zugs am 07.12.1835 auf der Strecke von Nürnberg nach Fürth. *Farbdruck, 1836.*

Die Bedeutung der Eisenbahn

7. Dezember 1835: Mehrere Tausend Zuschauer wollten sich eine Sensation nicht entgehen lassen. Sie waren zur Einweihung der ersten Eisenbahnstrecke Deutschlands gekommen. Zwischen Nürnberg und Fürth in Bayern fuhr die Dampfeisenbahn „Adler“ ganze sechs Kilometer weit und ca. 25 km pro Stunde schnell.

Die Errichtung eines Eisenbahnnetzes beschleunigte den Prozess der Industrialisierung in Deutschland erheblich. Schneller als alle anderen Transportmittel konnte die Eisenbahn Rohstoffe, wie z. B. Holz, und Waren sowie Personen transportieren. Das Eisenbahnnetz war 1840 schon 550 und 1880 rund 34.000 Kilometer lang (Karte).

Späterer Beginn der Industrialisierung in Deutschland

In Deutschland begann die Industrialisierung rund 60 Jahre später als in Großbritannien, weil dem Land viele Voraussetzungen fehlten: Statt eines einheitlichen Staatsgebietes gab es 39 Einzelstaaten und dadurch viele Grenzen. An jeder Grenze gab es eine Zollschranke. Hier musste für alle mitgeführten Waren Geld bezahlt werden – der sogenannte Zoll. Jede Zollgrenze bedeutete Wartezeit und Geldverlust für die Hersteller der Waren und die Händler. Deshalb kamen die Waren mit langen Verspätungen an den Zielorten an und wurden immer teurer, um den Geldverlust durch den Zoll auf die Waren wieder auszugleichen.

Mit der Gründung des Deutschen Zollvereins 1834 kam es zu einer Lösung dieses Problems. Der Zollverein ermöglichte einen Wegfall der Zölle unter den Staaten des Deutschen Bundes und die Schaffung eines einheitlichen Münz-, Maß- und Gewichtssystems. Die Industrialisierung konnte einsetzen. Auch die Arbeitssuche innerhalb des Zollvereins wurde möglich. Bis 1854 traten fast alle deutschen Staaten bei.

Die Industrialisierung kam voran

Für die Bahnschienen musste Eisen zu Stahl verarbeitet werden. Hierfür entstanden Fabriken. Für die Herstellung wurde Kohle gebraucht. Bergwerke wurden errichtet, um Kohle abzubauen. So verstärkten sich die Wirtschaftszweige gegenseitig. Überall dort, wo Kohle gefördert werden konnte, wo Fabriken gebaut wurden und eine Anbindung an das Eisenbahnnetz bestand, kam es zu einem wirtschaftlichen Aufschwung. So entstanden auch Arbeitsplätze für die wachsende Bevölkerung.

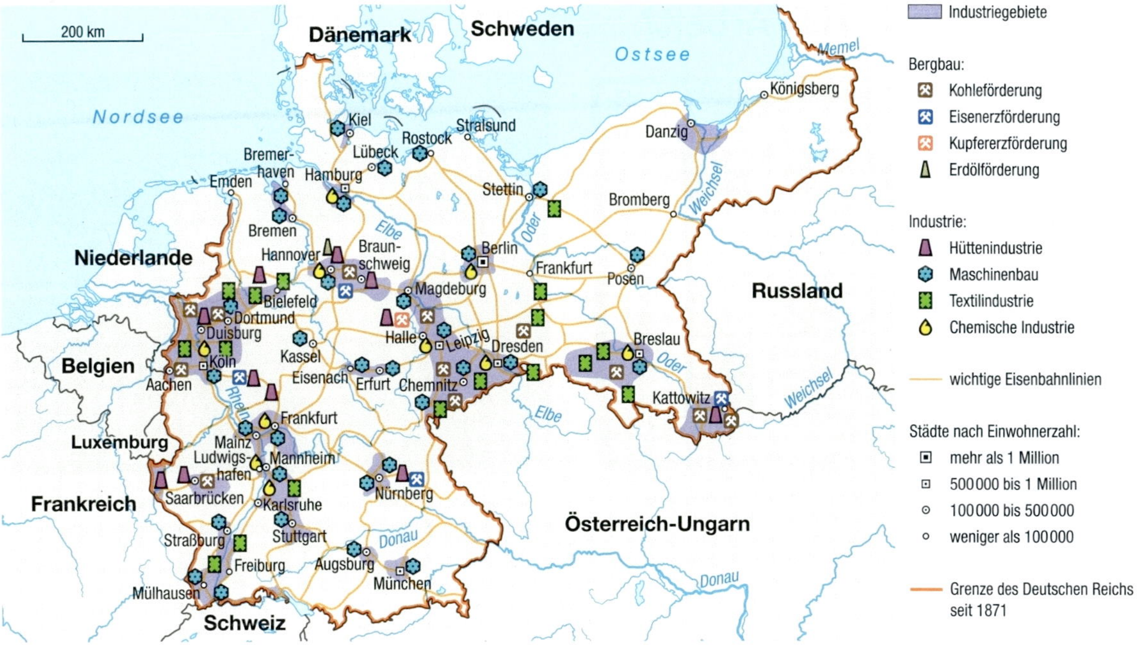

2 Industrie und Eisenbahnen in Deutschland um 1900.

Neue Industrien entstanden

Um 1880 entstanden neue Industrien und Firmen, die eine Führungsrolle auf dem Weltmarkt übernahmen. Dazu gehörten

- Elektroindustrie, z. B. die Firma Siemens,
- chemische Industrie, z. B. BASF, Bayer (Farben, Kunstdünger),
- Automobilindustrie, z. B. Daimler, Benz, Opel und Zulieferer Bosch,
- landwirtschaftliche Maschinenindustrie.

Man produzierte nicht nur für den deutschen Markt, auch der Verkauf von Waren ins Ausland wurde immer wichtiger (Export). Der Export ist bis heute ein wichtiger Wirtschaftsfaktor für Deutschland.

Q1 Der deutsche Wirtschaftswissenschaftler Friedrich List (1789–1846) schrieb 1819:

38 Zolllinien in Deutschland lähmen den Verkehr im Inneren und bringen ungefähr dieselbe Wirkung hervor, wie wenn jedes Glied des menschlichen Körpers unterbunden wird, damit das Blut ja nicht in ein anderes überfließe. Um von Hamburg nach Österreich, von Berlin in die Schweiz zu handeln, hat man zehn Staaten zu durchschneiden, zehn Zollordnungen zu studieren, zehnmal Durchgangszoll zu bezahlen.

1 Untersucht Bild 1.
> Nehmt die Methode „Bilder untersuchen" auf S. 285 zu Hilfe.

2 Beschreibt mithilfe des Textes Z. 16–30 und Q1 Hindernisse der Industrialisierung in Deutschland.

3 Wertet die Karte aus: Nennt die größten Industriegebiete in Deutschland und ihre Industriezweige.
> Große Industriebetriebe befanden sich vor allem ... / Zu den wichtigsten Industriegütern gehören ... / Im Bereich ... wurde vor allem ... produziert.

4 Erklärt euch gegenseitig folgende Begriffe: die Eisenbahn | das Eisenbahnnetz | die Zollschranke | der Zollverein | die Fabrik | der Markt | der Export |

5 Fasst die Entwicklung Deutschlands zum Industrieland zusammen.

Was ihr noch tun könnt:

1 Sucht nach Informationen über die Gründungsgeschichte einer Industriefirma in eurer Nähe, die im 19. Jahrhundert gegründet wurde. Gestaltet ein Plakat.
> Nehmt die Methoden „Im Internet recherchieren" auf S. 293 und „Ein Lernplakat gestalten" auf S. 290 zu Hilfe.

Wie veränderte sich Arbeit?

1 Traditionelles Spinnen in Heimarbeit. *Nachträglich gefärbter Holzschnitt um 1600.*

2 Arbeiter tragen einen Schmelztiegel mit flüssigem Metall in einer Eisengießerei. *Gemälde von Pieter de Josselin de Jong, 1880–1900.*

Der Handwerksbetrieb

Der Schuh, das Garn, das Tuch, der Nagel – diese Produkte wurden in einer Werkstatt des Handwerks von Frauen und Männern mit der Hand angefertigt. Die Produkte wurden mit der Muskelkraft von Menschen und Tieren oder mit der Kraft von Wind und Wasser hergestellt. Meistens wurde im Auftrag eines Käufers gearbeitet. Auf diese Weise entstanden viele Einzelstücke oder nur kleinere Mengen eines Produkts.

Die Fabrik

In einer Fabrik wurde die Arbeit von Menschen mit Muskelkraft nach und nach durch die Kraft der Maschinen ersetzt. Mit ihrer Hilfe konnten in Fabriken in kürzerer Zeit viel mehr Produkte hergestellt werden. Durch die *Arbeitsteilung erhöhte man die Stückzahl. Der Unternehmer konnte deshalb Arbeiterinnen und Arbeiter ohne spezielle Kenntnisse einstellen. Die immer gleichen Handlungen und Handgriffe machten die Arbeit langweilig. Es wurden nur geringe Löhne gezahlt, weil es ein Überangebot an Arbeitskräften gab, Frauen und Kinder erhielten noch weniger Lohn. Nicht nur bestellte Produkte wurden hergestellt, sondern auch solche, von denen man erwartete, dass sie Käufer finden würden.

*** die Arbeitsteilung**
Die Arbeitsaufgabe, z. B. die Herstellung eines Produkts, wird in mehrere Teilaufgaben zerlegt.

Die Smart Factory

Diese Fabriken des 21. Jahrhunderts werden „smart“ oder „intelligent“ genannt, weil die Tätigkeit von Industrierobotern durch digitale Programme gesteuert wird. Die Herstellung ist automatisiert. Die wenigen Fachkräfte greifen kaum noch in den Prozess der Herstellung ein und beaufsichtigen diesen in erster Linie. Sie sind sehr gut ausgebildete Arbeitskräfte. Produziert wird für den Weltmarkt, manchmal auch in kleinen Stückzahlen. Der Verbrauch von Energien (Gas, Strom) und Rohstoffen ist sehr hoch.

Q1 Der Unternehmer Henry Ford (1863–1947) hat 1913 die Fließbandarbeit eingeführt. In seiner Biografie schrieb er:

Ich habe bisher nicht finden können, dass die sich wiederholende Arbeit den Menschen schädigt. … Die Bewegung ist stets die gleiche. Der Arbeiter findet das Gerät stets am selben Platz, macht stets die gleiche Anzahl Schwenkungen und lässt es wieder auf den gleichen Platz fallen. Er braucht dazu weder Muskelkraft noch Intelligenz. Er tut kaum etwas anderes, als seine Hände sanft hin und her bewegen … Selbst die gründlichsten Untersuchungen haben in keinem einzigen Falle eine schädigende oder abtötende Wirkung auf Körper oder Geist gezeigt.

3 Arbeiterinnen und Arbeiter der *AEG, *Foto, um 1900.*

4 Digitale Steuerung und Kontrolle der automatisierten Herstellung. *Foto, 2018.*

M1 Roheisenproduktion 1820–1913 (in 1.000 Tonnen)

Jahre	England	Deutschland
1820–1824	418	75
1840–1844	1465	160
1860–1864	4219	613
1900–1904	8778	7925
1910–1913	9792	14.836

M2 Tagesablauf von Arbeiterinnen und Arbeitern in der Industrie um 1860.

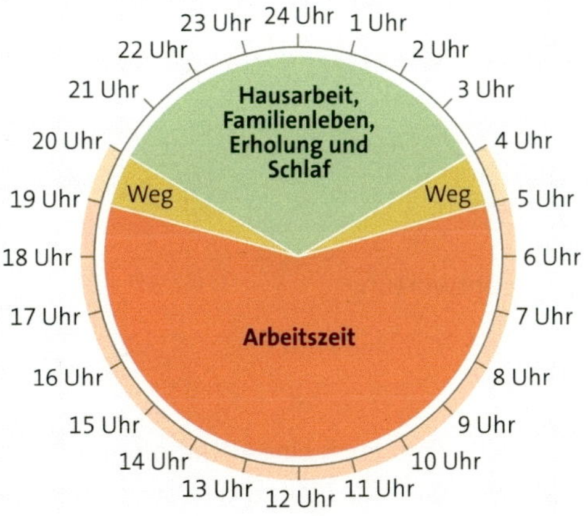

1 ☒ Beschreibt die Arbeit auf den Bildern 1–4 und nutzt die Begriffe „Muskelkraft" und „Maschinen".

2 ☒ Bewertet die Sicht Henry Fords auf die Fließbandarbeit in Q1.
> *Henry Ford ist der Auffassung, dass ... / Man könnte dagegen anführen: ...*

3 ☒ **a** Beschreibt mithilfe von M1 die Entwicklung der Eisenherstellung in England und Deutschland.
b Vergleicht beide Entwicklungen.
> *Während in England die Produktion von Eisen schon früh ... / Deutschland dagegen ...*

4 ☒ Erstellt Mindmaps zum Thema „Handwerksarbeit", (Z. 1–10) oder „Fabrikarbeit" (Z. 11–26) oder „Arbeit in einer Smart Factory" (Z. 27–38).

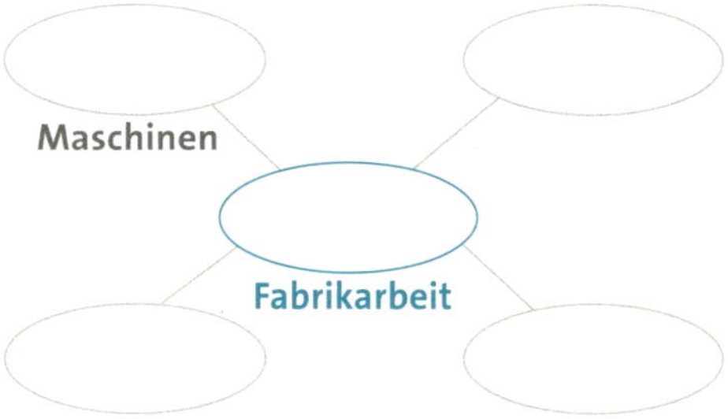

Was ihr noch tun könnt:

1 ☒ Schreibt für eine Zeitung zur Zeit der industriellen Revolution mithilfe von M2 einen Artikel über den Tag einer Arbeiterin in der Fabrik.

*** AEG (= Allgemeine Elektricitäts-Gesellschaft)**
Das Unternehmen wurde 1883 in Berlin gegründet und war 1910 bereits weltweit tätig. Es wurden elektrische Beleuchtung, Maschinen und Kraftwerke hergestellt.

Fotos untersuchen

Fotos sind aus unserem täglichen Leben nicht wegzudenken. Seit der Erfindung der Fotografie 1839 gelten sie als wertvolle Bildquellen.

Fotos können dennoch nicht die objektive „Wahrheit" über Ereignisse oder Menschen wiedergeben. Sie zeigen einen Augenblick, einen Ausschnitt. Anderes fehlt oder wird vielleicht bewusst weggelassen. So können wir heute sehen, was damals eine Fotografin oder ein Fotograf gesehen hat.

Um diese Momentaufnahme verstehen zu können, muss sie durch weitere Informationen ergänzt werden.

Folgende Hinweise helfen euch, Fotografien zu untersuchen:

Schritt 1: Der erste Eindruck
- Welche Gedanken, welche Gefühle kommen beim Betrachten des Fotos auf?
- Was ist auf dem Foto zu sehen?

Schritt 2: Die Bildbeschreibung
- Was wird dargestellt?
- Wie ist die Darstellung: Welche Farben gibt es? Wie sind die Lichtverhältnisse? Gibt es einen auffälligen Bildaufbau? Wie ist der Ausschnitt des Bildes gewählt (Nahaufnahme/Halbnahaufnahme/Überblicksaufnahme)?
- Handelt es sich um eine Montage (Elemente aus verschiedenen Fotografien werden kombiniert)?

Schritt 3: Die Untersuchung
- Zu welchem Zweck wurde das Foto gemacht (Information, Werbung, Erinnerung)?
- Ist das Foto gestellt oder ist es eher zufällig entstanden (Schnappschuss)?
- Sehen wir das Foto heute mit anderen Augen als Menschen damals?
- Wie kann man eine Bildaussage zusammenfassen?
- Hat das Foto eine Bedeutung über die konkrete Situation hinaus? Ist es typisch für ein bestimmtes Ereignis, ein Problem ...?

Schritt 4: Die Erweiterung
- Was ereignete sich vermutlich zeitlich vor und nach der Aufnahme?
- Wofür wurde das Foto vermutlich verwendet?
- Welche Fragen ergeben sich? Welche Materialien werden zur Beantwortung benötigt?

1 Vervollständigt die Lösungsschritte zu Bild 1 mithilfe von M1.

2 Untersucht das Bild 2 mithilfe der vier Schritte.

3 Überlegt mithilfe von M1, was nicht fotografiert werden konnte.

4 **a** Überlegt euch eine Situation und stellt sie als Standbild dar. Fotografiert sie.
> *Nehmt die Methode „Ein Standbild entwickeln" von S. 288 zu Hilfe.*
b Tauscht die Fotos untereinander aus und analysiert sie mithilfe der vier Schritte.

1 Arbeiter der Lokomotivfabrik Kessler in Esslingen (Baden-Württemberg) mit einer fabrikneuen Lokomotive. *Foto, 1864.*

2 Junger Grubenarbeiter in den USA. Auch in den europäischen Kohlegruben zerstießen meist junge Arbeiter die Kohleblöcke tief unter der Erdoberfläche. Diese unterirdischen Stollen waren eng und dunkel. Oft hatten hier nur Arbeitskräfte Platz, die noch nicht ausgewachsen waren. Die Arbeit war extrem anstrengend und gefährlich dazu: Die Luft war knapp und die Stützbalken der Stollen konnten wegbrechen. *Foto von Lewis Hine, 1908.*

Lösungsbeispiel zu Foto 1:

Zum Schritt 1:
...

Zum Schritt 2:
Eine neue Lokomotive | auf Schienen, sechs Räder | acht Arbeiter in sauberer Kleidung | befinden sich | alle lehnen an der Lokomotive | Körperhaltung zeigt Stolz. ...

Zum Schritt 3:
Vermutlich ist das Foto zu Werbezwecken aufgenommen worden. | Es präsentiert die neueste Technik und will damit ... | Der Name der Lokomotive „Kopernicus" deutet an, dass ...

Zum Schritt 4:
Vermutlich wurde die Lokomotive extra für das Foto hier hingeschoben und die Arbeiter mit sauberer Kleidung für das Foto bestellt. | Vermutlich für Werbezwecke ...

M1 Fotografie im 19. und zu Beginn des 20. Jahrhunderts:
„Bitte stillhalten!", riefen die Fotografen zu Beginn der Fotografie. Dann verschwanden sie unter einem Tuch und hinter einem großen Apparat. Es dauerte lange, bis ein Foto auf der lichtempfindlichen Platte des Fotoapparats gesichert war. Aufgrund dieser langen Belichtungszeit durfte sich niemand und nichts bewegen. Das machte das Fotografieren in der Anfangszeit schwierig und aufwendig (QR-Code).

Arbeit in der Fabrik: Gleiche Bedingungen für alle?

A Arbeiterinnen und Arbeiter

1 Frauen im Maschinensaal der AEG (QR-Code), Berlin. *Foto, 1908.*

B Arbeiterkinder

2 Mädchen in einer Spinnerei, USA. *Foto, Lewis Hine 1908.*

Q1 Über ihren Arbeitstag berichtete eine Textilarbeiterin 1909:

Wenn der Morgen grau heraufdämmert, so eilen wir ... mit unseren kleinen Kindern in Scharen durch die Gassen, um die Kleinen tagsüber unterzubringen. ... Die aus dem Schlaf gerissenen Kleinen schreien und jammern ... Sind die Kinder versorgt, so laufen die Mütter hastig zur Fabrik, um an surrenden Maschinen ein Stück Brot zu verdienen. Kaum haben wir den Fabriksaal betreten, so heißt es schuften! ... Um halb zwölf Uhr mittags geht es im Laufschritt, marsch, marsch nach Hause, um ... Kartoffeln und Hering zu richten. Um halb ein Uhr geht es dann wieder im Trab in die Fabrik ... Nach Arbeitsschluss eilen wir aufs Neue durch die Gassen.

Q2 Ernst Abbe (1840–1905) erzählte von seinem Vater, der um 1850 in einer Spinnerei arbeitete:

Die Arbeitszeit dauerte 14–16 Stunden. Mittagspause gab es nicht. An eine Maschine gelehnt oder auf eine Kiste gekauert, verzehrte mein Vater sein Mittagessen aus dem Henkeltopf mit aller Hast, um ... sofort wieder an die Arbeit zu gehen. Mein Vater war eine Hünengestalt [ein sehr großer Mann] von unerschöpflicher Robustheit, aber mit 48 Jahren in Haltung und Aussehen ein Greis.

Q3 Adelheid Popp berichtete 1909 über ihr Leben als Zehnjährige im Jahre 1879:

Ich wurde in einer Werkstätte aufgenommen, wo ich Tücher häkeln lernte; bei zwölfstündiger fleißiger Arbeit verdiente ich 20 bis 25 Kreuzer im Tage. Wenn ich noch Arbeit für die Nacht nach Hause mitnahm, so wurden es einige Kreuzer mehr. Wenn ich frühmorgens um 6 Uhr in die Arbeit laufen musste, dann schliefen andere Kinder meines Alters noch. Und wenn ich um 8 Uhr abends nach Hause eilte, dann gingen die anderen gut genährt und gepflegt zu Bette. ... Nur ein heißer Wunsch überkam mich immer wieder: mich nur einmal ausschlafen zu können.

M1 Beschäftigung jugendlicher Arbeiter in Fabriken, Preußen 1839:

Gesetzlich festgelegt war:
- Ab zehn Jahren durften Kinder in einer Fabrik oder bei Berg-, Hütten- und Pochwerken [mit diesen Maschinen werden Erze zerkleinert] arbeiten.
- Zuvor sollte ein dreijähriger regelmäßiger Schulunterricht erfolgt sein ...
- Eine Ausnahme gab es, wenn die Fabrikherren den Unterricht der jungen Arbeiter in einer Fabrikschule sicherten.

C Angestellte

3 Angestellte der Firma AEG. *Foto um 1906.*

M2 Der Historiker Wolfgang Ruppert schrieb 1983 über die neue Gruppe der Angestellten:

Seit etwa 1900 begann sich die Bezeichnung „Angestellte“ für alle diejenigen durchzusetzen, die als „Kopfarbeiter“ im Büro saßen. Ihnen war gemeinsam und zur täglichen Pflicht gemacht, mit weißem Kragen und mit Krawatte und Anzug im Büro zu erscheinen. Dennoch gab es auch große Unterschiede in der Qualität ihrer Kleidung, etwa zwischen den feinen Stoffen, die die *Buchhalter, und den etwas gröberen, die die Handlungsgehilfen ... trugen. Dies ist auch nicht verwunderlich, da die Gehaltsunterschiede beträchtlich waren ... Der Anteil der Angestellten an den abhängig Beschäftigten wuchs fortlaufend bis in die Gegenwart.

Auch der Anteil der Frauen bei den Angestellten wuchs seit 1890 immer weiter an. Sie arbeiteten oft als Schreibkräfte an den neu eingeführten Schreibmaschinen. Es entstand auch ein neuer Beruf, der der Stenotypistin: Ihr Chef diktierte und sie schrieb alles in einer Schnellschrift auf. Später tippte sie die Texte mit der *Schreibmaschine.

WAHLAUFGABEN

Bearbeitet in Gruppen eine der drei folgenden Aufgaben. Nutzt die Materialien dieser Doppelseite. Ihr könnt auch weitere Informationen in Bild und Text aus dem Kapitel einbeziehen. Präsentiert und vergleicht eure Ergebnisse.

Arbeiterinnen und Arbeiter

A ☒ Arbeiter zu sein war hart, Arbeiterin oft noch härter. Schreibt zu dieser Überschrift einen informierenden Zeitungsartikel (siehe auch Bild 1, S. 222). Nutzt die Materialen Q1 und Q2.
> *Zu den Arbeitsbedingungen gehörten ... Während die Arbeiter ..., mussten die Arbeiterinnen zusätzlich ...*

Arbeiterkinder

B ☒ Verfasst einen Leserbrief zum Thema „Kinderarbeit in den Fabriken“ aus der Sicht der damaligen Zeit. Nutzt die Materialien Q3 und M1.
> *Für Arbeiterkinder war es üblich, dass sie ... Dies ist ... zu beurteilen. Ich bin der Auffassung, dass ... und zwar, weil ...*

Angestellte

C ☒ Eltern erklären ihrer Tochter oder ihrem Sohn, warum sie oder er sich in der Schule anstrengen soll, um einmal Angestellte oder Angestellter in einer Fabrik zu werden. Nutzt die Materialien Bild 3, M2 und den Text und entwerft das Gespräch:
> *Während man als Arbeiterin/Arbeiter ..., kann man als Angestellte/Angestellter ... Lieselotte/Arthur, bedenke, ...*

*** der Buchhalter, die Buchhalterin**
Die Buchhalter und Buchhalterinnen überwachten alle finanziellen Angelegenheiten in der Firma.

*** die Schreibmaschine**
Dies ist ein Gerät, auf dem man vor der Erfindung des Computers Texte schrieb, sodass diese wie gedruckt aussahen. Man zog Papier in das Gerät ein und tippte die Buchstaben ein.

Fabrikbesitzer – die neuen „Fürsten“?

1 Postkarte aus Anlass der 100-Jahr-Feier des Unternehmens Krupp 1912.
Mitte, oben: Wohnhaus der Familie Krupp, 1812
Mitte, unten: Wohnhaus „Villa Hügel“ 1912
Rechte Seite von oben: Alfred Krupp, Gründer, sein Sohn Friedrich Alfred, dessen Schwiegersohn Gustav Krupp von Bohlen-Halbach.
Linke Seite: Kaiser Wilhelm II. Der Kaiser stand Krupp sehr nahe und besuchte die Firma oft.

Industriefürsten?

Erfolgreiche Fabrikbesitzer nahmen in der Gesellschaft zur Zeit der Industrialisierung und des Kaiserreichs eine herausragende Rolle ein. Sie „herrschten“ oft über mehrere Tausend Menschen, die in ihren Fabriken arbeiteten. Man bezeichnete sie daher auch als „Industriefürsten“. Waren solche Industriellen tatsächlich die neuen Fürsten?

Alfred Krupp – der Industrielle

Ein Beispiel für die neue Klasse von Industriellen ist Alfred Krupp (1812–1887). Ab 1830 machte er gemeinsam mit seiner Mutter die kleine Fabrik des Vaters zu einem der größten Unternehmen Europas. Die Fabrik stellte unter anderem Gabeln und Löffel her. Krupp lieferte auch Schienen, Teile für Lokomotiven und vor allem nahtlose Räder aus Stahl für den Eisenbahnbau. Ihr Vorteil war, dass diese Räder viel weniger brachen als die mit Naht. Erfolgreich war er ebenso beim Bau von Kanonen. Er wurde 1866 deswegen der „Kanonenkönig“ genannt. Als der preußische König ihm einen Adelstitel verleihen wollte, lehnte er aber ab.

Krupp setzte immer die neueste Technik ein. Um diese zu bezahlen, lieh er sich bei den Banken Geld. Mit seinen Gewinnen kaufte er immer wieder Land, Gebäude und Maschinen für sein Unternehmen. Den Wert von all dem nennt man Kapital. Die Inhaber der Firma konnten immer mehr Reichtum erlangen. Für Treue und Können zahlte er im Vergleich hohe Löhne, richtete eine Krankenversicherung ein, sorgte für die Kranken und Alten und baute Werkswohnungen (siehe S. 232). Tatsächlich blieben die Beschäftigten viele Jahre bei Krupp. Er verlangte dafür aber auch eine weitgehende Unterwerfung und Gehorsam: Er entschied alles für alle. An oberster Stelle stand für ihn das Wohl des Unternehmens und dessen *Wettbewerbsfähigkeit im Hinblick auf die Konkurrenten und mit Blick in die Zukunft.

„Kruppianer“ – die Arbeiterinnen und Arbeiter

Kruppianer mussten sich viele Fähigkeiten aneignen, um den Stahl herstellen und verarbeiten zu können. Das verlangte eine sehr genaue und disziplinierte Arbeit und viel Erfahrung. Alfred Krupp wollte deshalb, dass sie lange in seinem Unternehmen tätig waren.

*** die Wettbewerbsfähigkeit**
Waren und Dienstleistungen werden so angeboten, dass die Einnahmen daraus die Kosten decken und Gewinn erzielt wird.

2 Die Kanone von Krupp auf der Weltausstellung in Paris 1867. *Zeichnung von Ludwig Pietsch, 1868.*
(1) König Wilhelm I., (2) Kanzler Otto von Bismarck, (3) Kaiser Napoleon III. von Frankreich, (4) Besucher aus dem Osmanischen Reich

Q1 Der Industrielle Alfred Krupp schrieb 1877 an seine Arbeiterinnen und Arbeiter:

Jeder Arbeiter muss durch seinen Fleiß beweisen, dass er die Absicht hat, zum Nutzen der Fabrik zu arbeiten. Wer dies befolgt, hat zu erwarten, dass sein Lohn dem Wert seiner Arbeit nach bemessen wird. Wer trotzen will oder weniger seine Pflicht tut, wird entlassen. ... Jeder Faule, jeder Widerspenstige ... wird entlassen. ...

Ihr wisst, was ihr an eurem Herrn habt, und wenn derselbe sich mit warnenden und mahnenden Worten an euch wendet, dann fühlt ihr alle, dass nicht ein stolzer Besitzer zu Euch spricht. Wie ein Vater zu seinen Kindern, so klingen euch meine Worte, und weil sie von Herzen kommen, finden sie bei Euch offene Ohren. Arbeiter ... genießet, was Euch zukommt. Nach getaner Arbeit verbleibt in euren Kreisen, bei den Eltern, bei der Frau und den Kindern und sinnt über Haushalt und Erziehung. ... Aber für große Landespolitik erspart Euch die Aufregung. Höhere Politik treiben erfordert mehr freie Zeit und Einblick in die Verhältnisse, als dem Arbeiter verliehen ist.

M2 Belegschaft von Krupp und die Einwohner Essens:

Jahr	Belegschaft Krupp	Einwohner der Stadt Essen
1830	8	5457
1850	241	8734
1880	9092	56.957
1915	69.447	ca. 360.000

1 **a** Beschreibt Bild 1.
b Erzählt mithilfe der Bilder und M1 in wenigen Sätzen die Entwicklung des Unternehmens Krupp.
> *Es begann 1812 ... 1868 ... nach 100 Jahren ...*
c Begründet: Warum befindet sich auch das Porträt des Kaisers auf der Postkarte in Bild 1?

2 **a** Ergänzt die Tabelle mithilfe des Textes Z. 9–39 und Q1.

Aufstieg der Firma Krupp		
Produkte	Fähigkeiten, Eigenschaften	
	Alfred Krupp	„Kruppianer“
Gabeln	Wagemut	Stahl herstellen
...	...	...

b Überlegt, welche der Anforderungen in Q1 an Arbeiterinnen und Arbeiter heute nicht mehr so wichtig sind.

3 Der Unternehmer Krupp – ein Fürst der neuen Art? Sammelt Argumente für eurer Urteil. Berücksichtigt dabei auch Bild 1 und Q1. Nutzt den → Wortschatz.
> *Nehmt die Unterrichtsmethoden „Ein eigenes Urteil bilden“ und „Ein persönliches Werturteil bilden“ von S. 62/63 und 285 zu Hilfe.*

WORTSCHATZ
4 Unternehmen gründen | Stolz zeigen | Adelstitel ablehnen | Befehle erteilen | Reichtum ansammeln | Gehorsam verlangen | für die Belegschaft sorgen |

Warum organisierten sich die Arbeiter?

1 Arbeiter bei ihrem Fabrikherrn. *Gemälde von Stanislaf Lentz, 1895.*

Die *soziale Frage

Die Arbeiterschaft hatte viele Gründe, unzufrieden zu sein. Arbeiterfamilien lebten im Elend, obwohl sie und selbst ihre Kinder bis zur Erschöpfung in den Fabriken arbeiteten:

- Die Löhne reichten nicht, um die Familie zu ernähren.
- Sie mussten bis zu 14 Stunden arbeiten.
- Es gab keinen ausreichenden Arbeitsschutz oder Unterstützung bei Krankheit, Unfällen und Arbeitslosigkeit.
- Die Wohn- und die Bildungssituation waren entwürdigend und Besserung war nicht in Sicht.

Wenn Arbeiter um ein Gespräch beim Chef baten, so mussten sie damit rechnen, abgewiesen zu werden, wie es Bild 1 zeigt. Vor der Fabriktür warteten viele Arbeitslose. Dies war ein Druckmittel der Arbeitgeber und sie konnten mit Entlassung drohen. Um Arbeit zu haben, waren Arbeiterinnen und Arbeiter deshalb lange Zeit bereit, fast alles hinzunehmen.

Gewerkschaften wurden gegründet

Die Arbeiter machten die Erfahrung: Gegen die Fabrikherren kann man sich nur durchsetzen, wenn man gemeinsam handelt. So gründeten sie Vereine, z.B. Bildungsvereine. Hier wurde politisch informiert, aber auch Schulbildung nachgeholt, beruflich fortgebildet und Gesellschaft und Spaß angeboten. 1848 entstand schließlich die erste *Gewerkschaft in Deutschland. Damit sollte der Kampf um die Rechte der Arbeiter gestärkt werden. Die Unternehmer sahen diese Entwicklungen als Bedrohung an. Sie setzten gesetzliche Verbote der Gewerkschaften durch. Erst 1872 wurden Gewerkschaften in ganz Deutschland zugelassen.

Als ein Mittel zur Durchsetzung ihrer Ziele organisierten Gewerkschaften Streiks (siehe S. 228/229). Um die Risiken dieser Arbeitsverweigerung zu verkleinern, sorgten „Streikkassen" dafür, dass die Familien der Streikenden nicht hungern mussten. 1889 wurde bei einem internationalen Arbeiterkongress in Paris der 1. Mai zum Tag des Arbeiterprotests ausgerufen (QR-Code).

*** die soziale Frage**
Das ist die Bezeichnung für die Notlage der Arbeiterschaft und ihrer Familien während der Industrialisierung, zu denen vor allem ihre Armut, die Arbeits- Wohn- und Gesundheitsbedingungen zählten.

*** die Gewerkschaft**
Organisation der Arbeiterschaft zur Vertretung ihrer Interessen, wie z.B. Löhne, Arbeitszeiten und -bedingungen betreffend

2 Lied „zum Ersten Mai" von Max Kegel von 1898. *Seite der Zeitschrift „Der wahre Jakob", Nr. 333, 25. 04. 1899.*

Frauen wurden benachteiligt

Frauen erhielten meist nur 35 bis 50 Prozent des Lohnes der männlichen Arbeiter und durften nicht wählen. Ihre Benachteiligung betraf alle Lebensbereiche. Auch in den Arbeitervereinen waren sie weder zugelassen noch erwünscht.

Die Entstehung der SPD

Die SPD (Sozialdemokratische Partei Deutschland) versteht sich noch heute als Vertreterin der Arbeiterinnen und Arbeiter und aller sozial Schwachen. Ihre Anfänge gehen auf die Zeit zurück, als Ferdinand Lassalle (1825–1864) 1863 den „Allgemeinen Deutschen Arbeiterverein" gründete.

Lieder für Arbeiter

Auch Lieder trugen durch Texte und Melodien zu einem Gefühl der Einheit und Stärke der Arbeiterschaft bei. So entstanden ab der Mitte des 19. Jahrhunderts viele Arbeiterlieder. Besonders bekannt wurde die „Internationale" aus dem Jahr 1871 (Q1).

Q1 Die Internationale, ein verbreitetes Arbeiter-Kampflied von 1871. Text: Eugène Pottier 1871. Melodie: Pierre Degeyter (1888):

Wacht auf, Verdammte dieser Erde, die stets man noch zum Hungern zwingt! Das Recht wie Glut im Kraterherde nun mit Macht zum Durchbruch dringt. Reinen Tisch macht mit dem Bedränger! Heer der Sklaven, wache auf! Ein Nichts zu sein, tragt es nicht länger, alles zu werden, strömt zuhauf! Refrain: Völker, hört die Signale! Auf zum letzten Gefecht! Die Internationale erkämpft das Menschenrecht …

1 ◩ **a** Wählt auf Bild 1 eine Person aus. Formuliert mithilfe des Textes Z. 1–43 ihre Gedanken oder was sie in dieser Situation sagen könnte. Bezieht auch die Seiten 222–225 mit ein.

2 ◩ Ordnet aus folgenden Adjektiven die passenden zu Bild 2 zu:
fröhlich – kämpferisch – traurig – kraftvoll – einträchtig – leidenschaftlich – ruhig.

3 ⊠ Wählt eines der beiden Bilder und untersucht es. Stellt auch Vermutungen über die Absicht des Künstlers an (QR-Code zu Bild 2). Nutzt den → Wortschatz.
> *Beachtet dabei: Personen und Personengruppen, Körperhaltung, Farbgebung, Einrichtung/Gebäude.*
> *Nehmt die Methode „Bilder untersuchen" von S. 285 zu Hilfe.*

4 ⊠ Beurteilt die Berechtigung der Arbeiterforderungen und die Mittel zu ihrer Durchsetzung.
> *Nehmt die Methode „Ein eigenes Urteil bilden" von S. 285 zu Hilfe.*

Was ihr noch tun könnt:

1 ⊠ Übertragt den Liedtext (Q1) in die heutige Sprache. Benennt dabei, wer jeweils gemeint ist (QR-Code).
> *Runter vom Sofa … raus auf die Straße … ihr wollt essen …*

WORTSCHATZ

3 ein Bildthema wählen | eine Körperhaltung einnehmen | Gegensätze betonen | einen Gesichtsausdruck zeigen | in den Vordergrund setzen | eine Handhaltung zeichnen | Farben wählen | eine Botschaft deutlich machen

Ein Streik soll helfen

1 „Der Streik". Das Bild ist ca: 1,81 x 2,75 m groß. *Gemälde von Robert Köhler, 1886.*

In vielen Fabriken herrschte in den 1880er-Jahren Unzufriedenheit und zu Hause meist große Not. Ein Streik war oft der letzte Versuch, Verbesserungen bei dem Fabrikbesitzer durchzusetzen.

Das Gemälde von Robert Köhler wurde 1886 in einer New Yorker Ausstellung präsentiert. Ausstellungen waren oft die einzige Möglichkeit, Bilder anzuschauen.

Wählt in Gruppen eine Aufgabe aus. Stellt eure Ergebnisse den anderen vor.

1 Stellt euch vor, ihr kommt von der Ausstellung und beschreibt in einem Brief das Gemälde. Berücksichtigt auch die Gebäude und den Hintergrund (QR-Code).
> *Im Bildhintergrund … / Links im Bild … / Im Vordergrund rechts unten bückt sich ein Arbeiter …*
> *Nehmt die Methode „Bilder untersuchen" von S. 285 zu Hilfe.*

2 Schreibt einen Dialog zwischen dem Fabrikbesitzer und dem Anführer der Streikgruppe. Führt ihn vor.
> *Fabrikbesitzer: Eine Unverschämtheit …, wenn ich euch keine Arbeit geben würde … / Ich habe Kosten, die Maschinen …*
> *Die Seiten 222–227 helfen euch.*

3 Zur Ausstellungseröffnung bittet eine Tageszeitung Robert Köhler um ein Interview (QR-Code). Schreibt es auf. Nutzt den → Wortschatz.
> *Nehmt die Methode „Ein fiktives Interview" von S. 288 zu Hilfe.*
> *Presse: Herr Köhler, was wollen Sie mit ihrem Gemälde den Menschen zeigen?*
> *Köhler: …*

WORTSCHATZ

3 Kritik äußern | Zorn und Protest zeigen | Interessen von Männern und Frauen andeuten | Macht und gesellschaftliche Stellung zeigen | Verständnis wecken | zu politischem Handeln anregen

Die Kirchen helfen – eine Lösung?

1 Arbeitssaal der Jungen im Rauhen Haus (= rotes Haus). *Zeichnung in der Zeitung „Illustrierte Zeitung", 1846.*

2 Briefmarke von 1965, die dem katholischen Theologen Adolph Kolping gewidmet ist.

Warum halfen die Kirchen?

Mitglieder der evangelischen und katholischen Kirche setzten sich ein, um die Not der Arbeiterfamilien zu lindern. Die Arbeit, die sie damals begannen, wird oft bis heute fortgesetzt. Die Ziele und Arbeitsweisen haben sich verändert und wurden an die Zeit angepasst. Immer gilt die Aufforderung durch die Bibel, seinen Nächsten durch Hilfe und Unterstützung zu lieben.

Beispiel für evangelische Initiativen

Der evangelische *Theologe Johann Hinrich Wichern (1808–1881) kümmerte sich in Hamburg besonders um gefährdete Kinder. Der 25-jährige Wichern sammelte Spendengeld und eröffnete 1833 mithilfe dieses Geldes das Rauhe Haus. Hier fanden die Kinder aus den Elendsvierteln ein Zuhause (Bild 1). Wicherns Grundsätze lauteten: vertrauen, verzeihen statt zu strafen und Leben in Gemeinschaft. Die Kinder lebten in Wohngruppen, die die Familie ersetzen sollten, wurden christlich erzogen und erhielten eine schulische und eine berufliche Bildung. 1835 begann Wicherns Ehefrau Amanda mit der Erziehung der Mädchen. Auch diese sollten einen Beruf ausüben. Ein solcher Beruf war z.B. die Tätigkeit als Dienstmädchen.

Beispiel für katholische Initiativen

Im 19. Jahrhundert gingen viele Handwerker nach Abschluss ihrer Prüfung als „Gesellen" auf Wanderschaft und übten an verschiedenen Orten ihren Beruf aus. Sie hatten dabei kein richtiges Zuhause und keinen Halt durch die Familie. Das Trinken großer Mengen Alkohol war oft die Folge bei den wandernden Gesellen. Der Theologe Adolph Kolping (1813–1865) kannte die Situation aus eigener Erfahrung. Für die Gesellen wollte er ein „christlich orientiertes" Zuhause anbieten. Statt ins Wirtshaus zu gehen, konnten sie im Kolpingwerk Unterkunft, aber auch Gesellschaft, Krankenpflege, berufliche, politische und religiöse Fortbildung finden. 1864 gab es schon 420 Kolping-Vereine mit 60 000 Mitgliedern.

Tipps für die Erarbeitung und Präsentation:

1 ☒ Wertet die Materialien dieser Seite aus und gestaltet ein Plakat, auf dem ihr in Wort und Bild die Hilfe der Kirchen vorstellt. Beantwortet dabei auch die Leitfrage: „Die Kirchen halfen – eine Lösung?" Nutzt den → Wortschatz. Recherchiert zu Wichern und Kolping im Internet.

> *Nehmt die Methoden „Im Internet recherchieren" von S. 18/19 und „Ein (digitales) Lernplakat gestalten" von S. 90/91 sowie 290 zu Hilfe.*

*** der Theologe**
Dies ist eine Person, die an der Universität eine Glaubenslehre studiert hat. Johann Heinrich Wichern hatte evangelische Theologie studiert.

WORTSCHATZ
Hilfe leisten | Theologie studieren | Nächstenliebe üben | Hilfeeinrichtungen gründen | Zuhause/Ausbildung/Schlafstellen anbieten | im Sinne des Christentums erziehen

Die Wissenschaft forscht – eine Lösung?

1 Ausräucherung der Straßen als Maßnahme gegen die Verbreitung der Cholera, Exeter (England). *Holzschnitt, 1832.*

2 Waschen von Kleidung in verschmutztem Wasser, Exeter (England). *Holzschnitt, 1832.*

Krankheiten im 19. Jahrhundert

Im 19. Jahrhundert waren sehr ansteckende Krankheiten wie Tuberkulose oder Cholera weltweit die Haupttodesursache. Die Cholera führt zu extremen Durchfällen und Erbrechen sowie zum schnellen Austrocknen. Dadurch können Menschen bis zu 20 Liter Flüssigkeit am Tag verlieren. Zwischen 1831 und 1894 starben allein in Preußen mehr als 300 000 Menschen an dieser Krankheit.

Es verbreiteten sich Gerüchte, wonach Behörden, Ärzte oder Reiche und Mächtige absichtlich die Cholera unter der Unterschicht verbreiten würden, um die arme Bevölkerung zu verringern – denn die Armen wurden immer mehr. Wissenschaftler begannen zu forschen, um die Cholera bekämpfen zu können.

Bekämpfung der Krankheit

Der Mediziner, Chemiker und Apotheker Max Pettenkofer (1818–1901) dachte, dass schmutziger Boden zur Ansteckung von Cholera beiträgt: der alltägliche Müll, Abfälle aus Schlachthöfen und anderes. Schlechte Gerüche in der Luft sollten ebenfalls eine Ursache sein. Deshalb wurden zum Beispiel ganze Straßen ausgeräuchert (Bild 1). Man nahm an, damit würde man die Luft desinfizieren. Ebenfalls sollte es helfen, nach einem Besuch bei einem Kranken Tabak zu rauchen.

WORTSCHATZ

Cholera verbreitet sich | eine ansteckende Krankheit / ein Gerücht verbreiten ... | die Kanalisation einrichten ...

Wasser und Kanalisation

Der Mediziner Robert Koch (1843–1910) machte in Indien eine Entdeckung: Die Wäsche von Kranken wurde in Teichen gewaschen, die neben Gruben für Kot lagen. In den Teichen wurde auch gebadet und ihnen wurde Trinkwasser entnommen. Er erkannte, dass Cholera über verschmutztes Wasser übertragen wird. In Berlin wurde ab 1878 deshalb eine Kanalisation gebaut: Verschmutztes Wasser wurde in Rohre unter die Erde geleitet und vom Trinkwasser getrennt. Das verunreinigte Wasser wurde durch die Rohre auf Felder außerhalb der Stadt geleitet. Dort versickerte es im Boden und wurde so biologisch gereinigt. Nun konnte man in Berlin wieder Wasser aus den öffentlichen Pumpen trinken. Der letzte Choleraausbruch in Deutschland liegt deshalb über 120 Jahre zurück.

Tipps für die Erarbeitung und Präsentation:

1 Wertet die Materialien dieser Seite aus und gestaltet ein Plakat, auf dem ihr in Wort und Bild die Hilfe der Wissenschaft vorstellt. Beantwortet dabei auch die Leitfrage: „Die Wissenschaft forschte – eine Lösung?“ Nutzt den → Wortschatz.
Recherchiert zum Stichwort „Cholera“ im Internet.
> Nehmt die Methoden „Im Internet recherchieren“ von S. 18/19 und „Ein (digitales) Lernplakat gestalten“ von S. 90/91 sowie 290 zu Hilfe.

Unternehmer bauen Wohnungen – eine Lösung?

1 Im Vordergrund die Siedlung Alfredshof, eine Wohnsiedlung für Krupp-Arbeiter im Stadtteil Holsterhausen (Essen). Im Hintergrund erkennt man die Gussstahlfabriken der Friedrich Krupp AG. *Foto, um 1910.*

Zu wenige und zu schlechte Wohnungen

Viele Menschen drängten in die Städte, um Arbeit zu finden. Es gab aber viel zu wenig Wohnraum. Daher entstanden sogenannte Mietskasernen: Die Häuser hatten mehrere Stockwerke, oft auch Hinterhöfe. Typische Merkmale solcher Mietskasernen waren die große Enge und Toiletten für mehrere Mietparteien im Flur oder auf dem Hof. Beheizbar waren oft nur die Küchen. Manche Familien mussten eines ihrer zwei Zimmer untervermieten, um nicht zu hungern. Auch Matratzen wurden an sogenannte Schlafburschen vermietet. Das waren junge Männer ohne Familie, die sich nur für ein paar Stunden zum Schlafen in der Wohnung aufhalten durften. Mehr konnten sie sich nicht leisten.

Unternehmer als Bauherren

Einige Fabrikbesitzer ließen Siedlungen mit kleinen Einfamilienhäusern erbauen, um ihren Arbeiterinnen und Arbeitern preisgünstigen Wohnraum möglichst in der Nähe der Fabriken zur Verfügung zu stellen. Einer dieser Fabrikanten war Friedrich Krupp. Die Wohnungen in solchen Werkssiedlungen waren größer als normale Mietwohnungen und bezahlbar. Auch hier hatten Familien Untermieter, um die Kasse aufzufüllen. In Läden in der Nähe konnte man günstig einkaufen. Für das Zusammenleben in den Siedlungen gab es häufig Regeln und Aufseher sorgten für die Einhaltung.

Im Ruhrgebiet lebte um 1900 etwa jeder fünfte Arbeiter und sogar jeder dritte Bergarbeiter in einer der über 25 000 Siedlungswohnungen.

Ein Vorzeigeprojekt

Margarethe Krupp (siehe S. 224/225) stiftete Geld und Land für ein besonderes Wohnprojekt – die nach ihr benannte Margarethenhöhe. Die Siedlung im Süden von Essen entstand zwischen 1909 und 1938 und galt von Beginn an als Beispiel einer modernen Siedlung: Leben im Grünen, Gärten zur Selbstversorgung, ein Park und wenig Industrie in der Nähe gehörten zu den Merkmalen. Heute ist die sogenannte Gartenstadt Margarethenhöhe denkmalgeschützt.

Kommunaler Wohnungsbau

Ab etwa 1920 bauten vor allem Gemeinden und Städte zunehmend Häuser und kleine Siedlungen für die Werktätigen. Noch heute sind viele davon erhalten.

Tipps für die Erarbeitung und Präsentation:

1 ☒ Wertet die Materialien dieser Seite aus und gestaltet ein Plakat, auf dem ihr in Wort und Bild die Hilfe der Unternehmer vorstellt. Beantwortet dabei auch die Leitfrage: „Unternehmer bauten Wohnungen – eine Lösung?"(QR-Code). Nutzt den → Wortschatz. Recherchiert im Internet, ob es auch in eurer Nähe Beispiele für solche Siedlungen gibt.
> Nehmt die Methoden „Im Internet recherchieren" von S. 18/19 und „Ein (digitales) Lernplakat gestalten" von S. 90/91 sowie 290 zu Hilfe.

WORTSCHATZ
Beengt wohnen | Mangel leiden | Wohnungen/Siedlungen bauen | im Grünen leben | Unterkunft finden | am Arbeitsort wohnen

Die Ideen von Marx und Engels – eine Lösung?

1 Karl Marx (1818–1883) und Friedrich Engels (1820–1895). *Gemälde von Hans Mocznay, 1953.*

2 „Proletarier aller Länder vereinigt Euch!" *Titelseite mit dem Ausspruch von Karl Marx in der Zeitschrift „Neuer Postillion", Zürich, 1904.*

Marx und Engels forderten Veränderungen

Karl Marx und Friedrich Engels (Bild 1) wollten für die Arbeiter eine grundsätzliche Verbesserung ihrer Lage erreichen. Sie meinten: Reiche werden immer reicher, weil sie Fabriken und Maschinen besitzen. Somit erhalten sie immer den größten Teil des Gewinns aus den Fabriken. Die vielen *Proletarier werden immer ärmer, weil sie nur in der Fabrik arbeiten. Marx und Engels nannten dieses Wirtschaftssystem „Kapitalismus".

Kommunismus durch eine Revolution

Marx und Engels sahen nur in einem gewaltsamen Umsturz (Revolution) einen Ausweg. Durch eine Revolution sollten die Proletarier selbst Eigentümer der Fabriken werden. Die Gewinne aus der Arbeit würden alle zu gleichen Anteilen erhalten. Das Ziel war die Gleichheit aller Menschen und ihre Freiheit. Niemand sollte mehr über einen anderen herrschen. Über ihre Arbeit und ihr Leben könnten dann alle Proletarier selbst bestimmen. Diese Herrschaft nannten Marx und Engels „Kommunismus". Ihr Ziel war, dass sich dafür die Proletarier aller Länder vereinigten (Bild 2). Ihre Anhänger nennt man Kommunisten oder Marxisten.

Idee und Wirklichkeit

Im 20. Jahrhundert versuchten Staaten wie die Sowjetunion, die Ideen von Marx und Engels in die Wirklichkeit umzusetzen. Viele Menschen setzten sich ehrlich engagiert für die Ziele des Kommunismus ein. Das Ergebnis war aber nie Freiheit und Gleichheit. Es herrschten zwar nicht mehr Fabrikbesitzer, dafür aber die politische Partei der Arbeiterinnen und Arbeiter. Auch das gleiche Recht und der gleiche Lohn für alle wurden nicht umgesetzt.

Tipps für die Erarbeitung und Präsentation:

1 Wertet die Materialien dieser Seite aus und gestaltet ein Plakat, auf dem ihr in Wort und Bild die Ideen von Karl Marx und Friedrich Engels vorstellt. Beantwortet dabei auch die Leitfrage: „Die Ideen von Karl Marx und Friedrich Engels – eine Lösung?" Nutzt den → Wortschatz.
Recherchiert im Internet zu den Stichworten „Kommunismus" und „Karl Marx" sowie „Friedrich Engels".
> Nehmt die Methoden „Im Internet recherchieren" von S. 18/19 und „Ein (digitales) Lernplakat gestalten" von S. 90/91 sowie 290 zu Hilfe.

*** die Proletarier**
Arbeiterinnen und Arbeiter, die nichts außer sich selbst und ihrer Arbeitskraft besitzen

WORTSCHATZ
Veränderungen fordern | eine Revolution herbeiführen | Gewinne verteilen | Gleichheit/Freiheit herstellen |

Der Staat – Retter in der Not?

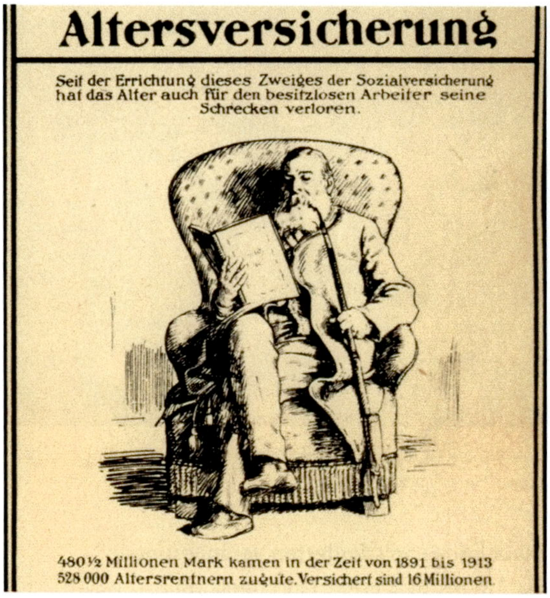

1 „Die *deutsche Sozialversicherung steht in der ganzen Welt vorbildlich und unerreicht dar". Ausschnitte aus einem *Plakat der Reichsregierung, 1913.*

Wie sah die Politik im Kaiserreich aus?

Die soziale Frage führte in der Gesellschaft zu immer mehr Spannungen. Die Arbeiterschaft vertraute vor allem den Sozialdemokraten. Diese kritisierten die Regierung scharf (siehe S. 226/227). Der vom Kaiser ernannte Kanzler *Otto von Bismarck erließ 1878 daraufhin das „Gesetz gegen die gemeingefährlichen Bestrebungen der Sozialdemokratie". Das Gesetz verbot sozialistische und sozialdemokratische Organisationen und deren Aktivitäten im Deutschen Reich.

Dennoch stand die Partei der Sozialdemokraten zur Wahl und ihre Wählerschaft erhöhte sich von 1877 bis 1890 auf das Dreifache. Das Parlament stellte jedoch nicht die Regierung und das Wahlrecht stand nur Männern zu. Frauen durften erst ab 1918 wählen.

Der Erfolg der Sozialdemokraten bei der Arbeiterschaft missfiel dem Kaiser und Bismarck. So setzte mit den Sozialversicherungsgesetzen in Teilen eine neue, fortschrittlichere Politik ein (Q1).

Sozialversicherungsgesetze – ein großer Fortschritt?

Bis 1896 wurden verschiedene Sozialgesetze verabschiedet (Bild 1 und Tabelle 2). Außerdem wurden Ortskrankenkassen gegründet. Diese neue Sozialpolitik kam im Kaiserreich gut an und wurde auch im Ausland bewundert und nachgeahmt.

Dennoch gab es im Inland weiterhin Kritik. Vor allem die Sozialdemokraten sahen die neue Sozialpolitik als Trick an, die Arbeitenden zu gewinnen (Q2). Sie beanstandeten, dass die Leistungen zu gering seien und nur wenige Betroffene davon profitieren könnten: So erreichten beispielsweise nur wenige Arbeiterinnen und Arbeiter das Alter von 70 Jahren und damit eine Rente (Tabelle 2). 25 Mark benötigte eine vierköpfige Familie mindestens pro Woche, die standen aber im Krankheitsfall trotz Versicherung nicht zur Verfügung (Tabelle 2).

Die Unternehmer beklagten sich wiederum, dass sie zu hohe Anteile an den Leistungen zu leisten hätten (Tabelle 2).

Trotz der Kritik gilt diese Politik als der Beginn unseres heutigen Sozialstaates.

*** Otto von Bismarck (1815–1889)**
Von Bismarck war von 1871 bis 1890 erster Reichskanzler des Deutschen Kaiserreichs (siehe S. 196/197).

Jahr	Gesetz/ Versicherung	Beiträge		Leistungen (Beispiele)
		AN	AG	
1883	Krankheit	ca. 66 %	ca. 33 %	Ärztliche Behandlung, Heilmittel, Krankengeld (ca. 50 %, höchstens 2 Mark pro Tag), Wöchnerinnengeld für Frauen, die ein Kind bekommen hatten (jeweils für 13 Wochen)
1884	Unfall	0 %	100 %	Heilbehandlung, Unfallrente, Hinterbliebenenrente
1889	Alter u. Invalidität	50 %	50 %	Invalidenrente bei Erwerbsunfähigkeit, Altersrente (ab 70. Lebensjahr, höchstens 40 % des letzten Lohnes)
Beiträge = Kostenübernahme, AN = Arbeitnehmer, AG = Arbeitgebende				

2 Gesetze zur Sozialversicherung im Deutschen Reich – Wer leistete welche Beiträge?

Q1 Otto von Bismarck begründete die geplanten Sozialgesetze 1884 im Reichstag mit den Worten:
Für den Arbeiter ist es immer eine Tatsache, dass der Armut und Armenpflege zu verfallen gleichbedeutend ist mit Elend. Diese Unsicherheit macht ihn feindlich und misstrauisch gegen die Gesellschaft. ... Solange er zum Staat kein Vertrauen hat, wird er immer wieder zu dem sozialistischen Wunderdoktor laufen ... Deshalb glaube ich, dass die Unfallversicherung ... doch mildernd auf die Besorgnis und die Verstimmung der arbeitenden Klassen wirken kann.

Q2 Während eines Kongresses in Kopenhagen nahm die SPD 1893 zur staatlichen Sozialpolitik Stellung:
Die Partei erklärt, dass sie nach dem bisherigen Verhalten der herrschenden Klasse [der Regierung] weder an ihre ehrlichen Absichten noch an ihre Fähigkeiten glaube. Die angebliche Sozialreform werde nur als taktisches Mittel benutzt, um die Arbeiter von richtigen Wegen abzulenken.

1 Ordnet mithilfe des Textes Z. 1–42 und Bild 1 in folgender Tabelle politische Maßnahmen zu.

Stillstand/Rückschritt	**Fortschrittlichkeit**
Verbot von ... durch ...	Sozialversicherungsgesetze: ...
...	...

2 Beschreibt die Einzelbilder des Plakats zur Sozialversicherung (Bild 1).

3 Erklärt euch gegenseitig die einzelnen Gesetze (Tabelle 2).
> *Für das Krankenversicherungsgesetz leisteten die ... / ... zu den Leistungen gehörten ...*

4 Erklärt mithilfe von Q1 den Zweck des Plakats von 1913 (Bild 1) aus Sicht der Regierung.
> *Wir müssen etwas tun ... die Arbeiterschaft muss unterstützt werden, Gesetze müssen Folgendes regeln: ...*

5 Findet mithilfe aller Materialien dieser Doppelseite eine Antwort auf die Leitfrage der Seite und begründet sie.

6 Erklärt, warum das Kaiserreich mit seiner Politik einerseits als rückständig und andererseits als fortschrittlich gilt. Nutzt die Ergebnisse aus Aufgabe 1.
> *... fortschrittlich, weil ... die soziale Frage entschärft werden konnte ...*

Was ihr noch tun könnt:

1 Entwerft mithilfe des Textes Z. 21–40 und von Q2 ein Flugblatt aus sozialdemokratischer Sicht zum Thema.

Umwelt- oder Industrieschutz?

1 „Pfui Teufel!". Der Teufel riecht am Fabrikschornstein. *Zeichnung von Heinrich Kley, 1909.*

2 Der Tod auf dem Fluss. *Englische Karikatur in der Zeitschrift „Punch" von 1858.*

Auswirkungen auf die Umwelt

In den Nachrichten heute spielen Fragen zur Umwelt und zum Klima täglich eine Rolle. Schon zur Zeit der Industrialisierung hatte die Produktion in den Fabriken Folgen für die Gesundheit der Menschen. Auch die Qualität von Luft, Boden und Wasser verschlechterte sich dramatisch. Die Folgen waren zunächst nur für wenige abzusehen.

Folgen für Städte und Verkehrswesen

Viele Menschen fanden in der industriellen Produktion Arbeit und zogen in die Städte. Immer mehr Wohnungen wurden gebaut und immer mehr Fabriken errichtet. Immer mehr Menschen lebten auf engem Raum zusammen. Der Wasserverbrauch stieg, die Abwassermenge ebenso.

Die neuen Maschinen brauchten Energie und die vielen Häuser mussten beheizt werden. Daher wuchs die Nachfrage nach Holz und Kohle; immer mehr wurde verbraucht.

Die Rohstoffe für die Produktion in den Fabriken mussten heran- und die Waren weggeschafft werden. Dafür waren neue Verkehrswege – vor allem Eisenbahnschienen – und Transportmittel notwendig. Das Aussehen der Städte und Landschaften veränderte sich schnell und grundlegend.

Folgen für die Luft

Die Prozesse in der Fabrik erzeugten, sowohl in ihr selbst als auch in der näheren Umgebung, viel Rauch und Schadstoffe. Durch die schnell wachsenden Industrien für Eisen, Stahl und Chemikalien wurden Abgase erzeugt, z. B. Schwefeldioxid. Sie gelangten ungefiltert in die Luft. Als giftiger Regen kamen die Schadstoffe zurück auf die Erde. Die Folgen waren z. B. Erkrankungen der Atemwege beim Menschen und Schädigungen von Pflanzen und Wäldern. Wurden Gerichte angerufen, unternahmen Richter in der Regel nichts gegen die Luftverschmutzung. Sie argumentierten, dass das Öffnen der Fenster in Arbeitervierteln nicht üblich sei.

Folgen für Boden und Gewässer

Giftige Chemikalien wie Blei, Quecksilber und Cadmium gelangten aus den Fabriken durch die Abwässer direkt in den Boden und damit in das Grundwasser und die Flüsse. Die Versorgung mit Trinkwasser erfolgte noch oft aus Brunnen oder direkt aus den Flüssen. Über den Verzehr von Fischen gelangten ebenfalls Giftstoffe in den Körper. Als z. B. Fischer am Main bedenkliche Messergebnisse von Wasserproben veröffentlichten, wurden sie von staatlichen Kontrolleuren „verträumte Fischereiliebhaber" genannt.

3 Folgen des Klimawandels. *Karikatur von Gerhard Mester, 2021.*

Q1 Professor Baumeister, Karlsruhe, schrieb 1878 in der „Vierteljahresschrift für öffentliche Gesundheit":

Die Flüsse und Seen sind die natürlichen Wege zur Beseitigung allen Unrates, aufgelöst oder mit fortgeschwemmt. Es liegt nichts näher, als sich dieser Gewässer ... zu bedienen, wie denn von diesem natürlichen Recht überall Gebrauch gemacht worden ist, so lange die Welt besteht. ... [Eine Umkehrung würde] ... eine so große Menge an Verlegenheiten, Kosten und Übelständen erzeugen, dass unsere ganze Lebensweise auf den Kopf gestellt würde.

Q2 In Berichten über das Medizin- und Sanitätswesen Wiesbadens stand 1880/81:

Die Rücksichtslosigkeit, der Egoismus und die Abneigung der Fabrikbesitzer, zum Wohle ihrer Mitmenschen Opfer zu bringen, sind oft sehr schwer zu beseitigende Hindernisse. ... Es ist keinem Zweifel unterworfen, dass durch die *Fabrikeinläufe, insbesondere durch Farbeneinläufe, das Wasser des Mains und Rheines an vielen Stellen für das Vieh, ökonomische [wirtschaftliche] Zwecke, für die Fischzucht und selbst für Bäder nicht mehr zu gebrauchen ist.

*** die Fabrikeinläufe**
Einleitungen von Abwässern einer Fabrik in Flüsse oder andere Gewässer

1 ☐ **a** Beschreibt eine der Karikaturen genauer.
> *Nehmt hierzu die Methode „Karikaturen untersuchen" von S. 144/145 zu Hilfe.*

☒ **b** Erklärt die Gemeinsamkeiten und die Unterschiede zwischen den Karikaturen 1 und 2 und der Karikatur 3 zur Gegenwart.

2 ☒ Fasst mithilfe der Zeilen 1–51 und der Bilder 1 und 2 die Auswirkungen der Industrialisierung in einer Mindmap zusammen.
> *Zweige: Folgen für Städte / ... Luft / ... Boden und Wasser / die Gesundheit*
> *Nehmt die Methode „Eine Mindmap erstellen" auf S. 290 zu Hilfe.*

3 ☒ Q1 und Q2 sind fast zeitgleich entstanden. Vergleicht Aussagen und Sichtweisen der Autoren.
> *Nehmt die Methode „Textquellen vergleichen" von S. 58/59 zu Hilfe.*

4 ☒ Findet eine Antwort auf die Leitfrage und belegt sie mithilfe der Materialien der Doppelseite (QR-Code).

Was ihr noch tun könnt:

1 ☒ Recherchiert die aktuelle Diskussion um die Klimapolitik in Deutschland und Europa.
> *Stichworte: „Durchschnittstemperatur", „CO_2-Emissionen", „Artensterben"*
> *Nehmt die Methode „Im Internet recherchieren" von S. 18/19 zu Hilfe.*

Technischer Fortschritt – immer von Vorteil?

1) „Die Furcht, teilweise brotlos zu werden oder sich mit einem noch geringeren Arbeitslohn künftig begnügen zu müssen, hat dazu geführt, dass wir die Webmaschinen zertrümmert haben."
Handwerker (1821) vor Gericht

2) „Die Smartphones, die wir in die Hände junger Menschen gelegt haben, haben tiefgreifende Auswirkungen auf ihr Leben – sie machen sie ernsthaft unglücklich."
Jean Twenge, Journalistin (2017)

3) „Die Zukunft des Films liegt auf dem Gebiet der Erziehung. In zwanzig Jahren ... werden die Kinder aus eigenem Antrieb und gerne zur Schule gehen, weil der Unterricht hauptsächlich durch Filme geschehen wird."
Thomas Alva Edison, Erfinder (1887)

4) „Tonfilm ist wirtschaftlicher und geistiger Mord. Seine Konservenbüchsen-Apparatur klingt kellerhaft, quietscht, verdirbt das Gehör und ruiniert die Existenz der Musiker. Fordert gute stumme Filme! Fordert Orchesterbegleitung durch Musiker. Lehnt den Tonfilm ab."
Deutscher Musiker Verband (1929)

5) „Die Jugend wird im Kino vielfach zu leichtfertigen Ausgaben und zu einem längeren Verweilen in gesundheitlich unzureichenden Räumen verleitet. Eine schwere Gefahr für ... die Kinder ist zu befürchten."
Minister für Kultur Preußen (1912)

6) „New York City: Bildungsministerium verbietet den Einsatz von ChatGPT. Eine Sprecherin der Bildungsverwaltung verweist darauf, dass ChatGPT zwar dabei hilft, schnelle und einfache Antworten auf Fragen zu liefern, aber nicht förderlich sei, um kritisches Denken oder eigene Problemlösungskompetenz aufzubauen."
ComputerBILD, 11. 01. 2023

1 Kritische Stellungnahmen zur technischen Entwicklung durch die Jahrhunderte.

Seit dem Beginn der Industrialisierung beeinflussen technische Erfindungen die Arbeitswelt und unseren Alltag immer wieder aufs Neue: von der Dampfmaschine über die Lokomotive bis zum Smartphone und der künstlichen Intelligenz. Die Reaktionen waren immer sehr unterschiedlich, je nachdem aus welcher Perspektive jemand auf die technische Neuheit blickte. Sechs solcher Stimmen kommen hier zu Wort – die erste stammt von 1821, die letzte aus dem Jahr 2023.

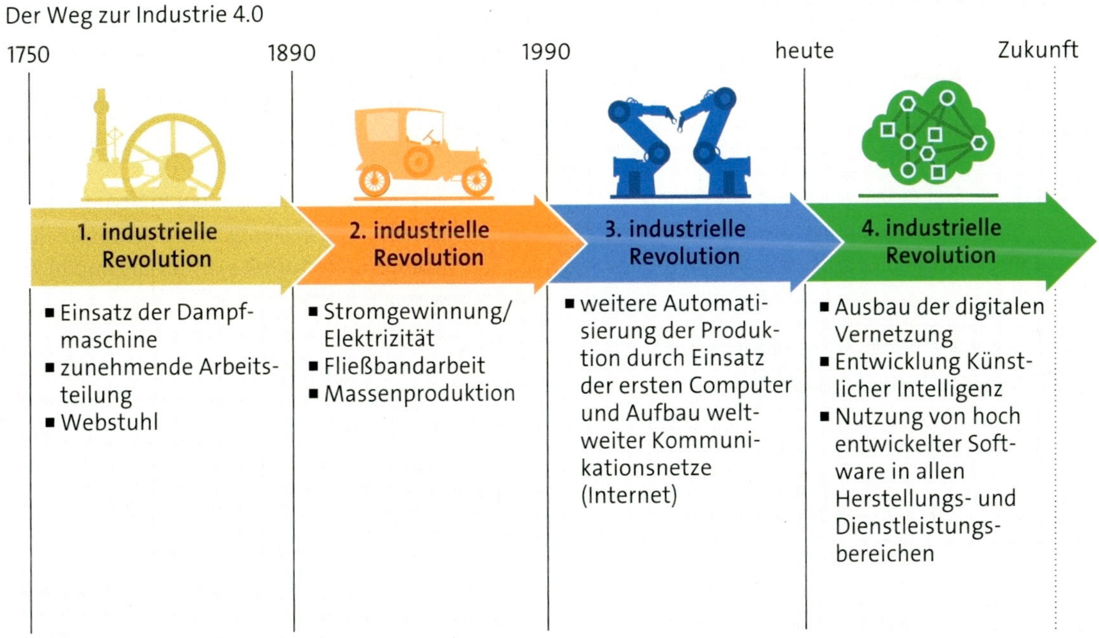

Quelle: BMWi, Globus-Grafik 12129

2 Die vier technologischen Stufen der Industrialisierung.

Die Industrialisierung – Fortschritt ohne Ende und überall?

Die Industrialisierung begann Mitte des 18. Jahrhunderts und hält bis heute an. Wir unterscheiden heute verschiedene Stufen der Entwicklung. Um sie auseinander zu halten, hat man sie von 1–4 nummeriert (Bild 2). Dabei hat nicht eine Stufe die andere abgelöst. In der einen Fabrik wird noch beinahe wie im 19. Jahrhundert produziert. In der Nachbarfabrik kann auf dem neuesten technischen Stand gefertigt werden. Waren werden fast weltweit industriell produziert und diese werden global, also weltweit, verkauft. Wegen dieser weltweiten Vernetzungen spricht man von Globalisierung.

M1 Attac, eine Organisation, die sich für eine gerechte Welt engagiert, schrieb 2017 über Wachstum und Wachstumskritik:

[2016] wurden mehr als 1,6 Milliarden neuer Handys und Smartphones verkauft, 11 Prozent mehr als im Vorjahr. Die meisten Altgeräte werden in Länder Afrikas und Asiens verschifft und dort so weit wie möglich verwertet und dann verbrannt. Dies geschieht unter extremsten Gesundheits- und Umweltbelastungen.

1 **a** Ordnet die Nummern der Zitate in Bild 1 den Buchstaben der Stichworte zu (Mehrzuordnungen sind möglich):
Schutz der Jugend (a), Armut (b), Lust am Lernen (c), Arbeitslosigkeit (d), Gesundheit (e), Unglück (f), Minderung des Arbeitslohns (g), Förderung des Denkens (h).
b Sind Kritikerinnen und Kritiker technischer Erfindungen Feinde des Fortschritts? Formuliert eure eigene Meinung.

2 Bildet Vierergruppen.
a Jedes Gruppenmitglied informiert sich über sich eine der vier Technologiestufen in Bild 2.
b Tauscht euch in eurer Gruppe aus und stellt fest, wodurch sich die Stufen voneinander unterscheiden.

3 Diskutiert die Leitfrage und findet Antworten. Berücksichtigt dabei auch M1.

Was ihr noch tun könnt:

1 Erstellt zu Hause eine Liste: Stellt fest, wo auf der Welt eure Kleidung und einige Elektrogeräte hergestellt worden sind.

2 Diskutiert, wie eine technologische Stufe 5 aussehen könnte.

Industrialisierung und soziale Frage

Ich kann wichtige Begriffe im Zusammenhang erklären (Sachkompetenz):

1 Ordnet die Begriffe und ihre Bedeutungen in M1 einander zu.
2 Erklärt den Begriff „soziale Frage“.

Ich kann die Methode „Fotos untersuchen“ anwenden (Methodenkompetenz):

3 Untersucht das Foto 1.
> *Nehmt die Methode „Fotos untersuchen“ von S. 220/221 zu Hilfe.*

4 Führt Nachforschungen im Internet zur Person und zum Leben des Fotografen Lewis Hine durch. Präsentiert eure Ergebnisse.
> *Nehmt die Methode „Eine Internetrecherche durchführen“ von S. 18/19 zu Hilfe.*

Ich kann die Methode „Statistiken untersuchen“ anwenden (Methodenkompetenz):

5 Untersucht die Kreisdiagramme in Bild 2 und vergleicht sie miteinander.
> *Nehmt die Methode „Statistiken untersuchen“ von S. 214/215 zu Hilfe.*

6 Erstellt aus den Kreisdiagrammen Balkendiagramme.

Ich kann mir ein Urteil bilden und es begründen (Urteilskompetenz):

7 Bewertet die Folgen der industriellen Entwicklung in Deutschland. Unterscheidet in eurem Werturteil a) in soziale und b) in wirtschaftliche Folgen.
> *Nehmt die Methode „Ein persönliches Werturteil bilden“ von S. 62/63 zu Hilfe.*
> Aus heutiger Sicht brachte die Industrialisierung deutliche Probleme für ..., weil ... Einerseits ..., andererseits ...

Ich kann aus dem Gelernten Folgerungen für meine Gegenwart ziehen (Handlungskompetenz):

8 Die Industrialisierung hält bis heute an. Nennt Produkte aus eurem Alltag, an denen a) technischer Fortschritt und b) ökologische Folgen für Mensch und Umwelt ablesbar sind. Übertragt die Tabelle in euer Heft und ergänzt eigene Beispiele.

Produkt	Technischer Fortschritt	Ökologische Folge
Auto	schneller Transport	Schädigung des Klimas durch Autoabgase
...	...	...

9 Formuliert für eure Beispiele aus Aufgabe 8 Vorschläge, was Politik und Wirtschaft tun können und was ihr selbst tun könnt, um Vorteile zu nutzen und Nachteile zu mindern.

1 Die Arbeiterin Addie Card, zwölf Jahre, in einer Spinnerei in North Pownal, Vermont, USA. *Fotografie von Lewis Hine, 1910.*

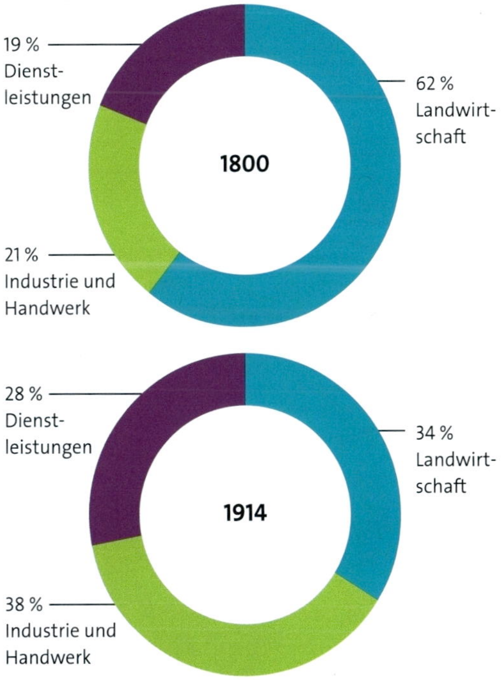

2 Anteil der Erwerbstätigen nach Wirtschaftssektoren in Deutschland, 1800 und 1914.

M1 Begriffe zur Industrialisierung und ihre Erklärungen

1 die Revolution in der Landwirtschaft	**A** Dies ist ein großer Betrieb mit Arbeiterinnen und Arbeitern. Die Erzeugnisse werden mithilfe von Maschinen hergestellt.
2 die Fabrik	**B** Dies ist eine Vereinigung Arbeitender, die ihre Interessen gegenüber dem Unternehmer vertreten soll.
3 die Gewerkschaft	**C** Dies ist ein Unternehmer, dem eine Fabrik gehört.
4 der Industrielle	**D** Das ist die Arbeit Minderjähriger in Fabriken und Bergwerken für geringen Lohn.
5 die Kinderarbeit	**E** Dies bezeichnet die Notlage und ungelöste Probleme der Arbeiterschaft im 19. Jahrhundert.
6 der Kommunismus	**F** Dies ist die erhebliche Veränderung der landwirtschaftlichen Produktion mithilfe von Maschinen.
7 die soziale Frage	**G** Die Bevölkerungszahl in der Stadt wächst schnell an.
8 der Streik	**I** Die Arbeitenden verweigern die Arbeit, um Verbesserungen durchzusetzen.
9 die Verstädterung	**J** Dies ist die Lehre von der Beseitigung von Ungerechtigkeiten durch eine Revolution.
10 die Industrialisierung	**H** Sie begann in England am Ende des 18. Jahrhunderts mit der Erfindung von Maschinen.

AFRICA
ZANZIBAR
GERMAN
GRAB-BAG

8

Imperialismus und Erster Weltkrieg

„Imperialismus. Die Plünderer der Welt“ ist der Name der abgebildeten Karikatur. Sie wurde vom Amerikaner Thomas Nast 1885 veröffentlicht. Die drei Männer stehen für das Deutsche Kaiserreich, Großbritannien und das russische Zarenreich. Ihre Kleidung wurde so gestaltet, dass man sie daran erkennen kann. In ihren Händen halten sie große Beutel, in die sie ihre Beute hineinstopfen.

In der Zeit des Imperialismus versuchten die sogenannten Großmächte, einen möglichst großen Teil der Welt zu erobern. Dies beschränkte sich nicht nur auf Afrika oder Asien. Bald war die ganze Welt im Krieg miteinander: dem Ersten Weltkrieg.

1 Betrachtet die Karikatur. Vermutet, was die drei Personen in Afrika und Asien erbeuten wollten.

2 Überlegt, zu welchen Problemen es kommen könnte, wenn immer weiter geplündert wird.

Imperialismus und Erster Weltkrieg

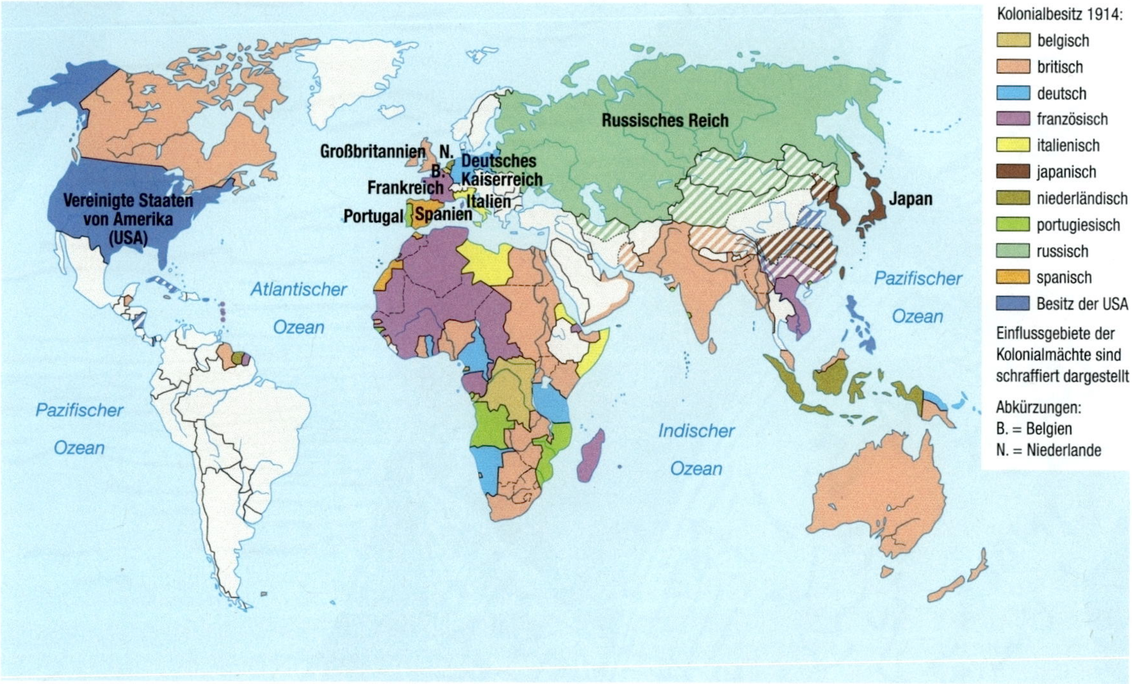

1 Die Großmächte und ihre Kolonien 1914.

Konflikte weltweit?

Spätestens mit der Industrialisierung (Kap. 7) nahmen nicht nur der Wohlstand vieler Menschen, sondern auch die Konflikte zwischen den Großmächten zu. Egal ob im Bereich der Industrie, der Kunst, Kultur oder Gesellschaft: Die Großmächte versuchten, sich gegenseitig zu übertrumpfen. Aufgrund der immer weiter wachsenden Nachfrage nach Waren aus fernen Ländern kam es ebenfalls zu Streit (Bild 3).

Außerdem verbreitete sich im 19. Jahrhundert zunehmend die falsche Vorstellung, dass die Großmächte das Recht hätten, Teile anderer Länder zu besitzen (Karte und Bild 3). Der Kampf der Großmächte um diese Länder und immer mehr Einfluss auf der Welt wirkt bis heute nach (Bild 4).

Am Ende des 19. Jh. nahmen die Konflikte zwischen den Großmächten immer weiter zu. Der Gedanke, dass nur der eigene Staat zähle und allen anderen überlegen sei, führte zu vielen Konflikten und schließlich zum Ersten Weltkrieg (Bild 5).

1 Nennt mithilfe der Karte fünf Länder in Afrika oder Asien, die durch eine europäische Macht in Besitz genommen wurden.

2 Vermutet, welche Waren in einem Geschäft wie in Bild 2 angeboten wurden. Nennt zwei für euch wichtige Waren, die heute aus weit entfernten Ländern eingeführt werden.

3 Erklärt mithilfe des Textes, der Karte und Bild 3 die Gründe für die Ausweitung von Konflikten am Ende des 19. Jh. Nutzt den → Wortschatz.

4 Beschreibt, wie die Menschen in Afrika laut Bild 4 zu Europa standen. Nutzt die Karte und den → Wortschatz.

5 Vermutet, weshalb der Beginn des Ersten Weltkriegs (Bild 5) bei vielen Menschen zunächst für Freude anstatt für Angst sorgte.

WORTSCHATZ

3 sich im Wettstreit befinden | eine falsche Vorstellung verbreiten | glauben, anderen überlegen zu sein | Konflikte nehmen zu

4 Afrika darstellen | eine Person anschreien | für Europa stehen | Europäer loswerden | Aufstände zeigen

1870	1884–1885	28.04.1914	06.04.1917	25.10.1917	18.01.1919	07.05.1919
Beginn des Zeitalters des Imperialismus	15.11.1884–26.02.1885 „Kongokonferenz“ in Berlin	Attentat von Sarajevo – Beginn des Ersten Weltkriegs	Kriegseintritt der USA	Oktoberrevolution in Russland	Friedenskonferenzen von Paris und Versailles	Übergabe des Vertrags von Versailles an die deutschen Vertreter

2 Butter- und Kolonialwarengeschäft von Emil Wehrspohn in Berlin. Bis das Deutsche Kaiserreich selbst Kolonien in Afrika erobert hatte, kamen die Waren aus den britischen und französischen Kolonien (Karte). *Foto, 1910.*

4 „Scher dich fort!“. Der afrikanische Kontinent wird mit Gesicht dargestellt. Er schreit eine Person an. Diese Person trägt einen Tropenhelm und steht für die europäischen Kolonialmächte. *Druck, 1960.*

3 Die Kolonial-Konkurrenten. Die Karikatur zeigt fünf Personen, die den Kontinent Afrika umklammern. Die Personen stehen für Frankreich (oben, Fr), das Deutsche Kaiserreich (unten, D) sowie Großbritannien (unten, E für England), Belgien (links, B) und Italien (rechts, I). *Karikatur aus der Zeitschrift Ulk, 21.12.1906.*

5 Deutsche Soldaten brechen im August 1914 in den Krieg auf. Die Frauen und Familien der Soldaten feierten mit ihnen den Beginn des Krieges. *Foto, 1914.*

Wie rechtfertigten Menschen den Imperialismus?

1 „Die französischen Kolonien." Die Frau in der Mitte steht für Frankreich. Der Schild trägt die Aufschrift: Fortschritt, Zivilisation, Handel. Die Figuren am Strand stehen für die vielen Kolonien, die Frankreich zu diesem Zeitpunkt besaß. *Französisches Schulbuch um 1900, illustriert von Georges Dascher.*

Die Vorstellungen des *Imperialismus

Im 19. Jahrhundert hielten es viele Menschen in Europa für notwendig, Kolonien zu besitzen: Einige waren der Überzeugung, dass das eigene Land eine Weltmacht sei und deshalb das Anrecht habe, Kolonien zu besitzen (Q1). Andere waren davon überzeugt, dass die Menschen in Europa den Menschen in Afrika oder Asien überlegen seien. Daraus leiteten sie ab, dass sie den Fortschritt in diese Länder bringen müssten (Bild 1).

Diese Vorstellungen des Imperialismus widersprechen unseren heutigen Werten der Menschenrechte. Trotzdem gibt es auch heute Staaten, deren Handeln als imperialistisch angesehen wird.

Woher kommt der Gedanke der Überlegenheit?

Viele europäische Staaten förderten in ihrer Bevölkerung den Gedanken, dass der eigene Staat und das eigene Volk allen anderen überlegen sei. Dies wurde mit vier Vorstellungen begründet, die wir aus heutiger Sicht als klar falsch ablehnen:

- Der *Rassismus, der behauptete, dass es höhere und niedere „Menschenrassen" gäbe: Dabei sahen sich die Europäerinnen und Europäer selbst als Vertreter der höchsten „Rasse". Rassismus zeigte sich auch in abwertender Sprache (Q2).
- Der Sozialdarwinismus, der annahm, dass das Recht des Stärkeren nicht nur im Tierreich, sondern auch für Menschen gelte: Europäerinnen und Europäer leiteten hieraus ihr vermeintliches Recht ab, angeblich schwächere Völker unterwerfen zu dürfen.
- Das Sendungsbewusstsein, das davon ausging, dass die europäische Kultur und Lebensweise allem anderen überlegen sei: Viele Europäerinnen und Europäer waren überzeugt davon, dass die Menschen in Afrika dankbar sein würden, wenn man ihnen den europäischen Fortschritt brächte.
- Die Missionsidee, die umfasste, dass alle Nichtchristen bekehrt werden müssten.

Welche Rolle spielte die Wirtschaft?

Im 19. Jahrhundert wuchs die Nachfrage nach sogenannten *Kolonialwaren immer weiter an. Manche Staaten sahen sich dadurch benachteiligt, dass sie selbst keine Kolonien besaßen. Sie waren beim Beschaffen der Waren von anderen Staaten abhängig (Q1). Hinzu kam, dass es in Europa immer schwerer wurde, Kunden für die vielen industriell hergestellten Waren zu finden. Die politische Führung befürchtete, dass dies das Wirtschaftswachstum ausbremsen würde und den Wohlstand verringern könnte. Man brauchte neue Absatzmärkte für die europäischen Waren.

*** der Imperialismus**
Als Imperialismus bezeichnet man das Handeln eines Staates, um Macht über andere Länder fern der eigenen Landesgrenzen auszuüben. Dies kann durch direkte Gewalt wie Krieg passieren, oder indem das vermeintlich schwächere Land abhängig gemacht wird.

*** der Rassismus**
Einteilung von Menschengruppen nach äußeren Merkmalen (z. B. nach Hautfarben) in angeblich „niedere" und „höhere Rassen"

*** die Kolonialwaren**
Lebens- und Genussmittel wie Zucker, Kaffee, Tee, Kakao, Reis, oder Gewürze, die aus entfernten Ländern eingeführt wurden

Q1 Der spätere Reichskanzler Bernhard von Bülow (1849–1929) formulierte in einer Rede vor dem deutschen Reichstag am 11.12.1899:

In unserem 19. Jahrhundert hat England sein Kolonialreich ... immer weiter ausgedehnt, haben die Franzosen in Nordafrika und Ostafrika festen Fuß gefasst ... hat Russland in Asien seinen gewaltigen Siegeslauf begonnen ... Wir wollen keiner fremden Macht zu nahetreten, wir wollen uns aber auch von keiner ... fremden Macht beiseiteschieben lassen, weder in politischer noch in wirtschaftlicher Beziehung. ... Die schnelle Zunahme unserer Bevölkerung, der beispiellose Aufschwung unserer Industrie, die Tüchtigkeit unserer Kaufleute ... haben uns in die Weltwirtschaft verflochten und in die Weltpolitik hineingezogen. ... Die Zeiten wirtschaftlicher und politischer Unterordnung sollen nicht wiederkehren. Wir wollen nicht wieder ... die Knechte der Menschheit werden ...

In dem kommenden Jahrhundert wird das deutsche Volk Hammer oder *Amboss sein.

Q2 Der Schriftsteller und Vertreter der deutschen Siedler in den Kolonien, Paul Rohrbach (1869–1956) hielt am 10.01.1908 einen Vortrag:

Das Problem der Eingeborenenpolitik in Afrika ist das Problem der niederen Rassen ... Der *Neger ist ausbildungsfähig nach der Seite der Intelligenz, der technischen und geschäftlichen Gewandtheit. ... Nur sehr mangelhaft ausbildungsfähig ist er nach der Seite des moralischen Wesens. ... Wir Weißen haben ein Recht darauf, die Arbeitskraft des schwarzen Mannes für ... die Verbesserung unserer Rasse auszunutzen. ... Wir müssen es für eine sittliche Notwendigkeit halten, die in ... afrikanischen Negern schlummernde ungenutzte Arbeitskraft für uns [zu nutzen].

2 Postkarte mit dem Titel „Gruß von der Killy". Die Afrikanerin Killymane aus Port Natal wurde zu deutschen Pflegeeltern nach Bad Kösen (Thüringen) gebracht und christlich getauft. Die Karte formuliert: „Ich bin schwarz, aber lieblich". *Leipzig, um 1900.*

1 ☒ Erklärt, wie Menschen im 19. Jh. den Imperialismus begründeten und wie wir heute dazu stehen. Bezieht euch auf den Text Z. 1–14 und Bild 1. Nutzt den → Wortschatz.

2 ☐ Tragt die wirtschaftlichen Gründe für den Imperialismus aus dem Text Z. 41–53 zusammen. Nutzt den → Wortschatz.

3 ☒ Erklärt, mit welchen Argumenten in Q1 versucht wird, den Besitz von Kolonien zu rechtfertigen.

4 ☒ Untersucht Q2 und Bild 2 auf Belege für die vier Theorien, die in Z. 21–40 genannt werden. Tauscht euch zu zweit aus.

5 ☒ Begründet mithilfe der Artikel 1 und 3 des Grundgesetzes (S. 294/295), warum wir heute jede der vier Theorien aus Z. 21–40 ablehnen.

Was ihr noch tun könnt:

1 ☒ Erstellt eine digitale Mindmap zu den Gründen des Imperialismus. Unterscheidet dabei zwischen wirtschaftlichen Gründen und Theorien.

> Nehmt die Methode „Eine Mindmap erstellen" von S. 290 und 292 zu Hilfe.

*** der Amboss**
Klotz aus Metall, auf dem geschmiedet wird

*** der „Neger"**
Dies ist eine abwertende Bezeichnung für Menschen mit dunkler Hautfarbe. Er war zur Zeit des Imperialismus eine geläufige Bezeichnung. Heute wird er als rassistisch diskriminierender Begriff gesehen und deshalb nicht mehr verwendet.

WORTSCHATZ

1 eine Vorstellung haben | Kolonien besitzen | glauben, anderen überlegen zu sein | heutigen Werten widersprechen | Handeln als imperialistisch ansehen

2 Kunden für Waren finden | Wirtschaftswachstum ausbremsen | Wohlstand verringern | Absatzmärkte brauchen

Was interessierte die Europäerinnen und Europäer an Afrika?

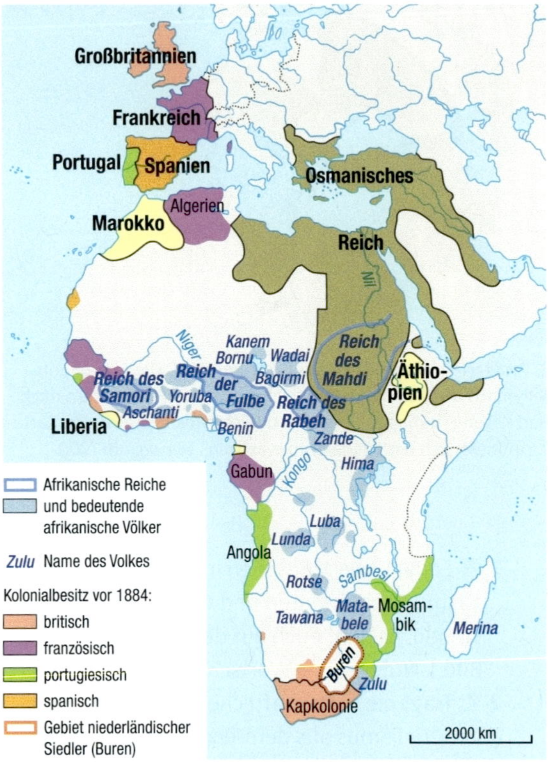

1 Siedlungsgebiete in Afrika 1880.

2 Kolonien Afrikas 1914.

Wie wurde der afrikanische Kontinent aufgeteilt?

Seit europäische Seefahrer nach neuen Seewegen in Richtung Indien gesucht hatten (siehe Kap. 3), wurden europäische Handelsstützpunkte und Siedlungen entlang der afrikanischen Küste errichtet. Dort siedelten sich Kaufleute, Militärs, Missionare und Forscher an, die alle eigene Interessen verfolgten. Der Sklavenhandel spielte dabei eine große Rolle (siehe S. 94/95).

Kaufleute und Forscher trugen dazu bei, dass der afrikanische Kontinent unter den europäischen Großmächten aufgeteilt wurde. Um das Jahr 1875 wurden die Länder Afrikas größtenteils noch von einheimischen Herrschern regiert. In den Folgejahren begann aber der „Wettlauf um Afrika“. Zwischen 1884 und 1914 wurde ganz Afrika bis auf zwei Länder, Äthiopien und Liberia, von europäischen Soldaten besetzt (Karten).

Wie gingen deutsche Kaufleute in Afrika vor?

Viele europäische Kaufleute wollten Gewinne machen, waren sehr ehrgeizig und suchten nach Abenteuern. Dafür waren sie bereit, fremde Länder durch betrügerische Verträge zu ihrem Eigentum zu machen. Die in diesen Ländern bereits lebenden Menschen wurden belogen oder nicht gefragt. Für den deutschen Kolonialismus sind insbesondere drei Kaufleute von Bedeutung: Adolf Lüderitz (1834–1886), Carl Peters (1856–1918) und Adolph Woermann (1847–1911). Sie setzten ihre Interessen rücksichtslos durch und schufen zuerst Tatsachen, die sie sich danach von der deutschen Reichsregierung bestätigen ließen: Zum Beispiel kaufte Lüderitz im Jahr 1883 die heutige Lüderitz Bay und Umgebung in Namibia. Anschließend forderte er von der deutschen Regierung, dass sie den „Schutz“ für dieses Gebiet übernehmen sollte. Das tat sie auch und daraus entstand das „Schutzgebiet“ Deutsch-Südwestafrika, also eine deutsche Kolonie. Alle sogenannten „Schutzverträge“ führten zu Ausbeutung und Unterdrückung. Widerstand wurde mit Gewalt gebrochen. Ähnlich wie Lüderitz ging Carl Peters vor, der die Deutsch-Afrikanische Gesellschaft in den heutigen Ländern Tansania, Burundi und Ruanda grün-

3 „Der Kampf um Kamerun am 20. Dezember 1884“. *Aus der Reihe „Neuruppiner Bilderbogen“ von 1884.*

dete. Auch Peters forderte von der Reichsregierung die Einrichtung eines „Schutzgebiets“ Deutsch-Ostafrika.

Adolph Woermann sorgte für die Errichtung der deutschen Kolonie Kamerun.

Welche Interessen hatten die europäischen Regierungen?

Zum einen gab es wirtschaftliche Interessen, sogenannte neue Absatzmärkte zu schaffen. Das sollten Orte sein, an denen europäische Produkte verkauft werden konnten. Zum anderen war es für die industrialisierten europäischen Großmächte wichtig, immer neue Rohstoffquellen (Bergbau, Landwirtschaft) auszubeuten. Außerdem konnte durch eine vermeintlich erfolgreiche Außenpolitik und die neuen Kolonien von innenpolitischen Problemen abgelenkt werden.

Zuletzt bot sich durch die Kolonialpolitik auch vielen Europäern die Möglichkeit, im Ausland zu Eigentum und Wohlstand zu kommen. Die kolonialen Gesetze waren stets rassistisch und zum Nachteil der indigenen Bevölkerung formuliert.

Der deutsche Reichskanzler Otto von Bismarck lehnte deutsche Kolonien zunächst ab. Er befürchtete Probleme mit den anderen Großmächten und scheute die hohen Kosten von Kolonien. Letztlich ließ er sich aber zur Einrichtung der deutschen „Schutzgebiete“ überreden.

1 **a** Vergleicht die beiden Karten 1 und 2.

b Beschreibt anschließend mithilfe des Textes Z. 1–18, welche Entwicklung von 1884 bis 1914 in Afrika stattgefunden hat.

> *Während auf Karte 1 ..., wird auf Karte 2 deutlich, dass ...*

2 Erklärt mithilfe des Textes Z. 19–48, welche Interessen die europäischen Kaufleute verfolgten. Nutzt den → Wortschatz.

3 **a** Untersucht Bild 3.

> *Nehmt die Methode „Bilder untersuchen“ von S. 285 zu Hilfe.*

b Erklärt mithilfe des Textes Z. 19–48, warum die damalige Bezeichnung für die deutschen Kolonien als „Schutzgebiet“ irreführend war.

Was ihr noch tun könnt:

1 Recherchiert im Internet über die im Text erwähnten deutschen Kaufleute (Z. 27–29). Die damaligen Aktivitäten dieser Männer sind heute sehr umstritten. Wählt einen Kaufmann aus und berichtet eurer Klasse, womit er sein Geld verdiente und wie er mit der lokalen Bevölkerung umgegangen ist.

WORTSCHATZ

2 Menschen betrügen | rücksichtslos vorgehen | Gewinne erzielen

Schuften für das Deutsche Reich in Kamerun?

1 Westafrikanische Pflanzungs-Gesellschaft Viktoria, Kamerun. Transport der Kakaobohnen zur Trockenhalle. *Fotopostkarte, 1914.*

Deutsche Kolonie Kamerun

Kamerun wurde 1884 eine deutsche Kolonie, indem man mit militärischer Gewalt drohte. So wurde es unter „deutsche Schutzherrschaft" gestellt und so zur Kolonie des Deutschen Reiches. Auf der „Kongo-Konferenz" der europäischen Mächte 1884 in Berlin (siehe S. 245, 259) und in Verhandlungen mit Großbritannien und Frankreich wurden die Grenzen der neuen deutschen Kolonie festgelegt. Kamerun war damals etwa so groß wie das Deutsche Reich. Es lebten dort zahlreiche verschiedene afrikanische Völker mit unterschiedlichen Sprachen. Große Volksgruppen waren die Bantu und die Duala.

Kakaoanbau auf Plantagen

Wenige Jahre nach der deutschen Besitzergreifung legten deutsche Kaufleute und Bankiers an den sehr fruchtbaren Hängen des Kamerunberges *Plantagen an, in denen sie vor allem Kakao anbauten. Für den Anbau gründeten sie Gesellschaften unter deutscher Leitung. Diese erwarben die nötigen Gebiete billig von der Kolonialverwaltung oder von der einheimischen Bevölkerung. An einen Teil des Bodens gelangte die Kolonialverwaltung durch die Enteignung der dortigen Bevölkerung. Man behauptete, das Land der einheimischen Bevölkerung sei „herrenlos" gewesen.

Militärischer Arbeitszwang

In einem Abkommen zwischen den Plantagenbesitzern und der deutschen Kolonialverwaltung verpflichtete sich die Kolonialverwaltung, genügend Arbeiterinnen und Arbeiter für die Plantagen bereitzustellen. Dafür erhielt sie pro Arbeiter eine damals hohe Gebühr von 10 Mark. Da nur wenige Einheimische sich freiwillig anwerben ließen, setzte die deutsche Kolonialverwaltung auf Zwang. Aufständische wurde gefangengenommen, zur Arbeit in den Plantagen gezwungen und aus ihrer Heimat vertrieben. Für die schwere und lang dauernde Arbeit auf der Plantage wurden die einheimischen Arbeiterinnen und Arbeiter in der Regel mit Nahrungsmitteln bezahlt. Manche erhielten auch einen geringen Geldlohn. Die Sterblichkeit unter den Zwangsarbeiterinnen und -arbeitern war hoch.

*** die Plantagen**
Das sind landwirtschaftliche Großbetriebe in den Tropen, die für den Export wirtschaften. In der Kolonialzeit wurden Lohn- oder Zwangsarbeiterinnen und -arbeiter auf den Plantagen eingesetzt.

Kamerun heute

Nachdem das Deutsche Reich den Ersten Weltkrieg verloren hatte, teilten sich die Siegermächte Frankreich und Großbritannien Kamerun auf. 1960 erlangte Kamerun die Unabhängigkeit. Ein Teil des britisch verwalteten Gebietes schloss sich Nigeria an.

2023 hatte Kamerun 28,6 Millionen Einwohner. Es gibt dort etwa 280 verschiedene Volks- und Sprachgruppen. Fast 70 Prozent der Einwohner sind Christen, davon 38 Prozent Katholikinnen und Katholiken und 26 Prozent Protestantinnen und Protestanten. Knapp 21 Prozent der Einwohnerinnen und Einwohner sind Muslima und Muslime.

Die Spuren der deutschen, britischen und französischen Kolonialverwaltungen sind heute noch überall in Kamerun zu finden. 80 Prozent der Bevölkerung sprechen französisch, 20 Prozent haben Englisch als ihre Muttersprache.

Kamerun wird seit über vierzig Jahren von demselben Präsidenten regiert; Paul Biya wurde 2018 wiedergewählt. Die Macht liegt faktisch bei einer Staatspartei. Ein großes Problem Kameruns ist die *Korruption. Die Bürgerinnen und Bürger müssen in der Regel für eine Dienstleistung oder Genehmigung und sogar für ein Bett im Krankenhaus Bestechungsgelder zahlen. Viele Gelder, die für die Entwicklungshilfe Kameruns bestimmt sind, kommen nicht bei den Menschen an.

Q1 Bericht der „Deutschen Reichs-Post" vom 15.08.1900:

Empörend ist es, dass man sich nicht scheute, ... in Ermangelung von Erwachsenen selbst eine Menge Kinder, darunter sogar Mädchen, gewaltsam fortzuführen und in die Plantage zu bringen. Die *Balunduleute beklagten sich oft bitter über die ihnen widerfahrende Behandlung und erzählten, dass man alle jungen Männer geholt habe und die Alten allein nicht imstande seien, neue Hütten zu bauen. ... In den Pflanzungen ... müssen sich die an ihre Landesspeise gewöhnten Arbeiter auf einmal an Reis und getrockneten Fisch gewöhnen; die Leute vertragen in den ersten Monaten diese Kost sehr schlecht und werden massenhaft krank ..., nur wenige von ihnen finden Gelegenheit, bei benachbarten Eingeborenen Reis gegen Früchte umzutauschen. ...

Besonders schlimm dran sind die Arbeiter in der Regenzeit, wo sie ... beim strömendsten Regen ununterbrochen im Freien arbeiten müssen. Die Leute frieren dabei sehr und werden massenhaft krank. ... Als Wärme- und Universalmittel erhalten sie gewöhnlich Rum, der auch als Belohnung für besonders anstrengende Arbeit ausgeteilt wird, nicht nur bei den Arbeitern der Pflanzer und Kaufleute, sondern auch bei denen der Regierung. So werden also auch die Neger, die bisher den Schnaps noch nicht kannten, förmlich gezwungen, dieses für sie so verderbliche Getränk liebzugewinnen, und all das im Namen der Zivilisation. ...

1 **a** Beschreibt, unter welchen Umständen die Kolonie Kamerun entstand.
b Beschreibt die Lage der Kolonie auf der Karte auf S. 248.

2 Erklärt anhand des Textes Z. 14–43 und Q1, wie die Kolonialverwaltung und die Plantagenbesitzer zusammenarbeiteten.

3 Untersucht anhand der Materialien auf dieser Doppelseite die Lebens- und Arbeitsbedingungen der einheimischen Bevölkerung auf den Plantagen.

Was ihr noch tun könnt:

1 Entwerft mithilfe der Z. 44–72 und eigener Recherchen einen Steckbrief über das heutige Kamerun.
> Nehmt die Methode „Im Internet recherchieren" von S. 18/19 zu Hilfe.
> Nutzt die Kriterien Einwohnerzahl, Bevölkerungsgruppen, Sprachen, Staatsform, Staatsoberhaupt, Größe, ...

*** die Korruption**
Missbrauch von Macht zum eigenen Vorteil durch die Annahme von Bestechungsgeldern

*** die Balundu**
Volksgruppe in Kamerun

Der Völkermord an den Herero und an den Nama

1 Völkermord-Denkmal in Windhoek, Namibia. Die Inschrift lautet: Their Blood Waters our Freedom (= Ihr Blut bewässerte unsere Freiheit). *Foto, 2018.*

2 Hendrik Witbooi (siehe Pfeil), der Anführer der Nama, und Krieger. *Foto aus dem Zeitraum 1894 bis 1904.*

Warum kam es zum Völkermord an den Herero?

In der deutschen Kolonie Deutsch-Südwestafrika (heute Namibia) kam es 1904 zu einem Aufstand der einheimischen Herero gegen die deutschen Kolonialherren. Dieser Aufstand endete in einem *Genozid. Vor der Kolonialzeit waren die Herero ein Hirtenvolk. Unter den deutschen Kolonialherren konnten sie ihre Lebensweise nicht weiter ausüben. Zudem gehörten jetzt Prügel, Mord und Vergewaltigungen zum Alltag für viele Herero. Die deutschen Täter hatten keine Konsequenzen für ihre Verbrechen zu befürchten, denn sie entschieden über Recht und Unrecht. Diese menschenunwürdigen Bedingungen wollten die Herero nicht hinnehmen. Sie kauften Waffen und Pferde und begannen einen gewaltsamen Aufstand. Der deutsche General Lothar von Trotha wurde nach Afrika geschickt, um diesen Aufstand niederzuschlagen. Er ließ schätzungsweise 65 000 Herero ermorden.

„Wem gehört Hereroland?“

„Wem gehört Hereroland? Uns gehört Hereroland!“ Mit diesem Schlachtruf sollen im Jahr 1904 die Herero deutsche Militärposten und eine Siedlung angegriffen haben. Dabei wurden etwa 120 deutsche Männer getötet. Frauen und Kinder wurden verschont.

Es folgten Kämpfe, in denen Herero gegen die deutschen Maschinengewehre machtlos waren. Sie flohen in eine Wüste und im August 1904 sammelte sich eine große Gruppe von 60 000 Männern, Frauen und Kindern auf dem Waterberg, einer Hochebene. General von Trotha sah darin die Gelegenheit, das ganze Volk zu töten. Er wollte keine Gefangenen machen und niemanden entkommen lassen. Diejenigen, die fliehen konnten, mussten in der umliegenden Omaheke-Wüste überleben. Dort umstellten die deutschen Soldaten die wenigen Wasserstellen, was zum Tod Tausender Herero führte. Die Überlebenden wurden in sogenannten Konzentrationslagern eingesperrt. Dort mussten sie Zwangsarbeit leisten, an der viele Herero auch starben. Nur etwa 15 000 Menschen überlebten diesen Völkermord.

Warum kam es zum Völkermord an den Nama?

Neben den Herero lebte auch das Volk der Nama im heutigen Namibia. Aufgrund des brutalen Vorgehens gegen die Herero entschlossen sie sich im Jahr 1904 ebenfalls dazu, die Deutschen zu bekämpfen (Bild 2). Sie führten bis zum Jahr 1908 einen *Guerillakrieg, wobei etwa 10 000 Nama getötet wurden.

*** der Genozid**
Mit einem Genozid oder Völkermord ist die gezielte Verfolgung und Ermordung von bestimmten Bevölkerungsgruppen gemeint.

*** der Guerillakrieg**
Kämpfer und Kämpferinnen greifen eine gegnerische Armee in kleinen Gruppen an oder verüben Anschläge.

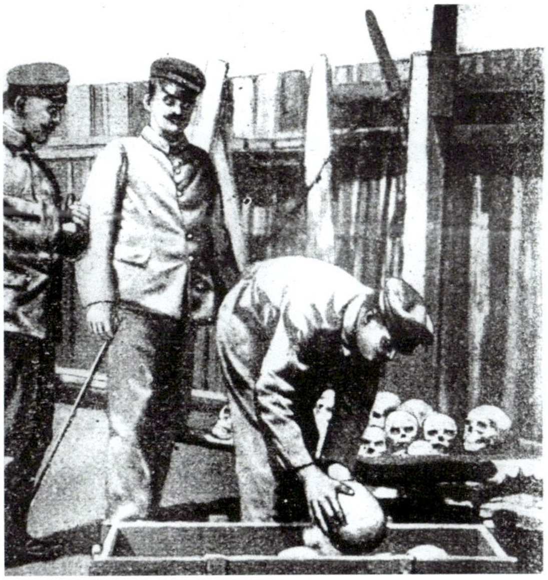

3 Die Schädel gefallener oder gehängter Herero werden verpackt und zu Forschungszwecken nach Berlin geschickt. *Bild von 1904.*

4 Die Schädel der Herero wurden im Rahmen einer Zeremonie in Berlin an Vertreter Namibias im Jahr 2018 zurückgegeben. *Foto, 2018.*

Die Überlebenden wurden ebenfalls in Konzentrationslagern eingesperrt.

Wie werden diese Ereignisse heute bewertet?

Erst im Jahr 2021 wurden die Verbrechen an den Herero und Nama von der deutschen Bundesregierung als Völkermord anerkannt. Zudem wurde beschlossen, etwa eine Milliarde Euro für ein Wiederaufbau- und Entwicklungsprogramm in Namibia zu bezahlen. Entschädigungen an die Nachfahren von damaligen Opfern sollen aber nicht gezahlt werden. Das sorgte in Namibia für Proteste.

Q1 Der Vernichtungsbefehl von Lothar von Trotha vom 02.10.1904:

Innerhalb der deutschen Grenze wird jeder Herero mit oder ohne Gewehr, mit oder ohne Vieh erschossen, ich nehme keine Weiber und Kinder mehr auf, treibe sie zu ihrem Volk zurück oder lasse auf sie schießen.

M1 Erklärung des deutschen Außenministers Heiko Maas im Jahr 2021:

Die Ereignisse der deutschen Kolonialzeit im heutigen Namibia ... waren: ein Völkermord. ... wir [werden] Namibia und die Nachkommen der Opfer um Vergebung bitten.

1 Beschreibt das Denkmal zur Erinnerung an den Völkermord mithilfe der Bilder 1 und 3. Erklärt anschließend, warum die Erinnerung wichtig ist. Nutzt den → Wortschatz.

2 Erklärt mithilfe des Textes Z. 43–47 und Bild 2, weshalb sich die Nama ebenfalls zum Kampf gegen die deutschen Kolonialherren entschlossen.

3 Erklärt mithilfe der Bilder 3 und 4, warum die Rückgabe der Schädel ein wichtiges Zeichen der Entschuldigung war.
> *Nehmt die Methode „Bilder untersuchen“ von S. 285 zu Hilfe.*

4 Historikerinnen und Historiker sowie Politikerinnen und Politiker sprechen heute von einem Völkermord und einem Vernichtungskrieg gegen die Herero und Nama. Begründet mithilfe des Textes Z. 15–49, Q1 und M1 die Wahl dieser Begriffe.
> *Heute wird von einem Völkermord gesprochen, weil ... Der Befehl Lothar von Trothas (Q1) zeigt, dass ...*

WORTSCHATZ

1 auf einem Sockel stehen | ein Relief abbilden | die Aufständischen kämpferisch darstellen | eine Skulptur aus Bronze | Handschellen tragen | an einen Völkermord erinnern

Welche Folgen hatte der Imperialismus in den Kolonien?

1 „Deutsch–Ostafrika/Eingeborene bei Erdarbeiten". *Foto von Kapitän Otto Back, um 1904.*

2 „Aufbrechen von Kakaofrüchten auf der „Dr. Esser'schen Cacao-Plantage". *Foto in Viktoria (heute: Limbe in Kamerun), 1907.*

Welche grundlegenden Machtunterschiede gab es?

Im Zeitalter des Imperialismus hatten viele Europäerinnen und Europäer klare Erwartungen an die Kolonien: Es sollten Rohstoffe abtransportiert und fertige Produkte aus Europa eingeführt werden. Durch diese einseitige Ausrichtung der damaligen Kolonien auf den Export wurden wirtschaftliche Abhängigkeiten geschaffen, die bis heute weiterbestehen. Die einheimische Bevölkerung wurde zuerst versklavt (siehe S. 250) und später zur Zwangsarbeit herangezogen. Viele Historikerinnen und Historiker sprechen deshalb davon, dass die Kolonien systematisch ausgebeutet wurden. In Europa profitierten viele Menschen von den Waren, die nun in den Kolonialwarengeschäften relativ günstig zu kaufen waren.

Welche wirtschaftlichen Folgen hatte der Imperialismus?

Um noch mehr von den günstigen Rohstoffen zu profitieren, wurden diese nach Europa gebracht. Dort wurden sie weiterverarbeitet. Für die Menschen in den Kolonien folgten hieraus zwei Nachteile: Die in Europa weiterverarbeiteten Waren wurden in den Kolonien sehr teuer und gleichzeitig wurden kaum Industriebetriebe aufgebaut. Das Problem fehlender Industrie zeigt sich noch bis in unsere Gegenwart. In der Landwirtschaft sah es ganz ähnlich aus, denn es wurden Plantagen angelegt, auf denen jeweils nur eine bestimmte Pflanze angebaut wurde (z. B. Kakao, Kaffee oder Tee). Traditionelle Betriebe, die vor der Kolonialzeit existierten, brachen zusammen, weil ihnen die Arbeitskräfte fehlten und die Konkurrenz zu hoch wurde. Die Straßen und Schienenverbindungen wurden nur für den Abtransport der Rohstoffe angelegt.

Was änderte sich in den Kolonien?

Bis zum Jahr 1866 wurden ca. zwölf Millionen Sklavinnen und Sklaven von Afrika nach Amerika deportiert (siehe S. 94/95). Die Erinnerungen an diese Verbrechen sind vielen Nachfahren der damaligen Opfer heute bewusst und werden auch zur Sprache gebracht.

Trotz dieser Verbrechen wurde in Europa oft davon gesprochen, dass den Kolonien Zivilisation und Bildung gebracht werden sollten. Diese Versprechen wurden nicht eingehalten. Obwohl von den Kolonialmächten auch Schulen gebaut wurden, wurde die Bildung nur für wenige Menschen in der lokalen Bevölkerung erreichbar. Von Bildung profitieren hauptsächlich diejenigen, die bereits zuvor zu den lokalen Herrscherfamilien gehörten.

Die Einflüsse auf Sprache und Kultur, die von den Kolonialmächten mitgebracht wurden, wirken bis heute fort. So sind in vielen ehemaligen Kolonien die Sprachen der Kolonialmächte heute die amtliche Sprache (Spanisch und Portugiesisch in Süd- und Mittelamerika, Englisch und Französisch in afrikanischen Ländern). Die europäische Kultur wurde als höherwertig dargestellt und die Ländergrenzen wurden willkürlich festgelegt (siehe S. 259).

3 „Kolonialausstellung 1907 – Eingang zum Haus des Notars (Cochinchine)". Cochinchine war damals Teil von Französisch-Indochina, im heutigen Vietnam. *Postkarte von der Kolonialausstellung in Paris 1907.*

4 „Teepflücker, Ceylon (Sri Lanka)". *Foto von Mary Evans, 1908.*

Wie sahen der britische und der französische Kolonialismus aus?

Großbritannien hatte das weltweit größte Kolonialreich. In Afrika versuchte der Brite Cecil Rhodes ein britisches Kolonialreich von Südafrika bis nach Ägypten zu gründen, wobei er anfänglich von der britischen Regierung unterstützt wurde. Die wichtigste Kolonie war allerdings Britisch-Indien, die aus den heutigen Staaten Indien, Sri Lanka, Pakistan, Bangladesh und Myanmar bestand. Es wurden sehr viele britische Produkte in diese Kolonie ausgeführt. Heute gibt es zwischen den Staaten Indien und Pakistan dauerhafte Konflikte.

Die französische Regierung wollte ein Kolonialreich von West- bis Ostafrika beherrschen. Damit verhinderte sie die Pläne der britischen Kolonialpolitik. Neben den afrikanischen Kolonien wurden auch Gebiete in Asien beherrscht, z.B. Vietnam, Kambodscha und Laos.

In China vereinten sich die europäischen Kolonialmächte mit Japan, um gemeinsam das Land nach ihren Interessen gewaltsam aufzuteilen und Aufstände brutal niederzuschlagen. Wo sich Widerstand gegen die Kolonialherrschaft zeigte und die Betroffenen sich dagegen wehrten, griffen alle Kolonialmächte häufig zu Mitteln, die wir heute als Terror bezeichnen.

1 ◩ Fasst mithilfe des Textes Z. 17–35 die wirtschaftlichen Folgen des Kolonialismus zusammen. Nutzt den → Wortschatz.

2 ◩ Erläutert mithilfe des Textes Z. 36–60 die sozialen Folgen des Kolonialismus. Nutzt den → Wortschatz.

3 ⊠ Untersucht die Bilder 1 und 2 aus deutschen Kolonien. Welche Gemeinsamkeiten und Unterschiede sind erkennbar? Präsentiert eure Ergebnisse.
> *Nehmt die Methode „Bilder untersuchen" von S. 285 zu Hilfe.*

4 ⊠ Untersucht die Bilder 3 und 4 aus einer britischen und einer französischen Kolonie. Welche Gemeinsamkeiten und Unterschiede sind erkennbar? Präsentiert eure Ergebnisse.
> *Nehmt die Methode „Bilder untersuchen" von S. 285 zu Hilfe.*

5 ⊠ Bewertet unter Berücksichtigung eurer Ergebnisse der Aufgaben 1 bis 4 das Handeln der europäischen Kolonialherren mit Blick auf die Folgen für die Gegenwart.

Was ihr noch tun könnt:

1 ⊠ Informiert euch im Internet über eine ehemalige französische oder eine britische Kolonie und die Folgen der Kolonialzeit in der Gegenwart. Präsentiert eure Ergebnisse.

WORTSCHATZ

1 Waren einführen | Waren ausführen | die Rohstoffe ausbeuten | die Infrastruktur anlegen

2 mit Sklaven handeln | keine schulische Bildung erhalten | indigene Sprachen verlieren

Was haben Straßennamen mit Imperialismus zu tun?

1 Straßenschilder in der Urdenbacher Siedlung in Düsseldorf. Carl Peters gilt als Gründer der Kolonie Deutsch-Ostafrika (heute: Tansania) und steht für seine rassistischen Aussagen in der Kritik. Adolf Lüderitz war als Kaufmann in Deutsch-Südafrika (heute: Namibia) in die Niederschlagung des Aufstands der Herero und Nama verwickelt (siehe S. 252/253). *Foto, 2020.*

2 Demonstration zum Thema „Nein zu Rassismus". Die Organisation „Decolonize Berlin" rief am 04. 07. 2020 zu einer Demonstration rund um den U-Bahnhof „Mohrenstraße" auf. In Berlin gibt es viele Straßen, die an die koloniale Vergangenheit erinnern. *Foto, 04. 07. 2020.*

Wie kommen Straßen zu ihrem Namen?

Straßennamen helfen dabei, sich in einem Ort zurechtzufinden. Es ist bis heute üblich, Straßen nach bekannten Personen, Ereignissen oder Orten zu benennen. Das erfüllt gleich zwei Zwecke: Zum einen lässt sich ein solcher Straßenname gut merken. Zum anderen lässt sich mit einem Straßenschild an etwas Vergangenes erinnern. Das funktioniert ähnlich wie bei einem Denkmal. In manchen Städten gibt es Stadtviertel, in denen alle Straßennamen einem bestimmten Muster folgen und z.B. nach berühmten Schriftstellerinnen und Schriftstellern benannt sind. In der Vergangenheit waren es meist Politikerinnen und Politiker oder Mitarbeiterinnen und Mitarbeiter der Stadtverwaltung, die darüber entschieden, welchen Namen eine Straße bekommen sollte. Heutzutage gibt es für Bürgerinnen und Bürger immer öfter die Möglichkeit, sich an der Benennung von Straßen in ihrer Stadt zu beteiligen.

Welche Probleme gibt es mit Straßennamen?

In manchen Städten gibt es Straßennamen, die an Personen oder Ereignisse erinnern, die heute als problematisch angesehen werden. Im „Afrika-Viertel" in Köln-Nippes kreuzen sich die Tanga- und die Namibiastraße, die an die deutschen Kolonien in Afrika erinnern. In Düsseldorf ehren Straßenschilder bekannte Persönlichkeiten aus der Zeit des deutschen Imperialismus (Bild 1). Viele dieser Personen waren jedoch an Verbrechen gegen die Bevölkerung in den Kolonien beteiligt.

Wie geht man heute mit diesen Straßennamen um?

Heutzutage stören sich immer mehr Menschen an diesen Straßennamen. In einigen Städten gab es deshalb Proteste und Demonstrationen.

An anderen Stellen schließen Menschen sich zu Vereinen zusammen, um ihre Mitbürgerinnen und Mitbürger über den Hintergrund der Straßennamen aufzuklären (Bild 2).

Auch die Stadtverwaltungen werden zunehmend aktiv und versuchen, Lösungen für das Problem zu finden. Oftmals versuchen sie dabei, die Bürgerinnen und Bürger zu beteiligen. Eine mögliche Lösung ist es, die Straße umzubenennen. Einige Expertinnen und Experten empfehlen hingegen, die Straßennamen stehen zu lassen. Stattdessen sollte ein Hinweisschild auf die Problematik hinweisen. Für beide Lösungen gibt es Argumente.

Tipps für die Erarbeitung und Präsentation:

1 Erstellt einen Beitrag für eine gemeinsame Wandzeitung zum Thema „Spuren des Imperialismus in unserer heutigen Welt". Klärt dafür die folgenden Fragen: Welche Probleme gibt es mit Straßennamen? Wie gehen die Menschen heute mit diesem Problem um?
Gibt es auch in eurer Nähe umstrittene Straßennamen? Wie wird damit umgegangen (QR-Code)?
> *Nehmt die Methode „Im Internet recherchieren" von S. 18/19 zu Hilfe.*

Was haben Kunstwerke mit Imperialismus zu tun?

1 Zeremonie zur Rückgabe der Benin-Bronzen. Die Kulturstaatsministerin Claudia Roth und die Bundesaußenministerin Annalena Baerbock übergeben dem damaligen nigerianischen Außenminister Geoffrey Onyeama und dem damaligen nigerianischen Minister für Kultur Alhaji Lai Mohammed eine Miniaturmaske aus Elfenbein. *Foto, 20. 12. 2022.*

2, 3 Weitere Kunstwerke kehrten zurück nach Afrika. Am 20. 12. 2022 wurden neben der Maske (Bild 1) noch weitere Kunstwerke übergeben. Die Bronzefigur eines Herrschers aus dem 18. Jh. (Bild 2) und ein kunstvolles Relief aus dem 16. Jh., das einen Herrscher aus Benin mit Gefolge zeigt (Bild 3). Beide Kunstwerke waren bis dahin im Ethnologischen Museum in Berlin ausgestellt.

Was sind die Benin-Bronzen?

Im Jahr 1897 führten die Briten im heutigen Nigeria eine sogenannte Strafexpedition durch, um die Einwohnerinnen und Einwohner des damaligen Königreichs Benin für ihr Verhalten gegen die britische Herrschaft zu bestrafen. Dabei plünderten sie den Palast in der Hauptstadt und erbeuteten Tausende Kunstwerke aus Bronze und Elfenbein. Die kleinen Statuen, Gegenstände und Masken, die heute „Benin-Bronzen“ genannt werden, verkauften die Briten in die ganze Welt, vor allem aber in die USA und Europa. Dort bewunderte man die hohe Qualität der Kunstwerke.

Forscherinnen und Forscher zeigen heute am Beispiel der Benin-Bronzen auf, dass das afrikanische bzw. nigerianische Handwerk dem in Europa in nichts nachstand. In deutschen Museen befanden sich noch 2022 mehr als 1200 der Benin-Bronzen, allein 92 im Kölner Rautenstrauch-Jost-Museum.

Welche Probleme gibt es mit den Benin-Bronzen?

Lange Zeit lagen viele Benin-Bronzen in den Lagern deutscher Museen. Andere Museen stellten sie aus. Die Frage nach der Herkunft wurde nie gestellt – oder man nahm an, dass die Kunstwerke rechtmäßig in den Besitz der Museen gekommen waren. In Nigeria hingegen wurden immer mehr Stimmen laut, die forderten, dass die sogenannte Raubkunst in ihr eigentliches Heimatland zurückkehren sollte. Für Nigerianerinnen und Nigerianer sind die Benin-Bronzen ein wichtiger Teil der eigenen Geschichte und Beleg großer künstlerischer Leistung.

Wie geht man heute mit den Benin-Bronzen um?

Am 29.04.2021 lud die deutsche Kulturstaatsministerin Claudia Roth zu einer digitalen Gesprächsrunde ein: Sie wollte zwischen den deutschen Museen und Nigeria vermitteln. Die koloniale Vergangenheit aller Kunstwerke sollte geklärt werden und die Gegenstände dann nach Nigeria zurückkehren. Dort sollten sie in einem neuen Museum ausgestellt werden, an dessen Bau sich die Bundesrepublik Deutschland beteiligen wollte.

Bereits 2022 war es so weit: Nach einer Pressekonferenz (Bild 1) kehrten erste Gegenstände nach Abuja in Nigeria zurück (Bild 2). Einige Museen verabredeten mit Nigeria, Kunstwerke als Leihgabe Nigerias auszustellen, um in Deutschland weiter auf das Thema aufmerksam zu machen. Einige Kunstwerke wurden sogar an Privatpersonen verkauft.

Tipps für die Erarbeitung und Präsentation:

1 ☒ Erstellt einen Beitrag für eine Wandzeitung zum Thema „Spuren des Imperialismus in unserer heutigen Welt“. Klärt folgende Fragen: Was sind die sogenannten Benin-Bronzen und welche Probleme gibt es mit ihnen? Wie gehen die Menschen heute damit um (QR-Code)? Gibt es in eurer Nähe ein Museum, das sich mit der Rückgabe von Raubkunst beschäftigt?
› *Nehmt die Methode „Im Internet recherchieren“ von S. 18/19 zu Hilfe.*

Was hat ein Einkauf mit Imperialismus zu tun?

1 „Sarotti-Mohr". Werbefigur aus dem Kölner Schokoladenmuseum. *Foto, 2019.*

2 Messestand von Fairtrade auf der Ernährungsmesse Anuga in Köln. *Foto, 2013.*

Gibt es heute noch Kolonialwaren?

Was in der Zeit des Imperialismus noch als Kolonialwaren angeboten wurde, lässt sich heute in jedem Supermarkt finden. Zum Teil sind es heute noch dieselben Firmen, die für bestimmte Produkte bekannt sind. Manche Firma mit langer Firmengeschichte steht deshalb vor einem großen Problem: Ihre Markennamen oder Markenzeichen haben eine imperialistische Vergangenheit. Ein solches Markenzeichen zu verändern, kann für eine Firma riskant sein. Möglicherweise erkennen Kundinnen und Kunden ihr Produkt oder die Firma nicht mehr. Andererseits wird an solchen Markenzeichen zunehmend Kritik laut.

Ein Beispiel ist der sogenannte „Sarotti-Mohr". Dieser wurde zum 50. Geburtstag der Firma Sarotti im Jahr 1918 als Markenzeichen eingeführt (Bild 1). Als Werbefigur und Logo wurde er bis ins Jahr 2004 eingesetzt. Nach Kritik an der rassistischen Darstellung entschloss sich die Firma, die Figur in einen mit Sternen jonglierenden Magier umzuwandeln. Um weiter erkannt zu werden, finden sich jedoch viele Gemeinsamkeiten in der Gestaltung beider Figuren.

Welche Probleme gibt es beim Einkauf?

Auch heute genießen wir Waren wie Kaffee, Schokolade oder Obst aus Afrika. Sie werden heute zu Preisen angeboten, die sich die meisten Kundinnen und Kunden leisten können. Dabei gerät jedoch schnell aus dem Blick, unter welchen Bedingungen diese Produkte hergestellt werden, um einen solchen Preis möglich zu machen. Auch wenn Imperialismus heute offiziell verpönt ist, bedeutet das nicht, dass für die Produzentinnen und Produzenten nun gute Bedingungen herrschen. Manche großen Firmen nutzen ihren Einfluss und versuchen, den Preis für Waren wie Kakao und Kaffee zu bestimmen. Diesen Einfluss nennen manche Menschen Ausbeutung und bewerten dies als eine Fortsetzung des Imperialismus.

Was kann man für einen fairen Handel tun?

Inzwischen gibt es viele Verbände und Organisationen, die versuchen, den Handel mit Afrika, Südamerika oder Asien fairer zu gestalten. Produzentinnen und Produzenten sollen einen angemessenen Preis für ihre Arbeit erhalten – die Produkte werden dadurch allerdings teurer. Bei der Mehrheit der Produkte lässt sich jedoch nur selten herausfinden, unter welchen Umständen sie hergestellt wurden.

Tipps für die Erarbeitung und Präsentation:

1 ☒ Erstellt einen Beitrag für eine gemeinsame Wandzeitung zum Thema „Spuren des Imperialismus in unserer heutigen Welt". Klärt dafür die folgenden Fragen: Gibt es heute noch Kolonialwaren? Welchen Problemen müssen sich Firmen mit imperialistischer Vergangenheit stellen? Welchen Beitrag zu einem fairen Handel können Kundinnen und Kunden leisten? Was hat Einkauf mit Imperialismus zu tun (QR-Code)?

> *Nehmt die Methode „Im Internet recherchieren" von S. 18/19 zu Hilfe.*

Was haben Grenzen in Afrika mit Imperialismus zu tun?

1 Kongo-Konferenz in Berlin von November 1884 bis Februar 1885. Die ausgehandelten Grenzen wurden an der Karte abgesteckt. *Druck nach einer Zeichnung von H. Lüders, 1884.*

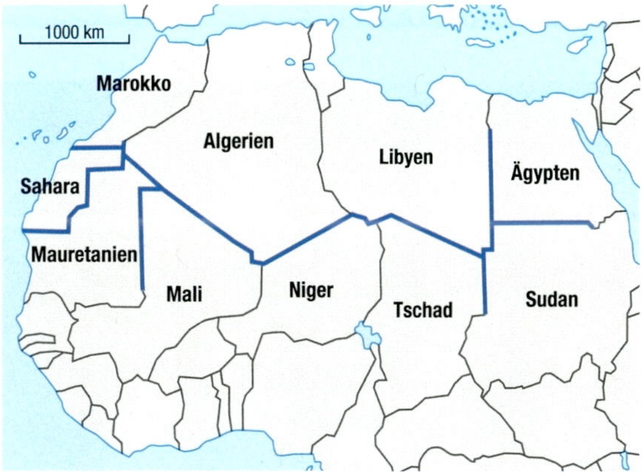

2 Staatsgrenzen in Nordafrika vor 2011. Die blauen Grenzen sehen aus wie mit dem Lineal gezogen und entsprechen den Grenzen, die während der Kongo-Konferenz festgelegt wurden. *Karte, 2023.*

Wie wurden Grenzen gezogen?

In der Zeit des Imperialismus legten die Kolonialmächte die Grenzen ihrer Kolonien fest. Dabei orientierten sie sich nicht an den Lebensräumen der Bevölkerungsgruppen, sondern wählten Grenzen, die für ihre jeweiligen Vorhaben am besten passten. So trennten solche Grenzen oft auch Gebiete, in denen die dort lebenden Menschen sich auf eine Zusammenarbeit geeinigt hatten. Mit der Zeit kam es an den Grenzen auch zu Konflikten mit anderen Kolonialmächten. Deshalb lud Reichskanzler Bismarck am 15. November 1884 zur sogenannten Kongo-Konferenz in Berlin ein (Bild 1). Dort handelten die Kolonialmächte untereinander die Grenzen der afrikanischen Staaten gemäß ihren eigenen Interessen aus (Karte).

Welche Probleme gibt es heute mit den Grenzen?

Obwohl die Staaten in Afrika heute längst unabhängig sind, bestehen viele der Grenzen aus der Zeit des Imperialismus fort. Hieraus ergeben sich bis heute viele Auswirkungen. Zum einen trennen die Grenzen Bevölkerungsgruppen oder Gemeinschaften, die sich selbst als zusammengehörig ansehen. Gleichzeitig zwingen solche Landesgrenzen auch Menschen dazu, miteinander in einem Staat zusammenzuarbeiten, die wenig Gemeinsamkeiten haben: Unterschiedliche Kulturen, Religionen, Wertvorstellungen und Sprachen erschweren das Zusammenleben.

Forscherinnen und Forscher sehen heute ein wesentliches Problem darin, dass man an vielen Stellen versuchte, die unabhängigen Staaten nach europäischem Vorbild zu organisieren. Dabei übersah man, dass es vor Ort andere Bedingungen als in Europa gab.

Lassen sich die Probleme lösen?

Um Konflikten vorzubeugen, räumen viele Staaten Afrikas heute den Bevölkerungsgruppen vor Ort mehr Freiheiten ein. Oft gibt es nicht nur eine, sondern oft mehrere offizielle Landessprachen. Es gibt aber auch Fälle, in denen die Unterschiede zu Konflikten führten, sodass sich die Menschen entschlossen, einen eigenen Staat zu gründen: So erklärte am 09.07.2011 der Südsudan seine Unabhängigkeit von Sudan. In anderen Staaten liefern sich Anhänger verschiedener Bevölkerungsgruppen oder Religionen bis heute erbitterte Kämpfe.

Tipps für die Erarbeitung und Präsentation:

1 ☒ Erstellt einen Beitrag für eine gemeinsame Wandzeitung zum Thema „Spuren des Imperialismus in unserer heutigen Welt". Klärt dafür die folgenden Fragen: Wie kamen die Grenzen der afrikanischen Staaten zustande? Welche Probleme ergaben sich daraus? Wie lassen sich diese Probleme heute lösen (QR-Code)?
> Nehmt die Methode „Im Internet recherchieren" von S. 18/19 zu Hilfe.

Graffitikultur in Südafrika und der Umgang mit der Vergangenheit

1 Du kannst die Vergangenheit nicht wegwaschen ..., aber du kannst eine bessere Zukunft erschaffen. Das Bild links soll die Ankunft der
Foto von Christopher Clark, 2016.

Kolonialmächte mit dem Schiff zeigen. Graffito in Cape Flat, Kapstadt.

Es gibt Regionen in Afrika, in denen die Zeit stehen geblieben zu sein scheint. Mehr als 25 Jahre nach der Einführung der Demokratie in Südafrika ist Cape Flat, ein Vorort von Kapstadt in Südafrika, ein Beispiel für einen solchen Ort. Er ist von Armut geprägt, die in den Augen vieler Menschen in Afrika eine Folge des europäischen Imperialismus ist. Doch es ist gleichzeitig auch ein Ort des Wandels. Viele junge Afrikanerinnen und Afrikaner möchten selbst ihre Zukunft gestalten. Eine Form, ihre Ideen, Vorstellungen und Wünsche auszudrücken, sind Graffiti. Diese Form von Straßenkunst verbinden viele heutzutage mit Hip-Hop und Städten wie New York, London oder Paris. Doch auch die jungen Menschen in Afrika nutzen die gesprühten Bilder, um ihre Botschaft zu verbreiten und den grauen Alltag bunter zu gestalten.

Wählt eine Aufgabe aus. Stellt eure Ergebnisse den anderen vor. Nutzt den → Wortschatz.

1 ◩ Übernehmt die Rolle einer Reporterin oder eines Reporters und beschreibt das Bild.

2 ⊠ Erstellt einen Beitrag für die Schülerzeitung. Berichtet darin, welche Botschaft die Künstlerin oder der Künstler mit dem Graffito vermitteln wollte.

3 ⊠ Entwerft einen Vorschlag, wie der rechte Teil des Graffito ergänzt werden könnte.

> *Für eine bessere Zukunft müsste das Problem ... gelöst werden.*
> *... würde das Leben der Menschen in Südafrika verbessern.*
> *Man könnte das Graffito um ... ergänzen, denn ... steht für ...*

WORTSCHATZ

1–3 Vergangenheit nicht wegwaschen | mit Hochdruckreiniger wegspritzen | mit dem Schiff ankommen | sich der Vergangenheit stellen | Kinder spielen | mit Kreide an die Wand malen | Hoffnung/Liebe verbreiten | zum Mitmachen aufrufen

Warum kam es zum Wettrüsten für einen Krieg?

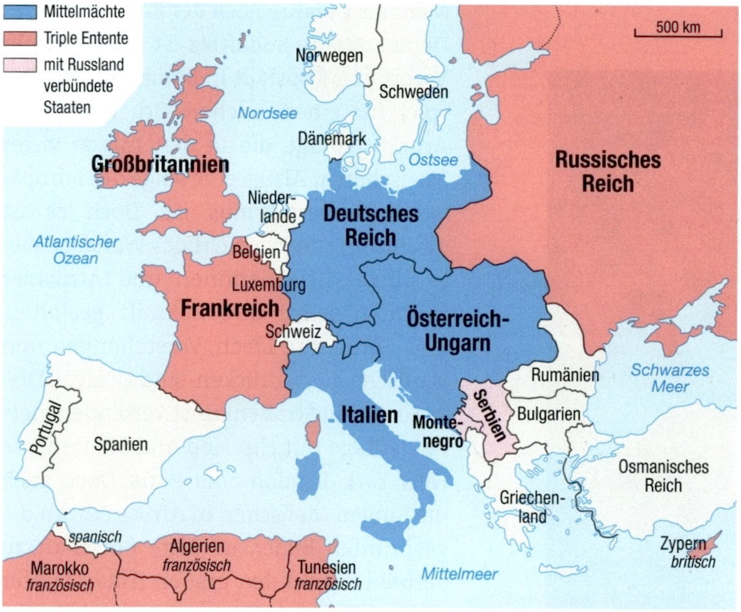

1 Machtblöcke der Großmächte 1914: Frankreich, Großbritannien und Russland sicherten sich als Triple Entente (übersetzt: dreifaches Einvernehmen) gegenseitige militärische Unterstützung gegen das Deutsche Reich, Österreich-Ungarn und Italien als Mittelmächte/Dreibund zu.

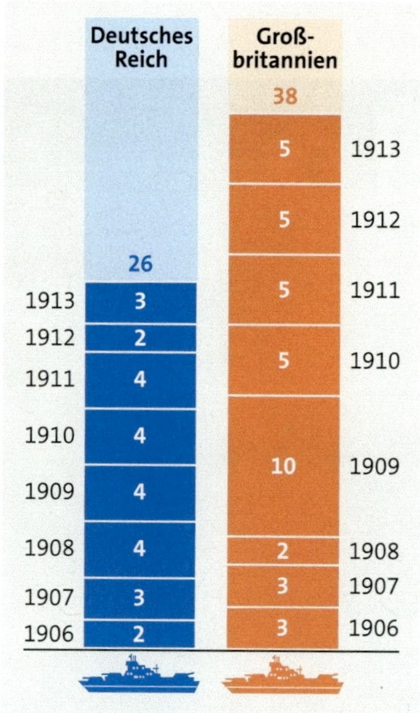

2 Bau von Kriegsschiffen in Großbritannien und im Deutschen Reich von 1906 bis 1913.

Welche Stimmungen prägten den Beginn des 20. Jahrhunderts?

Die Zeit nach 1900 war einerseits vom Fortschritt der Technik und der Wissenschaften geprägt, wie sich am Ausbau der Eisenbahnen, den Anfängen des Automobils und dem Beginn des Kinos zeigte. Andererseits unterdrückten die Europäerinnen und Europäer die Menschen in den Kolonien (siehe S. 250–255).

Warum begann ein Wettrüsten?

Die europäischen Regierungen bemühten sich untereinander lange um ein sogenanntes Gleichgewicht ihrer Kräfte. Dies bedeutet, dass die Regierungen des Deutschen Reichs, Russlands, Frankreichs und Großbritanniens darauf achteten, militärisch und politisch etwa gleich stark zu sein, um Krieg gegeneinander zu vermeiden. Doch dieses Bemühen um ein Gleichgewicht der Kräfte veränderte sich. Schließlich wurde ein europäischer Krieg von keiner Seite mehr ausgeschlossen. Gründe dafür waren überall übersteigerter Nationalismus und das Streben nach größerer Macht. Ein Element der beginnenden Eskalation war das Wettrüsten. Um das Jahr 1900 standen sich in Europa als größte Konkurrenten das Deutsche Reich und Großbritannien gegenüber. Zu Großbritannien gehörten weltweit Kolonien, die durch die britische Kriegsflotte bewacht wurden. Sie war die größte und stärkste der Welt. Der deutsche Kaiser Wilhelm II. ließ nun die deutsche Kriegsflotte ausbauen (Bild 2). Dadurch fühlte sich die britische Regierung massiv bedroht – das Wettrüsten begann. Auch die Armeen der europäischen Mächte wurden aufgerüstet. Hier war die deutsche Armee die stärkste in Europa.

Welche Folgen hatte das Wettrüsten?

Für die Wirtschaft hatte das Wettrüsten unterschiedliche Auswirkungen: Firmen, die Kriegsmaterial herstellten, profitierten davon. Aber andere Firmen hatten auch Angst vor einer ungewissen Zukunft. Das Deutsche Reich war neben Großbritannien und den USA eine der wichtigsten Wirtschaftsmächte. Im deutschen Reichstag wurde über das Wettrüsten diskutiert (Q2). Auch in den Zeitungen wurde darüber berichtet und es gab Karikaturen dazu (Bild 3). Die Menschen in Europa hatten unterschiedliche Meinungen (Q1, Q2).

3 „Im Dreadnought-Fieber". „Dreadnought" (= Fürchte nichts) bezeichnet eine neue Art von Kriegsschiffen, die zuerst von Großbritannien 1906, dann aber in ganz Europa gebaut wurden (Bild 4). *Karikatur aus der Zeitschrift „Wahrer Jacob" vom 01. 01. 1909.*

4 Das Kriegsschiff „HMS Dreadnought" (HMS = Abkürzung für „His Majesty`s Ship" = „Das Schiff seiner Majestät Fürchte nichts"). *Foto, 1906.*

War das Wettrüsten ein Weg in den Krieg?

Mit dem Wettrüsten nahmen die europäischen Herrscher eine Konfrontation ihrer Armeen in Kauf. Die Kriegsgefahr durch das Wettrüsten war allen Beteiligten bewusst. Eine neue Zeit und der Weg in den Krieg begannen.

Q1 Im Jahr 1897 erklärte der Staatssekretär Bernhard von Bülow im Reichstag:

Die Zeiten, wo der Deutsche dem einen seiner Nachbarn die Erde überließ, dem anderen das Meer ... – diese Zeiten sich vorüber. ... Mit einem Worte: Wir wollen niemand in den Schatten stellen, aber wir verlangen auch unseren Platz an der Sonne.

Q2 Der Vorsitzende der SPD, August Bebel, erklärte im Jahr 1911 im Reichstag:

So wird man von allen Seiten rüsten und wieder rüsten, man wird rüsten bis zu dem Punkte, dass der eine oder andere Teil eines Tages sagt: Lieber ein Ende mit Schrecken als ein Schrecken ohne Ende.

1 Ordnet mithilfe der Karte und des Textes Z. 50–55 Staaten einander zu, die sich militärische Unterstützung zugesagt hatten. Ergänzt die Namen der entsprechenden Bündnisse.

2 Fasst mithilfe von Bild 2 das Wettrüsten in der Marine in Stichpunkten zusammen.

3 Beschreibt anhand von Bild 4 das Aussehen der HMS Dreadnought, die damals das modernste Kriegsschiff der Welt war.

4 Erklärt, was Bülow in Q1 mit dem „Platz an der Sonne" meinte. Nutzt die Z. 1–37 und den → Wortschatz.

5 Erläutert den Satz in Q2: „Lieber ein Ende mit Schrecken als ein Schrecken ohne Ende."

6 **a** Erklärt die Aussage der Karikatur.
> Nehmt die Methode „Karikaturen untersuchen" von S. 144/145 zu Hilfe.
b Formuliert mithilfe eurer Ergebnisse aus den Aufgaben eine Antwort auf die Leitfrage.

WORTSCHATZ
4 ein Kolonialreich errichten wollen | in Konkurrenz zu anderen Staaten stehen | keine Bitte formulieren

Gab es noch Hoffnung für den Frieden?

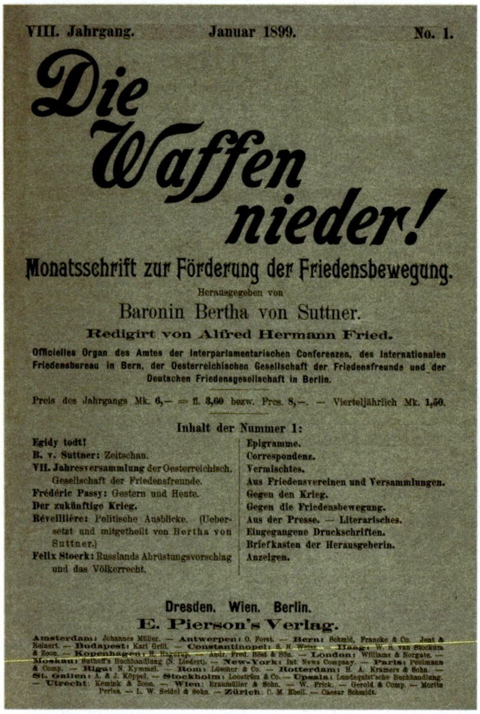

VIII. Jahrgang. Januar 1899. No. 1.

Die Waffen nieder!

Monatsschrift zur Förderung der Friedensbewegung.

Herausgegeben von

Baronin Bertha von Suttner.

Redigirt von Alfred Hermann Fried.

Officielles Organ des Amtes der Interparlamentarischen Conferenzen, des Internationalen Friedensbureau in Bern, der Oesterreichischen Gesellschaft der Friedensfreunde und der Deutschen Friedensgesellschaft in Berlin.

Preis des Jahrgangs Mk. 6,— = fl. 3,60 bezw. Frcs. 8,—. — Vierteljährlich Mk. 1,50.

Inhalt der Nummer 1:

Egidy todt!
B. v. Suttner: Zeitschau.
VII. Jahresversammlung der Oesterreichisch. Gesellschaft der Friedensfreunde.
Frédéric Passy: Gestern und Heute.
Der zukünftige Krieg.
Réveillière: Politische Ausblicke. (Uebersetzt und mitgetheilt von Bertha von Suttner.)
Felix Stoerk: Russlands Abrüstungsvorschlag und das Völkerrecht.
Epigramme.
Correspondenz.
Vermischtes.
Aus Friedensvereinen und Versammlungen.
Gegen den Krieg.
Gegen die Friedensbewegung.
Aus der Presse. — Literarisches.
Eingegangene Druckschriften.
Briefkasten der Herausgeberin.
Anzeigen.

Dresden. Wien. Berlin.

E. Pierson's Verlag.

Amsterdam: Johannes Müller. — Antwerpen: O. Forst. — Bern: Schmid, Francke & Co. Jent & Reinert. — Budapest: Karl Grill. — Constantinopel: S. H. Weiss. — Haag: W. S. van Stockum & Zoon. — Kopenhagen: H. Hagerup. — Andr. Fred. Höst & Sön. — London: Williams & Norgate. — Moskau: Suthoff's Buchhandlung (S. Liedert). — New-York: Int. News Company. — Paris: Peelmann & Comp. — Riga: N. Kymmel. — Rom: Löscher & Co. — Rotterdam: H. A. Kramers & Sohn. — St. Gallen: A. & J. Köppel. — Stockholm: Loostrüm & Co. — Upsala: Lundequist'sche Buchhandlung. — Utrecht: Kemink & Zoon. — Wien: Braumüller & Sohn. — W. Frick. — Gerold & Comp. — Moritz Perles. — L. W. Seidel & Sohn. — Zürich: C. M. Ebell. — Caesar Schmidt.

1 „Die Waffen nieder!" war der Titel einer Zeitschrift, die von Bertha von Suttner in Berlin herausgegeben wurde. Diese Ausgabe ist vom Januar 1899.

2 „Der Brand am Balkan". Die Bildunterschrift lautet: „Der vereinigten europäischen Feuerwehr gelang es leider nicht, den Brand zu löschen." Der Bär steht für das russische Zarenreich, der Adler für das Deutsche Reich, der Hahn symbolisiert die Französische Republik, der Doppeladler das Kaiserreich Österreich-Ungarn und der Löwe Großbritannien. *Karikatur von Thomas Theodor Heine aus der Zeitschrift „Simplicissimus" vom 28. 10. 1912.*

Warum gab es Konflikte in Marokko?

Es gab und gibt meist mehrere Krisenherde, bevor ein großer Krieg beginnt – und so war es auch vor dem Ersten Weltkrieg. Zwei solcher Krisen entwickelten sich in den Jahren 1905 und 1911 um die Frage der staatlichen Unabhängigkeit von Marokko. Die deutsche Regierung versuchte zu verhindern, dass Marokko zu einer weiteren französischen Kolonie werden sollte. Die Machthaber im Deutschen Reich gingen aber als Verlierer aus diesen Krisen hervor und das Land wurde zu einer französischen Kolonie.

War ein Krieg unvermeidlich?

Die Kriegsgefahr war in dieser Zeit deshalb so hoch, weil viele Politiker solche Konflikte militärisch lösen wollten. Gleichzeitig gab es aber auch Bemühungen, den Frieden zu bewahren. Der russische Zar Nikolaus II. rief zu einer internationalen Friedenskonferenz auf. Diese Konferenz fand 1899 in der niederländischen Stadt Den Haag statt. Von den teilnehmenden Staaten wurden Regeln aufgestellt, was im Falle eines Krieges erlaubt sei und was nicht. Diese Regeln der Haager Landkriegsordnung sind teilweise heute noch gültig. Eine zweite Friedenskonferenz fand im Jahr 1907 statt, jedoch scheiterte der Wunsch, den Krieg als politisches Mittel zu verbieten.

Welche Rolle spielte die Friedensbewegung?

Bertha von Suttner und Alfred Herrmann Fried gründeten 1892 die Deutsche Friedensgesellschaft. 1905 erhielt von Suttner für ihren Einsatz gegen den Krieg als erste Frau den *Friedensnobelpreis. Die Friedensgesellschaft, die es heute noch gibt, wuchs schnell an. Die zahlreichen Kriegervereine waren im Vergleich aber deutlich größer. Von Suttner nahm an beiden Friedenskonferenzen teil. Es enttäuschte sie und viele andere, dass der Krieg weiterhin als eine Möglichkeit der Konfliktlösung galt.

*** der Friedensnobelpreis**
Dieser Preis wird seit 1901 an Menschen verliehen, die sich besonders für den Frieden einsetzen.

3 Staaten auf dem Balkan im Jahr 1913.

- Grenze des Osmanischen Reichs 1815
- Grenze des Osmanischen Reichs 1912
- Osmanisches Reich 1914
- Bosnien-Herzegowina 1908 von Österreich-Ungarn annektiert

Gebietserwerbungen nach 1912, der folgend genannten Balkanstaaten, sind in helleren Farbtönen dargestellt:

- Montenegro
- Serbien
- Bulgarien
- Griechenland

Wie wurden die Balkankriege geführt?

Bereits 1912 und 1913 tobten in Südosteuropa blutige Kämpfe, die 1914 in den Ersten Weltkrieg übergingen. Im Ersten Balkankrieg 1912 wollten die Regierungen Serbiens, Griechenlands, Bulgariens und Montenegros eine Befreiung vom Osmanischen Reich erreichen, was ihren Armeen gelang. Die muslimische Zivilbevölkerung war dabei besonders gefährdet. Es wurde brutal und mit *modernen Waffen gekämpft. Die in Den Haag vereinbarten Regeln, z. B. ein rücksichtsvoller Umgang mit Kriegsgefangenen, Zivilistinnen und Zivilisten, wurden von allen Beteiligten gebrochen.

Im Zweiten Balkankrieg 1913 führten die zuvor verbündeten Staaten untereinander Krieg. In den Balkankriegen wurden etwa 380 000 Soldaten getötet oder verwundet. Auch in der Zivilbevölkerung gab es sehr viele Tote.

*** die modernen Waffen**
Hier sind vor allem Maschinengewehre und Granatenangriffe aus Flugzeugen gemeint.

1 ☐ **a** Beschreibt und erklärt Bild 1.
☐ **b** Tauscht euch aus: Was fällt euch auf? Was überrascht euch?

2 ☒ Erläutert mithilfe der Karte die Veränderungen von 1912 bis 1914, die sich durch die Balkankriege ergeben haben.

3 ☒ Erklärt die Aussage der Karikatur (Bild 2).
> Nehmt die Methode „Karikaturen untersuchen" von S. 144/145 zu Hilfe.

4 ☒ Diskutiert in der Klasse die Frage, ob es eine noch berechtigte Hoffnung für den Frieden gab. Was spricht dafür, was dagegen? Nutzt dafür die Informationen aus den Texten auf der linken Seite.

Was ihr noch tun könnt:

1 ☒ Recherchiert weitere Informationen zum Leben und Werk von Bertha von Suttner und erstellt dazu ein Lernplakat.
> Nehmt die Methoden „Im Internet recherchieren" und „Ein Lernplakat" gestalten von den S. 18/19 und 290 zu Hilfe.

Was war der Auslöser des Ersten Weltkriegs?

1 Der Attentäter Gavrilo Princip erschießt den österreich-ungarischen Thronfolger Franz Ferdinand und seine Frau Sophie am 28. Juni 1914 in Sarajevo. *Nachempfundene Illustration von Achille Beltrame in der italienischen Zeitung La Domenica del Corriere am 12. Juli 1914.*

Das Attentat von Sarajevo

Am 28. Juni 1914 erschoss ein serbischer Attentäter den österreich-ungarischen Thronfolger Franz Ferdinand und seine Frau Sophie in Sarajevo (Bosnien-Herzegowina). Auf dieses Attentat folgte die sogenannte *Julikrise. Viele Menschen waren darüber in Sorge und es fanden Antikriegsdemonstrationen statt.

Warum begann der Krieg im Juli 1914?

Die deutsche Regierung erteilte Österreich-Ungarn einen *„Blankoscheck", der im Kriegsfall uneingeschränkte militärische Unterstützung versprach. Österreich-Ungarn machte die serbische Regierung für das Attentat verantwortlich. Es stellte Serbien ein *Ultimatum, um den Anschlag aufzuklären, dem die dortige Regierung nicht in allen Punkten nachkam. Das nahm die Regierung in Wien zum Anlass, um am 28. Juli Serbien den Krieg zu erklären. Da Serbien unter russischem Schutz stand, rief der russische Zar zur *Mobilmachung auf. Die Verpflichtungen aus den militärischen Bündnissen (siehe S. 262) wurden jetzt eingelöst: Am 1. August 1914 erklärte das Deutsche Reich der russischen Regierung und am 3. August Frankreich den Krieg. Der *Erste Weltkrieg hatte begonnen. Die italienische Regierung wechselte die Seiten und wurde 1915 zum Gegner der Mittelmächte. Der Auslöser des Krieges war das Attentat, aber die Bereitschaft zum Krieg war unabhängig davon vorhanden. Die Ursachen des Krieges lagen im Wettrüsten, den Bündnissen, den Balkankriegen sowie den jeweiligen Weltmachtansprüchen (siehe S. 262–265).

Wie reagierten die Menschen auf den Kriegsbeginn?

Lange dachte man, dass die jungen Menschen bereitwillig in den Krieg zogen. Doch dies traf nur teilweise zu. In vielen Großstädten wie Köln, Berlin oder Wien gab es vor allem unter Studenten und Gymnasiasten Jubel für den Krieg. Nach den Ereignissen im Juli meldeten sich viele von ihnen im August freiwillig, um in den Krieg zu ziehen.

*** die Julikrise**
Im Verlauf des Monats Juli 1914 entschieden die Regierungen der Großmächte über Krieg und Frieden in Europa.

*** der „Blankoscheck"**
Eine Überweisung (ein Scheck) wird unterschrieben und das Feld für den Geldbetrag leer (blanko) gelassen. Im übertragenden Sinn ist es eine Erlaubnis, für eine andere Person oder einen Staat ohne Einschränkungen handeln zu dürfen.

*** das Ultimatum**
Innerhalb einer festgelegten Zeit wird eine Person oder ein Staat dazu aufgefordert, etwas vorher genau Bestimmtes zu tun.

*** die Mobilmachung**
Die zum Krieg verpflichteten Soldaten werden in Bereitschaft versetzt, um mit dem Kampf beginnen zu können.

*** Der Erste Weltkrieg**
Dieser Krieg begann im Jahr 1914 und endete im Jahr 1918. Die Soldaten des Deutschen Reichs und Österreich-Ungarns bekämpften die Armeen Frankreichs, Großbritanniens und Russlands. Gekämpft wurde in Europa, in den Kolonien und auf den Ozeanen. Im November 1918 endete der Erste Weltkrieg mit der militärischen Niederlage des Deutschen Reichs und Österreich-Ungarns. Weltweit starben etwa neun Millionen Soldaten und mehr als sechs Millionen Zivilistinnen und Zivilisten. Der Erste Weltkrieg ist heute stärker im Gedächtnis der Menschen in Frankreich und Großbritannien als in Deutschland.

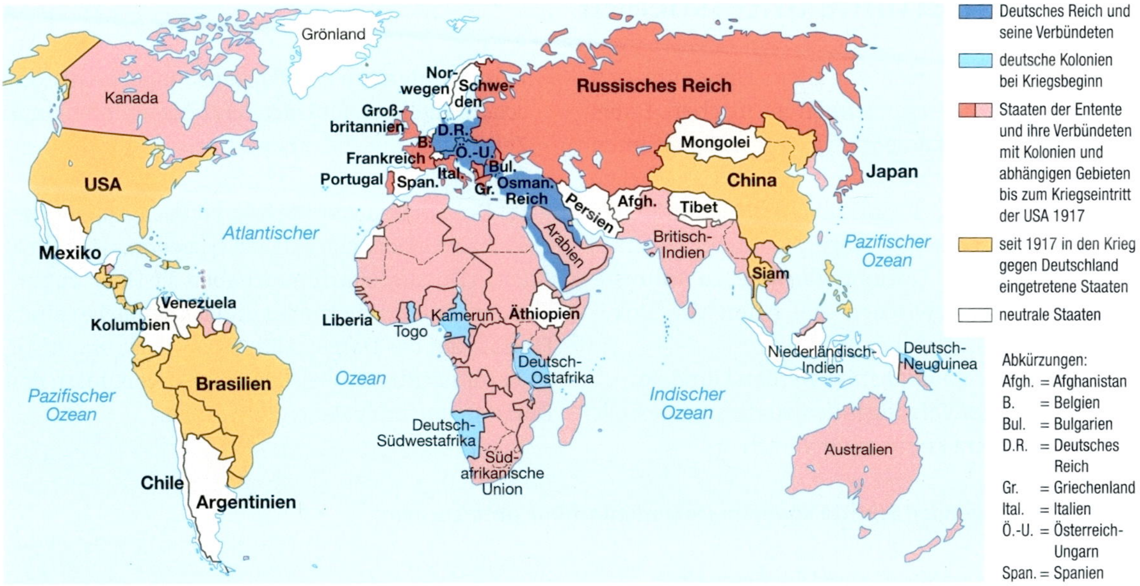

2 Kriegsgegner und Bündnispartner im Ersten Weltkrieg.

„Augusterlebnis“ nannte man die Kriegsbegeisterung dieser, meist in gesicherten Verhältnissen lebenden jungen Menschen. Die Kriegsbegeisterung war ein mächtiger Mythos, der von den Regierungen, nationalistischen Zeitungen, den Schulen und der Kirche gestärkt wurde.

Es gab aber ebenso viele verzweifelte Menschen. In den Arbeitervierteln der Städte und auf dem Land war die Ablehnung des Krieges groß. Die Unsicherheit zeigte sich durch *Hamsterkäufe und einen Ansturm auf die Banken.

Welche Ziele verfolgten die Gegner im Krieg?

Die Regierung des Deutschen Reichs wollte zuerst Frankreich schwächen und dessen Industriegebiete sowie die Belgiens einnehmen. Nach dem Sieg über Frankreich sollte Russland angegriffen werden, um dessen Einfluss in Europa zurückzudrängen. Viele Kolonien der Gegner sollten an das Deutsch Reich gehen. Die Regierung von Österreich-Ungarn erhoffte sich Landgewinn auf dem Balkan.

Die französische Regierung wollte Elsass-Lothringen vom Deutschen Reich zurückerobern. Die britische Regierung wollte die deutschen Kolonien übernehmen und die deutsche Flotte auflösen. Die russische Regierung wollte ihre Herrschaft auf das Gebiet um Istanbul ausdehnen. Alle Kriegsparteien dachten, dass es ein kurzer Krieg werden würde.

1 ☒ Erklärt mithilfe des Textes Z. 1–31, warum es zum Krieg im August 1914 kam. Unterscheidet dabei zwischen Anlass und Ursachen des Krieges.

2 ☒ Untersucht die Karte und begründet, warum von einem Weltkrieg gesprochen wird. Geht dabei insbesondere auf die Bedeutung der Kolonien ein.

3 ☒ Bildet ein Sachurteil über die Motive und das Handeln der Politiker während der Julikrise im Hinblick auf das Ziel der Friedenswahrung. Nutzt den → Wortschatz.
> Nehmt den Text Z. 1–31 und die Methode „Ein eigenes Urteil bilden“ von S. 285 zu Hilfe.

4 ☒ Formuliert mithilfe des Textes Z. 33–51 Vermutungen, warum eine Kriegsbegeisterung nicht bei allen Menschen vorhanden war.

*** die Hamsterkäufe**
Vorratskäufe von Lebensmitteln und Alltagsgegenständen

WORTSCHATZ
3 aus damaliger Sicht ... | einen „Blankoscheck“ ausstellen | ein Bündnis einlösen | eine friedliche Konfliktlösung anstreben | zur Mobilmachung aufrufen | einem Ultimatum nachkommen | einen Konflikt entschärfen

Dokumentarfilme untersuchen

Viele Menschen nutzen vor allem Filme, um sich ein Bild von der Vergangenheit zu machen. Dabei kann zwischen Dokumentarfilmen und Spielfilmen unterschieden werden (siehe S. 114/115). Obwohl Dokumentarfilme mit historischen Quellen arbeiten, können auch sie die Vergangenheit nicht vollständig abbilden. Um Dokumentarfilme zu untersuchen, kann man zwischen drei Arten von Dokumentarfilmen unterscheiden:

- In einem Kompilationsfilm werden Filmdokumente aus der Vergangenheit zusammengestellt und mit einem Kommentar versehen.
- Beim Filmfeature werden aus Mangel an historischen Quellen hauptsächlich Zeitzeuginnen und Zeitzeugen und/oder Expertinnen und Experten befragt.
- Im Dokudrama werden Szenen nachgespielt, die sich auf historische Quellen beziehen.

Auch in Dokumentarfilmen haben die Überzeugungen der Filmemacherinnen und Filmemacher einen Einfluss auf das Dargestellte. Deshalb ist es wichtig zu berücksichtigen, welche Perspektiven durch den Dokumentarfilm beleuchtet werden.

Mithilfe der folgenden Schritte könnt ihr Dokumentarfilme untersuchen:

Schritt 1: Informationen zum Film beschaffen
- Wer führte Regie? Wer schrieb das Drehbuch? Wann erschien der Film?
- Welche Art von Film ist es (Kompilationsfilm, Filmfeature, Dokudrama)?
- Nennt das Thema des Films und fasst den Inhalt in zwei Sätzen zusammen.

Schritt 2: Den Film untersuchen
- Mit welchen Quellen (Text, Bild, Ton, Film) wird gearbeitet? Werden sie kritisch hinterfragt?
- Werden Texte aus schriftlichen Quellen nachgesprochen und gespielt (Mimik und Gestik sind dann ausgedacht)?
- Was genau können uns die Zeitzeuginnen und Zeitzeugen berichten?
- Wird mit Musik gearbeitet? Welche Wirkungen werden dadurch erzielt?
- Wie wird kommentiert? Ist das Gesagte sachlich oder wertend?

Schritt 3: Über den Film nachdenken
- Wie können die Aussagen des Films zusammengefasst werden?

Schritt 4: Den Film bewerten
- Ist der Film gelungen? Ist er informativ? Bemüht er sich um Sachlichkeit? Begründet eure Einschätzung und gebt evtl. Veränderungsvorschläge ab.

1 Seht euch die ersten zehn Minuten des Films „Der Ausbruch des Krieges“ aus den „14 Tagebüchern des Ersten Weltkriegs“ an (QR-Code und Hinweis rechte Seite).

2 Recherchiert im Internet die Informationen zu Schritt 1. Haltet euer Ergebnis fest und präsentiert es der Klasse.

3 Untersucht den Film anschließend wie in Schritt 2. Teilt dafür die Fragen unter euch auf.

4 Führt die Schritte 3 und 4 durch. Nutzt die Lösungshilfen.

5 Vergleicht die Gemeinsamkeiten und Unterschiede eurer Arbeitsergebnisse in der Klasse.

Was ihr noch tun könnt:

1 Untersucht den Film: „ReMIX. Africa in Translation: Togo“ auf der Webseite der Bundeszentrale für politische Bildung und wendet dafür die Schritte 1 bis 4 an (QR-Code).

1 Ausschnitt aus dem Film „Der Ausbruch des Krieges“ aus der Filmreihe „14 Tagebücher des Ersten Weltkriegs“ von 2014. Marina Yurlova wird von Natalia Witmer gespielt. *Screenshot von der Internetseite „Planet Wissen“.*

Die einzelnen Filme zu den Tagebüchern des Ersten Weltkriegs findet ihr auf der Internetseite der ARD-Mediathek.

Auf der Internetseite von „Planet Schule“ können die Filme kostenlos heruntergeladen werden.

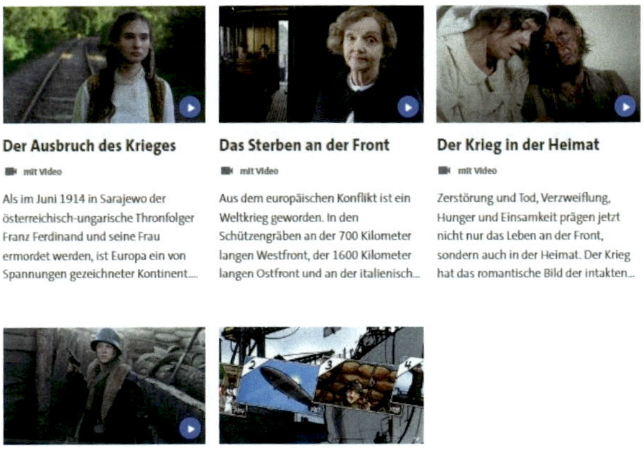
Alle Themen zum Schwerpunkt Tagebücher des Ersten Weltkriegs

Der Ausbruch des Krieges
mit Video
Als im Juni 1914 in Sarajewo der österreichisch-ungarische Thronfolger Franz Ferdinand und seine Frau ermordet werden, ist Europa ein von Spannungen gezeichneter Kontinent...

Das Sterben an der Front
mit Video
Aus dem europäischen Konflikt ist ein Weltkrieg geworden. In den Schützengräben an der 700 Kilometer langen Westfront, der 1600 Kilometer langen Ostfront und an der italienisch...

Der Krieg in der Heimat
mit Video
Zerstörung und Tod, Verzweiflung, Hunger und Einsamkeit prägen jetzt nicht nur das Leben an der Front, sondern auch in der Heimat. Der Krieg hat das romantische Bild der intakten...

Das Ende des Krieges
mit Video
Frühjahr 1918: Nach der Offensive der Alliierten verliert Deutschland den Ersten Weltkrieg. Der Film zeigt das Leben an der Front und zu Hause.

Kleine Schritte im großen Krieg (Multimediaspiel)
Im interaktiven Spiel erleben Schüler historische Ereignisse und schlüpfen in verschiedene Rollen zur Zeit des Ersten Weltkriegs. Ab Klasse 8.

2 Screenshot von Planet Schule zu den vier Filmen und einem Multimediaspiel.

Lösungshilfen zur Untersuchung eines Dokumentarfilms:

Zum Schritt 1:
Unter der Regie von Jan Peter wurden die „14 Tagebücher des Ersten Weltkriegs“ produziert und im Jahr 2014 veröffentlicht. | Das Drehbuch schrieben Yury Winterberg und andere. | Die deutsch-französische Dokumentarfilmserie ist eine Mischung aus Kompilationsfilm und Dokudrama. | Das Thema ist der Erste Weltkrieg von seinem Ausbruch bis zu seinem Ende.

Zum Schritt 2:
Es wird mit ... quellen gearbeitet. | Texte aus schriftlichen Quellen werden / werden nicht nachgesprochen | Es werden / werden keine Zeitzeugen und oder Zeitzeuginnen interviewt. | Es wird / wird nicht mit Musik gearbeitet und zwar folgendermaßen ... | Die dargestellten Szenen werden / werden nicht kommentiert.

Zum Schritt 3:
Die Filmaussage kann wie folgt zusammengefasst werden: ...

Zum Schritt 4:
Unserer Meinung nach ist der Film gelungen / nicht gelungen, weil ... | Wir haben folgende / keine Änderungsvorschläge ...

Wie war der Alltag an der Front und zu Hause?

1 Französische Soldaten mit Gasmasken an der Westfront. *Foto, 1917.*

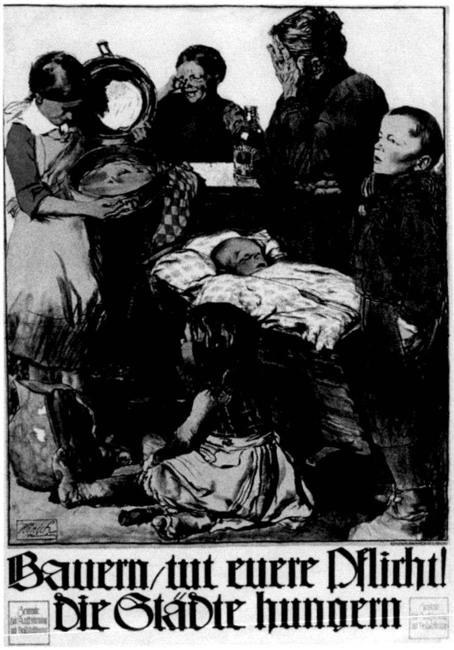

2 „Bauern, tut euere Pflicht! Die Städte hungern". *Deutsches Propagandaplakat aus München von 1917/1918,*

Wie war der Alltag an der Front?

Die Hoffnung der Soldaten auf einen kurzen Krieg erfüllte sich nicht. Bereits im Herbst 1914 stoppte der deutsche Angriffskrieg an der Westfront in Frankreich und Belgien. An der belgischen Zivilbevölkerung wurden zu dieser Zeit Kriegsverbrechen verübt. Es war das Ziel der deutschen Strategie, Frankreich während der russischen Mobilmachung schnell zu besiegen. Anschließend sollten die deutschen Truppen von der Westfront an die Ostfront nach Russland verlegt werden. Nun veränderte sich das Geschehen an der Westfront aber zu einem Stellungskrieg. Dabei lagen sich die Soldaten der Kriegsgegner in Schützengräben und Bunkern oft auf sehr kurze Distanz gegenüber. Der Alltag in diesen Stellungen war von grausamen Erlebnissen geprägt.

Einige Historikerinnen und Historiker sprechen wegen des Massensterbens an der Front von einem industrialisierten Krieg. Damit meinen sie, dass im Kriegsverlauf immer weitere Soldaten und immer mehr Waffen an die Front geschickt wurden. Wie in einer Fabrik wurde für immer mehr Nachschub gesorgt und dabei der Tod Hunderttausender Soldaten in Kauf genommen. Durch die hohe und schnelle industrielle Produktion wurden Maschinengewehre, Flammenwerfer, Giftgas, Flugzeuge, U-Boote, Panzer (Tanks) und viele weitere Waffen ununterbrochen an die Front geliefert und erbarmungslos eingesetzt, um die feindlichen Schützengräben zu erstürmen. Es gab dabei keine echten Erfolge, nur Verlierer auf beiden Seiten. In den berüchtigten Schlachten des Jahres 1916 starben allein in Verdun (Frankreich) 700 000 Soldaten und am Fluss Somme (Frankreich) fanden ca. 1150 000 Soldaten den Tod, ohne dass der Kriegsverlauf entscheidend verändert wurde. Viele Soldaten erlitten durch den Einsatz der modernen Waffen furchtbare Verletzungen, z. B. durch das Abtrennen von Gliedmaßen und durch schwere Verbrennungen.

Die hygienischen Bedingungen in den kilometerlangen Gräben waren ebenfalls schrecklich. Die Soldaten *vegetierten vor sich hin und neben der Todesangst mussten sie mit Krankheiten, Wind und Wetter zurechtkommen. Über zwei Millionen Soldaten fielen für das Deutsche Reich, darunter auch viele Männer jüdischen Glaubens. Insgesamt verloren aus allen beteiligten Staaten etwa neun Millionen Soldaten im Ersten Weltkrieg ihr Leben.

*** vegetieren**
unter kümmerlichen, sehr schlechten Verhältnissen leben müssen und langsam körperlich verfallen

3 Kriegsküche in Österreich. *Foto, ca. 1916.*

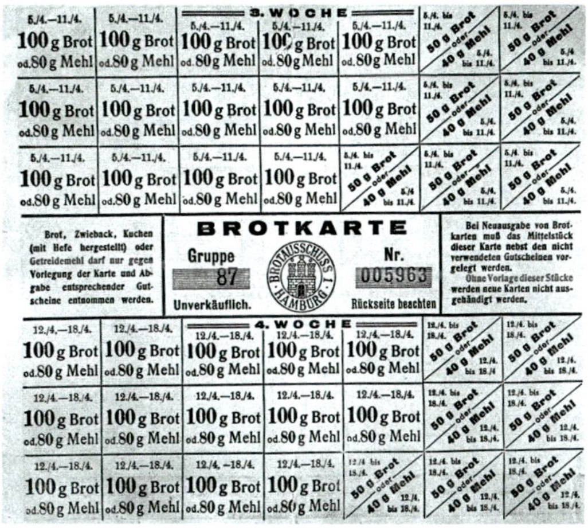

5./4.—11./4. 100 g Brot od. 80 g Mehl	5./4.—11./4. 100 g Brot od. 80 g Mehl	3. WOCHE 5./4.—11./4. 100 g Brot od. 80 g Mehl	5./4.—11./4. 100 g Brot od. 80 g Mehl	5./4.—11./4. 100 g Brot od. 80 g Mehl	5./4. bis 11./4. 50 g Brot oder 40 g Mehl 5./4. bis 11./4.	5./4. bis 11./4. 50 g Brot oder 40 g Mehl 5./4. bis 11./4.
5./4.—11./4. 100 g Brot od. 80 g Mehl	5./4.—11./4. 100 g Brot od. 80 g Mehl	5./4.—11./4. 100 g Brot od. 80 g Mehl	5./4.—11./4. 100 g Brot od. 80 g Mehl	5./4.—11./4. 100 g Brot od. 80 g Mehl	5./4. bis 11./4. 50 g Brot oder 40 g Mehl 5./4. bis 11./4.	5./4. bis 11./4. 50 g Brot oder 40 g Mehl 5./4. bis 11./4.
5./4.—11./4. 100 g Brot od. 80 g Mehl	5./4.—11./4. 100 g Brot od. 80 g Mehl	5./4.—11./4. 100 g Brot od. 80 g Mehl	5./4.—11./4. 100 g Brot od. 80 g Mehl	5./4. bis 11./4. 50 g Brot oder 40 g Mehl 5./4 bis 11./4.	5./4. bis 11./4. 50 g Brot oder 40 g Mehl 5./4. bis 11./4.	5./4. bis 11./4. 50 g Brot oder 40 g Mehl 5./4. bis 11./4.

Brot, Zwieback, Kuchen (mit Hefe hergestellt) oder Getreidemehl darf nur gegen Vorlegung der Karte und Abgabe entsprechender Gutscheine entnommen werden.

BROTKARTE

Gruppe 87 — BROTAUSSCHUSS I HAMBURG — Nr. 005963

Unverkäuflich. — Rückseite beachten

Bei Neuausgabe von Brotkarten muß das Mittelstück dieser Karte nebst den nicht verwendeten Gutscheinen vorgelegt werden.
Ohne Vorlage dieser Stücke werden neue Karten nicht ausgehändigt werden.

12./4.—18./4. 100 g Brot od. 80 g Mehl	12./4.—18./4. 100 g Brot od. 80 g Mehl	4. WOCHE 12./4.—18./4. 100 g Brot od. 80 g Mehl	12./4.—18./4. 100 g Brot od. 80 g Mehl	12./4.—18./4. 100 g Brot od. 80 g Mehl	12./4. bis 18./4. 50 g Brot oder 40 g Mehl 12./4. bis 18./4	12./4. bis 18./4. 50 g Brot oder 40 g Mehl 12./4. bis 18./4.
12./4.—18./4. 100 g Brot od. 80 g Mehl	12./4.—18./4. 100 g Brot od. 80 g Mehl	12./4.—18./4. 100 g Brot od. 80 g Mehl	12./4.—18./4. 100 g Brot od. 80 g Mehl	12./4.—18./4. 100 g Brot od. 80 g Mehl	12./4. bis 18./4. 50 g Brot oder 40 g Mehl 12./4. bis 18./4.	12./4. bis 18./4. 50 g Brot oder 40 g Mehl 12./4. bis 18./4.
12./4.—18./4. 100 g Brot od. 80 g Mehl	12./4.—18./4. 100 g Brot od. 80 g Mehl	12./4.—18./4. 100 g Brot od. 80 g Mehl	12./4.—18./4. 100 g Brot od. 80 g Mehl	12./4. bis 18./4. 50 g Brot oder 40 g Mehl 12./4. bis 18./4.	12./4. bis 18./4. 50 g Brot oder 40 g Mehl 12./4. bis 18./4.	12./4. bis 18./4. 50 g Brot oder 40 g Mehl 12./4. bis 18./4.

4 Lebensmittelkarte für Brot aus Hamburg von 1918.

Wie war der Alltag daheim?

Der Alltag unterschied sich stark in den kriegführenden Ländern. Im Deutschen Reich und in Mittel- und Osteuropa herrschten im Gegensatz zu Großbritannien und Frankreich der Hunger.

Im Deutschen Reich wurde von der „Heimatfront" gesprochen, was bedeutet, dass die Heimat gemeinsam mit den Soldaten an der Front den Krieg überstehen sollte. Für die Regierung hatte die Versorgung der Soldaten absoluten Vorrang. Aber auch viele Familien waren in Not. Die Männer fehlten zur Versorgung, die Arbeitsbedingungen waren schlecht und viele Produkte wurden teurer. Es wurden Kriegsküchen eingerichtet, Lebensmittel *rationiert und Lebensmittelkarten ausgeteilt. Trotzdem kam es zu Plünderungen und Streiks in der Rüstungsindustrie. Im „Steckrübenwinter" 1916/1917 wurde das Tierfutter zum wichtigen Nahrungsmittel. Eine britische Seeblockade verhinderte Lebensmittellieferungen ins Deutsche Reich. Hierdurch kam es zur Unterernährung, in deren Folge ca. 700 000 Menschen starben. Große Unterschiede gab es zwischen Stadt und Land. Durch Bombardierungen aus der Luft gab es in Großbritannien, Frankreich und im Deutschen Reich zivile Opfer.

Q1 Am 24.07.1917 schrieb Hedwig Lauth aus Essen an ihren Ehemann:

Lieber Julius. ... Wir müssen ... jetzt unglaublich viel Geld ausgeben. Woher sollen wir es nehmen? ... Bis zur vollständigen Aushungerung des ganzen Volkes wird der Krieg wohl dauern.

*** rationieren, die Ration**
etwas in einem bestimmten und begrenzten Anteil zuteilen

1 Beschreibt mithilfe von Bild 1 und des Textes Z. 1–49, welche Alltagserfahrungen die Soldaten an der Front machten.
› *Nehmt die Methode „Fotografien untersuchen" auf S. 220/221 und* den → Wortschatz zu Hilfe.

2 Erläutert anhand der Z. 49–73 und Bild 4 die Versorgungsschwierigkeiten im Deutschen Reich. Nutzt den → Wortschatz.

3 Erklärt mithilfe von Q1 und der Bilder 2, 3 und 4, von welchen Problemen Hedwig Lauth ihrem Ehemann an der Front berichtete. Vergleicht eure Ergebnisse mit denen aus Aufgabe 2. Nutzt den → Wortschatz.

4 Überlegt, was die Menschen in der Schlange vor der Kriegsküche in Bild 3 zueinander gesagt haben könnten. Schreibt in euer Heft, was in den Sprechblasen stehen könnte.

Was ihr noch tun könnt:

1 Seht euch den Film „Das Sterben an der Front" (Folge 2) aus den „14 Tagebüchern des Ersten Weltkriegs" und „Krieg in der Heimat" (Folge 3) an (QR-Code). Welche Darstellungen des Kriegsalltags könnt ihr mithilfe der Filme noch ergänzen? Berichtet eurer Klasse davon.

WORTSCHATZ

1 in Schützengräben leben | schwierige Lebensbedingungen ertragen | Gasmasken tragen | einen Gasangriff erleben
2 eine Pflicht erfüllen | eine große Hungersnot herrscht
3 ausgehungert sein | eine Kriegsküche besuchen | Schlange stehen

Was lässt sich aus Feldpost über den Krieg erfahren?

A Was berichtete Feldpost von der Front?

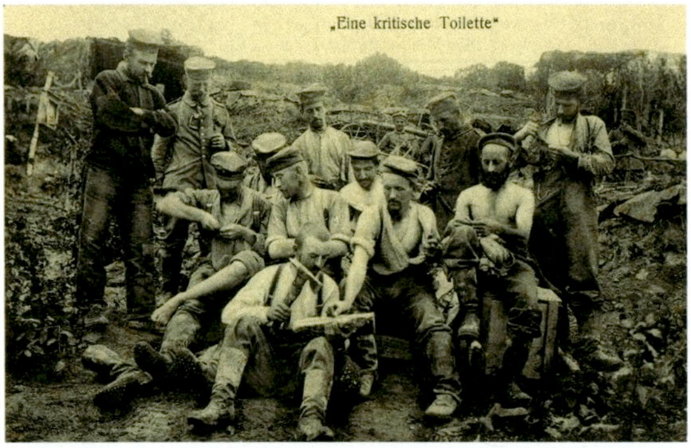

1 Postkarte: „Eine kritische *Toilette“. Solche Fotokarten sollten den Alltag an der Front zeigen. *Postkarte vom 14. 11. 1915.*

Feldpost war für alle Soldaten von großer Bedeutung – egal, für welche Seite sie kämpften. Sie gab den Soldaten das Gefühl, den Anschluss an zu Hause nicht zu verlieren. Die Soldaten wollten verhindern, dass man sich zu Hause Sorgen um sie machte. Postkarten mit witzigen Motiven (Bild 1) sollten den traurigen Kriegsalltag überdecken. Fragen zu alltäglichen Dingen dienten den Soldaten oft als Ablenkung (Q1).

Q1 Der Soldat Adolf Treber schrieb am 16. 03. 1918 an seine Familie:

Meine Lieben,
gerade als mein letzter Brief abgegangen war, kam Linas großer Brief und inzwischen auch Vaters Karte aus Mannheim. ... Mit dem Angriff ist's anscheinend aber immer noch nicht soweit, obwohl eben das herrlichste Wetter dazu wäre. Umso gründlicher werden die Vorbereitungen sein und ich glaube sicher an den Erfolg. Man kann nur den Wahnsinn der anderen drüben nicht begreifen ...
Ich hab eben wenig zu tun, liege mit meiner Komp. [Kompanie = Gruppe von Soldaten] mitten im Wald und warte, bis es grün wird. ... Meine Zähne sind bald fertig – es ist überstanden. Genug für heute. Ich grüße euch alle recht herzlich
Euer Adolf.

* **die Toilette**
altmodischer Ausdruck für die tägliche Pflege

B Was berichtete Feldpost aus der Heimat?

2 Feldpostsammelstelle in Berlin. *Foto, 1918.*

Rund 28 Milliarden Postkarten und Briefe gingen nicht nur von der Kriegsfront in die Heimat, sondern auch von dort an die Front zurück (Bild 2). Manchmal wurden auch kleine Gegenstände verschickt. In Lesehallen oder -zelten erhielten die Soldaten ihre Post ausgehändigt. Es bedeutete den Soldaten viel, auch aus der Entfernung am Alltag ihrer Verwandten teilzuhaben. Es half zu wissen, dass jemand an sie dachte.

Q2 Am 18. 04. 1918 antwortete Lina Treber ihrem Enkel Adolf auf dessen Feldpostbrief:

Lieber Adolf,
heute sind es 20 Jahre, seit dein Adolfonkel gestorben. Lebte er noch, wie würde auch er sich um dein Leben bangen, aber auch stolz ... sein. ... Dein Brief vom 10. besagt, was meine Vermutung war. ... als *Prellbock mußtet und müßt Ihr herhalten. Man soll jedoch nicht murren, sondern das Schicksal nehmen wie es kommt ... .
Du schreibst gar nichts von Euren Verlusten, Du wirst uns keine Angst machen wollen. Schreibe nur oft wie es Dir geht. ...Bei der Arbeit ist einem am wohlsten man fühlt sich dann auch zu etwas nutz. ... Lass Dirs nicht zu schwer werden!
Wir grüßen Dich herzlichst u. begleiten Dich in Gedanken allezeit.
Deine Großmutter Lina

* **der Prellbock**
Ein Prellbock hilft dabei, einen Zug zu stoppen; hier im Sinn eines Puffers gemeint.

C Welchen Einfluss nahm das Militär auf Feldpost?

3 „Der Tag eines Frontsoldaten", von links oben nach rechts unten: das Erwachen, das Futter, die (lästige) Arbeit/Pflicht/Schinderei, die Verteilung der Post, die Wachablösung. Solche Propaganda sollte die Verwandten daheim beruhigen. *Postkarte, 1914.*

Postkarten für Feldpost wurden oft vom Militär zur Verfügung gestellt. Auf diese Weise hatte die Militärführung Einfluss auf die Gestaltung der Karten. Oft führte dies zu Widersprüchen: Während die Vorderseite der Postkarte Erfolge im Krieg zeigte (Bild 3), berichtete der Inhalt der Postkarte vom genauen Gegenteil (Q3). Deshalb wurde Feldpost immer häufiger in Sammelstellen kontrolliert (Bild 2).

Q3 Am 18.04.1916 schrieb der französische Soldat Gaston Biron eine Postkarte an seine Mutter. Am 11.11.1916 starb er an seinen Verletzungen.

Meine liebe Mutter,
vielen Dank für Deinen lieben Brief ... . Wir sind immer noch hinter der Linie im Lager von Châlons, wo das Bataillon [Militärtruppe] neu aufgestellt wird. Wir haben diese Ruhe nötig, denn die 15 Tage, die wir in Verdun verbracht haben, die haben uns mehr ermüdet und (entmutigt) als sechs Monate Krieg im Schützengraben ... An jedem Tag, der vergeht, trifft es einige. Bis heute war der Zufall unserer Familie und besonders mir wohl gesonnen ... Von der Vorsehung erbitte ich nur, ...: Lieber gleich den Tod als ein schreckliches Leiden, Folge dieser fürchterlichen Verwundungen, deren Zeuge wir alle Tage sind.
Dein dich liebender Sohn, Gaston

WAHLAUFGABEN

Bearbeitet in Gruppen eine der folgenden Aufgaben. Tauscht euch untereinander aus und erstellt dann eine gemeinsame Mindmap, die zeigt, welche Bedeutung Feldpost im Ersten Weltkrieg hatte (QR-Code).

Was berichtete Feldpost von der Front?

A ☒ Erklärt mithilfe von Bild 1 und Q1, welche Funktion Feldpost für die Soldaten hatte. Führt Beispiele für diese Funktion an.
> *Nehmt die Methode „Textquellen untersuchen" auf S. 285/286 und „Fotos untersuchen" auf S. 220/221 zu Hilfe.*

Was berichtete Feldpost aus der Heimat?

B ◩ Weist in Q2 nach, wie die Verfasserin versucht, ihrem Verwandten Mut zu machen.
> *Die Autorin äußert ihre Sorge, indem sie ...*
> *Mit Formulierungen wie ... oder ... versucht die Autorin, ihrem Enkel Mut zu machen.*
> *Indem sie über ... berichtet, versucht sie, ihn in ihren Alltag einzubeziehen.*
> *... soll zeigen, dass sie Anteil an seinem Leben/Schicksal nimmt.*

Welchen Einfluss nahm das Militär auf Feldpost?

C ☒ Vergleicht die Darstellung des Kriegsalltags auf der Vorderseite der Postkarte in Bild 3 mit dem Bericht des Soldaten in Q3. Vermutet, welche Informationen aus Q3 der Botschaft widersprechen, die das Militär mit der Postkarte verbreiten wollte. Nutzt den →Wortschatz.

WORTSCHATZ

2 Erfolge zeigen | im Sinne des Militärs darstellen | Situation verharmlosen | einen schnellen Sieg versprechen | der Vorderseite widersprechen | Gewalt schildern | grausame Einzelheiten geben | Ängste beschreiben

War 1917 ein Epochenjahr?

1 „Ich möchte dich für die US-Armee". Das Werbeplakat für die US-Armee ruft die männlichen Bürger dazu auf, sich freiwillig zum Militärdienst zu melden. Die Person auf dem Plakat ist „Uncle Sam". Er steht symbolisch für die Regierung der USA. *Druck, 1917.*

2 „Genosse Lenin reinigt die Erde von Ungeziefer". – Abgebildet ist Lenin mit einem Besen, der mit diesem zwei Könige, einen Geistlichen und einen reichen Unternehmer vertreibt. *Karikatur von Viktor Deni, 1920.*

Was ist ein Epochenjahr?

Als Epochenjahr bezeichnen Historikerinnen und Historiker Jahre, die vier Voraussetzungen erfüllen:

- Das Jahr markiert den Beginn von etwas Neuem, das es vorher in dieser Weise nicht gegeben hat.
- Es verändert das Leben der Menschen in besonders starker Weise und für einen längeren Zeitraum.
- Der Einfluss auf die Menschen betrifft viele Lebensbereiche gleichzeitig.
- Die Mehrheit der Historikerinnen und Historiker ist sich einig, dass es gerechtfertigt ist, von einem Epochenjahr zu sprechen.

Ob es sich um ein Epochenjahr handelt, wird nicht in dem Jahr selbst entschieden. Historikerinnen und Historiker sprechen erst dann von einem Epochenjahr, wenn sie die Bedeutung und Folgen dieses Jahres möglichst umfassend bewerten können.

Welche Folgen hatte der Kriegseintritt der USA?

Durch den Eintritt in den Ersten Weltkrieg vergrößerten die USA ihren Einfluss in der Welt (Bild 1). Im Januar 1918 stellte Präsident Woodrow Wilson (1856–1924) einen Friedensplan für Europa vor: Das sogenannte 14-Punkte-Programm legte Regeln für Verträge zwischen Staaten fest. Außerdem entwarf er Ideen, wie und in welchen Grenzen zerstörte Länder nach dem Ersten Weltkrieg wiederaufgebaut werden sollten.

Die USA sahen sich selbst von diesem Zeitpunkt an in der Rolle des Friedenswächters. Auch nach dem Zweiten Weltkrieg 1945 änderte sich nichts an dieser Position. Als Weltmacht erwarteten die USA künftig, dass man sie in alle wichtigen politischen- und wirtschaftlichen Angelegenheiten auf der Welt einbezog. Dieser Anspruch legte den Grundstein für einen jahrzehntelangen Ost-West-Konflikt.

Welche Folgen hatte die *Oktoberrevolution?

Der Erste Weltkrieg stürzte das russische Zarenreich in eine tiefe Krise. Niederlagen im Krieg und immer knapper werdende Nahrungsmittel führten in Russland zu großen Protesten. Die Menschen forderten zunächst nur Essen, dann aber das Ende des Krieges und der Zarenherrschaft. Die vorübergehende Regierung, die dem Zar folgte, setzte den Krieg jedoch fort. Sie wurde deshalb während der Oktoberrevolution 1917 von Angehörigen einer Gruppe namens Bolschewiki unter ihrem Führer Wladimir I. Lenin (1870–1924) gestürzt. Die Bolschewiki hatten den Plan, im Namen der unterdrückten Arbeiter und Bauern die Macht im Staat auszuüben. Um ihre Revolution fortsetzen zu können, schlossen die Bolschewiki 1918 mit den Mittelmächten den Frieden von Brest-Litowsk: Sowjetrussland schied somit aus dem Krieg aus, musste aber große Gebietsverluste hinnehmen, z. B. die heutige Ukraine.

Die Bolschewiki, die sich seit 1918 Kommunisten nannten, setzten in einem blutigen Bürgerkrieg ihre Ideen durch (siehe S. 279). In dem neuen kommunistischen Staat, der Sowjetunion, lag die Macht im Staat allein bei der kommunistischen Partei und ihrem Führer Lenin. Politische Gegner wurden gewaltsam verfolgt (Bild 2). Lenins Nachfolger Josef Stalin (1878–1953) baute den Staat ab 1929 so um, dass er als Diktator allein herrschte.

Nach dem Zweiten Weltkrieg erweiterte die Führung der Sowjetunion ihren Einfluss im Osten Europas und über viele weitere Länder.

Wie die USA sah sich die Sowjetunion als Weltmacht. Auch sie wollte künftig in alle wichtigen politischen und wirtschaftlichen Angelegenheiten auf der Welt einbezogen werden.

Was hatte 1917 mit einer Pandemie zu tun?

Die Ereignisse von 1917 hatten weitere Teile der Welt in den Krieg hineingezogen. Über die Soldaten verbreitete sich die in Spanien erstmals wahrgenommene „Spanische Grippe" mit unglaublicher Geschwindigkeit bald weltweit (Bild 3). Laut Weltgesundheitsorganisation starben bis 1920 weltweit 20 bis 50 Millionen Menschen an der Pandemie.

*** die Oktoberrevolution**
Nach Protesten gegen den Krieg im Februar 1917 und gegen die Lebensumstände in Russland stürzten die sogenannten Bolschewiki im Oktober 1917 gewaltsam die Zarenherrschaft und übernahmen die Macht im Land.

3 Warnhinweis am Eingang eines Marinelagers der USA. Das Plakat ermahnt, dass die Grippe den erfolgreichen Ausgang des Krieges gefährde und weist an, das Spucken zu unterlassen. *Foto, 1918.*

1 ◪ Verfasst mithilfe des Textes Z. 1–18 eine kurze Worterklärung für „Epochenjahr". Nutzt den → Wortschatz und setzt entsprechende Hashtags.
> *z. B. #EsMussVölligNeuSein*

2 ◪ Vergleicht die Situation der USA und Russlands nach 1917. Nutzt dafür auch die Bilder 1–3. Ergänzt die Tabelle.

Gemeinsamkeiten	Unterschiede
– Beide sahen sich als Weltmacht.	...
...	...

3 ◪ Recherchiert weitere wichtige Ereignisse aus dem Jahr 1917. Begründet, ob diese dafür sprechen, dass 1917 ein Epochenjahr war (QR-Code).
> *Nehmt die Methode „Im Internet recherchieren" von S. 18/19 zu Hilfe.*

4 ◪ Erörtert anhand der Kriterien aus Z. 1–18, inwieweit sich das Jahr 1917 als Epochenjahr bezeichnen lässt. Nutzt auch eure Ergebnisse aus Aufgabe 3.
> *Dafür/Dagegen spricht ...*
> *Abschließend lässt sich sagen, ...*
> *Um ein Urteil fällen zu können, fehlt ...*

WORTSCHATZ
1 ein Epochenjahr nennen | weitreichende Folgen haben | Leben verändern | viele Lebensbereiche betreffen | Historikerinnen und Historiker einigen sich | die Wichtigkeit beurteilen

Wie ging der Erste Weltkrieg zu Ende?

1 Britische Truppen sammeln sich an der Westfront bei Cambrai in Frankreich. Im Vordergrund sieht man einen Panzer. *Foto, 1917.*

2 Revolutionäre Matrosen und Soldaten mit roter Fahne auf einem Lastauto vor dem Brandenburger Tor in Berlin. *Titelblatt der Zeitung „Das Illustrierte Blatt", 09. 11. 1918.*

Wie reagierte die deutsche Politik auf das Kriegsende?

Bereits im Jahr 1917 war vielen Politikern im Deutschen Reich bewusst, dass der Krieg nicht mehr gewonnen werden konnte. Sie arbeiteten schon an Friedensvorschlägen. Streiks in Rüstungsbetrieben in Berlin und Hamburg im Januar 1918 zeigten aber auch deutlich, dass viele Arbeiterinnen und Arbeiter das Ende des Krieges forderten.

Eine entscheidende Rolle für das Kriegsende spielte der Kriegseintritt der USA, deren Regierung immer mehr Soldaten, Kriegsgerät und Geld nach Europa in den Krieg schickte (siehe S. 274/275).

Wie erlebten die Soldaten das Kriegende?

Nach dem Frieden von Brest-Litowsk, der im März 1918 zwischen der neuen russischen Regierung (siehe S. 275) und der deutschen Regierung geschlossen wurde, waren die Kämpfe an der Ostfront beendet. Die deutschen Soldaten wurden von der Ostfront in Russland deshalb an die Westfront geschickt und erreichten dort einen kurzen Erfolg. Im August gingen die Alliierten dann zu einem großen Gegenangriff bei Amiens (Frankreich) über. Dabei kamen viele moderne britische Panzer und französische Kampfflugzeuge zum Einsatz, denen die deutschen Truppen wenig entgegensetzen konnten. Diese Schlacht entschied den weiteren Kriegsverlauf zugunsten der Alliierten. Das wussten viele Soldaten.

Sie reagierten, indem sie einzeln oder als ganze Einheiten die Befehle verweigerten. Die Soldaten ergaben sich auch bereits dann, wenn die Frontabschnitte noch nicht von den Alliierten erobert waren. Im Sommer 1918 *desertierten große Teile der verbliebenen Soldaten. Sie wollten ihr Leben nicht sinnlos für einen bereits verlorenen Krieg opfern. Die deutsche Heeresleitung musste bereits im September 1918 einsehen, dass der Krieg verloren war. Sie beauftragte die Reichsregierung damit, einen Waffenstillstand auszuhandeln.

Welche Rolle spielten die Matrosen?

Auch die Matrosen der deutschen Marine verweigerten Ende Oktober 1918 in Kiel den Befehl, zu einer letzten Schlacht gegen britische Kriegsschiffe auszulaufen. Ihre Meuterei war ein weiteres starkes Signal für viele andere Matrosen und Soldaten im gesamten Deutschen Reich: Sie organsierten sich nun in Arbeiter- und Soldatenräten nach dem Vorbild der Sowjets (= Räte) während der russischen Revolution. Das war der Beginn einer Revolution im Deutschen Reich, die bis zum Jahresbeginn 1919 andauerte.

*** desertieren**
den Kriegsdienst verweigern und fliehen

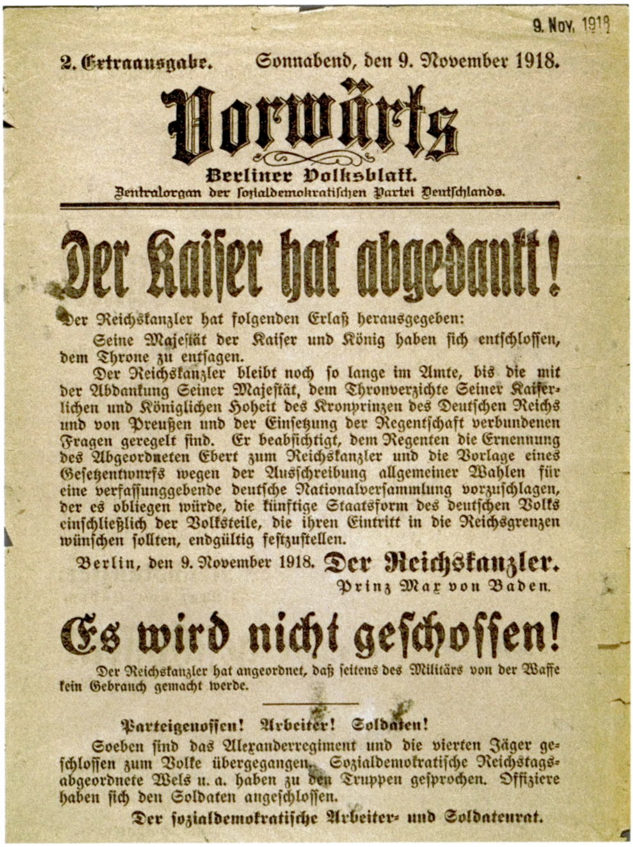
9. Nov. 1918

2. Extraausgabe. Sonnabend, den 9. November 1918.

Vorwärts

Berliner Volksblatt.

Zentralorgan der sozialdemokratischen Partei Deutschlands.

Der Kaiser hat abgedankt!

Der Reichskanzler hat folgenden Erlaß herausgegeben:

Seine Majestät der Kaiser und König haben sich entschlossen, dem Throne zu entsagen.

Der Reichskanzler bleibt noch so lange im Amte, bis die mit der Abdankung Seiner Majestät, dem Thronverzichte Seiner Kaiserlichen und Königlichen Hoheit des Kronprinzen des Deutschen Reichs und von Preußen und der Einsetzung der Regentschaft verbundenen Fragen geregelt sind. Er beabsichtigt, dem Regenten die Ernennung des Abgeordneten Ebert zum Reichskanzler und die Vorlage eines Gesetzentwurfs wegen der Ausschreibung allgemeiner Wahlen für eine verfassunggebende deutsche Nationalversammlung vorzuschlagen, der es obliegen würde, die künftige Staatsform des deutschen Volks einschließlich der Volksteile, die ihren Eintritt in die Reichsgrenzen wünschen sollten, endgültig festzustellen.

Berlin, den 9. November 1918. **Der Reichskanzler.**
Prinz Max von Baden.

Es wird nicht geschossen!

Der Reichskanzler hat angeordnet, daß seitens des Militärs von der Waffe kein Gebrauch gemacht werde.

Parteigenossen! Arbeiter! Soldaten!

Soeben sind das Alexanderregiment und die vierten Jäger geschlossen zum Volke übergegangen. Sozialdemokratische Reichstagsabgeordnete Wels u. a. haben zu den Truppen gesprochen. Offiziere haben sich den Soldaten angeschlossen.

Der sozialdemokratische Arbeiter- und Soldatenrat.

3 „Der Kaiser hat abgedankt!" – Extrausgabe der sozialdemokratischen Zeitung „Vorwärts" vom 9. November 1918.

Warum dankt ein Kaiser ab?

Bei den Verhandlungen für einen Waffenstillstand wurde klar, dass die US-amerikanische Regierung nur eine demokratische deutsche Regierung als Verhandlungspartner akzeptieren würde. Das bedeutete, dass der deutsche Kaiser *abdanken musste, um den Krieg zu beenden (Bild 3). Das war zugleich das Ende der Monarchie im Deutschen Reich. Am 9. November 1918 wurde in Berlin die erste deutsche Republik ausgerufen. Kaiser Wilhelm II. floh ins *Exil in die Niederlande. Viele königstreue Menschen empfanden die Abdankung als Schande; Sozialdemokratinnen und Sozialdemokraten hingegen begrüßten sie. Am 11. November 1918 unterzeichneten Vertreter der neuen deutschen Regierung bei Paris den Waffenstillstand mit den Alliierten. Der Erste Weltkrieg war damit beendet.

*** abdanken**
eine Aufgabe oder ein Amt beenden

*** das Exil**
der oft erzwungene Aufenthalt in einem fremden Land

1 ☑ Erklärt mithilfe der Z. 14–39 und Bild 1 die Gründe, aus denen viele deutsche Soldaten nicht mehr kämpfen wollten.

2 ☒ Erläutert anhand von Z. 40–51 und Bild 2 die Rolle der Matrosen zum Kriegsende 1918.

3 ☒ Lest den Text der Zeitung von Bild 3. Stellt euch nun vor, ihr lest damals die Zeitung, geht nach Hause und berichtet eurer Familie davon. Nutzt den → Wortschatz.

Was ihr noch tun könnt:

1 ☒ Informiert euch über den Matrosenaufstand von Kiel und berichtet eurer Klasse davon (QR-Code).

WORTSCHATZ
3 ein Amt beenden | sich als Soldat weigern | Waffen schweigen lassen | den Frieden herbeiwünschen

Wie sah die neue Staatenordnung aus?

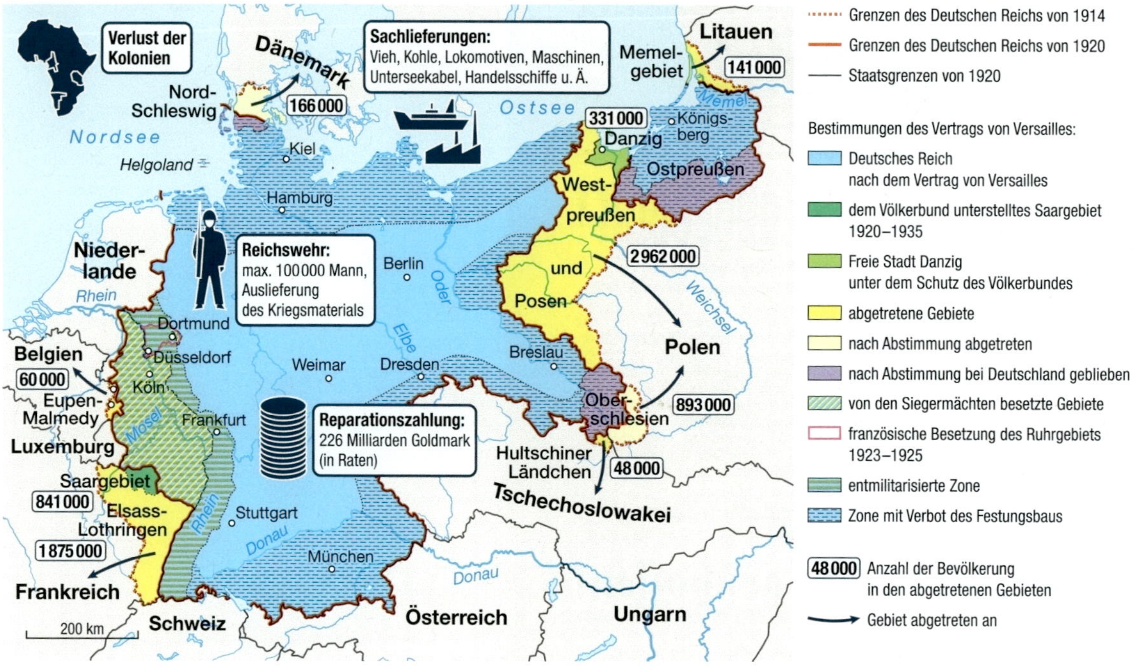

1 Bestimmungen durch den Versailler Vertrag 1919.

Was geschah nach dem Waffenstillstand?

Nach dem Waffenstillstand machten sich alle Soldaten auf den Rückweg in ihre jeweilige Heimat. Ins Deutsche Reich kehrten etwa sechs Millionen Männer zurück. Auch etwa 800 000 deutsche Kriegsgefangene durften heimkehren. 1,5 Millionen deutsche Soldaten hatten schwere Verletzungen erlitten und mussten nun stark unterstützt werden.

Regelungen des *Versailler Vertrags

Bedingungen für den Vertrag waren zunächst die Abdankung des Kaisers und die Wahl einer demokratischen Regierung (siehe S. 277). Die Bestimmungen für das Deutsche Reich waren:

- Abgabe deutscher Gebiete (Karte) und aller Kolonien,
- Verkleinerung der Armee auf 100 000 Soldaten und 15 000 Matrosen,
- Abgabe von Kriegsmaterial,
- Verbot der allgemeinen Wehrpflicht,
- *Reparationen,
- Ausschluss vom *Völkerbund,
- Anerkennung der alleinigen Kriegsschuld,
- Abgabe großer Handelsschiffe,
- Besetzung deutscher Gebiete links des Rheins,
- regionale Volksabstimmungen über die zukünftige Staatszugehörigkeit.

Welche Reaktionen löste der Versailler Vertrag aus?

Im Deutschen Reich fühlten sich viele Menschen durch den Versailler Vertrag ungerecht behandelt. Das nutzten antidemokratische Organisationen aus, um gegen die erste deutsche Demokratie öffentlich Stimmung zu machen. Besonders die alleinige Kriegsschuld akzeptierten viele nicht. Zudem erschien es unfair, dass die Besiegten nur die Entscheidungen akzeptieren sollten. Dabei wurde ver-

*** der Versailler Vertrag**
Im Jahr 1919 wurden in den Vororten von Paris zwischen den Siegern und den Besiegten des Ersten Weltkriegs insgesamt fünf Friedensverträge geschlossen. In Deutschland ist der Vertrag von Versailles am bekanntesten. Der Vertrag regelte, welche Konsequenzen für die Besiegten gelten sollten.

*** die Reparation**
Wiedergutmachung für Kriegsschäden, die der Verlierer dem Sieger leisten muss – oft waren es Geldzahlungen, aber auch Rohstoffe oder teure Maschinen wurden genommen.

*** der Völkerbund**
eine weltweite Organisation zur Sicherung des Friedens, die 1919 gegründet wurde

2 Staaten in Mittel- und Osteuropa im Jahr 1920.

gessen, dass das Deutsche Reich weiter als Einheit bestehen und eine Großmacht bleiben konnte.

Brachten die Friedensverträge von 1919 den Frieden?
Trotz des Waffenstillstands, der Gründung des Völkerbunds und der Friedensverträge wurden weiter Kriege geführt: Als Folge der Oktoberrevolution bekämpften sich Menschen in Osteuropa in einem Bürgerkrieg, bei dem bis 1922 Millionen in Russland, der Ukraine, Belarus und Polen ihr Leben verloren.

Im Jahr 1920 führte Ungarn gegen Rumänien Krieg und 1922/1923 bekämpften sich griechische und osmanische Truppen. Im Deutschen Reich führte der Versailler Vertrag zum Erstarken von antidemokratischen Gruppen.

Q1 Auszüge aus der Besprechung der Sieger im „Rat der Vier" vom 27.03.1919:
Wilson [USA]: Es wäre unser größter Fehler, [Deutschland] Gründe zu geben, eines Tages Rache nehmen zu wollen ...

Clemenceau [Frankreich]: ... Es ist gut, den Besiegten zu schonen, aber man darf auch nicht die Interessen der Sieger aus dem Auge verlieren.

Lloyd George [Großbritannien]: ... Jedenfalls sind wir dabei, Deutschland einen sehr harten Frieden aufzuerlegen.

3 „Die Quelle". Karikatur über den Wahlerfolg der Nationalsozialisten bei der Reichstagswahl am 14.09.1930.

1 Untersucht die Karte und listet die Gebiete auf, die das Deutsche Reich abgeben musste. Unterscheidet dabei, welche Gebiete sofort und welche nach Abstimmung abgegeben oder vom Völkerbund kontrolliert wurden.

2 Stellt mithilfe des Textes Z. 9–26 und Karte 1 Vermutungen an, welche Bestimmungen des Versailler Vertrags das Deutsche Reich besonders hart getroffen haben.
> *Wir vermuten, dass die Bedingung ... als hart empfunden wurde, weil ...*
> *Für diese Annahme spricht, dass ...*
> *Nicht allein die Deutschen ...*

3 Vergleicht die Karte 2 mit der Karte auf S. 262 und ermittelt die neu entstandenen Staaten in Europa.

4 Untersucht die Karikatur 3 mithilfe der Texte Z. 27–37 und Z. 38–51. Erklärt, warum die Karikatur den Titel „Die Quelle" trägt.

5 Erläutert mithilfe von Q1 und den Ergebnissen aus den Aufgaben 2 und 4, weshalb bereits 1919 kritische Stimmen vor den Konsequenzen der Friedensregelungen warnten.

Was ihr noch tun könnt:

1 Im Text Z. 38–51 werden militärische Konflikte nach den Friedenskonferenzen dargestellt. Wählt einen dieser Konflikte aus und recherchiert dazu (QR-Code). Präsentiert eure Ergebnisse.

Kriegerdenkmäler untersuchen

Denkmäler werden von Menschen mit einem bestimmten Zweck aufgestellt: Sie fordern die Betrachterin und den Betrachter auf, an etwas oder jemanden aus der Vergangenheit zu denken. Kriegerdenkmäler wollen vor allem an die Soldaten erinnern, die im Krieg ihr Leben verloren haben. Heute verbindet man mit diesen Orten oft die Frage: Warum mussten die Menschen überhaupt ihr Leben verlieren?

Allein in Nordrhein-Westfalen gibt es weit über 3000 solcher Denkmäler; in ganz Deutschland ein Vielfaches mehr. Die Gestaltung der Denkmäler kann je nach Auftraggeber und Zeit, in der sie entstanden sind, sehr unterschiedlich ausfallen: Manchmal ist nur eine kleine Plakette zu sehen, manchmal sind es mehrere freistehende Figuren. Auch an wen erinnert werden soll, unterscheidet sich stark: Mal sind es die Gefallenen eines bestimmten Ortes oder einer bestimmten Berufsgruppe, manchmal geht es um eine bestimmte Einheit des Militärs.

Denkmäler befinden sich meistens an Orten, die öffentlich zugänglich sind, damit alle sie besuchen können. Das können z. B. der Marktplatz, Friedhöfe, Kirchen oder Fassaden von Häusern in einer Einkaufsstraße sein.

Um ein Kriegerdenkmal verstehen zu können, muss man es genau untersuchen und sich informieren.

Mithilfe der folgenden Schritte könnt ihr Kriegerdenkmäler untersuchen:

Schritt 1: Hintergrund recherchieren
- An welches Ereignis und welche Personen soll das Denkmal erinnern?
- Wer hat das Denkmal wann in Auftrag gegeben und wann wurde es fertiggestellt?
- Welche Bedeutung hat der Ort für das Denkmal?
- Gab bzw. gibt es Festveranstaltungen an dem Denkmal?

Schritt 2: Einzelheiten klären
- Was ist dargestellt?
- Aus welchem Material besteht das Denkmal (z. B. Bronze, Eisen)?
- Aus welchen Bestandteilen ist das Denkmal zusammengesetzt (z. B. Plaketten, Inschriften, Figuren, Verzierungen)?
- Gibt es Symbole, die für etwas stehen (z. B. Siegerkranz, Friedenstaube)?
- Sind Veränderungen erkennbar (z. B. neue Inschrift, Reparaturen)?

Schritt 3: Über die Wirkung und den Umgang damit nachdenken
- Welche Wirkung war ursprünglich beabsichtigt (z. B. Mahnung gegen Krieg, Trauer um Gefallene, Feiern von Helden und ihrer Tapferkeit)?
- Passen das Denkmal und die Inschrift zusammen?
- Wie wirkt das Denkmal auf euch heute?

1 Untersucht das Kriegerdenkmal in Drensteinfurt (Bilder 1 und 2, QR-Code) mithilfe der drei Schritte. Recherchiert die fehlenden Informationen im Internet.
> *Nehmt die Methode „Im Internet recherchieren" von S. 18/19 zu Hilfe.*
> *Verwendet die Lösungshilfen.*

2 Recherchiert Kriegerdenkmäler in eurer Nähe. Stellt euch gegenseitig eure Ergebnisse vor (QR-Code).

3 Erstellt eine Wandzeitung über die Kriegerdenkmäler, die ihr in Aufgabe 2 recherchiert habt.

1 Das Kriegerdenkmal in der Stadt Drensteinfurt (Kreis Warendorf) wurde am 25.06.1938 eingeweiht. Es steht am Landsbergplatz und wurde von dem Lehrer Franz Schröder 1938 vorgeschlagen. Der Bildhauer Albert Mazzotti aus Münster hat es gestaltet. Es erinnert an die Toten des Ersten Weltkriegs aus Drensteinfurt. Die Vorderseite zeigt einen Adler, der ähnlich wie der Reichsadler aus der Zeit des Nationalsozialismus gestaltet ist. Die Plakette darunter zeigt das *Eiserne Kreuz. Der Sockel hat fünf Vorsprünge. Jeder trägt eine Jahreszahl aus dem Ersten Weltkrieg. Dazu sind die Namen der gestorbenen Soldaten angegeben. 1989 wurde ein Name ergänzt. *Foto, 2007.*

2 Die Rückseite des Denkmals zeigt eine trauernde Mutter. Im Blumenbeet um das Denkmal wurden nach dem Zweiten Weltkrieg Steinplatten ergänzt. In diese sind die Namen der Toten aus Bombenangriffen während des Zweiten Weltkriegs eingemeißelt. Zudem eine Inschrift: UND DIE BOMBEN ZETRÜMMERTEN UNSER HAUS UND TÖTETEN MANN UND FRAU, KIND UND GREIS. Auf der Vorderseite findet sich eine Metallschale, in der in Erinnerung an die Opfer an jedem 23. März ein Feuer entzündet wird.
Foto, QR 2007.

*** das Eiserne Kreuz**
Deutscher Kriegsorden, der erstmals 1813 verliehen wurde

Lösungshilfen:

Zum Schritt 1:
Das Denkmal ist ... gewidmet.
Es wurde von ... in Auftrag gegeben und von ... erstellt.
Das Denkmal ist für den Ort wichtig, weil ... |
Am ... gibt / gab es eine Festveranstaltung, um ...

Zum Schritt 2:
Das Denkmal wurde aus ... gefertigt.
Es besteht aus mehreren Bestandteilen, nämlich ... . |
In der Gestaltung finden sich einige Symbole, wie ... | Diese stehen für ... |
Im Jahr ... | wurde das Denkmal verändert, um ...

Zum Schritt 3:
Zu Schritt 3:
Das Denkmal sollte ursprünglich an ... erinnern. |
Die Inschriften passen / passen nicht zum Denkmal, weil ... |
Auf uns heutige Betrachter wirkt das Denkmal ..., weil ...

Imperialismus und Erster Weltkrieg

Ich kann wichtige Begriffe im Zusammenhang erklären (Sachkompetenz):

der Imperialismus
die Kolonie
der Rassismus
der Nationalismus
der Erste Weltkrieg
das Epochenjahr 1917
die Oktoberrevolution
der Versailler Vertrag

1 ◩ Untersucht die Begriffsliste. Nennt zwei weitere wichtige Begriffe, die eurer Meinung nach in der Liste fehlen.
2 ⊠ Wählt drei der Begriffe von oben aus und erklärt sie.

Ich kann folgende Aufgaben lösen (Sachkompetenz):

3 ⊠ Zählt drei Länder auf, die im Zeitalter des Imperialismus Kolonien hatten. Nennt auch Regionen auf der Welt, wo diese Kolonien lagen. Bezieht Bild 1 und 2 mit ein.
4 ⊠ Beschreibt Bild 2. Gebt Gründe wieder, mit denen europäische Mächte ihr angebliches Recht auf Kolonien begründeten.
> *Nehmt die Methode „Karikaturen untersuchen" von S. 144/145 zu Hilfe.*
5 ⊠ Nennt Anlass und Ursachen für den Ersten Weltkrieg. Bezieht Bild 3 mit ein.

Ich kann die Methode „Kriegerdenkmäler untersuchen" anwenden (Methodenkompetenz):

6 ⊠ Untersucht das in Bild 4 gezeigte Kriegerdenkmal. Berücksichtigt besonders, welche Wirkung mit dem Denkmal ursprünglich beabsichtigt war.
> *Nehmt die Methode „Kriegerdenkmäler untersuchen" von S. 280/281 zu Hilfe.*
7 ⊠ In Namibia üben viele Menschen Kritik an dem Denkmal. Einige bewarfen es mit Farbbeuteln. Andere fordern sogar, das Denkmal zurück nach Deutschland zu schicken. Die Regierung in Namibia lehnte bislang ab. Diskutiert, was dafür und was dagegen sprechen könnte.
> *Ich bin der Meinung, dass man .... Dafür/Dagegen spricht ...*
> *Man sollte nicht ..., weil ...*
> *Ich kann die Kritik nachvollziehen, weil ...*

Ich kann mir ein Urteil bilden und es begründen (Urteilskompetenz):

8 ⊠ Diskutiert, ob die Bevölkerung im Kaiserreich wirklich kriegsbegeistert war. Bezieht auch Bild 5 mit ein.
9 ⊠ Nehmt Stellung zu der Aussage: „Der Erste Weltkrieg hätte selbst in der Zeit der Julikrise noch verhindert werden können".
10 ⊠ Beurteilt die Aussage: „Statt 1917 sollte man 1914 als Epochenjahr bezeichnen – schließlich begann in diesem Jahr der Erste Weltkrieg."

Ich kann aus dem Gelernten Folgerungen für meine Gegenwart ziehen (Handlungskompetenz):

11 ⊠ Untersucht M1. Nennt drei Beispiele für Auswirkungen des Imperialismus bis heute.
12 ⊠ Entwickelt Vorschläge, was europäische Länder wie Deutschland heute tun könnten, um die ehemaligen Kolonien zu unterstützen.

1 „Welches Stückchen hätten Sie denn gern?“ Bismarck zerteilt einen mit „Afrika“ beschrifteten Kuchen. Französische Karikatur zur Kongo-Konferenz. *Druck, 1885.*

2 „Zivilisation für Afrika“. Frankreich (links) bringt den „Barbaren“ (rechts) die Zivilisation. *Karikatur von Udo J. Keppler, USA, 1902.*

3 Der Attentäter Gavrilo Princip erschießt den österreich-ungarischen Thronfolger Franz Ferdinand und seine Frau Sophie am 28. Juni 1914 in Sarajevo. *Nachempfundene Illustration von Achille Beltrame in der italienischen Zeitung La Domenica del Corriere am 12. Juli 1914.*

4 Denkmal zur Erinnerung an die getöteten Soldaten auf See während des Hererokrieges. Das Denkmal wurde am 16.08.1908 in Swakopmund, Deutsch-Südwestafrika (heute: Namibia) aufgestellt. Auf einem Granitblock sind ein getöteter und ein verwunderter Soldat zu sehen. Die Plakette am Sockel trägt die Inschrift: „Den im Kampfe zur Erhaltung der Kolonie gegen die aufständischen Herero 1904–05 Gebliebenen des Marine-Expeditionskorps gewidmet. Ehre sei den bis in den Tod Getreuen.“ *Foto, 2016.*

5 „Ansprache an das begeisterte Volk“ am 31.07. oder 01.08.1914. Kaiser Wilhelm II. und seine Familie stehen auf dem Balkon des Berliner Stadtschlosses. Der Kaiser hat gerade die Mobilmachung des Kaiserreiches, also den Eintritt in den Krieg bekannt gegeben. Großer Jubel bricht aus. *Zeitgenössische Zeichnung.*

M1 Im Artikel „Wunden, die nicht verheilen“ von Anja Fries, Frank Otto und Jens-Rainer Berg in der Zeitschrift GEO vom 28. 05. 2021 hieß es:

Deutschland erkennt die Kolonialverbrechen in Afrika als Völkermord an. Aber bis in die Gegenwart prägt die jahrhundertelange europäische und deutsche Fremdherrschaft die Welt: In vielen Ländern sind instabile Regierungen, wirtschaftliche Schwächen und ... Konflikte [zwischen Bevölkerungsgruppen] eine ... Folge des [Imperialismus].

Fachmethoden

Methodenübersicht von Band 1 und 2:

Eine Zeitleiste erstellen

Thema finden, Bilder sammeln und beschriften

- Einigt euch auf das Thema und den Zeitabschnitt der Zeitleiste.
- Sucht nach Bildern zu diesem Zeitabschnitt und findet passende Beschriftungen.
- Sortiert euer Material und ordnet es in der richtigen Reihenfolge.

Zeitleiste anlegen

- Nehmt ein Blatt Papier und zeichnet darauf eine Zeitleiste. Sie endet mit einem Pfeil nach rechts.
- Unterteilt die Zeitleiste mit senkrechten Strichen in gleiche Abschnitte. Schreibt die Jahreszahlen darunter. Gleiche Zeitabschnitte müssen dieselbe Länge haben, z. B. 10 cm für 10 Jahre oder 100 Jahre.

Zeitleiste gestalten

- Legt eure Bilder und die Beschriftungen an den richtigen Platz auf der Zeitleiste. Sie können oberhalb und unterhalb der Zeitleiste angebracht werden. Zieht einen Strich zum richtigen Zeitpunkt oder zwei Striche zum passenden Zeitabschnitt.

Eine Geschichte mit der Zeitleiste erzählen

- Erzählt die Geschichte, die eure Zeitleiste zeigt, mit eigenen Worten. Zeigt dabei auf die Jahreszahlen und die Materialien.

Sachtexte erschließen

Das Thema erfassen

- Ihr lest die Überschrift und seht euch – falls vorhanden – die Bilder an. Welche Informationen geben sie euch?
- Was ist das Thema des Textes?

Den Text erfassen

- Ihr lest euch den Text einmal durch.
- Ihr macht euch erste Notizen.

Den Text untersuchen

- Ihr lest den Text genau – Abschnitt für Abschnitt.
- Welche Informationen erhalte ich in jedem Abschnitt?

- Was sind wichtige Wörter/Schlüsselwörter?
- Welche W-Fragen kann ich an den Text stellen und beantworten: Wer? Was? Wo? Wie? Warum?
- Welche Wörter/Begriffe verstehe ich nicht? Wo finde ich Erklärungen?

Die Informationen anwenden
- Ihr arbeitet mit dem Inhalt des Textes.
- Was ist eure Aufgabe und was sollt ihr mit den Informationen aus dem Text tun?

Bilder untersuchen

Einzelheiten beschreiben
- Was für ein Bild ist es (Wandmalerei, Grabmalerei, Druck, Foto, ...)?
- Ist das Bild eine Quelle aus der Zeit, die sie abbildet (Bildlegende beachten)?
- Welche Personen und/oder Gegenstände sind dargestellt? Wer ist wer?
- Wie sind Personen dargestellt (Größe, Hautfarbe, Kleidung, Haltung)?
- Wie sind weitere Gegenstände dargestellt?

Historische Zusammenhänge herausfinden
- Welche Tätigkeiten üben die Personen aus?
- Was erfahren wir über das Leben der Menschen zur damaligen Zeit (Lebensumstände, Familie, Tätigkeiten, ...)?
- Wer war die Auftraggeberin bzw. der Auftraggeber des Bildes?
- Welche zusätzlichen Informationen über die damalige Zeit helfen, das Bild zu verstehen?

Die Geschichte des Bildes auswerten
- Welche Absicht verfolgte die Auftraggeberin bzw. der Auftraggeber mit dem Bild vermutlich?
- Wie würden Historikerinnen und Historiker das Bild heute erklären (Damals haben Künstler ... / Damals glaubten die Menschen, dass ...)?

Ein eigenes Urteil bilden

Einen ersten Eindruck gewinnen (Vorausurteil)
- Was ist eure spontane Meinung zu dem Geschehen?
- Haltet fest, was ihr denkt und fühlt, wenn es um eine Urteilsfrage geht, wenn ihr von einem Problem hört.

Ein begründetes Sachurteil treffen (beurteilen)
- Wie ist das Handeln der Menschen aus ihrer Zeit heraus zu beurteilen?
- Warum handelten die Menschen so? Was hat sie geprägt (Gesetze, Religion, ...)? Gab es unterschiedliche Sichtweisen bei den Beteiligten?
- Haben die Menschen ihre Ziele erreicht?
- Hätten sie ihre Ziele auch anders erreichen können?
- Benötigt ihr weitere Informationen für die Urteilsbildung?

Ein begründetes Werturteil formulieren (bewerten)
- Wie steht ihr zu den damaligen Problemen aus heutiger Sicht?
- Ist das Handeln der Beteiligten aus eurer Sicht gerechtfertigt?
- Würdet ihr ebenso oder ganz anders handeln? Warum?
- Hatten die Ereignisse nach eurer Meinung gute oder schlechte Folgen?

Textquellen untersuchen

Textquelle lesen und verstehen
- Welche Wörter sind unbekannt?
- Welche wichtigen Wörter und Satzteile sollten markiert werden?

Grundsätzliche Informationen zur Textquelle ermitteln
- Wer war die Verfasserin oder der Verfasser?
- Welchen Beruf oder welches Amt hatte die Verfasserin oder der Verfasser?

- Wann und wo wurde die Textquelle verfasst?
- Um was für eine Art von Text handelt es sich (Rede, Bericht, Brief, Zeitung, Flugblatt, ...)?
- An wen ist der Text gerichtet?

Thema und Aussage der Textquelle benennen
- Wovon handelt der Text?
- Lässt sich der Text in einzelne Abschnitte einteilen?
- Was ist die Hauptaussage?

Textquelle deuten
- Hat die Verfasserin oder der Verfasser die Ereignisse, über die geschrieben wird, selbst miterlebt?
- Erfährt man die Meinung der Verfasserin oder des Verfassers?
- Lässt sich eine Absicht der Verfasserin oder des Verfassers erkennen?
- Gibt es noch andere (Text-)Quellen über das Ereignis, die als Vergleich dienen können?
- Ist der Text glaubwürdig?

Eine historische Erzählung verfassen

Thema der Erzählung festlegen
- Was ist das Thema der Erzählung?
- An welchem Ort und zu welcher Zeit fand das Erzählte statt?
- Um wen oder was geht es in der Erzählung (z. B. eine echte oder beispielhafte Person)?

Überblick über das Thema gewinnen
- Welche Quellen berichten über das Thema?
- Nach welchen weiteren Informationen muss ich suchen?

Erzählung vorstrukturieren
- Wie beginnt die Erzählung (z. B. mit den Gedanken einer Person; mit einer kurzen Einleitung; mit der Beschreibung des Tages, der Zeit oder des Ortes)?
- Wie endet die Erzählung?
- Welche Stellen in der Erzählung sind nicht belegt und müssen gekennzeichnet werden?

Erzählung verfassen und überprüfen
- Kommen alle wichtigen Inhalte in der Erzählung vor?
- Werden verschiedene Satzanfänge und Verbindungswörter genutzt?
- Ist die Erzählung historisch korrekt?

Geschichtskarten auswerten

Thema bestimmen
- Welches Gebiet ist in der Karte dargestellt?
- Auf welchen Zeitraum bezieht sich die Karte?
- Welches Thema behandelt die Karte?

Legende und Maßstab untersuchen
- Welche Informationen werden in der Legende der Karte gegeben?
- Welche Bedeutung haben Farben oder Muster in der Karte?
- Welche Symbole gibt es in der Karte? Wofür stehen diese Symbole?
- Wie groß sind die abgebildeten Entfernungen und Größen?

Informationen verarbeiten
- Was sind die wesentlichen Informationen der Karte?
- Zu welcher Gesamtaussage kommt die Karte?
- Fehlen Informationen oder sind Fragen offengeblieben?

Ein Museum erkunden

Den Besuch im Museum vorbereiten
- Welches Museum hat ein Angebot, das zum Thema passt?
- Welche Fragen sollen geklärt werden?
- In welcher Form bietet das Museum bereits vor dem Besuch passende Informationen (z. B. Flyer, Internetseite) an?
- Welche Besonderheiten bietet das Museum?
- Wer bzw. welche Gruppe übernimmt die Klärung welcher Frage?

Das Museum besuchen
- Gibt es einen Übersichtsplan? Gibt es bestimmte Teile des Museums, die sich zur Klärung einer Frage besonders eigenen?
- An welchen Stellen darf fotografiert werden? Im Zweifelsfall: Um Erlaubnis fragen.
- Bietet das Museum vor Ort Material (z. B. Arbeitsblätter, Audio- oder Videoguide) an, das durch die Ausstellung führt?

Den Museumsbesuch auswerten
- Wie können wir unsere Erfahrungen und Ergebnisse vorstellen (z. B. Plakat, Fotocollage, Steckbrief, Lerntagebuch, Videobeitrag)? Selbst jemand, der nicht beim Museumsbesuch dabei war, sollte es verstehen können.
- Was hat bei unserem Besuch im Museum schon gut funktioniert? Was könnten wir beim nächsten Mal besser machen?

Sachquellen untersuchen

Die Sachquelle beschreiben
- Wie sieht die Sachquelle, z. B. der Gegenstand, das Gebäude, aus?
- Aus welchen Materialien ist die Sachquelle hergestellt?
- Aus welcher Zeit stammt sie?
- Gibt es Besonderheiten, z. B. eine Inschrift (Text), Zeichen, Symbole?

Die Funktion der Sachquelle untersuchen
- Wofür und wie wurde die Sachquelle verwendet?
- Wer hat die Sachquelle genutzt?
- Gibt es Merkmale, die eine besondere Bedeutung haben könnten?
- Welche weiteren Informationen oder anderen Quellen gibt es zu diesem Thema, z. B. Bilder oder Texte aus der Zeit?

Die Funktion der Sachquelle untersuchen
- Wofür und wie wurde die Sachquelle verwendet?
- Wer hat die Sachquelle genutzt?
- Gibt es Merkmale, die eine besondere Bedeutung haben könnten?
- Welche weiteren Informationen oder anderen Quellen gibt es zu diesem Thema, z. B. Bilder oder Texte aus der Zeit?

Geschichtskulturelle Erzeugnisse untersuchen

Das Beispiel der Geschichtskultur benennen
- Was untersuchen wir (z. B. ein Fest, einen Markt, Spielzeug)?
- Um welches Thema geht es?
- Wer ist für das Angebot verantwortlich (z. B. eine Autorin / ein Autor, eine Firma, ein Verein)?
- An wen richtet sich das Angebot?

Die Interessen und die Wirkung untersuchen
- Was steht im Vordergrund (z. B. Spiel, Spaß, Freizeit, Fantasie, Einnahmen, Gedenken, Informationen über Vergangenheit)?
- Was erfahren wir über die Menschen der Vergangenheit, um die es geht?
- Welches Bild über die Vergangenheit wird vermittelt (z. B. ein fröhliches, ein ideales, ein trauriges)?

Vergleich mit der Wissenschaft
- Was wissen wir über dieses Thema aus den historischen Quellen und dem Unterricht?
- Welche Übereinstimmungen, welche Unterschiede gibt es?
- Warum nutzen Menschen vermutlich dieses Angebot der Geschichtskultur?
- Welchem Zweck dient es?

Unterrichtsmethoden

Ein fiktives Interview verfassen

Was und warum?
In einem fiktiven Interview kann man zu zweit Informationen auf interessante Art und Weise weitergeben und zeigen, was man gelernt hat.

Wie?
1. Entscheidet, ob eine historische Persönlichkeit oder eine beispielhafte Person der Vergangenheit interviewt werden soll.
2. Notiert Überschriften, zu denen Infos vorhanden sind, oder beschafft weitere Informationen. Ergänzt Stichpunkte zu den Überschriften.
3. Formuliert aus eurem Material Fragen und Antworten.
4. Überlegt euch noch eine passende Anrede und eine nette Verabschiedung.
5. Tragt euer Interview in der Lerngruppe vor und holt ein Feedback ein.

Tipps:
Formuliert möglichst interessante Fragen!
Stellt nur Fragen, auf die ihr korrekte Antworten kennt oder herausfinden könnt!

Beispiele:

1.	Bauer zur Zeit des Dreißigjährigen Krieges	Reichskanzler Otto von Bismarck
2.	Besitzt Hof, wo? Familie? Konfession?	Person: Reichskanzler im Deutschen Kaiserreich seit 1871, vorher war er ...
3.	Wie hat sich der Krieg auf Ihr Leben ausgewirkt, z. B. Plünderung, Brand, Tod ... ?	Wie kam es zur Entstehung des Deutschen Kaiserreichs und welchen Anteil hatten Sie daran?
4.	Hallo, Sie bauen gerade Ihr Haus wieder auf. Danke, dass Sie uns einige Fragen beantworten.	Herr Reichskanzler von Bismarck. Wir treffen Sie in Ihrem Büro. Danke, dass Sie sich Zeit für ein Interview nehmen.

Ein Standbild entwickeln

Was und warum?
Situationen kann man gemeinsam darstellen, indem man sie durch Körper, Haltung (Gestik) und Gesichtsausdruck (Mimik) „baut". Das „Bild", das entsteht, kann viel zum Ausdruck bringen, ohne dass Worte benutzt werden dürfen.

Wie?
1. Überlegt, welche Situation ihr als Standbild bauen wollt.
2. Entscheidet, welche Personen beteiligt sind und ob und welche Requisiten oder Hilfsmittel (z. B. ein Stuhl) benötigt werden. Versucht, möglichst ohne Requisiten auszukommen und viel Körpersprache zu nutzen.
3. Entscheidet, wer in der Gruppe „Baumeisterin" oder „Baumeister" ist. Achtung: Diese Person darf nun das Standbild „bauen" und entscheiden!
4. Die Baumeisterin bzw. der Baumeister bringt alle in die richtige Position und gibt auch Anweisung über Körperhaltung und Gefühle, die man möglichst gut erkennen kann.
5. Auf ein Signal hin (z. B. Klatschen, Glocke) frieren alle ein. Das heißt, alle nehmen die vereinbarte Position und den passenden Gesichtsausdruck an und bewegen sich nicht mehr. Das Standbild bleibt für mindestens 30 Sekunden erhalten. Die Lerngruppe betrachtet es und lässt es auf sich wirken.
6. Das Standbild wird mit der gesamten Lerngruppe ausgewertet.
   a) Was zeigt es genau?
   b) Wie ist die Wirkung auf die Betrachtenden?
   c) Wie haben sich Einzelne, die Teil des Standbildes waren, gefühlt?
   d) Gebt euch ein Feedback.

Tipps:
- Ihr könnt für mehrere Gruppen dieselbe Situation wählen und die Ausführungen vergleichen.
- Ihr könnt Bilder aus dem Geschichtsbuch nachstellen.
- Ihr könnt verschiedene geeignete Situationen für ein größeres Thema auf Kärtchen schreiben. Jede Gruppe zieht ein Kärtchen und damit ihre Situation.

- Ihr könnt euch in der Lerngruppe auf ein größeres Thema einigen. Überlegt euch in euren Gruppen selbst eine Situation und stellt sie dar.
- Ihr könnt eure Standbilder fotografieren und die Bilder z. B. an eurer Zeitleiste anbringen und beschriften.

Beispiele:
- Kolumbus' Ankunft auf der Insel Guanahani aus der Perspektive von Kolumbus und die der dortigen Bevölkerung
- Martin Luther vor dem Reichstag in Worms 1521
- Der Ballhausschwur am 20. 06. 1789
- Die Ablehnung der Kaiserkrone durch König Friedrich Wilhelm IV. 1848

Placemat (Platzdeckchen)

Was und warum?

In Gruppenarbeit (drei oder vier Lernende) wird ein gemeinsames Ergebnis in einer vorgegebenen Zeit erarbeitet. Alle werden aktiv und die Teamfähigkeit wird gestärkt.

Wie?
- In der Mitte liegt ein großes Blatt Papier, um das herum ihr sitzt.
- Einzeln lest ihr einen Text oder denkt über eine Frage, ein Problem, ein Thema nach und notiert Stichpunkte auf eurem Feld des Blattes.
- Das Blatt wird im Uhrzeigersinn gedreht, sodass ihr nach und nach auch die Notizen der anderen lesen könnt.
- Gemeinsam einigt ihr euch auf ein gemeinsames Ergebnis, das ihr in der Mitte notiert.
- Ihr bringt euer Ergebnis in die Abschlussrunde aller ein.

Tipps:
- Klärt untereinander ab, ob ihr die Arbeit aufteilen könnt oder sollt oder ob alle dasselbe lesen oder bedenken sollen.
- Schreibt so, dass die anderen eure Notizen lesen können.
- Verabredet, wer auf die Zeit achtet, wer das Ergebnis in der Mitte aufschreibt und wer anschließend vorträgt.
- Versucht, ein gemeinsames und gutes Ergebnis zu erzielen.

Beispiele:
- Lest zur Frage „Warum scheiterte die Revolution von 1848/1849?“ S. 190–193.
- Alle tragen ihre Ansicht auf der Skizze ein. Alle lesen die Ergebnisse und diskutieren sie. Am Ende wird die überzeugendste Lösung in das Zentrum des Platzdeckchens eingetragen.

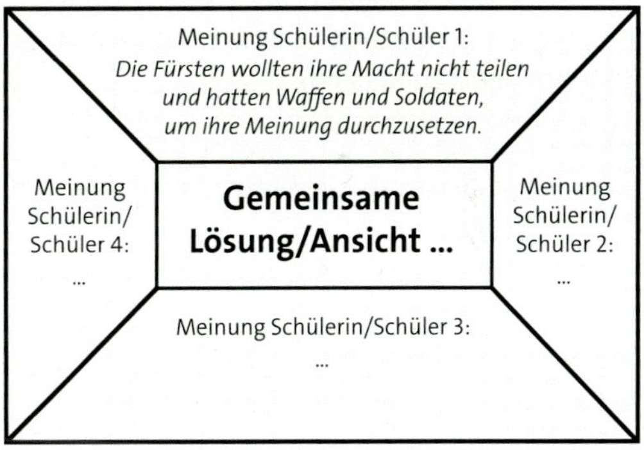

Ich – Du – Wir

Was und warum?

Um gute Ergebnisse zu erhalten, denkt man über eine Frage erst allein und dann gemeinsam nach.

Wie?
1. Ich: Ihr erledigt eine Aufgabe in Einzelarbeit (z. B. einen Text lesen, Notizen machen). Alle machen sich Gedanken.
2. Du: In Zweierteams tauscht ihr euch über die Ergebnisse aus.
3. Wir: In einer Kleingruppe (z. B. zu viert) tragt ihr ein gemeinsames Ergebnis zusammen

Tipps:
- Achtet genau auf die Aufgaben (evtl. gibt es Unterschiede in den drei Schritten).
- Achtet auch auf die Zeitvorgaben.
- Hört einander gut zu.

Beispiele:
- Wie kam es zur Französischen Revolution (Anlass, Ursachen)?
- In welche Phasen lässt sich die Französische Revolution einteilen?
- Was sind Merkmale des Imperialismus im 19. Jahrhundert?

Ein Lernplakat gestalten

Was und warum?
Ein Lernplakat stellt Arbeitsergebnisse vor und macht sie anschaulich.

Wie?
Zum Plakat gehören
1. die kurze und gut erkennbare Überschrift (oben oder im Zentrum),
2. eine gut lesbare Schrift,
3. eine überschaubare Anzahl an Informationen,
4. möglichst Bilder, Zeichen oder Symbole,
5. meist eine Präsentation, die das Plakat erläutert.

Tipps:
- Fertigt zunächst eine Skizze an.
- Wenn es etwas aufzukleben gibt, legt es zunächst hin und klebt dann.
- Schreibt das Thema auf und zieht erst im Anschluss einen Kasten/Kreis darum.

Eine Mindmap erstellen

Was und warum?
Eine Mindmap (eine Gedächtnislandkarte) stellt Gedanken und Ergebnisse in übersichtlicher und knapper Form dar. Mit dieser kreativen Darstellung kann man Ordnung in Gedanken und Ergebnisse bringen und durch die Anordnung (Äste und Verzweigungen) Strukturen deutlich machen.

Wie?
1. Schreibt das Thema in die Mitte (oder an den linken Rand in die Mitte).
2. Überlegt, wie viele Teilthemen euer Hauptthema benötigt, und ordnet sie um das Thema herum an.
3. Legt, wenn nötig, weitere Verästelungen an.
4. Ergänzt zu allen (Teil-)Themen Stichworte.
5. Erläutert euer Ergebnis anderen und zeigt dabei auf die Map, damit euer Vortrag verständlich wird.

Tipps:
- Schreibt sauber und lesbar.
- Überlegt am Ende, ob die Aufteilung sinnvoll ist (oder Stichpunkte auch woanders hingehören).

Beispiele:

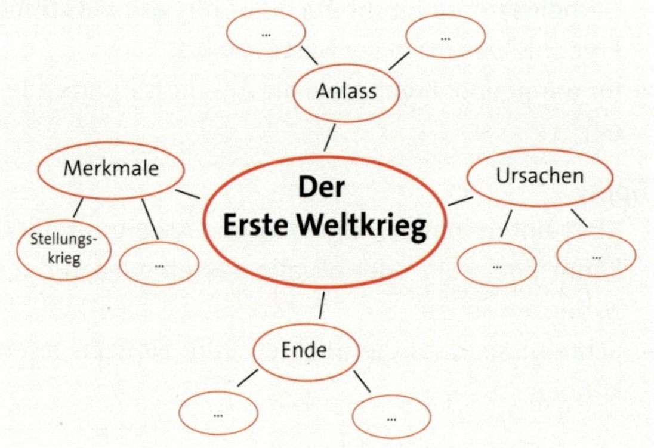

Einen Kurzvortrag halten / Arbeitsergebnisse präsentieren

Was und warum?
Wesentliche Arbeitsergebnisse werden mündlich vorgetragen, und zwar verständlich, anschaulich und interessant.

Wie?
Bereitet drei Teile vor:
Einleitung: Nennt das Thema / die Frage.
Hauptteil: Stellt die wichtigsten Informationen vor und bleibt immer am Thema.
Schluss: Formuliert eine kurze Zusammenfassung, ein Fazit.

Tipps:
- Macht euch zu den drei Teilen Stichpunkte, möglichst auf drei verschiedenen Karten oder Blättern.

- Unterstreicht in euren Notizen wichtige Begriffe oder Fachwörter und ergänzt die Erklärung.
- Einleitung und Schluss dürfen nur kurz sein, der Hauptteil ist am ausführlichsten.
- Verwendet Bildmaterial, Karten, Schaubilder oder Mindmaps.
- Überlegt, ob es sinnvoll ist, im Schlussteil eine persönliche Bewertung zum Thema / zur Frage zu ergänzen. Macht das deutlich: Ich persönlich denke, ... Wir sind der Meinung, dass ...
- Sprecht langsam, deutlich und möglichst frei, aber mit Blick auf eure Notizen.
- Versucht, Blickkontakt zur Gruppe zu halten.
- Gebt die Möglichkeit zu Rückfragen und zu einem Feedback.
- Verabredet vorher, ob ihr zusätzlich ein paar Quizfragen vorbereiten könnt, die ihr der Lerngruppe im Anschluss stellt.

Feedback geben

Was und warum?

Mitschülerinnen und Mitschüler haben einen Vortrag gehalten, ein Standbild gezeigt oder Ergebnisse ihrer Arbeit in einer anderen Form präsentiert. Im Feedback gebt ihr eine Rückmeldung, wie die Präsentation gelungen ist. Nennt (zuerst) Positives und macht auch Verbesserungsvorschläge.

Wie?

1. Einigt euch in der Lerngruppe auf bestimmte Dinge, die ihr im Feedback berücksichtigt.
2. Eine schriftliche Vorlage, in der ihr Notizen macht oder passende Antworten ankreuzt, kann hilfreich sein.
3. Einigt euch, wer auf was achtet, und teilt die Beobachtungen möglichst unter euch auf.
4. Unterscheidet in inhaltliche Aspekte (Korrektheit ...) und Gestaltungsaspekte.

Tipps:

Beginnt auf jeden Fall mit einer positiven, wertschätzenden Aussage.

Eure Tipps, was verbesserungswürdig ist und wie das gehen kann, sollten unterstützend sein – und keinesfalls beleidigend.

Nicht alle müssen im Feedback zu Wort kommen, aber alle sollten sich darin üben können.

Im Feedback können auch Fragen gestellt werden, wenn etwas unklar geblieben ist.

Beispiele

- Plakat: Besonders gut hat mir an eurem Plakat gefallen, dass ihr passende Bilder zu den Überschriften gefunden habt und sie im Vortrag erklärt habt.
- Ausgedachtes Interview: Spannend fand ich die Frage nach ...
- Kurzvortrag: Wenn der Vortrag am Ende noch eine Kurzzusammenfassung bekommt, wird er richtig rund.
- Mindmap: Ich schlage vor, noch einen Ast zu ergänzen, nämlich ...
- Standbild: Ich habe nicht verstanden, was ... zeigen wollte.

Übersicht digitaler Anwendungen und Internetseiten zur Aufgabenbearbeitung

Viele Aufgaben in diesem Buch könnt ihr auch digital bearbeiten. In der folgenden Übersicht findet ihr Vorschläge für Internetseiten und digitale Anwendungen (Apps), mit denen ihr eure Lösungen mit dem Smartphone, dem Tablet oder mithilfe eines Computers erstellen könnt. Wenn ihr die unten genannten Apps oder Internetseiten nutzen möchtet, müsst ihr sie im Internet suchen. Die hier aufgelisteten Apps sind nur Beispiele. Es gibt im Internet noch andere Angebote. Achtet bei der Verwendung von Apps und Internetseiten immer darauf, ausschließlich kostenlose Angebote zu nutzen. Besprecht die Nutzung mit eurer Lehrerin oder eurem Lehrer.

1. Informationen recherchieren

Um Informationen aus dem Internet zu recherchieren, eignet sich eine Suchmaschine wie **„Google"** oder eine Kindersuchmaschine wie **„Frag Finn"**. Entscheide euch für eine Suchmaschine und überlegt, nach welchen Begriffen ihr suchen möchtet. Achtet darauf, dass ihr nur glaubwürdige Informationen übernehmt. Nutzt für Recherchen im Internet auch die Anleitung auf der rechten Seite.

2. Ideen sammeln

Im Unterricht werden bei der Erarbeitung eines Themas oft Ideen oder erste Gedanken zu einem Thema gesammelt. Anstelle mit der Tafel zu arbeiten, könnt ihr eure Ideen und Gedanken auch digital mithilfe eines Smartphones, eines Tablets oder eines Computers sammeln und gemeinsam auswerten. Dazu eignen sich zum Beispiel Apps wie **„Padlet"** oder **„Answer Garden"**, mit denen ihr verschiedene Themen schnell und übersichtlich darstellen könnt oder mit denen ihr gemeinsam in der Klasse Ideen zu einem Thema sammeln könnt.

3. Eine Mindmap erstellen

Im Schulbuch werdet ihr in mehreren Aufgaben dazu aufgefordert, eine Mindmap zu erstellen. Arbeitsergebnisse oder Überlegungen zu einer Leitfrage könnt ihr aber auch in einer digitalen Mindmap zusammenfassen und grafisch darstellen. Dazu könnt ihr beispielweise die Apps „MindMeister" oder „Popplet" verwenden. Nutzt dazu ein Smartphone, ein Tablet oder einen Computer.

4. Ein Quiz erstellen

Zum Abschluss eines Themas und zum Wiederholen der Inhalte könnt ihr ein digitales Quiz erstellen. Dazu eignet sich zum Beispiel die App **„Quizlet"**. Mit dieser App könnt ihr euch zu jedem Thema euer eigenes digitales Quiz mit eigenen Fragen erstellen. Eure Mitschülerinnen und Mitschüler können die Fragen dann am Smartphone, am Tablet oder am Computer beantworten.

5. Audio- und Videobearbeitung

Mithilfe eurer Smartphones oder einer Kamera könnt ihr ganz einfach Audios oder Videos aufnehmen. Diese könnt ihr dann beispielsweise für Interviews nutzen. Zur einfachen Bearbeitung von Audioaufnahmen eignet sich zum Beispiel die App „Audacity". Wenn ihr selbstgedrehte Videos bearbeiten möchtet, könnt ihr die App „SoundCloud" verwenden.

Im Internet recherchieren

1. Suchbegriff(e) zu einem Thema finden
- Zu welchem Thema werden Informationen benötigt?
- Gibt es Begriffe, die für das Thema besonders wichtig sind?
- Welche dieser Begriffe könnten als Suchwort(e) nützlich sein?

2. Suche durchführen
- Liefert das Suchwort zu wenige Treffer? Lässt es sich durch ein anderes Wort aus Schritt 1 ersetzen?
- Liefert das Suchwort zu viele Treffer?

Tipp: *Mit „+" lässt sich ein weiteres Suchwort hinzufügen und mit „–" lassen sich bestimmte Treffer ausschließen.*

3. Suchergebnisse überprüfen
- Welche der Beiträge, die die Suchmaschine gefunden hat, sind übersichtlich lang, gut strukturiert (z.B. durch ein Inhaltsverzeichnis) und verständlich?
- Ist auf der Webseite klar nachvollziehbar, wer für die Information verantwortlich ist (Privatperson, Unternehmen, Museum, Schule, Universität)? Lässt sich dies im Impressum nachvollziehen?

4. Informationen auswerten und sichern
- Gibt es unbekannte Wörter? Lassen diese sich mittels Internets klären?
- Findet ihr passende Bilder zu eurem Thema, die ihr verwenden könnt?
- Habt ihr Informationen und Bilder so gespeichert, dass ihr sie wiederfindet?
- Habt ihr für alle Informationen und Bilder die Internetadresse und das Zugriffsdatum notiert (Quellenangabe)?

Ein Erklärvideo erstellen

1. Ideenfindung und Recherche
- Was soll im Video gezeigt und gelernt werden?
- Welche Informationen brauchen die Zuschauerinnen und Zuschauer unbedingt, um das Thema zu verstehen?

2. Das Storyboard

Das Storyboard ist die Kurzversion eines Drehbuchs zum Film. Es sollte maximal ein DIN-A4-Blatt umfassen. Im Storyboard werden Szenen oder Bilder und der dazugehörige Text der Sprecherin / des Sprechers festgehalten. Der gesprochene Text sollte in jedem Fall zu dem gezeigten Bild passen. Die Bilder können zum Beispiel per Hand ins Bild gelegt oder „gewischt" werden. Möglich wäre, dass ihr die Bilder selbst zeichnet oder mit kleinen Figuren Situationen nachstellt. Auch Toneffekte können eingesetzt werden.

3. Das Video drehen

Dann dreht ihr mithilfe eines Smartphones oder Tablets ein zwei- bis dreiminütiges Erklärvideo, das ihr anschließend im Unterricht präsentiert.

Eine digitale Präsentation erstellen

Thema vorbereiten und recherchieren

Welches Thema interessiert euch? Wie lautet das Thema / die Leitfrage?
- Welche Informationen benötigt ihr? Welche Bilder, Zeichnungen, Fotos oder Karten eignen sich, um den Vortrag zu veranschaulichen?

Vortrag verschriftlichen

Wie lässt sich das Thema sinnvoll gliedern?
Was sind die wesentlichen Informationen für euren Vortrag / für die jeweiligen Folien?

Präsentation digital gestalten

Wie kann die Präsentation anschaulich aufgebaut werden?
Wie werden die Informationen für die Zuhörer verständlich festgehalten?
Welche Schriftart, -größe und -farbe ist geeignet?

Grundrechte im Grundgesetz der Bundesrepublik Deutschland

Artikel 1

(1) Die Würde des Menschen ist unantastbar. Sie zu achten und zu schützen ist Verpflichtung aller staatlichen Gewalt.

(2) Das Deutsche Volk bekennt sich darum zu unverletzlichen und unveräußerlichen Menschenrechten als Grundlage jeder menschlichen Gemeinschaft, des Friedens und der Gerechtigkeit in der Welt.

(3) Die nachfolgenden Grundrechte binden Gesetzgebung, vollziehende Gewalt und Rechtsprechung als unmittelbar geltendes Recht.

Artikel 2

(1) Jeder hat das Recht auf die freie Entfaltung seiner Persönlichkeit, soweit er nicht die Rechte anderer verletzt und nicht gegen die verfassungsmäßige Ordnung oder das Sittengesetz verstößt.

(2) Jeder hat das Recht auf Leben und körperliche Unversehrtheit. Die Freiheit der Person ist unverletzlich. In diese Rechte darf nur auf Grund eines Gesetzes eingegriffen werden.

Artikel 3

(1) Alle Menschen sind vor dem Gesetz gleich.

(2) Männer und Frauen sind gleichberechtigt. Der Staat fördert die tatsächliche Durchsetzung der Gleichberechtigung von Frauen und Männern und wirkt auf die Beseitigung bestehender Nachteile hin.

(3) Niemand darf wegen seines Geschlechtes, seiner Abstammung, seiner Rasse, seiner Sprache, seiner Heimat und Herkunft, seines Glaubens, seiner religiösen oder politischen Anschauungen benachteiligt oder bevorzugt werden. Niemand darf wegen seiner Behinderung benachteiligt werden.

Artikel 4

(1) Die Freiheit des Glaubens, des Gewissens und die Freiheit des religiösen und weltanschaulichen Bekenntnisses sind unverletzlich.

...

Artikel 5

(1) Jeder hat das Recht, seine Meinung in Wort, Schrift und Bild frei zu äußern und zu verbreiten und sich aus allgemein zugänglichen Quellen ungehindert zu unterrichten. Die Pressefreiheit und die Freiheit der Berichterstattung durch Rundfunk und Film werden gewährleistet. Eine Zensur findet nicht statt.

...

Artikel 6

(1) Ehe und Familie stehen unter dem besonderen Schutze der staatlichen Ordnung.

...

Artikel 7

(1) Das gesamte Schulwesen steht unter der Aufsicht des Staates.

...

Artikel 8

(1) Alle Deutschen haben das Recht, sich ohne Anmeldung oder Erlaubnis friedlich und ohne Waffen zu versammeln.

(2) Für Versammlungen unter freiem Himmel kann dieses Recht durch Gesetz oder auf Grund eines Gesetzes beschränkt werden.

Artikel 9

(1) Alle Deutschen haben das Recht, Vereine und Gesellschaften zu bilden.

(2) Vereinigungen, deren Zwecke oder deren Tätigkeit den Strafgesetzen zuwiderlaufen oder die sich gegen die verfassungsmäßige Ordnung oder gegen den Gedanken der Völkerverständigung richten, sind verboten.

...

Artikel 10

(1) Das Briefgeheimnis sowie das Post- und Fernmeldegeheimnis sind unverletzlich.

...

Artikel 11

(1) Alle Deutschen genießen Freizügigkeit im ganzen Bundesgebiet.

...

Artikel 12

(1) Alle Deutschen haben das Recht, Beruf, Arbeitsplatz und Ausbildungsstätte frei zu wählen. Die Berufsausübung kann durch Gesetz oder auf Grund eines Gesetzes geregelt werden.

...

Artikel 12a

(1) Männer können vom vollendeten achtzehnten Lebensjahr an zum Dienst in den Streitkräften, im Bundesgrenzschutz oder in einem Zivilschutzverband verpflichtet werden.

(2) Wer aus Gewissensgründen den Kriegsdienst mit der Waffe verweigert, kann zu einem Ersatzdienst verpflichtet werden. Die Dauer des Ersatzdienstes darf die Dauer des Wehrdienstes nicht übersteigen. ...

...

Artikel 13

(1) Die Wohnung ist unverletzlich.

(2) Durchsuchungen dürfen nur durch den Richter, bei Gefahr im Verzuge auch durch die in den Gesetzen vorgesehenen anderen Organe angeordnet und nur in der dort vorgeschriebenen Form durchgeführt werden. ...

...

Artikel 14

(1) Das Eigentum und das Erbrecht werden gewährleistet. Inhalt und Schranken werden durch die Gesetze bestimmt.

...

Artikel 15

Grund und Boden, Naturschätze und Produktionsmittel können zum Zwecke der Vergesellschaftung durch ein Gesetz, das Art und Ausmaß der Entschädigung regelt, in Gemeineigentum oder in andere Formen der Gemeinwirtschaft überführt werden. Für die Entschädigung gilt Artikel 14 AbS. 3 Satz 3 und 4 entsprechend.

Artikel 16

(1) Die deutsche Staatsangehörigkeit darf nicht entzogen werden. Der Verlust der Staatsangehörigkeit darf nur auf Grund eines Gesetzes und gegen den Willen des Betroffenen nur dann eintreten, wenn der Betroffene dadurch nicht staatenlos wird.

...

Artikel 16a

(1) Politisch Verfolgte genießen Asylrecht.

(2) Auf Absatz 1 kann sich nicht berufen, wer aus einem Mitgliedstaat der Europäischen Gemeinschaften oder aus einem anderen Drittstaat einreist, in dem die Anwendung des Abkommens über die Rechtsstellung der Flüchtlinge und der Konvention zum Schutze der Menschenrechte und Grundfreiheiten sichergestellt ist. Die Staaten außerhalb der Europäischen Gemeinschaften, auf die die Voraussetzungen des Satzes 1 zutreffen, werden durch Gesetz, das der Zustimmung des Bundesrates be-darf, bestimmt. In den Fällen des Satzes 1 können aufenthaltsbeendende Maßnahmen unabhängig von einem hiergegen eingelegten Rechtsbehelf vollzogen werden.

...

Artikel 17

Jedermann hat das Recht, sich einzeln oder in Gemeinschaft mit anderen schriftlich mit Bitten oder Beschwerden an die zuständigen Stellen und an die Volksvertretung zu wenden.

Artikel 17a

(1) Gesetze über Wehrdienst und Ersatzdienst können bestimmen, daß für die Angehörigen der Streitkräfte und des Ersatzdienstes während der Zeit des Wehr- oder Ersatzdienstes das Grundrecht, seine Meinung in Wort, Schrift und Bild frei zu äußern und zu verbreiten (Artikel 5 Abs. 1 Satz 1 erster Halbsatz), das Grundrecht der Versammlungsfreiheit (Artikel 8) und das Petitionsrecht (Artikel 17), soweit es das Recht gewährt, Bitten oder Beschwerden in Gemeinschaft mit anderen vorzubringen, eingeschränkt werden.

...

Artikel 18

Wer die Freiheit der Meinungsäußerung, insbesondere die Pressefreiheit (Artikel 5 AbS. 1), die Lehr-freiheit (Artikel 5 AbS. 3), die Versammlungsfreiheit (Artikel 8), die Vereinigungsfreiheit (Artikel 9), das Brief-, Post- und Fernmeldegeheimnis (Artikel 10), das Eigentum (Artikel 14) oder das Asylrecht (Artikel 16a) zum Kampfe gegen die freiheitliche demokratische Grundordnung mißbraucht, verwirkt diese Grundrechte. Die Verwirkung und ihr Ausmaß werden durch das Bundesverfassungsgericht ausgesprochen.

Artikel 19

(1) Soweit nach diesem Grundgesetz ein Grundrecht durch Gesetz oder auf Grund eines Gesetzes eingeschränkt werden kann, muß das Gesetz allgemein und nicht nur für den Einzelfall gelten. Außerdem muß das Gesetz das Grundrecht unter Angabe des Artikels nennen.

(2) In keinem Falle darf ein Grundrecht in seinem Wesensgehalt angetastet werden.

...

Lösungen zu den „Das kann ich"-Seiten

Kapitel 1

→ S. 36/37

1 *Zum Beispiel: Markt / Basar:* Ein Geschäftsviertel in islamisch geprägten Städten, welches aus freistehenden Marktständen und umliegenden Geschäften besteht.

2 Die Lebensverhältnisse einer Tagelöhnerfamilie waren hart. Das Einkommen von ungefähr 5 Pfennigen reichte nur für das Nötigste. Bereits am Abend drehten sich die Gedanken der Tagelöhner um den nächsten Tag: Würden sie Arbeit finden, um sich und ihre Familie ernähren zu können? Hierzu kam oft noch Hunger, wenn das Einkommen vom vorherigen Tag nicht für genügend Lebensmittel reichte. Tagelöhner lebten „von der Hand in den Mund".

3 Für die Stadtgründungen gab es viele verschiedene Gründe: Adlige Fürsten gründeten Städte – sie konnten durch eine große und erfolgreiche Stadt ihre Macht präsentieren. Zudem boten Städte mit ihren Mauern Schutz und machten es den Stadtherren leichter, Abgaben wie Zölle einzutreiben.
An anderen Orten wuchsen kleine Dörfer mit Märkten zu Städten heran, weil sie eine vorteilhafte Lage hatten. Dies passierte vor allem in der Nähe wichtiger Handelsstraßen und Wasserwege, aber auch an Burgen, Klöstern und ehemaligen Römerstädten.

4 Der Fernhandel beeinflusste das Leben der Menschen im Mittelalter auf vielfältige Weise. Er brachte begehrte Waren wie Gewürze und Seidenstoffe in die Stadt, die besonders die reichen Stadtbewohner schätzten. Die Zolleinnahmen solch teurer Waren ermöglichten es, die Städte weiter auszubauen, z. B. mit einer neuen Stadtmauer. Mit dem Fernhandel kam aber auch neues Wissen in die Städte. Zudem waren die Fernhändler auch selbst Kunden, da sie ebenso die Waren des täglichen Bedarfs zum Leben brauchten.

5 a *Zum Beispiel: Europa:* Riga (Lettland), Krakau (Polen), Brüssel (Belgien), Visby (Schweden), Toledo (Spanien).
b *Zum Beispiel: Nordrhein-Westfalen:* Münster, Aachen, Köln, Monschau, Paderborn.
Afrika: Lamu (Kenia), Ghadames (Libyen), Fés (Marokko), Sansibar (Tansania), Fasil Ghebbi (Äthiopien). Asien: Kathmandu (Nepal), Hôi An (Vietnam), Pingyao (China), Baku (Aserbaidschan), Anuradhapura (Sri Lanka).

6 Informationen rund um die Hanse und zu Städten des mittelalterlichen Städtebunds finden sich auf der Internetseite „Städtebund Die Hanse". Bis heute blieb die Hanse bestehen. Sie ist, wie Bild 5 zeigt, noch im Namen vieler Städte zu finden: HH ist das Autokennzeichen der Hansestadt Hamburg, HB der Hansestadt Bremen, HL der Hansestadt Lübeck usw. Die Bevölkerung der ehemaligen Hansestädte ist stolz auf ihre Vergangenheit, die bis heute den Tourismus in die Städte bringt.
Die Hanse ist noch immer ein Zusammenschluss von Städten, die sich in verschiedenen Bereichen, z. B. im Tourismus, gegenseitig unterstützen. Es werden gemeinsam Veranstaltungen wie der „Hansetag" organisiert. Dabei geht es ebenso um einen Austausch über die Grenzen Deutschlands hinweg. Genau wie damals gehören auch Städte in vielen anderen Ländern dazu.

7 Auf der einen Seite waren die Menschen auf dem Land deutlich abhängiger von ihren Herren als die Bevölkerung in der Stadt. Zudem boten Städte auch für Tagelöhner mehr Möglichkeiten, Arbeit zu finden. Sofern man Mitglied einer Zunft oder Gilde werden konnte, boten diese mehr Sicherheit, als es außerhalb einer Stadt üblich war.
Auf der anderen Seite hatten die Bewohner einer Stadt nicht nur Rechte, sondern auch eine Vielzahl an Pflichten, die sie erfüllen mussten. Hierzu zählten u. a. Wachdienste, Feuerwehrtätigkeiten oder Hilfe beim Bau. Zudem besaßen gar nicht alle Stadtbewohner das Bürgerrecht. Mitbestimmen durfte jedoch nur, wer das Bürgerrecht hatte.
Die Aussage zu beurteilen, ist somit gar nicht so einfach. Je nachdem, in welcher gesellschaftlichen Stellung man sich befand, wechselte sich auch die Perspektive auf die Freiheit in Städten. Grundsätzlich boten Städte den Menschen jedoch mehr Möglichkeiten und dementsprechend vermutlich mehr Freiheiten.

8 *Gemeinsamkeiten:* Bau von Stadtmauern zum Schutz der Stadt mit Stadttoren, die in die Stadt führen; Glaubenshäuser als höchste Gebäude, welche an zentraler Stelle stehen (Kirchen in Euro-

pa, Moscheen in islamischen Städten Afrikas); Versorgung der Stadtbewohner mit Lebensmitteln und anderen Waren auf Marktplätzen.
Unterschiede: in europäischen Städten: Lage des Friedhofs und der Märkte innerhalb der Stadtmauern, Klöster verteilt am Rand; in islamischen Städten Afrikas: Friedhof und Viehmarkt außerhalb der Stadtmauern.

9 Trotz Hunderter unterschiedlicher Maße und noch mehr verschiedenen Münzen haben die Menschen im Mittelalter erfolgreich miteinander gehandelt. Je weiter die Wege waren, desto schwieriger wurde es auch, Handel zu treiben. Heutzutage handeln wir in der Europäischen Union (EU) frei miteinander – ohne Zölle und fast überall mit derselben Währung, dem EURO (€). Zugleich sind wir Menschen heute noch abhängiger voneinander, um an die Waren für unser tägliches Leben zu kommen. Diese Waren kommen aus der ganzen Welt zu unS. Ohne einheitliche Gewichte und eine klare Vorstellung von Geldwerten wäre dies zwar nicht unmöglich, jedoch zeitaufwendig und schwer zu organisieren.

10 Eine Bürgermeisterin oder ein Bürgermeister wird heute von den Bewohnerinnen und Bewohnern einer Stadt oder Gemeinde für einen bestimmten Zeitraum gewählt. Er oder sie hat den Vorsitz über den Stadt- oder Gemeinderat, leitet die Verwaltung, arbeitet Beschlüsse heraus und setzt diese um. Unterstützt werden dieses Amt und seine Aufgaben durch den Stadtrat, der ebenfalls auf Zeit gewählt wird. Zudem arbeiten für die Stadt oder Gemeinde Angestellte, Beamtinnen und Beamte, die sich in verschiedenen Behörden um die Anliegen der Stadtbewohner kümmern.

11 **a** individuelle Lösungen
b Manche Handwerksbetriebe hängen die Zunftzeichen auch heute noch an ihre Geschäfte. Das Zeichen dient als Erkennungsmerkmal für mögliche Kundinnen und Kunden. Zudem wird hiermit gezeigt, dass der Betrieb sich in der Tradition des Handwerks sieht. Das kann u. a. bedeuten, dass sie Handwerkerinnen und Handwerker auf Bildungsreise (die „Walz") aufnehmen und fortbilden. Es kann aber auch darauf hinweisen, dass der Betrieb an dem Standort eine lange Tradition hat, z. B. schon lange in der Hand derselben Familie ist.

12 **a** Heute kontrolliert der Zoll Waren, die in die EU bzw. nach Deutschland eingeführt werden. Besonders geht es hierbei um den Schutz von Markenprodukten oder darum, die Einfuhr verbotener Substanzen (z. B. Drogen, gefährliche Lebensmittel oder auch Tiere) zu verhindern. Zudem ist der Zoll heute für die Verwaltung der Kraftfahrzeugsteuer zuständig. Auch gegen „Schwarzarbeit" (Arbeit ohne Abgabe für die Sozialversicherungen) geht der Zoll vor. Am Flughafen übernimmt er die Kontrolle der Pässe aller Reisenden, die aus einem Nicht-EU-Land in Deutschland ankommen.
b Heute hat der Zoll deutlich mehr Aufgaben, als es noch im Mittelalter der Fall war. Im Mittelalter beschränkte sich die Tätigkeit des Zolls v. a. darauf, die Frische der Waren zu kontrollieren und die Handelszölle von den Händlern einzutreiben.

Kapitel 2

→ S. 66/67

1 Die heiligen Schriften sind die Tora (Judentum), die Bibel (Christentum) und der Koran (Islam).

2 Die drei abrahamitischen Religionen besitzen viele Gemeinsamkeiten. Die wichtigsten sind: Es gibt nur einen Gott und jede der drei Religionen verfügt über eine heilige Schrift. Trotz der Gemeinsamkeiten entstanden immer wieder Konflikte zwischen den Angehörigen der drei Religionen. Christen und Muslime stritten z. B. um die Herrschaft auf der Iberischen Halbinsel (damals: al-Andalus). Während der Kreuzzüge kam es über einen längeren Zeitabschnitt immer wieder zu Kriegen, in die Angehörige aller drei Religionen verwickelt wurden.
#StreitTrotzGemeinsamkeiten #100 %unnötig

3 Der Austausch zwischen Angehörigen des Judentums, Christentums und Islam führte zu einem Zuwachs an Wissen. Es trafen sich Gelehrte, um ihre Kenntnisse auszutauschen und voneinander zu lernen (Bild 1). Andere Ideen und Blickwinkel bereicherten das eigene Wissen. Besonders in der islamischen Welt gab es eine Vielzahl an Wissenschaftlern. Islamische und jüdische Gelehrte brachten Wissen von ihren Reisen mit, sammelten dieses und übersetzten es in verschiedene Sprachen. Islamische Herrscher unterstützten die Forschung, die in dieser Form im christlichen Mittelalter noch nicht existierte (Bild 3). Dieses Wissen gelangte später auch in die christliche Welt. Es konnte somit über die Grenzen hinweg ausgetauscht werden, die Menschen durch dieses voneinander lernen und sich stetig aufgrund des Austauschs weiterentwickeln.

4 Süditalien und die Gebiete des heutigen Spaniens waren Regionen, die in einem engen Austausch mit der islamischen Welt standen. In Süditalien waren es v.a. Handelswege, die Italien mit dem Norden Afrikas verbanden. In den Gebieten des heutigen Spaniens bestanden lange Zeit islamische Reiche. In diesen wurde das Wissen in großen Bibliotheken gesammelt. Zudem entstanden in Gebieten wie al-Andalus erste Krankenhäuser, in denen Ärzte sich um Kranke kümmerten.
Mönche, die unter den islamischen Herrschern weiterhin ihrem Glauben nachgehen durften, konnten durch den Zugang zu den arabischen Quellen auf viel Wissen zurückgreifen (M1). Wegen ihrer Lese- und Schreibkompetenzen konnten sie diese Quellen ins Lateinische übersetzen und medizinisches Wissen im christlich geprägten Mittelalter weitergeben.

5 *Gemeinsamkeiten:* Beide Quellen berichten von der grausamen Gewalt durch die Kreuzzüge; der Gegner wird jeweils als brutal dargestellt.
Unterschiede: In Q1 berichtet ein Mekka-Pilger von muslimischen Gefangenen in Akka und ihren Lebensverhältnissen, die denen von Sklavinnen und Sklaven gleichkommen. Es ist die Schilderung eigener Beobachtungen. In Q2 versucht ein Erzbischof, die von Christen vollzogene Gewalt zu rechtfertigen, indem er schreibt, dies sei der Wille Gottes gewesen.

6 Beide Quellen stammen von Autoren, die zum Zeitpunkt der Kreuzzüge gelebt haben. Dass das eigene Handeln als „gut“ und die Gegenseite als „schlecht“ dargestellt wird, ist üblich. Während die Schilderung in Q1 jedoch als eigene Beobachtung erscheint, kann man in Q2 nicht erkennen, ob der Erzbischof selbst bei den Ereignissen anwesend war oder er sich lediglich auf den Bericht anderer bezieht.
Zudem ist bekannt, dass es während der Kreuzzüge zu sehr vielen Gewalttaten kam. Es ist jedoch anhand der Quellen alleine nicht auszuschließen, dass die beschriebene Gewalt übertrieben dargestellt wird, damit der Gegner in einem besonders schlechten oder die eigene Seite in einem besonders heldenhaften Licht erscheint.

7 Die Aussage zu bewerten, ist nicht einfach, da sowohl hinsichtlich des Islam als auch des Christentums stark verallgemeinert wird. Das islamische Reich in al-Andalus zeigt, dass Christen unter islamischen Herrschern lange Zeit ohne große Probleme leben konnten, solange sie sich an die vorgegebenen Regeln hielten. Frauen erhielten zudem in einigen islamischen Staaten mehr Rechte als im christlichen Mittelalter.
Auch nach der christlichen Rückeroberung von al-Andalus gab es zunächst Zeiten friedlichen Miteinanders, besonders unter König Alfons X. Später jedoch waren Muslime und auch Juden zu der Entscheidung gezwungen, Spanien zu verlassen oder den christlichen Glauben anzunehmen. Die Christen, die sich untereinander bekriegten, gründeten Kreuzfahrerstaaten. Dort änderte sich der Umgang mit Andersgläubigen immer wieder stark. Der Aufruf des Papstes zum 1. Kreuzzug zeigt, dass es bei den Konflikten im Heiligen Land nicht immer nur um Religion, sondern auch um Macht und Einfluss ging.

8 Diese Aussage ist ebenfalls sehr allgemein formuliert. Die Kreuzzüge haben viel brutale Gewalt von christlicher Seite aus verbreitet. Die Vorstellung eines „düsteren Mittelalters“ wird heutzutage jedoch abgelehnt. Zudem finden Historikerinnen und Historiker immer mehr über den vielfältigen Austausch der Kulturen und Religionen im Mittelalter herauS. Die Kreuzzüge nehmen zwar einen blutigen Zeitabschnitt in der Geschichte des Mittelalters ein, bestimmen aber nicht die Wahrnehmung einer gesamten Epoche.

9 *Zum Beispiel: Erfindungen:* die Gitarre bzw. die Laute, der Algorithmus, die arabischen Ziffern und die Zahl 0, die Zahnbürste, der Kaffee, die Zeitrechnung, die Glaslinse bzw. die frühere Form einer Brille; *Entdeckungen:* die Astronomie, die Medizin bzw. Chirurgie, die Optik; *Errungenschaften:* Erbrecht für Frauen, Regeln für den Umgang mit Patienten, Gasthäuser für Reisende, Krankenhäuser

10 a Das Bild zeigt die Grundsteinlegung des „House of One“. Es sind Vertreter aller drei abrahamitischen Religionen zu sehen. Dies ist ein Beispiel dafür, dass Angehörige der drei Religionen zusammenarbeiten können.
b Informationen über den aktuellen Stand des Baus kann man auf der Internetseite des „House of One“ finden. Der Bau wurde und wird immer noch

durch aufwendige Ausgrabungen am Petriplatz verzögert. Dort erhoffen sich Forscherinnen und Forscher, mehr über das mittelalterliche Berlin zu erfahren. Erst wenn diese Ausgrabungen abgeschlossen sind, kann das Bauprojekt weitergehen.

11 Die bunt gestalteten Fliesen zeigen einen arabischen Apotheker bei der Arbeit. Es kann viele Gründe geben, weshalb die Hauswand einer Apotheke auch heute damit geschmückt wird. Zum einen möchte man an die Geschichte der arabischen Gelehrten der Medizin in Spanien anknüpfen und an sie erinnern. Zum anderen hat der abgebildete Apotheker möglicherweise an diesem Ort gelebt und gearbeitet. In diesem Fall sollen die Fliesen an ihn erinnern. Außerdem könnte an dieser Stelle schon seit langer Zeit eine Apotheke stehen und man möchte auf die Geschichte des Ortes hinweisen. Ein anderer Grund könnte auch sein, dass die Darstellung für Aufmerksamkeit sorgen und somit neue Kundinnen und Kunden in die Apotheke ziehen soll.

Kapitel 3

→ S. 98/99

1 *Zum Beispiel: Neuzeit:* Bezeichnet die Zeit nach dem Mittelalter ab ca. 1500 bis 1900. Neue Erfindungen, europäische Entdeckungsfahrten und eine neue Selbstwahrnehmung prägten diese Epoche.
Renaissance: Eine Zeitspanne zwischen dem 14. und 16. Jahrhundert, die stark von der Antike geprägt war. Griechische und römische Ideen und Kunstwerke wurden aufgegriffen und in die eigene Kunst, Architektur und Kultur integriert. Dies führte zur Wiedergeburt der Antike.
Humanismus: Bezeichnung einer neuen Denkart während der Renaissance. In dieser Zeit haben Menschen angefangen, nach Antworten zu suchen und nicht nur an das zu glauben, was die Kirche ihnen sagte. Der gebildete Mensch stand mit eigenen Ideen, Erkenntnissen und Urteilen im Zentrum. Es war eine Zeit des Nachdenkens und Forschens.
Kolonialisierung: Ist die Bezeichnung für eine gewaltsame Eroberung von anderen Ländern und die Unterdrückung und Ausbeutung der indigenen Bevölkerung.

2 Die Erfindung des Buchdrucks im Jahr 1450 und die Ankunft von Kolumbus in Amerika 1492 waren wichtig für den Übergang in die Neuzeit, da sie entscheidende Entwicklungen in den Bereichen Wissenschaft, Kultur und Handel auslösten. Der Buchdruck ermöglichte die effiziente und kostengünstige Massenproduktion von Büchern. Dies führte zu einer weitreichenden Ausbreitung von Wissen, da Bücher nun schneller und in größeren Mengen verfügbar waren. Die Menschen hatten einfacheren Zugang zu Informationen. Dies förderte die Bildung und den intellektuellen Fortschritt und machte somit unabhängiger von der Kirche.
Die Ankunft von Kolumbus in Amerika eröffnete einen neuen Kontinent für die europäische Erkundung und den Handel. Dies führte zu einem umfassenden Austausch von Waren, Kulturen und Ideen zwischen den Kontinenten.

3

Ursachen für die Seefahrten	Folgen der Seefahrten
– Suche nach Gewürzen – Erfindung und Erkenntnisse bei der Seefahrt – Wunsch, das Christentum zu verbreiten – die Karavelle – Nachweis, dass die Erde eine Kugel ist – Wunsch nach neuen Erkenntnissen (= Wissensdurst) – Verlangen nach Gold – Suche nach einer Allianz gegen die Muslime	– Einführung des Mais in Europa – Bildung von Kolonien in Amerika – Nachweis, dass die Erde eine Kugel ist – Aufwärtsentwicklung (= Aufschwung) der Häfen am Atlantik – hohe Sterblichkeit der indigenen Bevölkerung

4

Vor Ankunft der Spanier	Nach Ankunft der Spanier
– zahlreiche Tempel mit vielen religiösen Symbolen und Figuren – Staatsoberhaupt Moctezuma II. – friedliches Zusammenleben der aztekischen Bevölkerung – Hauptstadt Tenochtitlán mit moderner Infrastruktur	– alle Tempel wurden zerstört – Ermordung des Staatsoberhaupts bei blutigen Kämpfen – Ermordung Tausender Azteken durch die Spanier – Zerstörung der Hauptstadt – Ermordung durch unbekannte (Feuer-)Waffen – Sterben wegen unbekannter Krankheiten aus Europa

5 individuelle Lösungen

6 Der Begriff der „Entdeckungsreise" steht dafür, ein unbekanntes Land oder Gebiet zu entdecken. Wenn man im Zusammenhang des 15. Jahrhunderts die europäischen Beteiligten betrachtet, kann man den Begriff „Entdeckungsreise" durchaus als passend beurteilen. Auf der anderen Seite jedoch waren diese unbekannten, von den Europäern „neu entdeckten" Länder schon eine lange Zeit von anderen Menschen bevölkert. Aus Sicht der indigenen Bevölkerung kann man nicht von „Entdeckungsreisen" sprechen, da die Gebiete – wie auf Bild 2 beim Protest gegen den Kolumbus-Tag zu erkennen – längst entdeckt waren.
Der Begriff ist somit bei Weitem nicht für alle Beteiligten des 15. Jahrhunderts passend und sollte nur in einem bestimmten Zusammenhang und aus deutlich definierten Blickwinkeln verwendet werden.

7 „Dekolonisation" als Bezeichnung für die Befreiung der ehemaligen Kolonien trifft teilweise auf die heutige Situation des amerikanischen Kontinents zu. Der Aufbau der Wirtschaft, Vergangenheitsbewältigung und ihre Auswirkungen der Kolonisation auf die Gegenwart, der Erhalt der Kultur und der Sprache sind u.a. wichtige Themen für den Prozess der Dekolonisation. Wenn man sich die heutige Situation des amerikanischen Kontinents und die Lebensbedingungen der indigenen Bevölkerung anschaut, kann man jedoch erkennen, dass der Begriff nur oberflächlich betrachtet passend ist. Auch heute noch werden viele der Nachfahren benachteiligt. Sie haben kaum politisches Mitspracherecht, werden aus ihren Lebensräumen vertrieben oder leben in Armut. Auch schwindet immer mehr die Anzahl gesprochener indigener Sprachen und geraubte Kunst- und Kulturgüter sind weiterhin in vielen europäischen Museen ausgestellt.
Der Begriff der „Dekolonisation" trifft somit nur oberflächlich betrachtet auf die heutige Situation der indigenen Bevölkerung auf dem amerikanischen Kontinent zu. Der eigentliche Prozess, der sich dahinter versteckt, wird noch sehr lange andauern.

8

Erfindungen der Neuzeit	Funktion	Heutige Möglichkeiten
– Buchdruck – effizientere Schifffahrt (Karavelle, Kompass, Logscheit, Jakobsstab) – Federuhr – Mikroskop	– Wissensvermittlung – Zurücklegen langer Strecken über das offene Meer – unabhängig von der Position konnte die Uhrzeit bestimmt werden – Vergrößerung von u.a. Krankheitserregern	– Bücher/E-Books, Internet – moderne Schiffsreisen, Flugreisen, ausgebautes Schienennetz – Armbanduhren, Digitaluhren, Smartphones – moderne Mikroskope mit vielfacher Vergrößerung

9 individuelle Lösungen

Kapitel 4

→ S. 128/129

1 Der Ablasshandel als Geschäft der Kirche mit der Angst der Menschen war umstritten. Martin Luther kritisierte die Ablassbriefe stark und verfasste daraufhin seine berühmten 95 Thesen, in denen er diese und andere Probleme der Kirche öffentlich kritisierte. Damit wurde die Reformation ausgelöst und führte zur Spaltung der Kirche. Die Folgen des Ablasshandels haben demnach die Reformation erst in Bewegung gesetzt.

2 Die Bauern hatten um 1500 ihre alten Rechte verloren, litten unter hohen Abgaben, mehr Frondiensten und Unterdrückung sowie der stärkeren Abhängigkeit ihrer Grundherren. In Zusammenschlüssen zu Geheimbünden wie dem Bundschuh wehrten sie sich gegen die bestehende Ordnung und forderten mehr Gerechtigkeit. Die Reformation erzeugte den Wunsch nach Veränderung und die Forderungen nach sozialer Gerechtigkeit. Tausende Anhänger der Reformation organisierten Aufstände, die jedoch immer wieder niedergeschlagen wurden. Im Laufe der Zeit und durch die verzweifelten Forderungen der Bauern kam es zu mehr und mehr gewaltsamen Auseinandersetzungen. Aus den anfänglichen Aufständen entstand ein Krieg.

3 Die Jahreszahlen 1618–1648 markieren den Beginn und das Ende des Dreißigjährigen KriegeS. Der Krieg wurde durch den Prager Fenstersturz im Mai 1618 ausgelöst. Protestantische Bürger drangen in die Prager Burg in Böhmen ein und warfen katholische Abgesandte des Kaisers aus dem Fenster. Erst 30 Jahre später, im Oktober 1648, wurde der Westfälische Frieden verkündet.

4 *Hölle:* Ort der Bestrafung, an den die Seele eines Menschen gelangte, der im Leben sehr viele Sünden begangen hatte,
Tetzel: Dominikanermönch und Ablassprediger Johann Tetzel,
Thesen: Aussagen oder Behauptungen,
Fegefeuer: Ort der Reinigung der Seele nach dem Tod, um in den Himmel zu gelangen,
Papst: Oberhaupt der katholischen Kirche,
Söldner: unter Kriegsherren angeworbene Menschen, die für einen bestimmten Sold für eine Kriegspartei kämpfen

5 individuelle Lösungen

6
1. Martin Luther kritisierte den Ablasshandel.
2. Der Kaiser verhängte über Martin Luther die Reichsacht.
3. Die Bauern gründeten einen Geheimbund namens Bundschuh.
4. Der Hexenhammer war ein Buch, das beschrieb, woran man angeblich eine Hexe erkennen konnte.
5. Der Prager Fenstersturz löste den Dreißigjährigen Krieg aus.
6. In Münster und Osnabrück wurde der Friedensvertrag ausgehandelt, der den Dreißigjährigen Krieg beendete

7 **a** Martin Luther setzte mit seiner Kritik am Ablasshandel und dem Anschlag seiner 95 Thesen eine Bewegung in Gang, die Europa maßgeblich veränderte. Die Reformation führte zur Spaltung der Kirche. Martin Luther löste die Reformation aus.

b *Entstehung neuer Konfessionen:* Als Folge der Reformation und Luthers Ausstieg aus der päpstlichen Kirche kam es zu einer konfessionellen Spaltung und der Gründung der evangelischen Kirche. Seitdem ist das Christentum in mehrere Konfessionen gespalten.
Bauernkrieg: Die Bauern wollten sich aus der Abhängigkeit ihrer Grundherren befreien, unter denen sie viele ihrer alten Rechte verloren hatten. Sie forderten bessere Lebensbedingungen und eine gerechtere Ordnung. Die Reformation machte ihnen dabei Mut, sich zu wehren, und sie glaubten, diese und Luther auf ihrer Seite zu haben, denn Luther sagte: „Ein Christenmensch ist ein freier Herr über alle Dinge und niemandem untertan." Doch er änderte später seine Meinung, indem er die Schrift „Wider die mörderischen und räuberischen Rotten der Bauern" verfasste. Aus den anfänglichen Aufständen mit Tausenden Anhängern entstand ein Krieg und ist somit Folge der Reformation zu sehen.
Dreißigjähriger Krieg: Nach der Spaltung der Kirche durch die Reformation kam es trotz der offiziellen Gleichstellung der Protestanten immer wieder zu politischen und religiösen Konflikten zwischen Protestanten und Katholiken. Die katholische Kirche versuchte, durch Reformen den Einfluss der Protestanten zurückzudrängen und die eigene Macht zu sichern. Die konfessionellen Auseinandersetzungen spitzten sich zu und es entbrannte ein 30 Jahre dauernder Krieg, der aus religiösen und machtpolitischen Gründen geführt wurde.

8 **a** Die Szene stammt vermutlich aus einem Spielfilm, weil in der Bildunterschrift ein Schauspieler, Joseph Fiennes, genannt wird. Ein Historiker, der als Experte in einem Dokumentarfilm das Thema erläutert, ist nicht zu sehen.

b Bild 2 zeigt Martin Luther beim Anschlag seiner 95 Thesen. Darin kritisierte die Luther den Zustand der päpstlichen Kirche, besonders den Ablasshandel.

9 Aus dem Dreißigjährigen Krieg kann man auch heute noch etwas lernen. Er betonte die Wichtigkeit von Religionsfreiheit und die Gefahren von Intoleranz gegenüber anderen Glaubensrichtungen. Zudem führte er den Menschen die Verwüstung und das Leid vor Augen, die der Krieg mit sich brachte. Statt gewaltsamer Auseinandersetzungen sollte nach friedlichen Lösungen gelöst werden. Das Ende des Krieges durch den Westfälischen Frieden 1648 zeigt, dass Diplomatie und Verhandlungen – „Diskutieren, Zuhören, Verstehen", wie auf Bild 3 zu sehen – bessere Lösungen sind. Die Eingangstür des Osnabrücker Rathauses und die Titelseite einer Veröffentlichung der Universität sollen daran erinnern, gemeinsam ohne Gewalt für den Frieden zu kämpfen.

10 Der Dreißigjährige Krieg ist zwar durch religiöse Konflikte in Folge der Spaltung der Kirche entstanden, ihn jedoch als „Religionskrieg" zu bezeichnen, ist nur teilweise zutreffend, da er auch aus machtpolitischen Gründen geführt wurde.

11 Die Spaltung der christlichen Kirche blieb bis heute bestehen. Mögliche Unterschiede, die noch existieren, sind: *Katholische Kirche:* Es gibt eine klare hierarchische Ordnung mit dem Papst als geistliches Oberhaupt. Zudem betont die katholische Kirche alle sieben Sakramente, die Bibel und die Tradition der Kirche.
Evangelische Kirche: Die Autorität des Papstes wird abgelehnt und es gibt keine starren Hierarchien, stattdessen hat die Gemeinde mehr EinflusS. Die evangelische Kirche betont ebenso die Taufe, aber nicht alle sieben Sakramente. Die Bibel ist auch die Hauptquelle des Glaubens, jedoch lehnen die Vertreter der evangelischen Kirche einige Traditionen der katholischen Kirche ab.

Kapitel 5 → S. 170/171

1 1. Republik
2. Verfassung
3. Aufklärung
4. Revolution
5. Menschenrechte
6. Gewaltenteilung

2 Dies ist die Bezeichnung für eine Gesellschaft, die durch abgegrenzte soziale Gruppen, die Stände, strukturiert ist. Die einzelnen Stände unterscheiden sich dabei voneinander durch Herkunft, Beruf, Besitz, Arbeit oder Rechte. Im Mittelalter unterschied man zwischen dem Stand der Geistlichkeit, des Adels und der Bauern. In der städtischen Gesellschaft kamen noch die Bürger hinzu.

3 Die Aufklärer wie Diderot, Montesquieu und auch Kant zweifelten verschiedene, scheinbar fest gesetzte Regeln und Erklärungen an. In der Politik kritisierten sie die Macht absolutistischer Monarchinnen und Monarchen. Die Idee von Rousseau, dass auch das Volk regieren solle, und die Idee der Gewaltenteilung von Diderot waren eine der Ursachen der Französischen Revolution. Die Aufklärer bestritten das Recht der Kirchen, den Gläubigen Vorschriften machen zu können. In der Wissenschaft forderten sie, alle bisherigen Annahmen mit wissenschaftlichen Verfahren (Experimente) zu überprüfen. Das Ziel der Aufklärer lag in der Selbstbestimmung jedes Einzelnen. Sie wollten, dass die Menschen selbstständig denken und eigene Entscheidungen treffen.

4 *Zum Beispiel als Inhalt eines Flugblattes:* „Die größte Errungenschaft unserer Revolution ist die Erkenntnis, dass alle Menschen gleich geboren sind und gleiche Rechte haben, wie es in der Erklärung der Menschen- und Bürgerrechte festgelegt ist. Warum also gelten diese Rechte nicht für die Frauen? Wir arbeiten ebenso hart wie die Männer, wir tragen Verantwortung für unsere Familien und Gemeinden, und wenn wir einen Fehler machen oder ein Verbrechen begehen, werden wir ebenso bestraft wie die Männer. Warum also dürfen wir nicht auch wählen gehen?"

5 *Anlass:* Der Sturm auf die Bastille am 14. Juli 1789 in Paris war der Anlass der Französischen Revolution. Dieses Gefängnis symbolisierte die alte Ordnung und die Willkür des KönigS. Die Bürgerinnen und Bürger wollten erreichen, dass das Versprechen einer Verfassung nicht wieder zurückgenommen wird. Sie wollten ebenfalls gleiche Rechte für den dritten Stand erreichen.
Ursachen: Frankreich befand sich in einer Zeit der sozialen Ungleichheit. Das System der Ständegesellschaft benachteiligte den dritten Stand, der die Mehrheit der Bevölkerung umfasste. Der dritte Stand trug im Hinblick auf Steuern und Abgaben im Vergleich zum ersten und zweiten Stand die größte Last. Außerdem litt das Land unter einer Wirtschaftskrise, wodurch die Menschen Hunger leiden mussten und die Staatskassen leer waren. Der dritte Stand hatte kein politisches Mitsprache-

recht. Die Ideen der Aufklärung jedoch beeinflussten die Menschen, traditionelle Werte infrage zu stellen und Ziele wie Freiheit und Gleichheit in den Vordergrund zu rücken.
Verlauf: Der Ballhausschwur, der am 20. Juni 1789 in Versailles stattfand, kennzeichnete die Entschlossenheit des dritten Standes zu einem revolutionären Vorgehen. Die Nationalversammlung sollte eine Verfassung ausarbeiten. Mit dem Sturm auf die Bastille begann am 14. Juli 1789 die Französische Revolution und markiert den Aufstand des Volkes und eine Zeit des WandelS. Die Erklärung der Menschen- und Bürgerrechte aus dem Jahr 1789 wurde in die neue Verfassung aufgenommen und trat 1791 in Kraft. Aus Frankreich wurde vorerst eine konstitutionelle Monarchie. Kurz darauf wurde die Monarchie vollständig abgeschafft und eine Republik ausgerufen. Nach der Hinrichtung des Königs wurde die Revolution radikaler. Die Jakobiner führten unter Robespierre eine Schreckensherrschaft, in der Tausende Menschen hingerichtet wurden.
Nach der Verhaftung und der Hinrichtung Robespierres durch die Gegner der Jakobiner nahm die Schreckensherrschaft ein Ende und die revolutionären Aktivitäten ließen nach. Inmitten eines instabilen Frankreichs nutzte der junge General Napoleon die politische Unsicherheit aus und ergriff 1799 die Macht. Er erklärte sich zum Ersten Konsul und beendete die Revolution.

6 *Schritt 1:* Auf der Karikatur sieht man drei Figuren im Vordergrund: zwei erschrocken aussehende Personen, die über einer dritten sich aus dem Liegen erhebenden Person stehen. Die sich am Boden bewegende Person befreit sich von Fesseln und will vermutlich zu den um sie liegenden Waffen greifen. Ihr Gesichtsausdruck erscheint von Entschlossenheit und Wut gezeichnet. Im Hintergrund kann man ein Heer und die Bastille erkennen. Unter der Illustration steht geschrieben: „Es wird Zeit, dass ich erwache, weil meine Ketten mir etwas zu starke Alpträume verursachen.“ Der Mann, der sich von den Fesseln befreit, trägt einfache Kleidung und einen Hut mit einem Abzeichen. Die eine, sich abwendende Person trägt eine schwarze Kutte und die andere eine Uniform. Die Karikatur wurde 1789 kurz vor dem Sturm auf die Bastille angefertigt.
Schritt 2: Die Karikatur stellt die Ständegesellschaft dar. Die sich erhebende Figur zeigt eine Person des dritten Standes, der bürgerliche Bevölkerung repräsentiert, und sich allmählich von seinen Fesseln zu lösen beginnt. Darauf verweist schon der Titel der Karikatur: „Das Erwachen des dritten Standes“. Er erhebt sich gegen die Vertreter des Adels und des Klerus, dessen Stände die anderen beiden Figuren symbolisieren.
Schritt 3: Der Zeichner wollte mit dieser Karikatur zum Ausdruck bringen, dass das Ende der Ständegesellschaft mit der Erhebung des dritten Standes gegen Adel und Klerus naht.

7 individuelle Lösungen

8 Die Erklärung der Menschenrechte beginnt mit der Formulierung, dass alle Menschen „von Geburt frei und gleich an Rechten“ sind. Von Anfang an wurden Frauen jedoch nicht erwähnt, auf sie wurde diese Erklärung nicht angewendet. Sie durften nicht wählen und Frauenclubs wurden aus Angst vor Schaden für die Revolution verboten. Auch für Sklavinnen und Sklaven galten die neuen Rechte nicht. Die Abschaffung der Sklaverei wurde zwar zunächst beschlossen, aus wirtschaftlichen Gründen aber wieder aufgehoben.
Abschließend lässt sich somit festhalten, dass die Erklärung der Menschenrechte 1789 ihrem eigenen Anspruch nicht gerecht wurde.

9 Napoleon bewahrte einige maßgebliche Ideen der französischen Revolution in seiner Herrschaft, wich aber auch von ihnen ab, um seine eigene Macht zu festigen. Er führte den Code civil ein, ein bürgerliches Gesetzbuch, das die Werte der Gleichheit vor dem Gesetz, Freiheitsrechte und das Recht auf Eigentum festlegte. Zudem förderte er die Bildung, indem er eine Schulpflicht einführte und Gymnasien sowie Universitäten gründete.
Auf der anderen Seite krönte er sich selbst zum Kaiser und erschuf ein autoritäres Regime, schränkte die Pressefreiheit ein und führte viele Kriege, die nicht mit den eigentlichen Friedensidealen der Revolution zusammenpassen.

10 Die Idee der Gewaltenteilung sowie der Menschen- und Bürgerrechte wurde in der Zeit nach der Französischen Revolution zur Richtschnur von Verfassungen in den Staaten EuropaS. Das Bild des deutschen Bundestages symbolisiert diese Ideen, die auch in der deutschen Verfassung verankert sind. 1945 wurde mit der Erklärung der Menschenrechte der Vereinten Nationen diese Idee der Französischen Revolution zum Prinzip der ganzen Welt.

11 Am 14. Juli 1789 stürmte die Bevölkerung von Paris das Stadtgefängnis Bastille. Dieses Datum gilt daher als der Beginn der Französischen Revolution und damit als das Ende der alten Herrschaft und als Beginn des modernen Frankreich. Mit dem Nationalfeiertag möchte man auch heute noch an die damaligen Ereignisse und den einschneidenden Umbruch in der französischen Geschichte erinnern.

Kapitel 6 → S. 206/207

1 1. Nationalstaat
2. Nationalhymne
3. Meinungsfreiheit
4. Rechtsstaat
5. Deutscher Bund
6. Emanzipation
7. Restauration
8. Liberalismus

2 **a** Der Wiener Kongress hatte die Errungenschaften der Französischen Revolution (Verfassung, Demokratie, Rechtsstaat) zunichtegemacht. Die Erinnerung daran blieb jedoch lebendig. 1848 begann ein Volksaufstand in Frankreich, der sich auf die deutschen Länder ausdehnte. Die Menschen verlangten das politische Mitspracherecht, die Informations- und Meinungsfreiheit. Daraufhin stellte der preußische König eine Verfassung in Aussicht. Danach fanden zum ersten Mal Wahlen zu einer Nationalversammlung statt, die am 08. Mai 1848 in der Paulskirche in Frankfurt am Main zusammentrat.

b Die Nationalversammlung entwarf eine Verfassung und bot dem preußischen König die Kaiserkrone an. Dieser lehnte jedoch ab, da nach seinem Glauben ein Monarch nur von Gott bestimmt werden könne und nicht vom Volk oder dessen gewählten Vertretern. Die Nationalversammlung löste sich demnach 1849 auf und die Verabschiedung der Verfassung war gescheitert.

3 Wie viele Juden seiner Zeit sah sich Heinrich Heine als gebildeter deutscher Bürger an. Trotz der rechtlichen Gleichstellung der Juden hatte er aber mit zahlreichen Diskriminierungen zu kämpfen. Er fürchtete, aufgrund seiner Herkunft beruflich benachteiligt zu werden. Heine wünschte sich, nach seiner Doktorarbeit in den Rechtswissenschaften an einer Universität arbeiten zu können. Von der Taufe versprach er sich, dass sie seine Chancen auf eine Anstellung verbessern würden. Diese Hoffnung sollte sich allerdings nicht erfüllen.

4 Bismarck hatte das Ziel, ein geeintes Deutsches Reich unter preußischer Führung zu bilden. Aus diesem Grund bemühte er sich, Österreich zu schwächen bzw. aus dem Deutschen Bund zu vertreiben. Er nutzte Bündnisse und Kriege, um dieses Ziel zu erreichen. Zunächst besiegten seine Truppen 1864 Dänemark im Krieg um Schleswig und Holstein – hier stützte er sich auf ein Bündnis mit Österreich. Kurz darauf drängte er Österreich nach dem „Deutschen Bruderkrieg" von 1866 aus dem Deutschen Bund. Mehrere Verbündete Österreichs wurden von Preußen übernommen. Schließlich provozierte Bismarck 1870 einen Krieg mit Frankreich, aus dem Preußen und seine Verbündeten ebenfalls siegreich zurückkehrten. Danach konnte der preußische König zum Kaiser des Deutschen Reiches ausgerufen werden.

5 *Schritt 1:* Das Bild zeigt den runden Innenraum der Paulskirche in Frankfurt, auf den man durch zwei Säulen blickt. Die Kirchenbänke sind in Vierteln angeordnet und dicht besetzt, ebenso eine Empore. Im Hintergrund befindet sich in der Mitte ein erhöhtes Pult für die Vorsitzenden der Versammlung, davor ein Rednerpult. Oben an der Wand hängt ein Gemälde einer Frauenfigur, rechts und links von diesem sind schwarz-weiß-rote Fahnen zu sehen. Die Bildlegende informiert darüber, dass das Bild keinen Gottesdienst zeigt, sondern die „Verfassunggebende deutsche National-Versammlung in der Paulskirche zu Frankfurt a. M.".

Schritt 2: Der Künstler heißt Carl Lill, der von 1807 bis 1871 lebte. Das Gemälde wurde 1848 angefertigt; vielleicht war der Künstler selbst bei der Versammlung anwesend.

Schritt 3: Die feierliche Darstellung des Ortes der Nationalversammlung soll die Errungenschaft des ersten Parlaments bzw. Nationalversammlung in Deutschland betonen.

6 Der Historiker Helmut M. Müller bezeichnet die Zeit nach 1848 in Deutschland als eine „Phase, die durch starres Festhalten an überholten politischen und gesellschaftlichen Verhältnissen geprägt ist". Nach 1848 war der politische Fortschritt blockiert, denn der preußische König und auch die Monarchen anderer Länder lehnten es ab, die eigene Macht von einer Verfassung einschränken zu lassen. Außerdem wurden Personen, die sich für Wahlen und Verfassungen eingesetzt hatten, verfolgt und zu hohen Haftstrafen, teilweise sogar zum Tode, verurteilt. Viele Menschen sahen keine Perspektive mehr in ihrer Heimat und entschieden sich daher zur Auswanderung.

7 In den Bereichen Technik und Wissenschaft gab es im Kaiserreich zahlreiche Fortschritte, die auch die industrielle Entwicklung vorantrieben. Ebenso fanden im Zusammenhang mit der Industrialisierung soziale Entwicklungen statt. Dazu zählt die Sozialgesetzgebung, die die Lage der neu entstandenen Arbeiterklasse verbessern sollte. Diese Prozesse sollten maßgebend sein für den Fortschritt in diesen Bereichen.
Andererseits war in gesellschaftlicher Hinsicht wenig Bewegung zu beobachten. Verhältnisse von Über- und Unterordnung, die am Militär orientiert waren, durchdrangen viele Bereiche des gesellschaftlichen LebenS. Auch Familienstrukturen und die Rolle der Frauen waren davon geprägt.

8 Die Wahlen zur Nationalversammlung wurden als allgemein und für alle gleich bezeichnet. Dies bezog sich jedoch nur auf männliche Wähler. Frauen waren weiterhin vom Wahlrecht ausgeschlossen. Was die Wahl zur Nationalversammlung außerdem von heutigen Wahlen unterscheidet, ist das Fehlen von politischen Parteien, wie wir sie heute kennen. Allerdings schlossen sich in der Versammlung damals Abgeordnete mit ähnlichen Auffassungen zu sogenannten Fraktionen zusammen.
Unter dem Stichwort „Wahlen in Deutschland" findet man weitere Informationen zum Thema Wahlen auf der Internetseite der Bundeszentrale für politische Bildung.

9 Im Kaiserreich waren die beruflichen Möglichkeiten für Frauen stark beschränkt. Ihnen standen nur wenige Ausbildungswege offen. Besonders zu akademischen Berufen wurde ihnen erst spät Zugang gewährt. Zudem durften Frauen bestimmte Berufe nur ausüben, solange sie nicht verheiratet waren. Dies galt z. B. für Lehrerinnen. In jedem Fall hatte der Ehemann die Entscheidungsgewalt darüber, ob und wo seine Frau arbeiten durfte. Auch über ihr Einkommen bestimmte er.
Seit 1945 steht im Grundgesetz „Männer und Frauen sind gleichberechtigt" (Art. 3). Das gilt auch für die Berufsausübung. Es dauerte allerdings noch viele Jahre, bis diese Bestimmung in alle Bereiche des Berufslebens Eingang gefunden hatte. Erst 1958 wurde in der Bundesrepublik das Recht des Ehemanns abgeschafft, den Arbeitsvertrag seiner Frau zu kündigen. Das Gesetz, das gleichen Lohn für gleiche Arbeit festlegt, wurde in der Bundesrepublik erst 1980 verabschiedet.
Auf der Internetseite der Bundeszentrale für politische Bildung kann man unter dem Stichwort „Frauen in Deutschland" noch mehr Informationen zum Wandel von Geschlechterverhältnissen in Arbeit und Politik finden.

Kapitel 7

→ S. 240/241

1 1-F; 2-A; 3-B; 4-C; 5-D; 6-J; 7-E; 8-I; 9-G; 10-H

2 **a** Die soziale Frage beschreibt die Notlage und die ungelösten Probleme der Arbeiterschaft und ihrer Familien während der Industrialisierung. Dazu zählten besonders ihre Armut, die Arbeits- und Wohnverhältnisse und Gesundheitsbedingungen.
b individuelle Lösungen

3 *Schritt 1:* Auf dem Foto ist ein junges, dünnes Mädchen in ärmlicher Kleidung zu sehen. Sie lehnt an einer Spinnmaschine und schaut in die Kamera.
Schritt 2: Es ist eine Schwarz-Weiß-Fotografie in Halbnahaufnahme. Die Maschine im Hintergrund, an der das Mädchen lehnt, ist bildfüllend. Es wird Kinderarbeit in einer Spinnerei in North Pownal, Vermont, USA im Jahr 1910 dargestellt. Der Foto-

graf Lewis Hine lichtete die zwölfjährige Arbeiterin Addie Card ab.

Schritt 3: Es ist ein gestelltes Foto, da das Mädchen in dem festgehaltenen Moment nicht arbeitet, sondern der Kamera zugewandt ist. Heute sehen wir die damalige Situation der Kinderarbeit als sehr problematisch an. Damals war solch eine Situation häufig notwendig und alltäglich. Dennoch ist das Foto vermutlich zu Informationszwecken für die Politik und Öffentlichkeit aufgenommen worden, um auf die Problematik der Kinderarbeit aufmerksam zu machen. Die Bedeutung des Fotos liegt wahrscheinlich in der Kritik an Kinderarbeit als Begleiterscheinung der Industrialisierung.

Schritt 4: Das Mädchen hat vermutlich an der Spinnmaschine gearbeitet und wird sich nach der Aufnahme wieder umgedreht und weitergearbeitet haben. Aus der Betrachtung ergeben sich Fragen wie: Was ist aus der jungen Arbeiterin geworden? Was hat sie verdient? Zur Beantwortung dieser und weiterer Fragen wäre eine Onlinerecherche notwendig.

4 Der Fotograf Lewis Hine lebte vom 16.09.1874–03.11.1949. Es fotografierte besonders viele Kinder bei der Arbeit, um auf diese Missstände aufmerksam zu machen. Weitere Informationen finden sich unter seinem Namen im Internet.

5 *Schritt 1:* Die Statistiken 1 und 2 machen Angaben darüber, in welchen Bereichen wie viele Menschen zwischen 1800 und 1914 in Deutschland gearbeitet haben.

Schritt 2: Die Statistiken sind Kreisdiagramme, die verwendeten Maßeinheiten sind Anteile in Prozent. Dargestellt ist der Anteil der Erwerbstätigen in den Bereichen Dienstleistungen, Landwirtschaft und Industrie und Handwerk in Deutschland im Vergleich der Jahre 1800 und 1914.

Schritt 3: Der Anteil der Erwerbstätigen in der Landwirtschaft hat sich im dargestellten Zeitraum nahezu halbiert. Der Anteil der Erwerbstätigen in Industrie und Handwerk ist dagegen stark angestiegen. Auch bei den Dienstleitungen ist ein Anstieg um 9 Prozentpunkte zu verzeichnen.

Schritt 4: Die Arbeit in den Fabriken hat stark zugenommen und wurde zum Hauptarbeitsort um 1914.

6

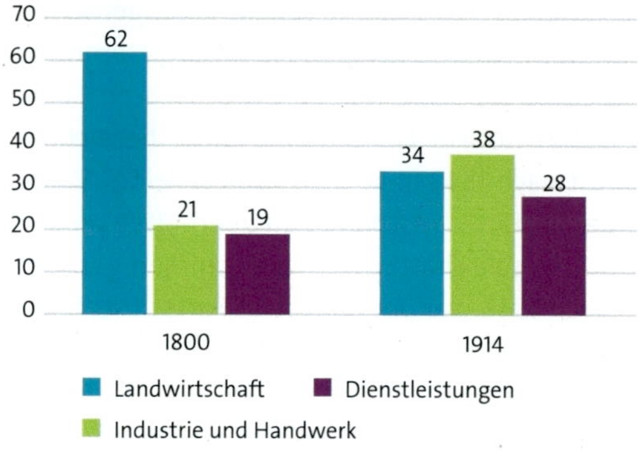

Balkendiagramme: Anteil der Erwerbstätigen nach Wirtschaftssektoren in Deutschland (Anteile in Prozent), 1800 und 1914

7 Aus heutiger Sicht brachte die Industrialisierung deutliche Probleme für die Bevölkerung in Deutschland mit sich. Einerseits führte sie zu großen Fortschritten in der technischen Entwicklung, erleichterte den Alltag (z. B. Wäsche waschen) und eröffnete neue Möglichkeiten wie das Reisen mit der Eisenbahn.

a Nach und nach wurden neue Gesetze eingeführt, um soziale Sicherheit zu gewährleisten, die Arbeitsbedingungen zu verbessern, die Schulbildung zu fördern und Interessensvertretungen zu gründen.

b Auch die Produktivität stieg, was sowohl für die Arbeiterschaft als auch für Unternehmer höhere Einkommen zur Folge hatte.

Andererseits gab es jedoch auch erhebliche Nachteile:

- Die Industrialisierung führte zu einer starken Umweltverschmutzung von Wasser und Luft, verursachte gesundheitliche Schäden und förderte Kinderarbeit.
- Zu Beginn mussten die Menschen unter extrem schlechten Arbeitsbedingungen arbeiten, mit sehr langen Arbeitszeiten und geringen Löhnen, und der Arbeitsschutz war unzureichend. Besonders Frauen waren stark belastet und hatten weniger Rechte.

  Die industrielle Entwicklung brachte zusammengefasst sowohl Fortschritte als auch Herausforderungen mit sich.

8

Produkt	Technischer Fortschritt	Ökologische Folgen
Auto	Schneller Transport	Schädigung des Klimas durch Autoabgase
Flugzeug	Schneller Transport, weite Strecken	Schädigung des Klimas durch Abgase
Internet	Mehr Informationen und Unterhaltung, leicht verfügbar	Hoher Energieverbrauch und damit Verschmutzungen der Umwelt

9 *Politik und Wirtschaft:* Entwicklung neuer, ressourcensparender Technologien und Förderung dieser. Gesetzliche Vorgaben und Einschränkungen für klimaschädliche Produkte.
Was ich selbst tun kann: Kauf- und Nutzungsentscheidungen treffen, die das Klima schonen, z. B. möglichst geringe Nutzung bzw. Vermeidung von klimaschädlichen Produkten (v. a. Auto und Flugzeug) und stattdessen Nutzen von Alternativen (z. B. öffentliche Verkehrsmittel).

Kapitel 8

→ S. 282/283

1. *Zum Beispiel:* Sozialdarwinismus, Mission, Friedenskonferenz, Attentat von Sarajewo, Julikrise, Balkankriege, moderne Waffen
2. *Zum Beispiel:* Imperialismus, Rassismus, Kolonien
   Zur Zeit des Imperialismus war die Bevölkerung in Europa davon überzeugt, dass sie den Menschen in Afrika überlegen seien. Mit diesem Rassismus begründeten die politischen Kräfte in Europa auch, dass sie Kolonien in den Gebieten für sich beanspruchen konnten.
3. *Zum Beispiel:* Deutsches Kaiserreich: u. a. Deutsch-Südwestafrika (heute Namibia und Südrand von Botswana), Deutsch-Westafrika bestehend aus Togoland (heute: Togo und der östliche Teil Ghanas)
   Großbritannien: u. a. Anglo-Ägyptischer Sudan (heute: Sudan), Basutoland (heute: Lesotho), Betschuanaland (heute: Botswana)
   USA: u. a. Liberia, Swan Islands (heute: Honduras), Puerto Rico
   Japan: Südsachalin (heute: Nord- und Südkorea), Mandschukuo-Staat (heute: Mandschurei), Formosa (heute: Taiwan)
   Die Karikatur über die Kongo-Konferenz 1884/1885 zeigt Reichskanzler Bismarck, der eine Torte mit Namen „Afrika" aufteilt. Der Karikaturist will damit die Anmaßung der europäischen Länder, unter anderem des Deutschen Reichs, kritisieren, einen ganzen Kontinent unter sich aufzuteilen.
4. *Schritt 1:* Die Karikatur zeigt eine Frau umgeben von bewaffneten Soldaten. Sie trägt eine Fahne, auf der das Wort „Zivilisation" zu lesen ist. Die Kleidung der Figuren auf der linken Seite ist teilweise blau-weiß-rot gestaltet. Zudem tragen sie viel Ausrüstung mit sich. Auf der rechten Seite befinden sich Menschen einer anderen Gruppe. Ihre Kleidung und Ausrüstung werden als sehr spärlich und einfach dargestellt, und auf ihrer Flagge, die sie emporhalten, steht das Wort „Barbaren".
   Schritt 2: Die Frau auf der linken Seite der Karikatur und ihre Gefolgsleute stehen für Frankreich, die Menschen auf der rechten Seiten für die afrikanische Bevölkerung.
   Schritt 3: Die Darstellung entspricht der Vorstellung vieler Europäer während der Zeit des ImperialismuS. Sie fühlten sich allen anderen überlegen. Die Gründe hierfür waren sehr unterschiedlich: Einige sahen sich als Gottes auserwähltes Volk, das das Christentum in die Welt bringen wollte. Andere beriefen sich auf die vermeintlich überlegene Kultur oder Technik EuropaS. Mit derartigen Erklärungen versuchten die Europäer, ihren Anspruch zu begründen, andere Menschen und Länder auszubeuten, zu unterdrücken und über sie zu herrschen.
5. Anlass des Krieges war das Attentat auf den österreich-ungarischen Thronfolger Franz Ferdinand und seine Frau Sophie am 28. Juni 1914 in Sarajevo. Die Ursachen waren die Aufrüstung, das Wettrüsten, die Verpflichtungen aus den militärischen Bündnissen, der Machtkampf um die Vorherrschaft auf dem Balkan sowie die jeweiligen Weltmachtansprüche.
6. *Schritt 1:* Das Denkmal wurde am 16. August 1908 in Swakopmund, Deutsch-Südafrika (heute: Namibia) aufgestellt.

Schritt 2: Es zeigt auf einem Steinblock eine am Boden liegende Person sowie eine auf der Spitze des Hügels stehende Person mit Uniform und Waffe. Die Plakette am Sockel trägt die Inschrift: „Den im Kampfe zur Erhaltung der Kolonie gegen die aufständischen Herero 1904–05 Gebliebenen des Marine-Expeditionskorps gewidmet. Ehre sei den bis in den Tod Getreuen." Die Figuren stehen für die deutschen Soldaten, die während des Herero-Aufstands verwundet oder getötet wurden.
Schritt 3: Für die deutschen Soldaten war das Denkmal eine Erinnerung für die Trauer um Gefallene sowie das Feiern ihrer Tapferkeit. Für die einheimische Bevölkerung sollte es als Mahnung und Abschreckung dienen. Heutzutage wirkt es stark deplatziert und diskriminierend, gleichzeitig erinnert es aber an die Gewalt der Imperialisten.
Die Wirkung, die das Denkmal ursprünglich haben sollte, hing vom Betrachter ab: Deutsche, die in der Kolonie lebten, sollten mit dem Denkmal an den Tod der Soldaten erinnert werden, die in dem Aufstand gekämpft hatten.
Für die einheimische Bevölkerung in der Kolonie sollte das Denkmal dagegen abschreckend wirken. Schließlich erinnerte es daran, dass der Herero-Aufstand blutig niedergeschlagen wurde.

7 Wie mit einem solchen Denkmal umzugehen ist, bleibt bis heute umstritten. Mögliche Argumente für den Abbau sind:
- Erinnerung an die blutigen Verbrechen durch die deutschen Kolonialherren;
- das Denkmal dient auch der Ehrung der damaligen deutschen Soldaten, was für viele Nachfahren der Herero nur schwer zu ertragen ist;
- es steht für die Fremdherrschaft durch die deutschen Kolonialherren und wird der Bevölkerung täglich präsentiert.

Mögliche Argumente gegen den Abbau:
- es ist Bestandteil der Geschichte des Landes;
- Erinnerung an den Mut der Herero, sich einem deutlich stärker bewaffneten Gegner zu widersetzen;
- der Abbau würde auch eine Veränderung, wie mit der eigenen Geschichte umgegangen wird, nach sich ziehen.

8 Die jungen Menschen in den Großstädten, die in sicheren Verhältnissen lebten, freuten sich auf ein spannendes Abenteuer. Aufgrund ihrer Lebensumstände ging es ihnen gut, vielleicht suchten sie deshalb eine Herausforderung und meldeten sich freiwillig zum Krieg. Sie jubelten vermutlich auch, wie auf Bild 5 (S. 283) zu sehen, dem Kaiser zu, als dieser den Eintritt in den Krieg verkündete.
In den Arbeitervierteln der Städte und auf dem Land lebten die Menschen jedoch in unsicheren Verhältnissen. Sie hatten im Alltag bereits viele Sorgen und Nöte, mit denen sie sich beschäftigten. In der Annahme, dass von in den Krieg ziehenden Männern viele im Krieg sterben könnten, verbarg sich zudem eine große Gefahr. Diese Männer würden in dem Fall ihre Familien nicht mehr versorgen können. Dieser Teil der Bevölkerung zeigte sich vermutlich nicht sehr kriegsbegeistert. Auch die Hamsterkäufe und der Ansturm auf die Banken zeigen, dass es eine weit verbreitete Unsicherheit darüber gab, welche Konsequenzen der Krieg für das tägliche Leben haben würde.

9 Um den Krieg zu verhindern und Frieden zu wahren, hätten sich die Politiker besonders während der Julikrise anders verhalten müssen. Das dürfte ihnen vermutlich auch zu damaliger Zeit bewusst gewesen sein. Es wäre durchaus möglich gewesen, die Anliegen der Friedensbewegung und auch der Haager Kongresse ernst zu nehmen. Stattdessen erteilte die deutsche Regierung die Erlaubnis, wodurch ein Krieg schon zu diesem Zeitpunkt möglich wurde. Eine friedliche Lösung schien schon zu diesem Zeitpunkt ausgeschlossen.
Die russische Mobilmachung war daraufhin ein Zeichen an alle in den Bündnissystemen handelnden Regierungen für den Krieg. Diese Bündnissysteme hätten grundsätzlich infrage gestellt werden müssen. Dies war aus Sicht der damaligen Politiker sicherlich eine schwer umsetzbare Aufgabe. Allgemein hätte im Juli 1914 der Wille zur Deeskalation von allen Regierungen deutlich in den Vordergrund gestellt werden müssen, um den Frieden zu wahren. Wenn man Bild 5 berücksichtigt, zeigt sich am Beispiel des deutschen Kaisers, dass der beginnende Krieg nicht als Problem, sondern vielmehr als Anlass zum Jubel genommen wurde.

10 Der Ausbruch des Ersten Weltkriegs 1914 war ein sehr einschneidendes ErlebniS. Historikerinnen und Historiker haben sich dennoch dafür entschieden, das Jahr 1917 als Epochenjahr zu betrachten. Das hat verschiedene Gründe:

- Beim Ausbruch des Krieges im Jahr 1914 war die spätere Großmacht USA noch nicht in den Krieg eingetreten.
- Die Oktoberrevolution 1917 und ihre Folgen in Sowjetrussland beeinflussten nicht nur den Ausgang des Ersten Weltkriegs, sondern reichten noch weit darüber hinaus.
- Die volle Tragweite des Ersten Weltkriegs war zu dessen Beginn noch nicht absehbar.

Wenn man diese Gründe berücksichtigt, erscheint die Entscheidung für das Jahr 1917 als Epochenjahr als sehr sinnvoll.

11 In vielen Ländern wirkt der Imperialismus bis heute nach: Es gibt instabile Regierungen, wirtschaftlich schwache Regionen und welche, die von ausländischen Firmen ausgebeutet werden. Zudem bestehen bis heute Konflikte zwischen Bevölkerungsgruppen, die gemeinsam in einem Land leben.

12 Es gibt verschiedene Ansätze, wie ein europäisches Land ehemalige Kolonien unterstützen kann. Wichtig ist dabei v. a., dass man sich als gleichberechtigte Partner wahrnimmt und eng miteinander zusammenarbeitet, um spezifische Bedürfnisse der betroffenen Länder zu berücksichtigen.
Zum Beispiel: Es kann ein kultureller Austausch in Form von Austauschprojekten (z. B. an Universitäten) stattfinden. Wirtschaftsprojekte könnten gemeinsam geplant sowie ein fairer Handel gefördert werden. Zudem könnten Entwicklungshilfe und Partnerschaften ausgebaut werden, indem durch Kooperationen mit lokalen Organisationen z. B. nachhaltige Projekte gefördert werden. Die generelle Anerkennung der Kolonialgeschichte, die Aufklärung in der Öffentlichkeit und eine offene Diskussion über Reparationen sollten dies stets begleiten.

Lexikon

Im Lexikon werden historische Begriffe erläutert, die in den Texten dieses Buches vorkommen. Die Grundbegriffe sind dabei in blauer Schrift geschrieben.

A

der **Absolutismus**
(lat. losgelöst, unabhängig) Herrschaftsform in Europa im 17. und 18. Jh., in der die Könige bzw. Fürsten ihre Herrschaft von Gott ableiteten und den Anspruch erhoben, weitgehend uneingeschränkt zu regieren

der **aufgeklärte Absolutismus**
Herrschaft eines absoluten Monarchen, der aber bestimmte Grundsätze der Aufklärung respektiert

die **Arbeiterbewegung**
Sie entstand als Folge der durch die Industrialisierung hervorgerufenen sozialen Missstände. Die zunehmende Verelendung der Arbeiter durch niedrige Löhne, lange Arbeitszeiten, schlechte Wohn- und Arbeitsverhältnisse usw. führte nach ersten spontanen Protestaktionen zu einer organisierten Bewegung. Die abhängigen Lohnarbeiter schlossen sich in Gewerkschaften, Genossenschaften und Arbeiterparteien zusammen.

die **Aufklärung**
Eine Reformbewegung des philosophischen, theologischen und politischen Denkens im 17. und 18. Jh., die sich auf die Vernunft stützte und für Meinungsfreiheit und Menschenrechte eintrat

B

die **Bürgerin**, der **Bürger**
Einwohnerinnen und Einwohner einer mittelalterlichen Stadt, die das Bürgerrecht besaßen und damit politisches Mitspracherecht hatten, z. B. die Wahl des Stadtrates

das **Bürgertum**
Darunter versteht man eine Gesellschaftsschicht, die über Besitz und Bildung verfügte. Die Mitglieder kamen zwar aus unterschiedlichen sozialen Gruppen, hatten aber die gleichen Interessen. Der Zugang zur Teilhabe an politischen Entscheidungen war ihnen allerdings verwehrt.

D

die **Demokratie**
Dies ist eine Regierungsform, in der der Wille des Volkes bestimmend ist. Ausgedrückt wird dies in unmittelbarer Teilnahme an den politischen Entscheidungen (direkte Demokratie) oder Wahlen (repräsentative Demokratie). Kennzeichen der modernen Demokratie sind u.a. Garantie der Menschenrechte, allgemeines, gleiches und geheimes Wahlrecht, Gewaltenteilung, Mehrparteiensystem, Minderheitenschutz.

der **Deutsche Bund**
Auf dem Wiener Kongress 1815 schlossen sich 34 deutsche Einzelstaaten (Territorialstaaten) und vier freie Städte im Deutschen Bund zusammen.

das **Deutsche Kaiserreich**
Das deutsche Kaiserreich existierte 1871–1918. Als erster deutscher Kaiser wurde der preußische König Wilhelm I. erhoben.

der **Dreißigjährige Krieg**
Ausgelöst 1618 durch den Prager Fenstersturz, weitete sich der Krieg von einem Religionskonflikt zu einem europäischen Staatenkrieg auf deutschem Boden auS. Die Folgen waren katastrophal: Neben den Verwüstungen waren die Bevölkerungsverluste am schwersten. Der Krieg endete 1648 mit dem Westfälischen Frieden.

der **dritte Stand**
Er bildete zur Zeit des Absolutismus die Mehrzahl der Bevölkerung: Bauern, Kleinbürger, Großbürger.

E

die **Emanzipation**
Dies bedeutet rechtliche und soziale Gleichstellung, hier von Juden.

der **Erste Weltkrieg**
Dieser Krieg begann im Jahr 1914 und endete im Jahr 1918. Die Soldaten des Deutschen Reichs und Österreich-Ungarns bekämpften die Armeen Frankreichs, Großbritanniens und RusslandS. Gekämpft wurde in Europa, in den Kolonien und auf den Ozeanen. Im November 1918 endete der Erste Weltkrieg mit der militärischen Niederlage des Deutschen Reichs und Österreich-UngarnS. Weltweit starben etwa neun Millionen Soldaten und mehr als sechs Millionen Zivilisten und Zivilistinnen. Im Gedächtnis der Menschen in Frankreich und Großbritannien ist der Krieg heute viel präsenter als in Deutschland.

evangelisch
So wurden die Anhänger Martin Luthers genannt, da sie allein dem Wort Christi in der Heiligen Schrift, dem Evangelium, verpflichtet waren.

die **Exekutive**
Dies ist die ausführende der drei Staatsgewalten (siehe Judikative und Legislative). In einer Demokratie sind dies die frei vom Volk gewählte Regierung und ihre Ausführungsorgane wie die Polizei oder verschiedene Ämter.

F

das **Feudalwesen**
Dies ist eine gesellschaftliche und politische Ordnung. Nach dieser Ordnung standen die Adligen und die Mitglieder der Kirche ganz oben. Sie verfügten über Land und verliehen ihr Land an ihre Untertanen (z.B. Ritter). Die Ritter konnten ihr Land an Bäuerinnen und Bauern weiterverleihen. Dafür mussten die Bäuerinnen und Bauern treue Dienste und Abgaben leisten.

die **Französische Revolution**
Als Französische Revolution bezeichnet man die Zeit zwischen 1789 und 1799 in Frankreich und den damit verbundenen politischen Umsturz. Sie beseitigte die Monarchie und weitgehend die Ständegesellschaft. Durch die Erklärung der Menschen- und Bürgerrechte 1789 wurden Ideale der Aufklärung umgesetzt.

G

die **Generalstände**
Dies ist seit dem Beginn des 14. Jahrhunderts die Versammlung der Vertreter der drei Stände von ganz Frankreich. Sie hatten die Aufgabe, den König zu beraten und Steuern zu bewilligen. Seit der Volljährigkeit Ludwigs XIV. wurden sie nicht mehr einberufen, erst 1789 traten sie wieder zusammen.

die **Gewaltenteilung**
Nach Ansicht der Aufklärer sollte die Gewalt in einem Staat in drei voneinander unabhängige Gewalten aufgeteilt sein: in die gesetzgebende, die vollziehende und die rechtsprechende Gewalt. Damit sollte dem Machtmissbrauch durch einen absolut herrschenden König vorgebeugt werden.

die **Gewerkschaft**
Organisation der Arbeiterschaft zur Vertretung ihrer Interessen, wie z.B. Löhne, Arbeitszeiten und -bedingungen betreffend

die **Glaubensspaltung**
Die Kritik Martin Luthers an der Kirche führte in den folgenden Jahrzehnten zur Glaubensspaltung der christlichen Kirche in katholische und evangelische Glaubensbekenntnisse.

das **Gottesgnadentum**
Dies ist eine Herrschaftsvorstellung, die sich daraus ableitet, die Herrschaft direkt von Gott empfangen zu haben und nur diesem gegenüber zur Rechenschaft verpflichtet zu sein.

die **Grundrechte**
Die Menschen- und Bürgerrechte werden auch als Grundrechte bezeichnet. In den Grundrechten sind die Pflichten des Staates und die individuellen Rechte und Freiheiten der Bürger festgelegt.

H

die **Hanse**
Dies war ein Zusammenschluss von Kaufleuten und Städten im Mittelalter zu Fahrtgenossenschaften. So wollten sie sich vor Überfällen schützen, aber vor allem ihren Gewinn steigern. In Süddeutschland entstand der schwäbische Städtebund, der bedeutendste aber wurde die Hanse in Norddeutschland. Sie beherrschte den gesamten Fernhandel im Nord- und Ostseeraum. Zeitweise gehörten bis zu 160 Städte dazu, die von der Hansestadt Lübeck aus geleitet wurden.

der **Humanismus**
Dies bezeichnet eine neue Denkart während der Renaissance, in der der umfassend gebildete Mensch selbst mit seinen Forschungen, Erkenntnissen und Urteilen im Mittelpunkt stand.

I

der **Imperialismus**
Imperialismus bezeichnet das Handeln eines Staates, um Macht über andere Länder fern der eigenen Landesgrenzen auszuüben. Dies kann durch direkte Gewalt wie Krieg passieren oder aber, indem das vermeintlich schwächere Land abhängig gemacht wird.

die **Industrialisierung**
Darunter versteht man die Zeit, in der Maschinen erfunden wurden. Statt mit eigener Muskelkraft konnte man nun mit Maschinen in derselben Zeit viel mehr Produkte herstellen. Die Industrialisierung begann in England am Ende des 18. JahrhundertS. Wir leben heute noch in einer Zeit, in der im-

mer wieder technische Erfindungen das Leben verändern.

J

der **Jakobiner**, die **Jakobiner**
Die Jakobiner waren zunächst ein politischer Klub, in dem über die Revolution diskutiert wurde. Der Name ging auf den ersten Treffpunkt, das Jakobinerkloster in Paris, zurück. Nach und nach sammelten sich bei den Jakobinern die Befürworter besonders radikaler Maßnahmen.

die **Judikative**
Richterliche Gewalt im Staat; sie ist eine der drei Staatsgewalten (siehe auch Exekutive und Legislative).

die **Julikrise**
Im Verlauf des Monats Juli 1914 entschieden die Regierungen der Großmächte über Krieg und Frieden in Europa.

K

der **Kolonie**
Gemeint sind überseeische Besitzungen eines europäischen Staates.

die **Kolonialisierung**
die gewaltsame Eroberung von Ländern, Unterdrückung und Ausbeutung der indigenen Bevölkerung

der **Kommunismus**
So wird die weltweite politische Bewegung bzw. die seit der Oktoberrevolution 1917 in Russland an die Macht gekommene politische Herrschaftsform bezeichnet. Oft wird der Begriff auch stellvertretend für Sozialismus verwendet.

die **Konfession**
Bezeichnung für die verschiedenen Bekenntnisse des christlichen Glaubens

die **konstitutionelle Monarchie**
Dies ist eine Staatsform, in der die absolute Macht des Monarchen durch eine Verfassung (Konstitution) beschränkt wird. Die Verfassung garantiert dem Parlament Rechte, z. B. Gesetze zu erlassen und die Finanzen zu kontrollieren.

der **Kreuzzug**, die **Kreuzzüge**
Die Kreuzzüge bezeichnen vom 11. bis zum 13. Jh. stattfindende Kriegszüge in den Nahen Osten. Ziele waren u. a., die muslimische Herrschaft über die heiligen Stätten der Christen zu beenden und den christlichen Glauben zu verbreiten.

L

die **Legislative**
(lat.: lex = Gesetz). Sie ist zuständig für die Beratung und Verabschiedung von Gesetzen; sie ist eine der drei Staatsgewalten (siehe auch Exekutive und Judikative).

der **Liberalismus**
Liberalismus heißt eine politische Einstellung, deren Anhänger für das politische Mitspracherecht des Einzelnen eintraten und die Garantie von Grundrechten forderten, ohne dabei vom Staat wesentlich eingeschränkt zu werden.

M

der **Markt**
Dies bezeichnet einen Handelsplatz, der mit dem Marktrecht ausgestattet war und eine eigene Rechtsordnung besaß. Der Marktherr (König, Bischof oder Fürst) garantierte den Marktfrieden und die Sicherheit. Streitigkeiten wurden vor einem eigenen Marktgericht verhandelt. Aus Marktplätzen entwickelten sich häufig mittelalterliche Städte.

die **Mediatisierung**
Einziehung eines weltlichen Gebietes und Eingliederung in größere Staaten

die **Menschen- und Bürgerrechte**
Unantastbare und unveräußerliche Freiheiten und Rechte jedes Menschen gegenüber den Mitmenschen und dem Staat: Dazu gehören das Recht auf Leben, auf freie Entfaltung der Persönlichkeit und das Recht auf Eigentum. Nach dem Vorbild der Unabhängigkeitserklärung der Vereinigten Staaten 1776 verkündete die französische Nationalversammlung 1789 die Erklärung der Menschen- und Bürgerrechte. Die Menschenrechte wurden seit dem 19. Jahrhundert in viele Verfassungen aufgenommen und 1948 von den Vereinten Nationen in der Menschenrechtskonvention als unveräußerliche Grundrechte jedes Menschen verabschiedet.

der **Militarismus**
Als Militarismus bezeichnet man eine Politik der Hochrüstung eines Staates, z. B. Deutschlands in der Zeit vor dem Ersten Weltkrieg, bei der alle anderen staatlichen Ausgaben zugunsten der Rüstungsausgaben zurückgestellt werden. Das militärische Denken bestimmt dann weitgehend die zivile Gesellschaftsordnung.

N

die **Nation**
Als solche versteht sich eine große Gruppe von Menschen, die durch Sprache, Sitten, Gebräuche und Geschichte eine gemeinsame Herkunft (lat. natio = Abstammung, Herkunft) haben.

der **Nationalismus**
politische Strömung des 19. Jhs., die einen gemeinsamen Nationalstaat anstrebt; heute Bezeichnung für ein übersteigertes Nationalbewusstsein, das die eigene Nation vor andere stellt

der **Nationalstaat**
ein Staat, dessen Bürgerinnen und Bürger sich durch gemeinsame Sprache und Geschichte als Nation verbunden fühlen

die **Nationalversammlung**
eine verfassunggebende Versammlung von Abgeordneten, die die ganze Nation vertritt

die **Neuzeit**
Dies ist die Geschichtsepoche von 1500 bis 1900.

O

die **Oktoberrevolution**
Nach Protesten gegen den Krieg im Februar 1917 und gegen die Lebensumstände in Russland stürzten die sogenannten Bolschewiki im Oktober 1917 gewaltsam die Zarenherrschaft und übernahmen die Macht im Land.

P

das **Parlament**
(frz. parler = reden) Dies ist die Bezeichnung für die Versammlung der Vertreter des Volkes, die – nach Rousseau – auch die Gesetze beschließen soll. Eine andere Bezeichnung des Parlaments ist Nationalversammlung.

der **Patrizier**, die **Patrizier**
(lat. patres = die Väter) In der städtischen Gesellschaft des Mittelalters waren die Patrizier wohlhabende Bürger mit besonderen Vorrechten bei der Stadtregierung.

die **Proletarier**
So bezeichnet man die Klasse der Lohnarbeiter in der industrialisierten Gesellschaft. Sie besitzen nichts außer ihren Nachkommen (= lat. proles), verfügen über keine Produktionsmittel wie Maschinen oder Fabriken und müssen vom Verkauf ihrer Arbeitskraft leben.

die **Protestanten**
Seit dem Reichstag zu Speyer im Jahr 1529 wurden die Anhänger Luthers auch als Protestanten bezeichnet. Dort war beschlossen worden, gegen die Reformation energisch vorzugehen. Dagegen hatten fünf Landesherren und 14 Reichsstädte protestiert.

R

die **Reformation**
(lat. reformatio = Erneuerung) Dies ist eine von Martin Luther ausgelöste Bewegung, die zur Gründung der evangelischen Kirche führte. Seit dieser Zeit ist das Christentum in mehrere Konfessionen gespalten.

die **Reichsgründung**
Bezeichnung für die Gründung des Deutschen Reichs nach dem Krieg gegen Frankreich 1871

die **Reichsverfassung**
Verfassung des Deutschen Reichs von 1871 mit Wahlen zum Reichstag, aber starker Stellung des Königs von Preußen als Kaiser

die **Renaissance**
(frz.: Wiedergeburt) Zeitspanne zwischen dem 14. und 16. Jahrhundert, die stark von der Antike geprägt war

die **Republik**
(lat. res publica = die öffentliche Sache) Begriff für eine Staatsform mit einer gewählten Regierung; durch Wahlen übt das Volk oder ein Teil des Volkes die Macht aus.

die **Restauration**
Bezeichnung für die Wiederherstellung der alten Ordnung nach einem Aufstand

der **Rheinbund**
Im Jahr 1806 traten 16 deutsche Reichsstädte und Fürstentümer aus dem Deutschen Reich auS. Sie gründeten den Rheinbund, dessen Schutzherr Napoleon war.

S

die **Säkularisation**
Dies ist die Auflösung von geistlichen Gebieten, die neuen, größeren Staaten zugeschlagen werden.

die **Schreckensherrschaft**
Die radikalen Jakobiner unter Robespierre errichteten nach der Hinrichtung des französischen Königs eine Schreckensherrschaft. Alle, die verdächtigt wurden, die Revolution nicht zu unterstützen, wur-

den vor ein Schnellgericht gebracht und in der Regel hingerichtet.

die **soziale Frage**
Dies meint die Notlage der Arbeiterschaft und ihrer Familien während der Industrialisierung, zu denen vor allem ihre Armut, die Arbeits- Wohn- und Gesundheitsbedingungen zählten.

die **Stadt**
Dies ist eine größere Siedlung mit eigenen Stadtrechten, z. B. Markt- und Münzrecht, eigener Gerichtsbarkeit und Recht der Selbstverwaltung.

der **Stadtherr**
Der Stadtherr ist Grundherr einer Stadt (Graf, Bischof, Herzog), der die Stadt auf seinem Gebiet gründete.

„Stadtluft macht frei."
Nach diesem Rechtsgrundsatz des Mittelalters war ein Leibeigener frei, wenn ihm die Flucht in die Stadt gelang und er von seinem Grundherrn nicht innerhalb eines Jahres gefunden wurde.

das **Stadtrecht**
Dies sind besondere Rechte einer Stadt, z. B. das Recht, eine Mauer zu bauen, Münzen zu prägen oder sich selbst zu verwalten.

der **Stand**, die **Stände**
Dies sind gesellschaftliche Gruppen, die sich voneinander durch Herkunft, Beruf und eigene Rechte abgrenzen. Im Mittelalter unterschied man zwischen dem Stand der Geistlichkeit, des Adels und der Bauern. In der städtischen Gesellschaft kamen noch die Bürger hinzu.

U

der **Unternehmer**
Eine Person, die einen Gewerbebetrieb als wirtschaftliches Unternehmen führt: Während der Industrialisierung kam den Leitern und Besitzern der jetzt entstehenden Industrieunternehmen, der Fabriken, immer größere Bedeutung zu. Sie entschieden über Investitionen, Einstellung und Entlassung der Arbeiter und z. B. Formen der Produktion.

V

die **Verfassung**
Die Verfassung legt ein Staat fest, nach welchen Regeln er organisiert ist und wie das Zusammenleben der Menschen funktionieren soll. Die Verfassung beschreibt das politische System, also wie das Land regiert werden soll.

der **Versailler Vertrag**
Im Jahr 1919 wurden in den Vororten von Paris zwischen den Siegern und den Besiegten des Ersten Weltkriegs insgesamt fünf Friedensverträge geschlossen. In Deutschland ist der Vertrag von Versailles am bekanntesten. Der Vertrag regelte, welche Konsequenzen für die Besiegten gelten sollten.

W

der **Westfälische Frieden**
Friedensvertrag nach dem Dreißigjährigen Krieg im Jahr 1648, der die Gleichberechtigung der christlichen Konfessionen festschrieb und den deutschen Landesfürsten eine weitgehende Unabhängigkeit vom Kaiser gewährte

der **Wiener Kongress**
Die Versammlung der europäischen Könige und Fürsten für die Neuordnung Europas im Jahr 1815.

Z

die **Zunft**
Das ist ein Zusammenschluss von Handwerkern einer Berufsrichtung in den mittelalterlichen Städten. Die Zunftordnung schrieb die Herstellung und den Verkauf von Waren sowie das Zusammenleben der Handwerker vor. Es galt der Zunftzwang, d. h., kein Meister durfte ohne Mitgliedschaft in einer Zunft seinen Beruf ausüben. Die Zünfte kümmerten sich auch um private Belange ihrer Mitglieder, z. B. um die Versorgung von Familie in Notlagen.

Register

Blaue Schrift: grundlegende Begriffe
Fettdruck: hauptsächliche Erläuterung eines grundlegenden Begriffs im Kapitel und Lexikon
* Worterklärung

Textquellenverzeichnis

* Dieser Text ist aus didaktischen Gründen gekürzt.
** Einzelne Formulierungen dieses Textes wurden aus didaktischen Gründen vereinfacht.

Die Sterne beziehen sich jeweils auf die unmittelbar zuvor stehende Quellenangabe.

1. Städte und Handel im Mittelalter

S. 13 Q1: Zit. n. Hermann de Buhr, Sozialgefüge und Wirtschaft des Mittelalters am Beispiel der Stadt, 3. Aufl., Frankfurt 1976, S. 17.* **S. 15 M1:** Winfried Ackermann, Wolfgang Protzner, Wurzeln unserer Gegenwart, Bd. 2. München (Ehrenwirth) 1987, S. 46. **S. 21 Q1:** Zit. n. Wolfgang Hug, Geschichtliche Weltkunde, Quellenlesebuch, Bd. 1, Frankfurt a. M. (Diesterweg) 1981, S. 268 f.* **S. 21 Q2:** Hiram Kümper, Michaele Pastors, Mittelalter, Schwalbach/TS. (Wochenschau-Verlag) 3. Aufl. 2014, S. 92.* **S. 21 Q3:** Hiram Kümper, Michaele Pastors, Mittelalter, Schwalbach/TS. (Wochenschau-Verlag) 3. Aufl. 2014, S. 95.* **S. 24 Q1:** Zit. n. Evamaria Engel, Frank-Dietrich Jacob, Städtisches Leben im Mittelalter. Schriftquellen und Bildzeugnisse, Köln/Wien (Böhlau) 2006, S. 32.* **S. 27 Q1:** Zit. n. Hist. Kommission der Bayer. Akademie der Wissenschaften (Hg.), Die Chroniken der deutschen Städte, Bd. 23, Leipzig (Hirzel) 1894, S. 21 f. und 135 ff.** **S. 29 Q1:** Zit. n. Julius Schoeps, Hiltrud Wallenborn (Hg.), Juden in Europa – ihre Geschichte in Quellen, Bd. 1, Darmstadt 2001, S. 120 f.* **S. 29 M1:** Zit. n. Dr. Sophia Schmitt, in: https://www.jgk.geschichte.uni-muenchen.de/jued_gesch_im_schulunterricht/kommentierte-quellen/quellenpapier_mittelalter.pdf (abger. 22.08.2024) **S. 31 Q1:** Zit. n. Heinrich Pleticha, Bürger, Bauern, Bettelmann. Stadt und Land im späten Mittelalter, Würzburg (Arena) 1976, S. 87.**

2. Begegnungen dreier Religionen: Juden, Christen und Muslime

S. 45 M1: Jens Rosbach am 20.04.2016: https://www.deutschlandfunk.de/gemeinsamkeiten-der-weltreligionen-von-naechstenliebe-und-100.html#:~:text=Auf%20gute%20Taten%20k%C3%B6nnen%20sich,Deinen%20N%C3%A4chsten%20wie%20Dich%20selbst%E2%80%9C.* **S. 47 Q1:** Zit. n. Marek Meissner, Die Welt der sieben Meere. Auf den Spuren arabischer Kaufleute und Piraten. Aus dem Polnischen übertragen von Stefan Schreiner, Leipzig und Weimar (Kiepenheuer) 1980, S. 10.* **S. 47 Q2:** Zit. n.: Aronius, Julius (Hrsg.), Regesten zur Geschichte der Juden im fränkischen und deutschen Reiche bis 1273. Berlin (Simion) 1902, Nr. 113, 50.* S. 53 Q1: Roberti Monachi, Historia Hierosolymitana, zit. nach Recueil des historiens des croisades, Bd. 3, Paris 1866 (Neudruck 1967 Gregg Press), S. 727 f., überS. v. Hans-Joachim Cornelißen.* **S. 53 Q2:** Francesco Gabrieli (Hg.), Die Kreuzzüge aus arabischer Sicht, überS. v. Barbara von Kaltenborn-Stachau unter Mitw. von Lutz Richter-Bernburg, Zürich (Artemis) 1973, S. 49 f.* **S. 54 Q1:** Guilhabert de Castres, Memoriam Montrealensis, VI, 7f. zit. n. Die Kreuzzüge in Augenzeugenberichten, hgg. v. Régine Pernoud, überS. v. Hagen Thürnau, München (dtv) 5. Aufl. 1980, S. 42 ff.** **S. 54 Q2:** Guilhabert de Castres, Memoriam Montrealensis, VI, 7f. zit. n. Die Kreuzzüge in Augenzeugenberichten, hgg. v. Régine Pernoud, überS. v. Hagen Thürnau, München (dtv) 5. Aufl. 1980, S. 31 ff.** **S. 55 Q3:** Guilhabert de Castres, Memoriam Montrealensis, VI, 7f. zit. n. Die Kreuzzüge in Augenzeugenberichten, hgg. v. Régine Pernoud, überS. v. Hagen Thürnau, München (dtv) 5. Aufl. 1980, S. 57 ff.** **S. 55 Q4:** Würzburger Annalen zum Jahr 1147, MGH SS 16f. zit. n. Idee und Wirklichkeit der Kreuzzüge, eingel. u. zsgest. v. Hans Eberhard Mayer, Idee und Wirklichkeit der Kreuzzüge, Germering (Stahlmann) 1965, S. 19.** **S. 56 Q1:** Zit. n. Régine Pernoud, Frauen zur Zeit der Kreuzzüge, überS. v. Liselotte Lüdicke Pfaffenweiler (Centaurus-Verl.-Ges.) 1993, S. 13 ff.* **S. 56 M1:** Christine Dernbecher, „Deum et virum suum diligens". Zur Rolle und Bedeutung der Frau im Umfeld der Kreuzzüge, St. Ingbert (Röhrig), 2003, S. 57 f.* **S. 57 Q2:** Zit. n. Christine Dernbecher, „Deum et virum suum diligens". Zur Rolle und Bedeutung der Frau im Umfeld der Kreuzzüge, St. Ingbert (Röhrig), 2003, S. 57 f.* **S. 57 Q3:** Peter Milger (Übers.): Die Kreuzzüge. Kriege im Namen Gottes, Bielefeld (Bertelsmann) 1988, S. 77.* **S. 59 Q1:** Zit. n. Die Kreuzzüge in Augenzeugenberichten, hgg. v. Régine Pernoud, überS. v. Hagen Thürnau, Düsseldorf (Rauch) 1961, S. 125.** **S. 59 Q2:** Zit. n. Francesco Gabrieli (Hg.), Die Kreuzzüge aus arabischer Sicht, überS. v. Barbara von Kaltenborn-Stachau unter Mitw. von Lutz Richter-Bernburg, München (dtv) 1975, S. 122.* **S. 61 Q1:** Zit. n. Der Koran, überS. v. Rudi Paret, Stuttgart u. a. (Kohlhammer) 2. Aufl. 1979, o. S.* **S. 61 Q2:** Ibn Dschubair, Tagebuch eines Mekkapilgers, aus dem Arab. übertr. und bearb. von Regina Günther, Berlin (Goldmann) 1988, S. 213, 224.* **S. 63 M1:** Grundgesetz für die Bundesrepublik Deutschland, zit. n.: https://www.bundestag.de/gg (abger. 01.12.2023) **S. 64 M1:** Stephan Schlensog, Religion und Gewalt (Themenblätter im Unterricht), hgg. v. Bundeszentrale für politische Bildung 2002, S. 1 zit. n.: https://www.bpb.de/shop/materialien/themenblaetter/36799/religion-und-gewalt/ (PDF abger. 01. 12. 2023)* **S. 65 M2:** Bundeskanzler Olaf Scholz am 23.März 2023 in einem Grußwort an die Muslime, zit. n.: https://www.bundeskanzler.de/bk-de/aktuelles/grusswort-kanzler-ramadan-2172842 (abger. 01.12.2023) **S. 65 M3:** Zit. n.: https://www.weisstduwerichbin.de/ueber-uns/das-projekt/* **S. 66 M1:** Zit. n. Gregor Delvaux de Fenffe https://www.planet-wissen.de/gesellschaft/medizin/pharmaindustrie/pwwbarzneimittelgeschichte102.html#:~:text=Heilkundige%20M%C3%B6nche,-Mit%20dem%20Untergang&text=Doch%20wurden%20die%20bedeutenden%20Texte,die%20Werke%20ins%20Lateinische%20zur%C3%BCck. (abger. 01.12.2023) * **S. 67 Q1:** Ibn Schubair, I., Tagebuch eines Mekkapilgers, in: Jonathan Phillips, Heiliger Krieg. Eine neue Geschichte der Kreuzzüge, überS. v. Norbert Juraschitz, München (DVA) 2011, S. 91 f.* **S. 67 M2:** Richard Gramlich in: Wie tolerant ist der Islam? hg. v. Walter Kerber, München (Kindt) 1991, S. 80.* **S. 67 Q2:** Gottfried Guggenbühl und Otto Weiss, (Hrsg.), Quellen zur allgemeinen Geschichte, Bd. 2, Zürich (Schulthess) 1973, S. 264**

3. Neues Denken, neue Wege, neue Zeit

S. 73 Q1: John R. Hale, Fürsten, Künstler, Humanisten. Renaissance: Anbruch der Neuzeit, hrsg. und überS. von Maria Poelchau. Reinbek (Rowohlt) 1973, S. 26.* **S. 75 Q1:** Zit. n. Emil Wohlwill, Galilei und sein Kampf für die copernicanische Lehre, Band 2, Hamburg, Leipzig (Voss) 1926, S. 181.* **S. 84 Q1:** Christoph Kolumbus, Bordbuch, überS. v. Anton Zahorsky, München (Hugendubel) 2006, S. 35 ff. **S. 84 Q2:** Christoph Kolumbus, Bordbuch, überS. v. Anton Zahorsky, München (Hugendubel) 2006, S. 35 ff.* **S. 85 Q3:** Laurent Binet, Eroberung, überS. v. Kristian Wachinger, Rowohlt Buchverlag, 2020, S. 35 ff.* **S. 87 Q1:** Richard Konetzke, Lateinamerika seit 1492, Stuttgart (Klett), 1971, S. 3 ff. **S. 88 M1:** Berthold Riese, Das Reich der Azteken. Geschichte und Kultur. München, 2011. S. 35.* **S. 89 Q1:** Die Eroberung Mexikos: eigenhändige Berichte an Kaiser Karl V.; 1520–1524 / Hernán CortéS. Neu hrsg. und bearb. von Hermann Homann. **S. 93 Q1:** Zit. n. Georg A. Narciss (Hg.), Denkwürdigkeiten des Hauptmanns Bernal Diaz del Castillo oder Wahrhafte Geschichte der Entdeckung und Eroberung Neuspanien (Mexiko), Anhand d. neuesten span. u. mexikan. Ausg. u. unter Verwendung alter dt. ÜberS. durchges., bearb. u. neu ans Licht gebracht von Georg A. Narciss, Stuttgart (Steingrüben) 1965, S. 240.* **S. 93 Q2:** Zit. n. Peter Knoch, KolonialismuS. Die Entdeckung der Unterentwicklung am Beispiel Lateinamerikas, Weinheim (Beltz) 1978, S. 65.* **S. 95 Q1:** Strosetzky, Christoph (Hrsg): Der Griff nach der neuen Welt, Der Untergang indianischen Kulturen im Spiegel zeitgenössischer Texte, Frankfurt/M (Fischer) 1990, S. 274. **S. 97 M1:** zit. n. https://www.bpb.de/kurz-knapp/hintergrund-aktuell/142194/un-tag-der-indigenen-bevoelkerungen/ (abger. 03. 05. 2024)

4. Von der Reformation zum Dreißigjährigen Krieg

S. 105 M1: Hans Kühner (Hrsg. und Übers.): Neues Papstlexikon, Frankfurt/M (Fischer) 1973, S. 43. **S. 107 Q1:** Die 95 Thesen Martin Luthers zit. n. https://www.ekd.de/95-Thesen-10864.htm (abger. 16. 05. 2024)** **S. 109 Q1:** Elisabeth von Rochlitz, zit. n. Hella Kaiser, Ausstellung in Sachsen: „Ich leg kein Blatt vors Maul“, in Tagesspiegel, 11. 06. 2014, https://www.tagesspiegel.de/kultur/ich-leg-kein-blatt-vors-maul-5441197.html#:~:text=%C3%9Cber%20Luther%20schreibt%20sie%3A%20%E2%80%9Elst,Elisabeth%20z%C3%BCgig%2C%20die%20Reformation%20einzuf%C3%BChren. **S. 112 Q1:** Luther, Martin, Sendbrief vom Dolmetschen, in: Dr. Martin Luthers Werke, Bd. 30, Weimar (Böhlau) 1909, S. 636.** **S. 112 M1:** Zit. n. https://www.luther2017.de/reformation/und-gesellschaft/deutsche-sprache/wem-hat-luther-aufs-maul-geschaut-luthers-einfluss-auf-die-sprache/ (abger. 16. 05. 2024)* **S. 112 M2:** Martin Luther, „Ein feste Burg ist unser Gott“ (Text und Melodie 1521–1524; Melodie unter Mitarbeit von Johann Walter) zit. n.: https://de.wikisource.org/wiki/Ein_feste_Burg_ist_unser_Gott (abger. 16. 05. 2024), dort: Textgestalt aus 1000 deutsche Gedichte und ihre Interpretationen, hgg. von Marcel Reich-Ranicki 1920–2013, Frankfurt a. M. (Insel) 1984, S. 31–32 (Scan auf Commons), dort aus: Die deutschen und geistlichen Lieder, hgg. von Gerhard Hahn, Tübingen (Max Niemeyer Verlag) 1967.* **S. 116 Q1:** Martin Luther, Von der Freiheit eines Christenmenschen", zit. n. https://www.luther2017.de/martin-luther/texte-quellen/lutherschrift-von-der-freiheit-eines-christenmenschen/index.html (abger. 22. 08. 2024) **S. 117 Q1:** Hans-Joachim Steigerthal, Reformation und Gegenreformation/Glaubenskriege, Stuttgart (Klett) 1993, S. 54 f.** **S. 119 Q1:** Joachim Betge, Excidium Germaniae, zit. n. Peter Lahnstein, Das Leben im Barock. Zeugnisse und Berichte 1640–1740, Stuttgart u. a. (Kohlhammer) 1974, S. 22 f.** **S. 120 Q1:** Johann Tserclaes Graf von Tilly an Kurfürst Maximian v. Bayern, Buxtehude 25. 01. 1628, BayHStA Kurbayern Äußeres Archiv 2376 fol 133r-134v, zit. n. Geschichte Lernen 65/1998, 1648, S. 24.** **S. 120 Q2:** Peter Hagendorf – Tagebuch eines Söldners aus dem Dreißigjährigen Krieg, hgg. v. Jan Peters, Göttingen (V & R Unipress) 2012, S. 100 ff.** **S. 121 Q1:** HHStA Wien, Kriegsakten 63 II fol. 49–80v, hier fol. 62 f.: Einquartierungslisten des Pappenheimischen Regiments u. a. in Grösselfingen bei Nördlingen vom 6. Bis 19. Juni 1625, zit. n. Geschichte Lernen 65/1998, 1648, S. 24.** **S. 123 Q1:** Klara Staigers Tagebuch. Aufzeichnungen während des Dreißigjährigen Krieges im Kloster Mariastein bei Eichstätt, hgg. v. Ortrun Fina, Regensburg (Pustet) 1981, S. 46, zit. n. Praxis Geschichte 5 /2021, Dreißigjähriger Krieg, S. 30.** **S. 125 M2:** Aufruf zur Bildung einer Menschenkette für den Frieden von Osnabrück nach Münster am 24. 02. 2023, zit. n.: https://www.evangelische-friedensarbeit.de/meldungen-friedensarbeit/peace-now-menschenkette-von-muenster-nach-osnabrueck **S. 127 Q1:** Zit. n. Gerhard Schormann, Hexenprozesse in Deutschland (Vandenhoeck & Ruprecht) Göttingen 1986, 46 f.** **S. 127 Q2:** Zit. n. Eva Maria und Wilhelm Lienert, Die geschändete Ehre der Rebekka L. oder: Ein ganz normaler Hexenprozeß, in: Praxis Geschichte 4/1991, S. 37.**

5. Absolutismus, Aufklärung und Französische Revolution

S. 135 Q1: Zit. Karl Heinrich Peter, Briefe zur Weltgeschichte, Stuttgart (Cotta) 1961, S. 202.* **S. 137 Q1:** Immanuel Kant, Was ist Aufklärung?? Thesen und Definitionen, hgg. v. Ehrhard Bahr, Stuttgart (Reclam) 1974, S. 9 f.* **S. 137 Q2:** Moses Mendelssohn* **S. 139 Q1:** Georg Christoph Lichtenberg, Sudelbücher Heft J (1438). **S. 139 Q2:** Georg Forster, Reise um die Welt, hrsg. u. mit e. Nachw. von Gerhard Steiner, Frankfurt a. M. (Insel) 1983, S. 207 f.* **S. 141 Q1:** Friedrich II. 22. 05. 1740.** **S. 141 Q2:** Jan Kusber, Katharina die Große:

Legitimation durch Reform und Expansion, Stuttgart (W. Kohlhammer) 2022, S. 62. **S. 143 Q1:** Jacques-Bénigne Bossuet, Politique tirée des propes paroles de L´Ecriture Sainte, Paris 1709, Buch 2–6, zit. n. Fragen an die Geschichte 3. hg. v. Heinz Dieter Schmid. Frankfurt a. M. 1981., S. 24.* **S. 143 Q2:** Irmgard u. Paul Hartig (Hrsg.), Die Französische Revolution im Urteil der Zeitgenossen und der Nachwelt, Stuttgart (Klett) 1990, S. 11. **S. 147 Q1:** Zit. n. Gerhard Schneider, Die Französische Revolution 1789–1799, Schwalbach/Ts (Wochenschau-Verlag) 2012. S. 46. **S. 147 Q2:** Zit. n. Gerhard Schneider, Die Französische Revolution 1789–1799, Schwalbach/Ts (Wochenschau-Verlag) 2012. S. 44. **S. 149 Q1:** Albert Soboul, 1790 – L'an un de la libertè, überS. v. Gerhard Schneider, Paris 1950, S. 219 ff., zit. n. Gerhard Schneider, Die Französische Revolution 1789–1799, Schwalbach/Ts (Wochenschau-Verlag) 2012, S. 58.** **S. 151 Q1:** Zit. n. Geschichte in Quellen, Bd. 4, hg. v. Wolfgang Lautemann u. a., München (bsv) 1981, S. 199 ff.* **S. 155 Q1:** Zit. n. Wolfgang Lautemann, Manfred Schlenke (Hg.), Geschichte in Quellen, Bd. 4: Amerikanische und Französische Revolution, bearb.v. Wolfgang Lautemann, München (bsv) 191, S. 215. **S. 155 Q2:** Zit. n. Irmgard A. und Paul Hartig (Hg.), Die Französische Revolution, Stuttgart (Klett) 1989, S. 11 f. **S. 159 Q1:** Zit. n. Albert Soboul, Die Große Französische Revolution, Frankfurt a. M. (Europ. Verlagsanstalt) 1973, S. 332.* **S. 159 M1:** Francois Furet, zit. n. Berthold Seewald, in: Welt online v. 27.07.2029: https://www.welt.de/geschichte/article197513411/Franzoesische-Revolution-Mit-Robespierres-Tod-endet-der-Terror.html (abger. 25. 03. 2014) **S. 163 Q1:** Zit. n. Friedrich M. Kircheisen, Gespräche Napoleons des Ersten, Stuttgart (Lutz) 1912, o. S.* **S. 164 Q1:** Bernd Sösemann, Revolution und Reform: Modernisierung von Staat und Gesellschaft in Frankreich und Deutschland um 1800, Stuttgart/Düsseldorf/Leipzig (Klett) 1997, S. 54 f.* **S. 165 Q1:** Ernst Moritz Arndt, „Der Gott, der Eisen wachsen ließ“ v. 1812, Melodie: Albert Methfessel zit. n. https://www.volksliederarchiv.de/der-gott-der-eisen-wachsen-liess/ (abger. 25. 03. 2024,), dort: Ernst Moritz Arndt „Lieder für Teutsche“ im Jahre der Freiheit 1813, Leipzig (Fleischer) 1813, S 81.* **S. 166 M1:** Aus dem Grundgesetz der Bundesrepublik Deutschland, zit. n. https://www.schule-bw.de/faecher-und-schularten/gesellschaftswissenschaftliche-und-philosophische-faecher/gemeinschaftskunde/materialien-und-medien/staat/gewaltenteilung_grundgesetz.htm (abger. 25. 03. 2024)* **S. 167 Q1:** Auszug aus der Erklärung der Menschenrechte der UNO vom 10. Dezember 1948, zit, n. https://unric.org/de/allgemeine-erklaerung-menschenrechte/ (abger. 25. 03. 2024).* **S. 169 Q1:** Zit. n. Hans Christoph Buch, Die Scheidung von San Domingo: wie d. Negersklaven von Haiti Robespierre beim Wort nahmen, Berlin (Wagenbach) 1976, S. 88. **S. 169 Q2:** Zit. n. Hans Christoph Buch, Die Scheidung von San Domingo: wie d. Negersklaven von Haiti Robespierre beim Wort nahmen, Berlin (Wagenbach) 1976, S. 88. **S. 169 Q3:** Zit. n. Hans Christoph Buch, Die Scheidung von San Domingo: wie d. Negersklaven von Haiti Robespierre beim Wort nahmen, Berlin (Wagenbach) 1976, S. 88.*

6. Auf dem Weg zum Nationalstaat

S. 177 Q1: Hans Dieter Dyroff, Der Wiener Kongress 1814 bis 15: Die Neuordnung Europas, München (dtv) 1966, S. 111. **S. 179 Q1:** "Die Gedanken sind frei" (Text: unbek. Autor 1780–1790; Melodie: unbek. Autor, um 1800). Schlesische Volkslieder mit Melodien: Aus dem Munde des Volkes von August Heinrich Hoffmann von Fallersleben, Ernst Heinrich Leopold Richter, Leipzig (Breitkopf & Härtel) 1842, S. 307.* **S. 181 Q1:** Der deutsche Mai/Hambach-Lied. Text von Philipp Jakob Siebenpfeiffer 1832; Melodie: Friedrich Schiller (1797), zit. n. Wilhelm Herzberg, Das Hambacher Fest: Geschichte der revolutionären Bestrebungen in Rheinbayern um das Jahr 1832, Ludwigshafen (Gerisch & Cie) 1908, S. 109., https://www.neustadt-hambach.de/geschichte/hambacher-fest-1832/ (abger. 11. 04. 2024)* **S. 183 Q1:** Zit. n. Julius Höxter, Quellenbuch zur jüdischen Geschichte und Literatur, V. Teil, Frankfurt, 1930, S. 21 ff.* **S. 189 Q1:** Zit. n. Hans Jessen (Hg.), Die deutsche Revolution 1848/49 in Augenzeugenberichten, München (dtv) 1973, S. 23. f. u. 46 f.** **S. 191 Q1:** Ernst Rudolf Huber, Dokumente zur deutschen Verfassungsgeschichte, Bd. 1, Nr. 102, Stuttgert 1961, S. 304 ff., zit. n. Geschichte in Quellen, Das bürgerliche Zeitalter 1815–1914, hg. v. Wolfgang Lautemann u. a., bearb. v. Günter Schönbrunn München (bsv) 1980, S. 228 ff. **S. 193 Q1:** Zit. n. Wolfgang Venohr, Friedrich Kabermann (Hrsg.), Brennpunkte der deutschen Geschichte: 1450–1850, Kronberg (Athenäum) 1978, S. 292. **S. 193 Q2:** Zit. n. Franz X. Vollmer, Vormärz und Revolution 1848/49 in Baden, Frankfurt a. M. (Diesterweg) 1979, S. 154.* **S. 197 Q1:** Otto von Bismarck, Die gesammelten Werke, hg. v. Konrad Canis u. a., Bd. 7, Berlin (Stollberg) 1924, S. 301 f. zit. nach Günter Schönbrunn (Hg.), Das bürgerliche Zeitalter 1815–1914 (= GiQ, Bd. 5, hg. v. Wolfgang Lautemann und Manfred Schlenke), München (bsv) 1980, S. 884.* **S. 197 Q2:** Otto von Bismarck, Gesammelte Werke, Bd. 5, hgg. v. Bruno Walden, Berlin (UV) 1941, S. 95.* **S. 199 M1:** Helmut M. Müller, Schlaglichter der deutschen Geschichte, Bonn (BpB) 1987. **S. 203 Q1:** Zit. nach Wolfgang Emmerich (Hg.), Proletarische Lebensläufe, Bd. 1, Reinbek b. Hamburg (Rowohlt) 1979, S. 89 f.** **S. 205 Q1:** August Heinrich Hoffmann von Fallersleben, „Das Lied der Deutschen“ (Text 1841); Melodie: Joseph Haydn 1797, zit. n. Theodor Echtermeyer, Deutsche Gedichte, hg. von Benno von Wiese, Düsseldorf (Schwann-Bagel) 1982, o. S.* **S. 205 Q2:** Ernst Moritz Arndt, Über Volkshass, Berlin 1813 zit. n. Michael Jeismann und Henning Ritter (Hg.), Grenzfälle. Über neuen und alten Nationalismus, Leipzig (Reclam) 1993, S. 328 ff.* **S. 205 Q3:** Heinrich Heine, Diesseits und jenseits des RheinS. **S. 207 M2:** Zit. n. https://www.hu-berlin.de/de/ueberblick/geschichte/persoenlichkeiten/heinrich-heine (abger. 22. 08. 2024)* **S. 207 M3:** Helmut M. Müller, Schlaglichter der deutschen Geschichte, Bonn (BpB) 1987.

7. Industrialisierung und soziale Frage

S. 217 Q1: Friedrich List, Schriften, Reden, Briefe. Bd. 1/Teil 2, hg v. Erwin Beckerat u. a., Berlin (R. Hobbing) 1929, S. 491 f. **S. 218 Q1:** Henry Ford, mein Leben und Werk (zuerst London 1924), Leipzig (List) o. J., S. 122–124, zit. n. Industrialisierung, zusammengestellt und bearbeitet v. Gerhard Henke-Bockschatz, Industrialisierung, Schwalbach /TS. (Wochenschau-Verlag) 3. Aufl. 2012, S. 119.* **S. 222 Q1:** Der Textilarbeiter, Nr. 6, 1909, S. 44.* **S. 222 Q2:** Ernst Abbe, Gesammelte Abhandlungen, Jena (Fischer) 1906, S. 74.** **S. 222 Q3:** Adelheid Popp, Jugendgeschichte iner Arbeiterin, Stuttgart (Dietz) 1922, S. 11–13.* **S. 223 M2:** Wolfgang Ruppert, Die Fabrik, Geschichte von Arbeit und Industrialisierung in Deutschland, München (C. H. Beck) 1983, S. 50* **S. 225 Q1:** Alfred Krupp, Ein Wort an meine Angehörigen, in: Alfred Krupps Briefe 1826–1887, im Auftrag der Familie hrsg. von Wilhelm Bredow, Berlin 1928, S. 343 f., zit. n. Industrialisierung, zusammengestellt und bearbeitet v. Gerhard Henke-Bockschatz, Industrialisierung, Schwalbach /TS. (Wochenschau-Verlag) 3. Aufl. 2012, S. 142.* **S. 227 Q1:** "Die Internationale" von Eugène Pottier (Text:) 1871; Melodie: Pierre Degeyter (1888). Zit. n. Reinhardt Dithmar, Arbeiterlieder 1844–1945, Neuwied u. a. (Luchterhand) 1993, S. 38 f.* **S. 235 Q1:** Otto v. Bismarck, Reden im Deutschen Reichstag am 15. und 20. März 1884, in: Otto v. Bismarck, Gesammelte Werke, Bd. Reden, S. 319 f, zit. n.: https://unterrichten.zum.de/wiki/Soziale_Frage/Staatliche_Reformpolitik* **S. 235 Q2:** SPD-Stellungnahme zur staatlichen Sozialpolitik us den Beschlüssen des Kopenhagener Kongresses 1893, zit. n. https://unterrichten.zum.de/wiki/Soziale_Frage/Staatliche_Reformpolitik (abger. 22.08.2024) **S. 237 Q1:** Zit. n. Vierteljahresschrift für öffentliche Gesundheit, in: Karl Bachsleitner, Franziska Conrad, Rolf Engelke, Umweltgeschichte: Fragestellungen und Quellen zum Geschichtsunterricht, Wiesbaden (Hessisches Landesinstitut für Pädagogik) 2001, S. 57.* **S. 237 Q2:** Bericht zum Stand der Verwaltung des Medicial- und Sanitäätswesens, in: Karl Bachsleitner, Franziska Conrad, Rolf Engelke, Umweltgeschichte: Fragestellungen und Quellen zum Geschichtsunterricht, Wiesbaden (Hessisches Landesinstitut für Pädagogik) 2001.* **S. 238 1:** Zit. n. Michael Spehr, Maschinensturm. Protest und Widerstand gegen technische Neuerungen am Anfang der Industrialisierung, Münster (Westfälisches Dampfboot) 2000, S. 61. S. 238 2: Jean Twenge, Haben smartphones eine Generation zerstört? Zit. n. https: ://www.theatlantic.com/magazine/archive/2017/09/has-the-smartphone-destroyed-a-generation/534198/ (abger. 22.08.2024) **S. 238 3:** Thomas Alva Edison, 1887, zit. n.: Oskar Kalbus, Der deutsche Lehrfilm in der Wissenschaft und im Unterricht, Berlin (Carl Heymann) 1922, S. 12.* **S. 238 4:** Christoph Gunkel, Huppa, huppa, muppa, muppa. Tonfilme in den Zwanzigern, in: Spiegel Geschichte, 03.02.2020. https://www.spiegel.de/geschichte/babylon-berlin-und-der-wandel-zum-tonfilm-1929-a-0d6dcb1d-91ad-4f14-ae12-478994781e70 **S. 238 5:** Erlass des preußischen Ministers für Kultur 1912, zit. n. Albert Hellwig, Kind und Kino, Bad Langensalza (Beyer) 1914, S. 92.* **S. 238 6:** Zit. n. ComputerBILD, 11.01.2023 https://www.computerbild.de/artikel/cb-News-Internet-ChatGPT-Bildungsministerium-verbietet-Einsatz-35055215.html#:~:text=New%20York%20City%3A%20Bildungsministerium%20verbietet,York%20City%20ab%20sofort%20verboten (abger. 17.01.2024) **S. 239 M1:** attac Bildung (Hrsg.), Wachstum und Wachstumkritik. Die globale Perspektive (=Wirtschaft demokratisch gestalten lernen. Kapitalismus – oder was? Modul III, 3), o. O. 11/2017, S. 3, zit. n. https://www.attac.de/fileadmin/user_upload/bundesebe-ne/Bildung/Bima2017/Kapitalismus/PDFs/III_Modul_komplett.pdf (abger. 22.08.2024)

8. Imperialismus und Erster Weltkrieg

S. 247 Q1: Zit. n. Buchners Kolleg Geschichte, Das Kaiserreich 1871 bis 1918, Bamberg (C.C. Buchners Verlag) 1987, S. 137 ff.** **S. 251 Q1:** Adolf Rüger, Die Entstehung und Lage der Arbeiterklasse unter dem deutschen Kolonialregime in Kamerun 1885–1905, in: Helmuth Stoecker, Kamerun unter deutscher Kolonialherrschaft, Studien, Bd. 1, Berlin (Rütten & Loening) 1960, S. 200, zit. nach: Manfred O. Hinz, Weiß auf Schwarz: Kolonialismus, Apartheid und afrikanischer Widerstand, Berlin (Elefantenpress) 1986, S. 82.* **S. 253 Q1:** Zit. n.: https://www.welt.de/geschichte/article163001326/Ich-nehme-keine-Weiber-und-Kinder-mehr-auf.html (abger. 03.05.2024) **S. 253 M1:** Außenminister Heiko Maas 2021, zit. n.: https://www.auswaertiges-amt.de/de/newsroom/-/2463396 (abger. 17.08.2023)** **S. 263 Q1:** Zit. n. Gerhard A. Ritter (Hrsg.), Das deutsche Kaiserreich 1871–1914, Göttingen 1977. S. 300 f. **S. 263 Q2:** Verhandlungen des ReichstagS. XII: Legislaturperiode. II. Session. Stenographische Berichte. Bd. 268. Sitzung vom 09.11.1911. Berlin (Druck und Verlag der Nord-deutschen Buchdruckerei und Verlagsanstalt) 1911. **S. 271 Q1:** Zit. n.: https://www.briefsammlung.de/feldpost-erster-weltkrieg/brief.html?action=detail&what=letter&id=2043&le_fulltext=Hunger (abger. 07.12.2023)* **S. 272 Q1:** Zit. n.: https://www.briefsammlung.de/feldpost-erster-welt-krieg/brief.html?action=detail&what=letter&id=1938&le_keyword=Arbeit%20(Heimat), (abger. 07.12.2023)* **S. 272 Q2:** Zit. n. https://briefsammlung.de/feldpost-erster-welt-krieg/brief.html?id=1939 (abger. 07.12.2023)* **S. 273 Q3:** Zit. n.: https://www.deutschlandfunk.de/ohne-angst-warte-ich-einfach-nur-dass-ich-an-die-reihe-komme-100.html (abger. 08.11.2024)* **S. 279 Q1:** Zit. n. Günter Schönbrunn (Bearb.), Geschichte in Quellen. Das bürgerliche Zeitalter: 1815–1914, Bd. 5, München (bsv) 1980. S. 121 f.* **S. 283 M1:** Anja Fries, Frank Otto und Jens-Rainer Berg, „Wunden, die nicht verheilen“, in: GEO, 28.05.2021, zit.n.: https://www.geo.de/wissen/weltgeschichte/wunden--die-nicht-verheilen-30547840.html *

Bildquellenverzeichnis

Cover: Globus: bpk/DeA Picture Library; Hintergrund: Shutterstock.com/spr

S. 1: bpk/DeA Picture Library; S. 1: Shutterstock.com/spr; **S. 2/unten links:** PEFC Deutschland e.V.; **S. 2/unten Mitte:** Cornelsen/Inhouse/Anne Weingarten; **S. 2/unten rechts:** Cornelsen/zweiband.media, Berlin; Mitte: bpk/DeA Picture Library, unten links: Shutterstock.com/spr; **S. 3/1:** Bridgeman Images/Giorgio Albertini; **S. 3/2:** Cornelsen/Erfurth Kluger Infografik GbR; **S. 4/3:** mauritius images/alamy stock photo/Zoonar GmbH; **S. 4/4:** dpa Picture-Alliance/dpa; **S. 5/5:** bpk; **S. 5/6:** bpk/Kunstbibliothek, SMB/Knud Petersen; **S. 6:** stock.adobe.com/holger.l.berlin; **S. 7:** INTERFOTO/Granger, NYC;

1. Städte und Handel im Mittelalter

S. 8: Bridgeman Images/Giorgio Albertini; **S. 10:** Cornelsen/Carlos Borrell Eiköter; **S. 11/2:** interfoto e.k.; **S. 11/3:** stock.adobe.com/swisshippo; **S. 11/4:** mauritius images/Memento; **S. 11/5:** bpk/Dietmar Katz; **S. 12:** Cornelsen/Hans Wunderlich; **S. 13/2:** akg-images/Hartmann Schedel, Liber chronicarum; **S. 14:** Kultur- und Stadthistorisches Museum Duisburg; **S. 15/2:** Cornelsen/Dieter Stade; **S. 16:** Cornelsen/Carsten Märtin; **S. 19/2:** GEO.de/Foto Monschau: stock.adobe.com/hanseat; **S. 20/1:** bpk; **S. 20/2:** dpa Picture-Alliance/ullstein bild/Burgerbibliothek Bern, Mss.h.h.I.1, p. 289 – Foto: Codices Electronici AG, www.e-codices.ch; **S. 21/oben links:** bpk/Alinari Archives/Mauro Magliani; **S. 22:** Cornelsen/Dieter Stade; **S. 23/2:** Bridgeman Images/Ecole Nationale Superieure des Beaux-Arts, Paris, France; **S. 23/3:** bpk/RMN – Grand Palais; **S. 23/4:** Bridgeman Images/De Agostini Picture Library; **S. 24/oben Mitte:** Cornelsen/Michael Teßmer und Erfurth&Kluger Infografik GbR, bearbeitet durch Dieter Stade; **S. 25:** interfoto e.k./Bildarchiv Hansmann; **S. 27/1:** interfoto e.k./Sammlung Rauch; **S. 27/unten Mitte:** Cornelsen/Carsten Märtin; **S. 28:** bpk/Dietmar Katz; **S. 29/3:** bpk/| British Library Board; **S. 30/1:** bpk/| The Trustees of the British Museum; **S. 30/2:** dpa Picture-Alliance/Willfried Gredler-Oxenbauer/picturedesk.com; **S. 31/oben links:** Bridgeman Images/Buyenlarge Archive// UIG; **S. 32:** Cornelsen/Carlos Borrell Eiköter; **S. 33:** Cornelsen/Carlos Borrell Eiköter; **S. 34:** Cornelsen/Carlos Borrell Eiköter; **S. 35:** Cornelsen/Carlos Borrell Eiköter; **S. 37/1:** Bridgeman Images/Photo: Granger; **S. 37/2:** mauritius images/Ute Grabowsky/photothek.de; **S. 37/3:** interfoto e.k./Prof.Mag. Michael Floiger; **S. 37/4:** mauritius images/Josef Kuchlbauer; **S. 37/5:** mauritius images/Torsten Krüger/imageBROKER;

2. Begegnung dreier Religionen: Juden, Christen und Muslime

S. 38/Icons: Shutterstock.com/Peter Hermes Furian; **S. 38/Mitte:** Cornelsen/Erfurth Kluger Infografik GbR; **S. 39/Icons:** Shutterstock.com/Peter Hermes Furian; **S. 40:** Bridgeman Images/Godong; **S. 41/2:** interfoto e.k./DanielD; **S. 41/3:** interfoto e.k./Austrian National Library; **S. 41/4:** akg-images/Science Source; **S. 41/5:** bpk; **S. 42:** Cornelsen/Carlos Borrell Eiköter; **S. 43/2:** akg-images/Pictures From History; **S. 43/3:** Imago Stock & People GmbH/Pond5 Images; **S. 44/1:** Cornelsen/Carlos Borrell Eiköter; **S. 44/Icons:** Shutterstock.com/Peter Hermes Furian; **S. 45/2:** interfoto e.k.; **S. 45/3:** bpk/Staatsbibliothek zu Berlin; **S. 46:** akg-images/Manuel Cohen; **S. 47/2:** interfoto e.k.; **S. 47/3:** bpk; **S. 48/1:** Bridgeman Images/Iberfoto; **S. 48/2:** mauritius images/Science Source; **S. 49/1:** stock.adobe.com/Pierre vincent; **S. 49/2:** akg-images/Schütze/Rodemann; **S. 50/1:** interfoto e.k./Granger, NYC; **S. 50/2:** interfoto e.k./Science & Society/Science Museum; **S. 51/1:** Bridgeman Images/Veneranda Biblioteca Ambrosiana/Icas94/Mondadori Portfolio; **S. 51/2:** Bridgeman Images/Pictures from History; **S. 52:** Cornelsen/Carlos Borrell Eiköter; **S. 53/2:** akg-images/Jérôme da Cunha; **S. 54/1:** akg-images; **S. 55/2:** mauritius images/Science Source; **S. 55/3:** akg-images/Dortmund, Westfälisches Schulmuseum; **S. 56/1:** akg-images/Erich Lessing; **S. 56/2:** Bibliothèque nationale de France; **S. 57/3:** bpk/BnF, Dist. RMN-GP; **S. 60/1:** bpk/| British Library Board; **S. 60/2:** Bridgeman Images/ Philippe Lissac/Godong; **S. 61/2:** Imago Stock & People GmbH/Schöning; **S. 63/1:** Cornelsen/Peter Wirtz; **S. 64/1:** Cornelsen/Carlos Borrell Eiköter; **S. 65/2:** Land NRW/Mark Hermenau; **S. 65/3:** Arbeitsgemeinschaft Christlicher Kirchen in Deutschland e.V.; **S. 67/1:** interfoto e.k./Austrian National Library; **S. 67/2:** dpa Picture-Alliance/dpa; **S. 67/3:** mauritius images/age fotostock

3. Neues Denken, neue Wege, neue Zeit

S. 68: mauritius images/alamy stock photo/Zoonar GmbH; **S. 70:** Cornelsen/Carlos Borrell Eiköter; **S. 71/2:** akg-images; **S. 71/3:** Bridgeman Images/Granger; **S. 71/4:** mauritius images/Schoening; **S. 71/5:** akg-images/historic-maps; **S. 72/1:** bpk/Alinari Archives/Tatge, George for Alinari; **S. 72/2:** akg-images/Heritage Images/Fine Art Images/akg-images; **S. 73/3:** Bridgeman Images/PVDE; **S. 73/4:** akg-images; **S. 74:** Cornelsen/Joana Stratmann; **S. 75/3:** akg-images; **S. 76:** Cornelsen/Dieter Stade; **S. 77/1:** Bridgeman Images/NPL – DeA Picture Library; **S. 77/2:** Cornelsen/Klaus Becker; **S. 77/3:** Bridgeman Images/National Maritime Museum, Greenwich, London; **S. 77/4:** Cornelsen/Klaus Becker; **S. 78/1:** mauritius images/AYTUG ASKIN/Alamy; **S. 78/2:** akg-images/akg-images/Alfons Rath; **S. 78/3:** akg-images; **S. 79/1:** akg-images/akg-images/Science Source; **S. 79/2:** Bridgeman Images/SSPL/UIG; **S. 80/1:** Shutterstock.com/Inga Nielsen; **S. 80/2:** Shutterstock.com/M. Unal Ozmen;

S. 80/3: stock.adobe.com/Erich Mücke/emuck; **S. 80/4:** stock.adobe.com/Melika Tursic/Stocksy; **S. 80/5:** Shutterstock.com/Maks Narodenko; **S. 80/6:** Shutterstock.com/New Africa; **S. 80/7:** Shutterstock.com/Nataly Studio; **S. 80/8:** Shutterstock.com/Ksenia Palimski; **S. 80/9:** Shutterstock.com/kai keisuke; **S. 80/10:** Shutterstock.com/Africa Studio; **S. 80/11:** Shutterstock.com/Noppanisa; **S. 80/12:** stock.adobe.com/mila103; **S. 81:** Cornelsen/Carlos Borrell Eiköter; **S. 82:** Cornelsen/Carsten Märtin; **S. 85/1** bpk; **S. 85/2:** Shutterstock.com/Everett Collection; **S. 86/1:** Imago Stock & People GmbH/imago images/Photo12; **S. 86/2:** Imago Stock & People GmbH/StockTrek Images; **S. 87/3:** Cornelsen/Carlos Borrell Eiköter; **S. 88/1:** Bridgeman Images/Sean Sprague/Mexicolore; **S. 89/2:** Bridgeman Images; **S. 91/1:** Shutterstock.com/Anna Om; **S. 91/2:** Shutterstock.com/KBF Media; **S. 92:** Bridgeman Images/British Library Board. All Rights Reserved; **S. 93/2:** bpk; **S. 94/1:** bpk/Hermann Buresch | ©Banco de México Diego Rivera Frida Kahlo Museums Trust/©VG Bild-Kunst, Bonn 2024; Diego Rivera: Die Kolonisation, 1930 (Ausschnitt); **S. 95/2:** Cornelsen/Carlos Borrell Eiköter; **S. 95/3:** Cornelsen/Elisabeth Galas; **S. 96:** Cornelsen/Carlos Borrell Eiköter; **S. 97/2:** Imago Stock & People GmbH/imago images/Peter Schickert; **S. 97/3:** mauritius images/Chuck Nacke/Alamy; **S. 99/1:** Cornelsen/Carlos Borrell Eiköter; **S. 99/2:** mauritius images/Jim West/Alamy/Alamy Stock Photos

4. Von der Reformation zum Dreißigjährigen Krieg

S. 100: dpa Picture-Alliance/dpa; **S. 102:** Cornelsen/Carlos Borrell Eiköter; **S. 103/2:** dpa Picture-Alliance/ZB/dpa-Zentralbild/Peter Endig; **S. 103/3:** Imago Stock & People GmbH/Gustavo Alabiso; **S. 103/4:** bpk/Kunstbibliothek, SMB/Knud Petersen; **S. 103/5:** stock.adobe.com/Mikhail Markovskiy; **S. 104:** akg-images/akg/Schütze/Rodemann; **S. 105/2:** Cornelsen/Dieter Stade; **S. 106/1:** Imago Stock & People GmbH/imago stock&people; **S. 106/2:** akg-images; **S. 107/3:** Johannes Saurer & Ulrike Albers; **S. 108/1:** akg-images; **S. 108/2:** dpa Picture-Alliance/Winfried Rothermel; **S. 109/3:** Imago Stock & People GmbH; **S. 110:** akg-images; **S. 111:** akg-images; **S. 112/1:** Imago Stock & People GmbH/imago stock&people; **S. 112/2:** akg-images; **S. 113:** akg-images; **S. 115/1:** mauritius images/Moviestore Collection Ltd/Alamy; **S. 115/2:** Cornelsen/VDL/ZDF Studios GmbH, Daniel Sich, 2016; **S. 116/1:** akg-images; **S. 116/2:** mauritius images/The Picture Art Collection/Alamy; **S 117/3:** Cornelsen/Carlos Borrell Eiköter; **S. 118:** akg-images/Matthaeus Merian; **S. 119/2:** Cornelsen/Carlos Borrell Eiköter; **S. 120/1:** Bridgeman Images; **S. 121/1:** bpk/Museum der bildenden Künste, Leipzig/Ursula Gerstenberger; **S. 122/1:** bpk/Herzog Anton-Ulrich-Museum; **S. 122/2:** interfoto e.k.; **S. 123/1:** akg-images; **S. 124:** Bridgeman Images/Fine Art Images; **S. 125/2:** akg-images; **S. 126:** akg-images; **S. 127/2:** akg-images; **S. 129/1:** akg-images; **S. 129/2:** mauritius images/Moviestore Collection Ltd/Alamy; **S. 129/3:** Cover: Die Präsidentin der Universität Osnabrück, Foto: Angela von Brill

5. Absolutismus, Aufklärung und Französische Revolution

S. 130: bpk; **S. 132:** Cornelsen/Carlos Borrell Eiköter; **S. 133/2:** akg-images; **S. 133/3:** akg-images; **S. 133/4:** Bridgeman Images/Stefano Bianchetti; **S. 133/5:** interfoto e.k./Granger, NYC; **S. 134:** akg-images/Joseph Martin; **S. 135/2:** Cornelsen/Carlos Borrell Eiköter; **S. 136:** Bridgeman Images; **S. 137/2:** akg-images; **S. 138:** mauritius images/United Archives; **S. 139/2:** akg-images/akg-images/Science Source; **S. 139/3:** akg-images; **S. 140/1:** bpk/Stiftung Preussische Schlösser und Gärten Berlin-Brandenburg/Jörg P. Anders; **S. 140/2:** bpk; **S. 141/3:** akg-images/akg-images/Elizaveta Becker; **S. 142:** akg-images/Erich Lessing; **S. 143/2:** Cornelsen/Dieter Stade; **S. 145/1:** akg-images; **S. 145/2:** akg-images/Heritage Images/Fine Art Images/akg-images; **S. 146:** akg-images/Erich Lessing; **S. 147/2:** akg-images; **S. 148:** akg-images/François Guénet; **S. 149/2:** akg-images; **S. 150:** Bridgeman Images/ Archives Charmet; **S. 151/2:** epd-bild/akg-images; **S. 152:** interfoto e.k.; **S. 154:** akg-images/akg-images/Nimatallah; **S. 155/2:** akg-images; **S. 157:** Cornelsen/Dieter Stade; **S. 158/1:** Cornelsen/Carlos Borrell Eiköter; **S. 159/2:** akg-images; **S. 160/1:** bpk/Lutz Braun; **S. 161:** akg-images/Erich Lessing; **S. 162:** Cornelsen/Carlos Borrell Eiköter; **S. 163:** Cornelsen/Carlos Borrell Eiköter; **S. 164.1:** Cornelsen/zweiband.media, Berlin **S. 165/1:** Deutsches Historisches Museum, Berlin/A. Psille; **S. 166/1:** Deutscher Bundestag | ©VG Bild-Kunst, Bonn 2024; Ludwig Gies: Der Bundestagsadler, 1953; **S. 166/2:** Imago Stock & People GmbH; **S. 166/3:** stock.adobe.com/Brigitte; **S. 166/ oben links:** Cornelsen/Dieter Stade; **S. 167/1:** dpa Picture-Alliance/Geisler-Fotopress/Geisler-Fotop; **S. 167/2:** Shutterstock.com/nexus 7; **S. 168:** Bridgeman Images/Universal History Archive/UIG; **S. 169/2:** interfoto e.k.; **S. 171/1:** akg-images; **S. 171/2:** Deutscher Bundestag | ©VG Bild-Kunst, Bonn 2024; Ludwig Gies: Der Bundestagsadler, 1953

6. Auf dem Weg zum Nationalstaat

S. 172: bpk/Kunstbibliothek, SMB/Knud Petersen; **S. 174:** Cornelsen/Carlos Borrell Eiköter; **S. 175/2:** bpk; **S. 175/3:** bpk/Dietmar Katz; **S. 175/4:** bpk/Dietmar Katz; **S. 175/5:** stock.adobe.com/pixs:sell; **S. 176:** The Stapleton Collection/Bridgeman Images; **S. 177/2:** Cornelsen/Carlos Borrell Eiköter; **S. 178:** akg-images; **S. 179/2:** akg-images; **S. 182:** bpk; **S. 183/2:** dpa Picture-Alliance/Ulrich Baumgarten; **S. 184/1:** Cornelsen/Carlos Borrell Eiköter; **S. 184/2:** akg-images/akg-images/Mondadori Portfolio/Archivio GBB; **S. 185/1:** Cornelsen/Carlos Borrell Eiköter; **S. 185/2:** interfoto e.k.; **S. 186/1:** Cornelsen/Carlos Borrell Eiköter; **S. 186/2:** Bridgeman Images/Photo Jaime Abecasis; **S. 187:** Cornelsen/Carlos Borrell Eiköter; **S. 188:** Cornelsen/Carlos Borrell Eiköter; **S. 189/2:** akg-images; **S. 190:** bpk/Dietmar Katz; **S. 191/2:** Cornelsen/Dieter Stade; **S. 192/1:** akg-images; **S. 192/2:** bpk/Dietmar Katz; **S. 193/3:** akg-images; **S. 194:** bpk/Dietmar Katz; **S. 196:** Cornelsen/Carlos Borrell Eiköter; **S. 197/2:** bpk/Deutsches Historisches Museum/Arne Psille; **S. 198:** Bridgeman Images/Photo Ken Welsh; **S. 199/2:**

Cornelsen/Dieter Stade; **S. 201/1:** akg-images/Friedrichsruh, Bismarck-Museum, von Anton von Werner; **S. 201/2:** bpk; **S. 202/1:** bpk; **S. 202/2:** akg-images/akg-images/Historisches Auge; **S. 203/3:** akg-images/akg-images/historic-maps; **S. 203/4:** bpk; **S. 204:** imago sport; **S. 205/2:** bpk/Hamburger Kunsthalle/Elke Walford; **S. 207/1:** akg-images

7. Industrialisierung und soziale Frage

S. 208/Hintergrund: stock.adobe.com/holger.l.berlin; **S. 209/Hintergrund:** stock.adobe.com/holger.l.berlin; **S. 210:** Cornelsen/Carlos Borrell Eiköter; **S. 211/2:** akg-images; **S. 211/3:** akg-images/Lewis W. Hine; **S. 211/4:** Shutterstock.com/Gorodenkoff; **S. 211/5:** mauritius images/Tom Craig/Alamy/Alamy Stock Photos; **S. 212/1:** Bridgeman Images/Granger; **S. 213/2:** Bridgeman Images/Granger; **S. 215:** Cornelsen/Dieter Stade; **S. 216:** akg-images; **S. 217:** Cornelsen/Carlos Borrell Eiköter; **S. 218:** akg-images/akg/North Wind Picture Archives; **S. 218/1:** akg-images/akg/North Wind Picture Archives; **S. 218/2:** mauritius images/Old Visuals; **S. 219/3:** bpk/Georg Buxenstein; **S. 219/4:** stock.adobe.com/panuwat; **S. 219/M2:** Cornelsen/Dieter Stade; **S. 221/1:** akg-images/Science Source; **S. 221/2:** akg-images; **S. 222/1:** bpk/Georg Büxenstein & Co; **S. 222/2:** akg-images; **S. 223/3:** bpk; **S. 224/1:** Arkivi; **S. 225/2:** Illustration von Ludwig Pietsch aus "Daheim", Jahrgang 1868, Seite 41; **S. 226:** akg-images; **S. 227:** akg-images; **S. 228:** akg-images; **S. 230.1:** akg-images; **S. 230.2:** stock.adobe.com/laufer; **S. 231/1 u. 231/2:** akg-images/akg-images/Science Source; **S. 232:** bpk/Fotoarchiv Ruhr Museum/Anton Meinholz; **S. 233/1:** bpk/Deutsches Historisches Museum/Sebastian Ahlers; **S. 233/2:** bpk/Dietmar Katz; **S. 234:** bpk/Deutsches Historisches Museum/Arne Psille; **S. 236/1:** akg-images; **S. 236/2:** Bridgeman Images/Private Collection; **S. 237:** Gerhard Mester; **S. 238/1.-7:** Cornelsen/zweiband.media, Berlin; **S. 238:** Imago Stock & People GmbH/Zoonar; **S. 239/2:** Cornelsen/Erfurth Kluger Infografik GbR, bearbeitet durch Dieter Stade; **S. 241/1:** Shutterstock.com/Everett Historical; **S. 241.2:** Cornelsen/zweiband.media, Berlin

8. Imperialismus und Erster Weltkrieg

S. 242: INTERFOTO/Granger, NYC; **S. 244:** Cornelsen/Carlos Borrell Eiköter; **S. 245/2:** interfoto e.k./Crocodile Images; **S. 245/3:** bpk; **S. 245/4:** interfoto e.k./Sammlung Rauch; **S. 245/5:** interfoto e.k./Friedrich; **S. 246:** Quelle: https:// commons.wikimedia.org/wiki/File:Dascher_Colonies_cahier_vers_1900.jpg; **S. 247/2:** mauritius images/History and Art Collection/Alamy/Alamy Stock Photos; **S. 248:** Cornelsen/Carlos Borrell Eiköter; **S. 249:** bpk; **S. 250:** akg-images/Berlin, Sammlung Archiv für Kunst und Geschichte; **S. 252/1:** mauritius images/Simone Crespiatico/Alamy Stock Photos; **S. 252/2:** akg-images; **S. 253/3:** akg-images; **S. 253/4:** dpa Picture-Alliance/AA; **S. 254/1:** akg-images; **S. 254/2:** bpk/Stefenelli; **S. 255/3:** akg-images/akg-images/Manuel Cohen; **S. 255/4:** interfoto e.k.; **S. 256/1:** dpa Picture-Alliance/FotoMedienService/Ulrich Zillmann; **S. 256/2:** Imago Stock & People GmbH/imago images/Christian Spicker; **S. 257/1:** Imago Stock & People GmbH/photothek; **S. 257/2:** bpk/Ethnologisches Museum, SMB; **S. 257/3:** bpk/Ethnologisches Museum, SMB; **S. 258/1:** dpa Picture-Alliance/Geisler-Fotopress; **S. 258/2:** akg-images/akg-images/Guenay Ulutuncok; **S. 259/1:** bpk/Dietmar Katz; **S. 259/2:** Cornelsen/Carlos Borrell Eiköter; **S. 260:** Christopher Clark; **S. 262/1:** Cornelsen/Carlos Borrell Eiköter; **S. 262/2:** Cornelsen/Dieter Stade; **S. 263/3:** akg-images/Berlin, Sammlung Archiv für Kunst und Geschichte, Peter Singer; **S. 263/4:** Bridgeman Images/SeM Studio/UIG; **S. 264/1:** interfoto e.k./Pulfer; **S. 264/2:** bpk/Thomas Theodor Heine; **S. 265:** Cornelsen/Carlos Borrell Eiköter; **S. 266:** bpk/Adoc-Photos; **S. 267:** Cornelsen/Carlos Borrell Eiköter; **S. 269:** SWR/planet schule; **S. 270/1:** Bridgeman Images/Buyenlarge Archive/UIG; **S. 270/2:** interfoto e.k.; **S. 271/3:** akg-images/Imagno/Austrian Archives; **S. 271/4:** interfoto e.k.; **S. 272/oben links:** interfoto e.k./Historisches Auge Ralf Feltz; **S. 272/oben rechts:** Bridgeman Images/Look and Learn; **S. 273/3:** akg-images/Paris, Privatsammlung; **S. 274/1:** Shutterstock.com/Everett Collection; **S. 274/2:** Bridgeman Images/Granger; **S. 275:** mauritius images/Science Source; **S. 276/1:** bpk; **S. 276/2:** akg-images/Sammlung Berliner Verlag/Archiv; **S. 277:** bpk/Deutsches Historisches Museum/Sebastian Ahlers; **S. 278:** Cornelsen/Carlos Borrell Eiköter; **S. 279/2:** Cornelsen/Carlos Borrell Eiköter; **S. 279/3:** akg-images; **S. 281/1:** Quelle: https:// commons.wikimedia.org/wiki/File:EhrenmalDrensteinfurtVorderseiteganz.JPG/EhrenmalDrensteinfurtVorderseiteganz.JPG; **S. 281/2:** Quelle: https:// de.wikipedia.org/wiki/Kriegerehrenmal_(Drensteinfurt)#/media/Datei:Ehrenmal_Rückseite1.JPG; **S. 283/1:** akg-images; **S. 283/2:** interfoto e.k.; **S. 283/3:** bpk/Adoc-Photos; **S. 283/4:** stock.adobe.com/Oleg Znamenskiy; **S. 283/5:** Bridgeman Images/SZ Photo/Sammlung Megele.

Anhang:

S. 289.1: Cornelsen/zweiband.media, Berlin; **S. 290.1:** Cornelsen/zweiband.media, Berlin

Arbeitsaufträge richtig verstehen

Operatoren

Bei der Bearbeitung von Aufgaben stoßt ihr auf sogenannte Operatoren. Dabei handelt es sich um Signalwörter, die euch verdeutlichen, wie die jeweilige Aufgabe zu lösen ist. Wenn ihr also die Bedeutung dieser Signalwörter kennt, fällt euch die Bearbeitung der Aufgaben leichter.

begründen (nachweisen):
z. B. Meinungen, Urteile, Ergebnisse

Eigene Aussagen bzw. Aussagen von anderen durch Argumente oder Beispiele belegen und sachlich nachweisen

- Fertigt Stichwörter an.
- Überlegt, ob es ein Für und Wider gibt, und bezieht es mit ein.
- Formuliert die Begründung.
- Führt – wenn möglich – ein Beispiel an.

Formulierungshilfen:
> *Zu bedenken ist ...*
> *Einerseits ..., andererseits ...*
> *Zusammengefasst ...*

beschreiben:
z. B. Informationen in Bildern, Schaubildern, Texten

Geschichtliche Einzelheiten und Zusammenhänge erkennen und mit eigenen Worten wiedergeben

- Beginnt mit dem Thema oder dem Titel.
- Beschreibt zuerst das Wesentliche.
- Geht dann auch auf Einzelheiten ein.
- Fasst den Gesamteindruck zusammen.

Formulierungshilfen:
> *Es geht um ...*
> *Oben ..., unten ...*
> *Auffällig ist ...*
> *Insgesamt ...*

beurteilen (Stellung nehmen), führt zum Sachurteil:
z. B. Ereignisse, Entscheidungen, Handlungen

Geschichtliche Zusammenhänge ***aus ihrer Zeit heraus*** *sachlich einschätzen*

- Überlegt, was in der Vergangenheit üblich und was möglich war.
- Überlegt, ob es ein Für und Wider gibt, und bezieht es mit ein.
- Formuliert die Beurteilung und führt Argumente an.

Formulierungshilfen:
> *Zu bedenken ist ...*
> *Für die damalige Zeit war es fortschrittlich/mutig ..., dass ..., weil ...*
> *Auf der einen Seite ..., auf der anderen Seite ...*
> *Zusammenfassend ...*

bewerten (Stellung nehmen), führt zum Werturteil:
z. B. Ereignisse, Entscheidungen, Handlungen

Geschichtliche Zusammenhänge ***aus unserer Zeit und nach eurer Überzeugung*** *sachlich einschätzen*

- Nennt, wenn möglich, den Maßstab, der für euch leitend ist (z. B. Erfahrung in der Familie, in der Schule, die Kinderrechte).
- Überlegt, ob es ein Für und Wider gibt, und bezieht es mit ein.
- Formuliert die Bewertung und führt Argumente an.

Formulierungshilfen:
> *Aus der Sicht von / Nach meiner Auffassung ...*
> *Ich denke ..., zu bedenken ist aber auch ...*
> *Einschränkend kann man sagen, ...*
> *Ich komme zu der Überzeugung ...*

darstellen (erzählen, berichten, verfassen):
z. B. Ereignisse, Verläufe, Informationen

Geschichtliches mit eigenen Worten wiedergeben

- Achtet auf die genaue Aufgabenstellung.
- Beginnt mit dem Thema.
- Fertigt Stichpunkte an.
- Konzentriert euch auf Wesentliches.

Formulierungshilfen:
> *Es geht um ... in ... im Jahr / In der Zeit der ...*
> *Zunächst ..., daraufhin ..., im Anschluss ..., schließlich ...*

diskutieren:
z. B. strittige Fragen, Themen, Konflikte

Unterschiedliche Meinungen sachlich miteinander austragen

- Überlegt, was eure Meinung ist.
- Sammelt überzeugende Argumente, evtl. in Stichpunkten.
- Kommt zu einer begründeten Bewertung.
- Überlegt auch, welche Argumente die „Gegnerinnen/Gegner" haben könnten und wie ihr sie widerlegen könnt.

Formulierungshilfen:
> *Ein wichtiges Argument ist ...*
> *Dagegen spricht jedoch ...*
> *Zu bedenken ist auch ...*

einordnen (zuordnen, in einen Zusammenhang bringen):
z. B. Informationen, Ereignisse

Etwas in eine sinnvolle Ordnung bringen

- Achtet auf die Aufgabenstellung. Sie gibt an, wie geordnet werden soll.
- Sucht nach Verknüpfungen.
- Fasst euch kurz.

erklären:
z. B. Zusammenhänge, Entwicklungen, Folgen

Das Wie und das Warum für Geschichtliches deutlich machen

- Beginnt mit der Ausgangssituation.
- Bringt Dinge, die sich nach und nach ereignet haben, miteinander in Beziehung.
- Klärt dabei das Wie und das Warum.
- Begründet eure Aussagen.

Formulierungshilfen:
> *Zunächst / Zu Beginn der Ereignisse*
> *Daraufhin / als Reaktion / die Folge war / weil / deshalb / infolgedessen*
> *Schließlich / endlich*

erläutern:
z. B. Sachverhalte, Zusammenhänge

In einem fortlaufenden Text Sachverhalte mit Beispielen und Belegen aus dem Text veranschaulichen.

- Benennt, worum es geht.
- Betrachtet den Sachverhalt genauer und wenn möglich, auch von verschiedenen Seiten.
- Bringt Belege und Beispiele.

Formulierungshilfen:
> *Es geht um ... in ... im Jahr / In der Zeit der ...*
> *Deutlich wird ... und zwar durch/anhand ...*

Arbeitsaufträge richtig verstehen

Operatoren

Bei der Bearbeitung von Aufgaben stoßt ihr auf sogenannte Operatoren. Dabei handelt es sich um Signalwörter, die euch verdeutlichen, wie die jeweilige Aufgabe zu lösen ist. Wenn ihr also die Bedeutung dieser Signalwörter kennt, fällt euch die Bearbeitung der Aufgaben leichter.

Die Operatoren von *b* bis *e* findet ihr auf der vorhergehenden Doppelseite.

erörtern:
z. B. Problemstellung, Aussage

Nach dem Abwägen unterschiedlicher Sichtweisen zu einer Stellungnahme / einem Sachurteil kommen.

- Klärt, welche Problemstellung / welche Aussage erörtert werden soll.
- Sammelt und vergleicht Pro- und Kontraargumente.
- Formuliert eine eigene Stellungnahme / ein Sachurteil. Beginnt mit der Nennung der wesentlichen Argumente.

Formulierungshilfen:
> *Dafür / Dagegen spricht ...*
> *Insgesamt gesehen ...*
> *Nach Überprüfung ... komme ich zu dem Ergebnis ...*

sich informieren (sich erkundigen, herausfinden, befragen, recherchieren):
z. B. Ereignisse, Daten, Probleme

Informationen zu einem Thema beschaffen und präsentieren

- Überlegt, auf welchem Weg ihr die Informationen beschaffen könnt (z. B. im Geschichtsbuch, im Internet, Zeitzeuginnen und Zeitzeugen oder Expertinnen und Experten befragen).
- Klärt, wie die Informationen präsentiert werden sollen (z. B. mündlich).
- Haltet die Informationen fest, z. B. als Stichpunkte oder Skizze.
- Gebt immer eure Quellen an.

Formulierungshilfen:
> *Wir haben herausgefunden, ...*
> *Als Informationsquellen haben wir ... genutzt.*

gestalten (erstellen, entwerfen, entwickeln):
z. B. Plakat, Rede, Brief, Idee, Zeitleiste, Tabelle

Geschichtliche Information auswählen, ordnen und in einem Produkt kreativ aufbereiten

- Verständigt euch über das Produkt für die Gestaltung.
- Wählt Informationen, die zum Thema und zum Produkt passen.
- Überlegt, welche Mittel ihr benutzen könnt (z. B. Symbole und Pfeile für ein Plakat, eine Begrüßung, eine Anrede für eine Rede oder einen Brief ...) und stellt das Wichtigste in den Mittelpunkt.
- Sorgt für eine übersichtliche und ansprechende Gestaltung.

nennen (aufzählen):
z. B. Ereignisse, Ursachen, Gründe ...

Informationen in kurzer Form wiedergeben

- Achtet auf das Thema und nennt es.
- Fertigt evtl. eine übersichtliche Liste oder eine Tabelle an.
- Fasst euch kurz.